LES

GRANDS ÉCRIVAINS

DE LA FRANCE

BIOGRAPHIE

DU

CARDINAL DE RETZ

CHARTRES. — IMPRIMERIE DURAND

Rue Fulbert, 9.

BIOGRAPHIE

DU CARDINAL

DE RETZ

PAR

LOUIS BATIFFOL

DOCTEUR ÈS LETTRES

ADMINISTRATEUR DE LA BIBLIOTHÈQUE DE L'ARSENAL

PARIS

LIBRAIRIE HACHETTE

79, BOULEVARD SAINT-GERMAIN

1929

BIOGRAPHIE
DU CARDINAL
DE RETZ

AVERTISSEMENT

L'auteur de l'avertissement placé en tête du tome Ier des *OEuvres* du cardinal de Retz paru en 1870, indiquait que la Notice biographique présente devrait passer rapidement sur les faits rapportés en détails dans ses *Mémoires* par le célèbre coadjuteur et étudier principalement les périodes de la vie du personnage qui n'étaient que peu ou pas mentionnées par lui. Un contrôle néanmoins s'imposait sur les affirmations de Retz : il fallait les confronter avec les témoignages des contemporains mêlés aux mêmes événements afin de s'assurer de leur véracité. A mesure de la publication des *Mémoires*, les annotateurs ont commencé ce contrôle. Depuis, nombre de documents ont été retrouvés qui permettent d'étendre et de compléter ces constatations. On peut dire même qu'avec la masse des pièces rassemblées, on serait en mesure de reprendre la vie de Retz entière de façon relativement minutieuse. Les dimensions forcément restreintes de cette Notice ne permettent pas, malheureusement, de donner à cette histoire l'ampleur qu'elle pourrait avoir. Conformément aux sentiments des premiers éditeurs, nous passerons donc rapidement sur les épisodes de la vie de Retz pour lesquels le cardinal a fourni des informations circonstanciées, le plus souvent, il faut le dire, d'ailleurs, et pour des faits d'importance secondaire, d'une complication extrême, et, parfois aussi, des plus obscures. Nous chercherons surtout à présenter les conclusions auxquelles l'examen critique des sources permet d'arriver sur maintes circonstances de la vie du coadjuteur, entre autres les principales et celles qui sont nouvelles par rapport aux *Mémoires*, ou sur lesquelles ceux-ci donnent des indications erronées. Les références abondantes que nous nous sommes appliqué à consigner offriront le moyen à ceux qui vou-

draient approfondir certains points de retrouver les sources nécessaires [1].

1. C'est M. Chantelauze qui devait faire à l'origine la présente Notice.
Nul n'a étudié plus longuement que lui la vie de Retz. La collection de
documents qu'il avait constituée à cette intention est conservée à la Bibliothèque de l'Institut sous les cotes 1310 à 1348. Il a indiqué dans l'avertissement au tome IX, page IV, des *OEuvres* de Retz, comment il aurait conçu
cette biographie. Il est regrettable que la mort l'ait empêché de réaliser son
œuvre. Nous ne saurions trop rendre justice à ce que nous lui devons. Il
n'y avait pas eu jusqu'ici de grande biographie critique de Retz, en revanche
nombre de sortes d'essais tels que ceux de V.-D. Musset-Pathay, *Recherches
historiques sur le cardinal de Retz*, Paris, 1807, in-8° ; Lemontey, *Notices sur
le cardinal de Retz*, Paris, 1821, in-8° ; A. Buhot de Kersers, *Étude littéraire sur le génie et les écrits du cardinal de Retz*, Bourges, 1862, in-8° ;
E. Zévort, *Étude sur le cardinal de Retz*, Paris, 1863, in-12 ; Léonce
Curnier, *Le cardinal de Retz et son temps*, Paris, 1863, 2 vol. in-8° ; Topin,
Étude sur le génie et les écrits du cardinal de Retz, Paris, 1863, in-4° ;
H. Durand, *Le cardinal de Retz*, Angers, 1868, in-8°, etc. Nous avons
abrégé ici notre ouvrage paru dans la collection des *Figures du passé*
(*Le cardinal de Retz*, Hachette, 1927, in-8°) en donnant la documentation
critique sur laquelle repose ce livre.

I

ORIGINES ET ENFANCE

Il n'y a pas lieu de s'attarder sur les prétentions qu'ont eues les
Gondi et particulièrement Retz de descendre d'une famille italienne
illustre et lointaine[1]. Les lettres d'érection du duché de Retz, de
novembre 1581, énuméraient déjà ces prétentions qui remontaient,
d'après leur auteur, au xiie siècle[2]. Retz faisant rédiger vers la fin de
sa vie sa généalogie par un de ses cousins, Corbinelli, « se piquoit d'y
trouver cinq cents et tant de quartiers sans aucune mésalliance »,
et d'aller même jusqu'à Charlemagne[3]. Cette généalogie envoyée
à M. d'Hozier motiva de la part de celui-ci des critiques justifiées
relatives aux erreurs qu'elle contenait[4].

1. « Je sors, a écrit Retz, d'une maison illustre en France et ancienne en
Italie » (*Mém.* dans *OEuvres*, t. I, p. 81. C'est toujours, naturellement,
l'édition des Grands Écrivains de ces *OEuvres* que nous citerons). Tallemant
des Réaux fait allusion aux prétentions en ce sens de Retz (*Historiettes*, éd.
P. Paris, t. V, p. 188). Voir aussi : *Remarques sommaires sur la Maison de
Gondi* (attribué faussement par Retz à d'Hozier) reproduites dans Retz,
OEuvres, t. IX, p. 432. Retz se donne « six vingt-huit quartiers, ce qui est
assez rare ».

2. Bibl. nat. ms. Clairambault 1136, fol. 44 v°.

3. Corbinelli, *Histoire généalogique de la maison de Gondi*, Paris,
J.-B. Coignard, 1705, 2 vol. in-4°. Un exemplaire de la Bibl. nat. porte
des notes manuscrites de d'Hozier. On a des détails curieux sur la passion
que mettait Retz à constituer cette généalogie dans les *Mém.* de Guy Joly
(Amsterdam, 1718, t. II, p. 227) et Dom Calmet, *Bibliothèque lorraine*,
Nancy, 1751, in-fol., col. 430. La duchesse de Lesdiguières, nièce de
Retz, qui a fait les frais de la publication de Corbinelli, a consacré
le faste des prétentions généalogiques de son oncle dans l'ornementation de
la chapelle des Gondi, lieu de leur sépulture, à Notre-Dame de Paris
(*Description historique des curiosités de l'Église de Paris*, Paris, 1763, in-12,
p. 179).

4. Bibl. nat. ms. Clairambault 1136, fol. 49 r°, sur un exemplaire des

Ce qu'on peut dire, c'est que les Gondi appartenaient à une de ces familles laborieuses de Florence qui, peu à peu enrichies par la banque et le commerce, et étant arrivées à remplir les hautes charges de la République telles que celles de gonfalonniers, sénateurs, podestats, faisaient figures de nobles florentins[1].

Celui d'entre eux qui nous intéresse plus spécialement est un cadet du début du xvie siècle, Antoine de Gondi, qui vint s'installer à Lyon à cette date et qui sera l'auteur de la lignée des Gondi de France. Brantôme et les mazarinades parlent de cet Antoine de Gondi et de sa femme en termes sévères[2]. Bien qu'il soit nécessaire de faire la part, dans ce qu'ils disent, de la passion politique, il est difficile, devant des précisions répétées, de ne pas croire qu'il n'y ait pas quelque donnée exacte dans leurs articulations. Antoine de Gondi aurait été assez mince personnage, simple « marchand ». Il se serait rendu adjudicataire de la régie des biens de l'abbaye de la Chassagne, en Bresse, voire même du « domaine de la ville de Lyon », serait devenu économe de l'Ile Barbe[3]. Le plus clair de son affaire fut un mariage avantageux qu'il contracta en 1516. D'Hozier nous dit que la femme qu'il épousa n'était pas noble, mais bourgeoise, fille d'un receveur du Domaine de Lyon. Elle s'appelait Marie de Pierrevive[4]. Grâce à elle, Antoine de Gondi se trouva possesseur de maisons, prés, vignes, entre autres : d'une vigne « au territoire de la Guillotière », d'une terre et d'une maison au lieu dit Peyron, près Saint-Genis, d'où le nom qu'il prit de M. Du Peyron[5]. Ayant réalisé ainsi quelque fortune, il se

Remarques sommaires sur la maison de Gondi que nous venons de citer. Cet exemplaire porte la note suivante ms. du fils de d'Hozier : « Le dit feu mon père étant fort des amis de feu M. le cardinal de Retz et de feu M. de Caumartin, .. a eu la complaisance de laisser mettre son nom à ces « Remarques » que le cardinal de Retz lui-même, avec M. de Caumartin, avait composées. » Voir sur ces *Remarques* la note de Chantelauze dans Retz, *OEuvres*, t. IX, p. 420 et suiv. Chantelauze avait en vain cherché ce document que nous avons retrouvé dans la collection Clairambault.

1. Voir la note que nous venons de mentionner de Chantelauze.

2. D'après Brantôme (*OEuvres*, éd. P. Mérimée, t. VI, p. 264), le père d'Antoine de Gondi était meunier à deux lieues de Florence. Voir : *Le Bon frondeur qui fronde les mauvais frondeurs*, Paris, 1651, in-4° ; *la Véritable fronde des Parisiens*, Paris, 1652, in-4°.

3. Notes manuscrites de d'Hozier, Bibl. nat. ms. Clairambault 1136, fol. 52 r°.

4. Ibid., fol. 53. Son père, reçu en 1504, dit d'Hozier, n'était qualifié que de « bourgeois de Lyon ».

5. D'après les Archives de Lyon, CC. 15, mentionnées dans Bibl. de l'Institut, ms. 1310, p. 33 et suiv.

serait établi banquier : mais là, il n'aurait pas réussi, aurait fait deux fois banqueroute et ruiné des familles honorables [1].

Quant à Mme Du Peyron, les gens du xvie siècle et ceux du temps de la Fronde sont extrêmement âpres contre elle. Ils la traitent de « la plus insigne courtisane en son temps ». Ils assurent « qu'elle eut la réputation d'être la plus fameuse m..... de l'Europe [2] ». Qu'y a-t-il de vrai dans ces imputations ? Ce qui est plus sûr, c'est que Mme Du Peyron avait le goût des petits chiens, qu'elle les revendait, qu'elle savait des recettes. Lorsque la reine Catherine de Médicis vint à passer par Lyon, elle se fit présenter à elle, lui vendit ses bêtes, se fit emmener par la souveraine pour les soigner, prenant dans ses bagages, avec elle, son mari et un fils, Albert, que les banqueroutes du père avaient obligé de gagner sa vie en se plaçant, soit comme commis chez un trésorier de Lyon, soit comme clerc chez un M. Le Camus, intendant des vivres [3].

Ici va commencer la fortune de la famille. Après les petits chiens, Mme Du Peyron parvint à se faire affecter aux soins des enfants de la reine et lorsque Catherine de Médicis, devenue régente, fut toute puissante, la faveur des Gondi se manifesta [4].

Si Marie de Pierrevive avait eu le talent d'introduire les siens à la cour, le grand succès des Gondi, il faut le dire, allait être dû surtout au fils de celle-ci, Albert, qui va devenir le maréchal de Retz.

C'était un homme distingué, élégant, à la figure douce, intelligent, adroit [5]. On le tenait pour un parfait courtisan [6]. Brantôme, qui ne l'aime pas, dit pis que pendre de lui, le qualifie de « cor-

1. Le fait est relevé souvent aux xvie et xviie s. : Brantôme, *op. et loc. cit.* et les mazarinades que nous venons d'indiquer. Les pamphlets écrits contre Retz durant la Fronde ne se font pas faute de rappeler cette imputation.

2. Brantôme (*op. et loc. cit.*) la qualifie de « grande revenderesse de p... »

3. Voir : *Le Bon frondeur qui fronde les mauvais frondeurs*, Paris, 1651, in-4°, p. 10 ; *La Véritable fronde des parisiens*, Paris, 1652, p. 4 et suiv.

4. Nous trouvons Marie de Pierrevive « commise à l'intendance » des bâtiments des Tuileries sous Catherine de Médicis. Voir P.-M. Bondois, *Bernardo Carnesecchi, jardinier de Catherine de Médicis*, dans *Revue du seizième siècle*, t. XIV, 1927, p. 389.

5. Les portraits de la famille de Gondi étaient conservés au xviie siècle au château de Villepreux (lettre de Retz à M. de la Fons, du 7 juillet 1672, dans *OEuvres*, t. VIII, p. 503). Ce sont ces portraits qui ont été gravés dans la *Généalogie* de Corbinelli dont nous venons de parler. Il existe un beau portrait d'Albert de Gondi aux trois crayons du xvie siècle au Cabinet des estampes de la Bibliothèque nationale.

6. « Parfait modèle d'un excellent courtisan » (*Seconde lettre d'un bon français*, Paris, 1655, in-fol., p. 26).

rompu, menteur » et fripon [1]. S'il faut en croire les lettres d'érection du duché de Retz en 1581 qui énumèrent les titres d'Albert à
cette distinction, le personnage aurait mieux valu que cela. Il a
réussi, en effet, auprès de quatre rois : Henri II, François II,
Charles IX, Henri III, qu'il a accompagné en Pologne. Il a fait
toutes les guerres du siècle, assisté à six batailles, à des quantités
de combats, à de nombreux sièges. Il a commandé en chef deux
fois des armées, pris le marquisat de Saluces, et, homme heureux,
n'a pas subi d'échec. Diplomate prudent et habile, ses talents ont
été en outre utilisés dans des ambassades en Allemagne, en Angleterre, en Italie, en Pologne, et il a réussi partout [2]. Comment s'étonner que les rois, dont il avait été un peu le camarade d'enfance,
l'aient comblé ? Il fut fait premier gentilhomme de la Chambre [3],
maître de la garde robe de Charles IX, conseiller d'État, chevalier
du Saint-Esprit, commandant de la compagnie des Cent gentilshommes de la Maison du roi, maréchal à la place de Tavannes,
gouverneur de Metz et pays messin, de la Provence, duc de Retz,
marquis de Belle Isle et des Iles d'Hyères, général des galères
de France [4]. Comme argent, il eut tout ce qu'il voulut. Tallemant des Réaux assure qu'il avait 100000 livres de rentes ; une
mazarinade de 1652 dit 500000. Il mourut en 1602 plein d'honneur [5].

1. Brantôme est particulièrement sévère sur lui (*OEuvres* de Brantôme,
éd. P. Mérimée, t. VI, p. 264, 266). Il dit (t. V, p. 221) qu'il aurait été
« le premier et principal auteur et conseiller du fait » de la Saint-Bar-
thélemy. Naturellement on assura qu'Albert de Gondi avait été l'amant
de Catherine de Médicis (*L'Apocalypse de l'État*, 1652, in-4°, p. 6 ; *le
Caducée d'Etat*, 1652, in-4°, p. 12). Les *Mémoires* de Richelieu se bornent
à dire qu'il fut « la créature de la reine Catherine » (éd. Michaud, t. I,
p. 136).

2. Bibl. nat., ms. Clairambault 1136, fol. 44 v°.

3. Nous avons une quittance de lui de 1200 livres qu'il recevait à ce titre
par an (1575. Bibl. nat., nouv. acq. fr. 1470, fol. 683).

4. Au sacre d'Henri III le maréchal de Retz fit même office de connétable
ce qui indigna beaucoup de personnes, déclare Brantôme (*op. cit.*, t. III,
p. 17). Il existe un factum du comte de Brissac contre le duc de Retz à
propos des prétentions de celui-ci d'entrer à ce titre aux États de Bretagne
(Bibl. nat., ms. fr. 16258, fol. 569).

5. Tallemant, *op. et loc. cit.* *L'Apocalypse d'État*, 1652, in-4°, p. 9.
L'Estoile écrit dans son *Journal de Henri III* (éd. Michaud, p. 37) : « La dame
du Perron n'avait pas 2000 livres de revenus. A la mort de Charles IX le
comte de Retz... avait 100000 livres de rentes, et, argent comptant ou
meubles, 15 à 1800000 livres ». Voir : *Consolations funèbres sur la mort de
Albert de Gondi, duc de Rais, pair et mareschal de France*, Paris, E. Colin,

Son mariage avait aidé à sa fortune. Il avait épousé la veuve du
baron d'Annebaut, Claude Catherine de Clermont, qui tenait de son
premier mari la baronnie de Retz, érigée ensuite en duché au profit
d'Albert de Gondi[1]. C'était une femme distinguée. Elle a joué un
rôle dans l'histoire littéraire du temps. Elle faisait partie de l'Aca-
démie des Valois, a protégé Amadys Jamin, parlait latin, était fort
instruite[2]. Par ses qualités et sa situation de famille, elle a contribué à introduire dans la société du temps un italien trop fraîchement parvenu aux grands honneurs français.

Et de là, le reste de la famille, suivant des usages qui ont duré
jusqu'à la fin de l'ancien régime, participa tout entière à la distribution des faveurs.

Un frère du maréchal, Pierre, fut fait évêque de Langres, puis
de Paris, cardinal, ambassadeur, chevalier du Saint-Esprit, membre
du conseil du roi, honnête homme d'ailleurs, non sans quelque
mérite, qui rendit des services à Henri III, discuta avec Rome la
conversion d'Henri IV, en faveur duquel il se prononça, et mourut
en 1616 à 83 ans, nanti de 200000 livres de rentes[3]. Le cardinal

1602, in-8°. Il existe un « Journal d'un familier du maréchal de Retz de
1601 à 1604 ». Bibl. nat., mss. 5826-5827, 127 et 142 feuillets.

1. Il y eut des procès à propos de cette baronnie qui était une des neuf
grandes baronnies de Bretagne (« Extrait du procès pendant aux requêtes du
palais à Paris entre Olivier de Feschal, seigneur de Poligny, d'une part,
et Albert de Gondy, maréchal de France et Catherine de Clermont son
épouse, jadis femme de Jean, baron d'Annebault, comte de Raiz. » Bibl.
nat., ms. fr. 20221, fol. 154 et 219). Nous avons des lettres de Catherine de
Clermont, duchesse de Retz (Bibl. nat., Mél. Colbert 110, fol. 210 ;
151, fol. 111). De spécieuses généalogies la faisaient descendre de
Hugues III, duc de Bourgogne, issu de Robert de France, duc de Bourgogne (Bibl. nat., ms. fr. 20254, fol. 20 r°).

2. Cf. *Revue du seizième siècle*, 1924, t. XI, p. 10. Il y a un portrait
d'elle au crayon, par François Clouet au Cabinet des estampes de la Bibliothèque nationale (H. Bouchot, *Les femmes de Brantôme*, Paris, Quantin,
1890, in-4°, p. 160). On trouvera des détails sur elle dans un « Mémoire
qui fut donné à M. de Cospeau [Cospéan], évesque d'Aire, lorsqu'il fit
l'oraison funèbre de feue Madame la duchesse de Retz (Bibl. nat., ms. fr.
20252, fol. 76). Cette oraison funèbre elle-même serait, croit-on, perdue
(note de Feillet, dans Retz, *Œuvres*, t. I, p. 183).

3. Voir une notice détaillée sur lui dans Chantelauze, *Saint Vincent de
Paul et les Gondi*, Paris, Plon, 1882, in-8°, p. 44. La statue à genoux de
Pierre de Gondi qui figurait autrefois dans la chapelle des Gondi à Notre-
Dame de Paris, se trouve aujourd'hui au Musée de Versailles. Nous avons
la quittance qu'il donna du collier et de la croix de l'ordre du Saint-Esprit
lorsqu'il les reçut avec promesse que ces objets seraient restitués au roi après
son décès (Bibl. nat. Mél. Colbert 49, fol. 285).

de Richelieu qui ne l'aimait pas — il n'a jamais pu souffrir toute cette famille — lui trouvait du bon sens[1].

Un autre frère, Charles de Gondi, dit M. de la Tour, ne vécut pas assez pour être aussi bien pourvu. Il fut maître de la garde-robe du roi, chevalier du Saint-Esprit, capitaine de cinquante hommes d'armes et membre du conseil privé[2].

Mais ce furent les trois fils du maréchal qui eurent abondamment leur part. L'un, Henri, né en 1572, fut destiné, à vingt-quatre ans, en 1596, à succéder à son oncle l'évêque de Paris : il fallait conserver le siège dans la famille ; il devra d'ailleurs attendre vingt ans, jusqu'en 1616 pour avoir la succession. Le personnage était médiocre. Louis XIII le fera cardinal en 1618, le mettra dans son conseil. Richelieu dit qu'il avait « l'esprit doux, mais qu'il était faible, de nulles lettres et de peu de résolution ». Il aida libéralement à la fondation des établissements religieux qui se développèrent tant au début du xviie siècle et mourut à quarante-neuf ans en 1621, inaperçu[3].

Le deuxième fils, Jean-François, était encore plus médiocre ! Son frère aîné eut l'idée de le prendre pour coadjuteur avec future succession. L'évêché de Paris devenait ainsi un bien personnel de la famille, transmissible. Tallemant assure qu'il « ne savait rien ». Son neveu, notre cardinal, qui a été son coadjuteur et son successeur, l'a cordialement méprisé, le trouvant « le plus faible et le plus glorieux de tous les hommes », à traiter « comme un enfant », « petit, jaloux, difficile, n'ayant point de sens, une linotte[4] ». Jean-

1. Richelieu, *Mém.*, éd. Michaud, t. I, p. 136.

2. Voir : *Oraison funèbre prononcée à Paris, le 21 juin à la sépulture du corps de feu messire Charles de Gondy, seigneur de la Tour, Mézières et Nandy, capitaine de cinquante hommes d'armes, maître de la garde robe du roy, par F. Th. Beaux-Amis.* Paris, G. Chaudière, 1574, in-8°.

3. Cf. Chantelauze, *Saint Vincent de Paul et les Gondi*, p. 54. Henri de Gondi a été le premier cardinal de Retz. Il recevait du roi une pension de 20 000 livres par an (quittance de lui d'un quartier de cette pension, 28 décembre 1618, Bibl. nat., ms. fr. 25966. fol. 57). Si Richelieu le trouvait « faible » Sully ne l'estimait pas mieux et méprisait son origine (*Economies royales*, éd. orig. in-fol., t. II, p. 39). Voir : *Discours funèbre sur le trépas de Monseigneur l'illustrissime... cardinal de Retz, vivant, évêque de Paris. par M. I. L. B. P. P.* Paris, imp. de Julliot, 1622, in-8°.

4. Voir sur lui la notice de Chantelauze : *Saint Vincent de Paul et les Gondi*, p. 60. Le jugement de Retz est dans une lettre à l'abbé Charrier du 5 octobre 1651 (Retz, *Œuvres*, t. VIII, p. 17). Nous avons des lettres du personnage : Bibl. nat., mss. fr. 16156, fol. 238 ; 17362, fol. 249. Il avait fondé le séminaire de Saint-Magloire rue Saint-Jacques (Bibl. nat., ms. fr. 20942, p. 540).

Françcois succédera à son frère en 1621, et en 1622, le pape Grégoire XV ayant, à la demande de Louis XIII, érigé l'évêché de Paris en archevêché, il sera le premier archevêque du siège[1]. Nous verrons plus loin ses relations avec son neveu.

Le troisième fils, père de notre cardinal, se nommait Philippe Emmanuel. Il avait voulu se faire prêtre. Mais « Monsieur son père l'avait engagé dans le mariage », en lui faisant épouser Marguerite de Silly, fille du comte de La Rochepot, seigneur de Commercy, et lui avait passé sa charge de général des galères de France, ainsi que celle de lieutenant général du roi ès mers du Levant[2]. Philippe Emmanuel était un homme pieux, un peu bizarre, pas très brave, écrit Tallemant des Réaux. Son fils, le coadjuteur, n'a jamais eu de considération pour lui[3]. Mais il se recommande à l'histoire par la protection fidèle qu'il a accordée à Saint Vincent de Paul. Car c'est lui qui a aidé, encouragé, soutenu de ses dons le grand saint et lui a permis de mener à bien ses fondations, secondé en cela par sa femme, Marguerite de Silly. Marguerite de Silly étant morte à quarante-deux ans, en 1625, Philippe Emmanuel reprit ses idées de vocation religieuse, entra à l'Oratoire le 6 avril 1627. Il mourra octogénaire en 1662 à Joigny[4].

Le maréchal de Retz avait eu une fille, la marquise de Maignelay, la plus remarquable de ses quatre enfants, une sainte femme, pleine de vertus. Richelieu qui, nous l'avons dit, détestait la famille, faisait exception pour elle et la tenait pour la personne la plus digne de considération de son siècle[5].

1. Cf. G. Audollent, *La Création de l'archevêché de Paris.* Paris, s. d., in 8°, 32 p.

2. Voir : « Recueil de vies de quelques prêtres de la congrégation de l'Oratoire de Jésus-Christ, par le P. Edme Cloyseault, oratorien. » 1724. Bibl. nat., ms. fr. 20942, fol. 523. L. Batterel, *Mémoires domestiques pour servir à l'histoire de l'Oratoire*, Paris, Picard, 1902, in-8°, t. I, p. 322-361 Le contrat de mariage de Philippe Emmanuel avec Marguerite de Silly a été donné par Cl. Cochin dans Retz, *Œuvres,* t. XI, p. 309. Nous avons dans le ms. fr. 23054, fol. 356 de la Bibl. nat., une pièce administrative intéressante de Philippe Emmanuel comme général des galères.

3. Tallemant, *Historiettes,* éd. P. Paris, t. V, p. 181 ; t. III, p. 40.

4. Chantelauze, *Saint Vincent de Paul et les Gondi.* p. 76 et suiv., p. 211. Sur Marguerite de Silly, voir : C.-E. Dumont, *Histoire de la ville et des seigneurs de Commercy,* 1843, in-8°, t. II, p. 71. « L'incomparable Marguerite de Silly ! » dit Corbinelli dans la *Généalogie des Gondi* citée plus haut. Il fut question en 1637 du P. de Gondi, oratorien, pour l'archevêché de Paris (note des papiers de Richelieu dans le fonds Baluze de la Bibliothèque nationale, citée par V. Cousin, *Madame de Hautefort,* p. 297).

5. Voir une lettre de Richelieu à Mme de Maignelay, Bibl. nat., ms. fr.

De toutes ces générations de Gondi, jusqu'ici, en somme, c'est celle du maréchal qui est la plus remarquable ; les autres sont composées de personnages ordinaires.

Laissons des branches annexes. Notons seulement quelques particularités que nous rencontrerons. Plusieurs Gondi portent le titre de duc de Retz. Les aînés en effet de plusieurs branches avaient le droit de se parer du titre ducal. Le frère aîné de notre cardinal, Pierre, sera duc de Retz, quoique chef d'une ligne cadette et le titre sera également porté par le fils de Charles de Gondi, M. de La Tour, frère du maréchal, Henri. Cet Henri qui n'aura pas de fils, donnera sa fille en mariage à Pierre et les deux duchés se trouveront réunis en 1633 par démission du duc Henri. Après quoi, le duc Pierre n'ayant eu que deux filles, les duchés de Retz s'éteindront [1].

Parmi les autres Gondi, il y a un Jérôme, frère ou neveu du maréchal, qui a construit à Paris, sur l'emplacement actuel de l'Odéon, un magnifique hôtel, devenu ensuite le somptueux hôtel de Condé [2]. Les Gondi, d'ailleurs, ont possédé beaucoup de rési-

23200, fol. 300 r°, et des documents relatifs à elle : Ibid., n. a. fr. 1470, fol. 689 et suiv. M. Xavier de Bonnault d'Houet avait entrepris d'écrire son histoire mais est mort sans, croyons-nous, avoir terminé son travail (*Biblioth. de l'Ecole des Chartes.* 1923, p. 249). Mme de Maignelay est morte aveugle en 1650. Nous avons son *Oraison funèbre* par le P. Senault (Paris, 1650. in-4°) et le P. Marc de Bauduen, *la vie admirable de... Charlotte Marguerite de Gondy* (Paris, N. Buon, 1666, in-12).

1. Sur le duché pairie de Retz, voir la notice de Saint-Simon dans ses *Ecrits inédits.* éd. Faugère, t. V, p. 398 ; t. VI, p. 70 et suiv. Le texte de la démission de 1633 se trouve à la Bibl. nat., Mélanges Colbert 14, fol. 255, et à la suite l'acte du roi acceptant.

2. Corbinelli dit qu'Antoine de Gondi avait un frère nommé Jérôme (Bibl. de l'Arsenal, ms. 4953, fol. 6 v°). Ce serait sans doute celui-ci ou son fils qui aurait bâti l'hôtel dont il s'agit. P. Paris dans une note de Tallemant (*Historiettes.* t. V, p. 196) dit que ce serait le fils, lequel vendit la demeure au prince de Condé en 1612. Sur cet hôtel, voir : G. Brice, *Nouvelle description de la ville de Paris,* éd. de 1685, t. III, p. 348 ; Sauval, *Histoire et recherches des antiquités de la ville de Paris,* Paris, 1724, in-fol., t. II, p. 66 et 131 : Bibl. nat., ms. fr. 16553, fol. 97 et suiv. « Etat général de ce qui a été inventorié dans l'hostel de Condé » ; Ibid. mss. Dupuy 94, fol. 56-60, procès-verbal d'une perquisition opérée à l'hôtel du prince de Condé en 1616. — On trouve un Jean-Baptiste de Gondi, maître d'hôtel du roi en 1577 (Bibl. nat., ms. n. a. fr. 1470, fol. 696), conducteur des ambassadeurs en 1607 (Ibid.). Son buste, par B. Prieur, est à Versailles (Soulié, *Notice historique sur le château de Versailles,* t. II, p. 384). Il a rendu des services à Henri III lorsqu'il était en Pologne, pour des affaires d'argent (Bibl. nat., ms. fr. 15890, fol. 324). Il a existé encore un Alphonse de

dences, des châteaux à Noisy-le-Roi, Villepreux, Joigny, Montmirail. Ils avaient à Saint-Cloud « la Maison rouge » qui a précédé le
château que l'on sait et où a été assassiné Henri III [1].

C'est précisément dans un de ces châteaux, celui de Montmirail,
en Champagne, appartenant à Philippe-Emmanuel, le troisième
fils du maréchal, que naissait en septembre 1613, Jean-François
Paul de Gondi, notre futur coadjuteur. Il était baptisé dans l'église
du lieu le 20 septembre : nous avons les registres de la paroisse.
On ne sait pourquoi Retz répétera plusieurs fois être originaire de
Paris et avoir vu le jour en 1614 [2].

Il était le troisième fils de son père. L'aîné de ses frères, Pierre,
comte de Joigny et duc de Retz, né en 1602, avait onze ans de
plus que lui ; le deuxième, Henri, marquis des Isles d'Or ou des
Isles d'Hyères, avait trois ans de plus [3].

Gondi maître d'hôtel de Madame, sœur de Charles IX, en 1568 (Bibl. de
l'Institut, ms. 1328, p. 1. quittance originale de lui).

1. Vicomte de Grouchy, *La maison des Gondi à Saint-Cloud*, dans *Bullet.
de la Société de l'histoire de Paris et de l'Ile de France*, t. XVIII, 1891, p. 45.
La terre de Villepreux appartenait aux Gondi depuis 1580 (Lemoine,
Correspondance du chevalier de Sévigné, p. 227). Nous reviendrons plus loin
sur Noisy. Il existe près de Marly un endroit appelé « le désert de Retz »
(*Commission des antiquités et des arts de Seine-et-Oise*, 1916, 36e vol.,
p. 63-71).

2. Retz a pris la qualité de parisien dans sa thèse de baccalauréat et
dans les Registres capitulaires de Notre-Dame de Paris (Cf. Retz, *OEuvres*,
t. IX, p. 2 et 375), néanmoins il dit dans ses *Mém*. (*Ibid*, t. I, p. 82) être
né à Montmirail. La date de 1614 vient de Corbinelli qui écrivait sous les
yeux et sur les indications de Retz (*Histoire généalogique*, t. I, p. 164).
Cette erreur a été répétée par le P. Anselme, la *Gallia Christiana*, Jal, la
Biographie Michaud, etc. Une note de A. Longnon (*Annuaire-Bulletin de la
Société de l'histoire de France*, 1869, p. 154-159) avait déjà permis de
rectifier. L'acte de baptême que nous possédons (copie authentique délivrée
par le maire de Montmirail dans Bibl. de l'Institut 1328, fol. 2), ne permet
pas de doute. On y a écrit le nom de Gondy avec un y. Retz, plus tard,
signera Gondi, avec un *i* (original de sa démission de l'archevêché de Paris
en 1654, Bibl. nat., ms. fr. 16519, fol. 179). Le château de Montmirail
de 1613, qui a été plus tard entièrement reconstruit par Michel le Tellier,
figure dans les vues gravées par Chastillon et Mérian. Le parrain était
l'oncle de l'enfant, Jean-François de Gondi, premier archevêque de Paris,
auquel il succédera.

3. Cf. Chantelauze, *Saint Vincent de Paul et les Gondi*, p. 79. Pierre
épousera sa cousine Catherine de Gondi fille de Henri de Gondi duc de
Retz et deviendra duc de Retz. Il n'aura que deux filles qui seront les seules
héritières de notre cardinal. Celui-ci « a toujours traité son frère avec un

Les trois enfants furent élevés ensemble. En 1613, l'année même
de la naissance du troisième, le père, Philippe-Emmanuel, ayant
demandé à M. de Bérulle, supérieur de l'Oratoire, de lui désigner
un ecclésiastique qui servît de précepteur à ses fils, avait vu arriver chez lui celui qui devait être saint Vincent de Paul, alors curé
de Clichy, âgé de 37 ans. M. Vincent avait accepté sans enthousiasme. Il a dû arriver à Montmirail lorsque le futur coadjuteur
venait de naître. Il restera dans la famille environ trois ans, jusqu'en 1617, et là, expliquera à M. de Bérulle que, tout entier à
l'idée d'évangéliser les paysans et de secourir les pauvres, la tâche
de précepteur ne lui convient pas. Sur quoi les chanoines de Lyon
ayant demandé au supérieur de l'Oratoire de leur envoyer un prêtre
pour la cure rurale de Chatillon-les-Dombes, en Bresse, et Bérulle
ayant encore désigné M. Vincent, celui-ci, vers la fin de juillet
1617, quittait brusquement les Gondi sans les prévenir, et dispa-
raissait. Paul de Gondi avait un peu plus de trois ans et demi.
M. et Mme de Gondi désolés parvinrent, ensuite, à force d'instances, à faire revenir M. Vincent, mais sous conditions, posées
par celui-ci, qu'il ne s'occuperait que de ses œuvres. Et en effet il
devait employer son temps à aller de villages en villages catéchiser,
prêcher. Nommé par M. de Gondi aumônier royal des galères, il
se rendra à Marseille en 1622, donnera ses soins aux forçats, aux
prisonniers ; en 1624 il fondera la congrégation de la Mission,
puis, l'année suivante, 1625, Mme de Gondi étant morte, M. de
Gondi voulant se faire oratorien, Paul de Gondi se trouvant mis au
collège des jésuites de Louis le Grand, M. Vincent disparaît pour
la famille. Il est donc difficile de répéter ce qu'on a dit jusqu'ici, à
savoir que Vincent de Paul a fait l'éducation du coadjuteur. Il a
vu à peine l'enfant entre sa naissance et l'âge de douze ans, n'était
pas chargé de l'instruire, n'a pu s'occuper de sa formation ni intellectuelle ni morale[1] ? On ne saurait donc redire avec Victor Cousin

mépris extraordinaire » (*Lettre écrite à M. le cardinal de Retz par un de ses
confidents de Paris*, 1655, in-fol., p. 40). Le deuxième frère, Henri, était
blond, tandis que les deux autres enfants étaient bruns, dit Tallemant. Il va
mourir jeune. Les Iles d'Hyères s'appelaient aussi les Iles d'or « à cause de
l'abondance et bonté de toute ceste coste là » (*Les confessions de Jean-
Jacques Bouchard*, Paris, Liseux, 1881, in-12, p. 202).

1. Nous renvoyons pour tous ces détails au livre d'Abelly, *Vie de Saint
Vincent de Paul*, Paris, 1664, in-4º, p. 27 et suiv., puis à celui de Chan-
telauze, *Saint Vincent de Paul et les Gondi*. Nous avons peu de lettres de
Saint Vincent à Retz (cf. *Correspondance de Saint Vincent de Paul*, éd. Coste,
Paris, Gabalda, in-8º, t. VII, p. 436, t. VIII, p. 26). Dans cette volumi-
neuse correspondance même, Saint-Vincent parle une vingtaine de fois à

que le cardinal de Retz a fait « des études de théologie fort solides sous saint Vincent de Paul », Saint Vincent de Paul n'est pour rien dans l'éducation théologique de notre personnage [1].

Entre temps s'était posée une question délicate. Des trois enfants de Philippe-Emmanuel, le second, marquis des Isles d'Or, destiné à être d'Église afin de recueillir la succession épiscopale de l'oncle, et nanti dès le berceau des abbayes de Buzay et de Quimperlé, était mort à douze ans, en 1622, d'un coup de pied de cheval. Suivant l'usage du temps c'était au troisième, Paul de Gondi, à être d'Église afin de conserver l'archevêché de Paris [2]. A neuf ans on ne vous consulte pas, à cette époque, pour des questions semblables qui sont décidées par les grandes personnes. Le cardinal de Richelieu fut prié de demander à Marie de Médicis de transmettre à l'enfant les abbayes de son frère, ce qui fut fait. Quimperlé, en Bretagne, rapportait 8000 livres, Buzay, près de Machecoul, au diocèse de Nantes, 15000 : en tout 23000, revenu appréciable pour un enfant [3]. Paul de Gondi fut donc abbé. En 1627, à quatorze ans, on le nommera chanoine de Notre-Dame de Paris, mais une fois installé au chapitre il n'y paraîtra plus [4].

peine du cardinal (indication qu'a bien voulu nous fournir l'éditeur de la correspondance, M. Coste). Comme aumônier dans la marine du levant. Saint Vincent recevait 600 livres par an (quittance de lui pour l'année 1623 : Bibl. nat., ms. fr. 26202). Il est à remarquer que Saint Vincent pour ne pas élever les fils de M. de Gondi prétextait qu'il n'avait aucune aptitude à cet office et n'y entendait rien. M. de Gondi écrivait à M. de Bérulle : « Dites lui que quand bien M. Vincent n'aurait pas la méthode d'enseigner la jeunesse, qu'il peut avoir un homme sous lui, mais qu'en toutes façons je désire passionnément qu'il revienne en ma maison où il vivra comme il voudra » (Abelly, *op. cit.*, p. 39).

1. V. Cousin, *Fragments de philosophie cartésienne*. Paris, 1845, in-18, p. 154-156.

2. Tallemant des Réaux. *Historiettes*, t. V, p. 182. D'après Tallemant, Paul de Gondi était déjà chevalier de Malte : il l'aurait été dès sa naissance. On ne trouve pas de confirmation de ce fait. La demande de transmission des abbayes de Buzay et Quimperlé à Paul de Gondi fut présentée au cardinal de Richelieu par Schomberg dans une lettre à celui-ci du 23 septembre 1622 pour être sollicitée de Marie de Médicis. Schomberg avait épousé une fille de Mme de Maignelay (Chantelauze, *Saint Vincent de Paul et les Gondi*, p. 146).

3. Dom Beaunier, *Recueil historique, chronologique et ethnographique des archevêchés, évêchés, abbayes, prieurés, etc. en France*, Paris, 1726, in-4°, t. II, p. 940. Buzay, qui datait du xiie siècle, était à sept lieues au Sud de Nantes.

4. Paul de Gondi fut nommé chanoine de Paris par son oncle l'archevêque, le 31 décembre 1627 à la place de Isaac de Lartigue et installé du

Il raconte dans ses *Mémoires* qu'on l'a obligé à être d'Église malgré lui. Il reproche aux siens, surtout à son père, que l'homme, écrit-il, qui a eu « l'âme la moins ecclésiastique de l'univers » ait subi une vocation forcée. Ce qu'il ne dit pas, c'est qu'il n'a reçu les ordres engageant réellement sa vie qu'à trente ans, en 1643, de son plein gré, lorsqu'il se décida à devenir coadjuteur de son oncle l'archevêque. Jusque-là, il était libre. Il pouvait, s'il l'avait vraiment voulu, abandonner ses abbayes et redevenir simple laïque. Nombre de ses contemporains ont agi de la sorte. Son père, plus tard, en 1643, lorsqu'il s'engagera définitivement, ne sera guère en mesure de le contraindre, malgré lui, à entrer dans un état qui lui répugnait autant qu'il veut bien le dire[1].

On se borna le 5 juin 1623 à lui conférer la tonsure, formalité sans importance. Il ne portait pas la soutane mais un habit noir très simple qui le faisait prendre, d'ailleurs, plutôt pour un écolier[2].

Sa mère morte en 1625, son père retiré à l'Oratoire, Paul de Gondi, âgé de douze ans, fut donc mis au collège de Clermont chez les jésuites.

côté gauche du chœur (Arch. nat., LL 285, fol. 180 v°, Registres capitulaires du chapitre de Notre-Dame). On ne le voit pas figurer dans les séances subséquentes du chapitre avant 1643 (Ibid. 295, p. 278).

1. Il n'y a pas de doute qu'en 1643 Paul de Gondi n'était pas encore sous-diacre mais simple clerc (cf. les Registres capitulaires de Notre-Dame, Ibid.). Le cas analogue au sien était fréquent à cette époque. Le Camus, évêque de Grenoble, écrivait le 16 février 1670 à M. de Pontchateau, de M. de Coislin, évêque d'Orléans, dont l'entrée dans l'Église était due aux mêmes raisons : « Pour ce qui regarde M. d'Orléans, je crois que si les sentiments que vous avez sur les évêques et sur les suites des vocations humaines étaient vrais, il faudrait que tout le clergé du premier et du second ordre se déposât et qu'on en allât chercher d'autres dans nos déserts [Port-Royal]. Je conviens bien avec vous qu'une partie des fautes et des malheurs qui arrivent aux ministres de l'Église dans l'administration de leurs emplois vient en punition de ce qu'ils n'y sont pas bien entrés ; mais de croire que cela ne se rectifie pas par la suite d'une bonne vie et qu'il faille les désespérer tous s'ils ne changent pas d'état, c'est vouloir que la perfection soit de nécessité... Croyez-moi, ne jugeons jamais personne et ne désespérons jamais de personne tant que les gens ont de la foi... » (cité par Sainte-Beuve, *Port-Royal*, t. IV, p. 532). Voir ce que dit Retz lui-même des vocations du genre de la sienne dans son panégyrique de Saint Charles Borromée le 4 novembre 1649 (Retz, *Œuvres*, t. IX, p. 87).

2. Les lettres de tonsure ont été publiées par Cl. Cochin (*Ibid.*, t. XI, p. 309). Cette tonsure fut donnée par J.-F. Gondi, l'archevêque de Paris dans l'oratoire du palais épiscopal au cloître Notre-Dame. Pour ce qui est du « petit collet uni et de l'habit noir tout simple », voir le détail que conte Retz à ce sujet dans ses *Mémoires* (t. I, p. 204).

Il y parut un élève remarquable par son intelligence et ses succès. On dit qu'il y apprit six langues : le latin, le grec, l'allemand, l'espagnol, l'italien, l'hébreu [1]. Il surpassait ses camarades par la facilité de son travail et une merveilleuse faculté d'assimilation. En philosophie, écrira un de ses familiers, « esprit pénétrant, les difficultés qui rebutent les autres faisaient ses douceurs et ses divertissements [2] ».

Malheureusement, pour la conduite, c'était autre chose. Il se montra indiscipliné, orgueilleux, provocant. Tallemant des Réaux, qui a reçu ses confidences, avoue qu'il eut nombre de querelles et, au dire du P. Rapin, les jésuites, mal impressionnés, le traitèrent sévèrement. Ils ne l'ont pas assez ménagé, continue le P. Rapin, qui attribue l'antipathie qu'a toujours professée Retz pour les jésuites à ce que ceux-ci l'avaient trop connu à un âge où il ne savait pas assez dissimuler [3].

Néanmoins il put achever ses études et, le 6 juillet 1631, à dix-huit ans, passa son baccalauréat. Nous avons sa thèse, dédiée à son oncle l'archevêque de Paris, intitulée : « *Conclusiones ex universâ philosophiâ* ». Il y parle de tout, de logique, de morale, de physique, de psychologie, de métaphysique, mélange de scolastique et de péripatétisme suivant les idées du temps [4].

C'est alors, ainsi qu'il le dit dans ses *Mémoires*, que pensant tout de même, plus ou moins, à être d'Église, il décida de s'adonner aux études théologiques. Il alla en Sorbonne où s'enseignait la théologie. Il y étudia avec MM. Isambert et Lescot, mit cinq ans à passer sa licence, et, suivant l'habitude, répondit à la tentative le 8 janvier 1636, à la majeure ordinaire le 13 février 1637, à la sor-

1. Algay de Martignac, *Eloges historiques des évesques et archevesques de Paris*. Paris, Muguet, 1698, in-4°, p. 46. Nous avons des lettres de Retz en italien. Il écrivait le latin facilement et élégamment. Nous verrons qu'il lisait le grec moderne et l'hébreu assez couramment.

2. *Discours sur la conduite et sur l'emprisonnement de M. le cardinal de Retz*, 1654, in-4°, p. 6. Cet écrit émane de quelqu'un qui a été de l'entourage de Retz.

3. Tallemant des Réaux, *Historiettes*, éd. P. Paris, t. V, p. 182 « Dès le collège, l'abbé fit voir son humeur altière : il ne pouvait guère souffrir d'égaux et avait souvent querelle. » Le P. Rapin (*Mémoires*. éd. Aubineau, t. I, p. 160) ajoute qu'un jésuite aurait dénigré les premiers sermons de Retz, que d'autres auraient mal parlé de lui, d'où ses rancunes.

4. La thèse fut passée au collège de Clermont. C. Jourdain, *Hist. de l'Université de Paris au XVIIe et XVIIIe siècle*, Paris, 1862, in-8°, t. I, p. 132-3. On trouve un exemplaire de cette thèse à la Bibliothèque Mazarine avec un portrait de Jean-François de Gondi, archevêque de Paris, de du Moustier, gravé par F. Ragot.

bonnique le 13 novembre, à la mineure ordinaire le 29 décembre.
puis il fut reçu le 29 janvier 1638 [1].

Ce succès devait amener un premier incident avec le cardinal de
Richelieu. On devait « donner des lieux », c'est-à-dire proclamer le
premier reçu. Il y avait compétition entre Paul de Gondi et l'abbé
de La Mothe-Houdancourt, parent du tout-puissant ministre, que
celui-ci, proviseur de Sorbonne, recommandait. Gondi crut bien
bien faire en allant trouver un prélat ami de Richelieu, Abra de
Raconis, et en le priant de dire à Son Eminence que, par déférence
pour elle, il consentait à se désister de ses prétentions pour laisser
la place à son rival. Richelieu fit répondre froidement que cela
était inutile, son protégé ayant assez de mérites pour arriver
sans cette mesure. Gondi piqué, se remua et, à force d'intrigues,
en apparence, plus vraisemblablement en raison de sa valeur,
l'emporta [2].

Tel était le côté studieux de cette jeunesse. Il y en avait un
autre, comme au collège, et ici, ce côté n'était rien moins que
recommandable.

Plus tard, le gouvernement de Louis XIV, très monté contre
Gondi, répétera dans des documents publics que le coadjuteur
« avait mené dès les premières années de son existence une vie scanda-
leuse [3] » Mazarin dira dans une lettre à Lionne du 9 juillet 1655 :
« une vie libertine dès les premières années [4] ». Les témoignages
confirment ces appréciations.

Il faut songer que Gondi était un jeune homme riche, sans

1. D'après une attestation du 15 janvier 1638 dressée en latin par Paul
de Gondi lui-même (Bibl. de l'Institut 1328, fol. 26). Il y est dit que le
futur coadjuteur a eu pour maîtres : en philosophie M. Thévenin, en théologie MM. Isambert et Lescot, qu'il a répondu pour la tentative à M. Chas-
telain, pour la majeure ordinaire à M. Julien Joubert, pour le reste à
M. de Besse. Cf. Retz, *Œuvres*, t. IX, p. 367.

2. *Ibid., Mém.*, t. I, p. 118. Cet Abra de Raconis, évêque de Lavaur,
grand ami de Richelieu, a laissé une oraison funèbre demeurée manuscrite,
pleine de détails curieux sur le cardinal ministre (Bibl. nat., ms. fr. 24445).
Tallemant des Réaux parle de cet incident (*Historiettes*, éd. P. Paris, t. V,
p. 187) et dit que la Sorbonne se serait prononcée en faveur de Retz par
égard pour le cardinal de Gondi son proviseur de 1619 à 1622. Le chanoine
Hermant prétend dans ses *Mémoires* (éd. Gazier, t. I, p. 164) que de colère
contre ce geste déplaisant, Richelieu aurait arrêté la construction des bâtiments de la Sorbonne, ce qui est peu vraisemblable.

3. Énoncé des griefs du roi contre Retz fait en 1655 pour être envoyé
au pape : Bibl. nat., ms. fr. 20666, fol. 304 v°.

4. « Articles contre M. le cardinal de Retz » dans Retz, *Œuvres*,
t. VI, p. 579.

mère, à peu près sans père, intelligent, passionné, incapable de subir
une contrainte et d'une vie physique débordante. On devine ce qui
en pouvait résulter. Il eut des aventures. Il les a racontées lui-
même dans ses *Mémoires* : des lacérations postérieures du manuscrit ont tronqué ses récits : nous devinons par ce qui reste. Il y a
l'histoire d'une Mme du Châtelet qui le mit à la porte de chez elle
en le traitant « d'écolier » ; l'affaire d'un duel qui s'ensuivit avec
un M. d'Harcourt, ami de cette dame[1] ; une intrigue tentée en
1633 à Machecoul, pour séduire Mlle de Scépeaux, sa belle-sœur,
l'enlever, l'épouser, parce qu'elle était charmante et très riche,
preuve qu'à cette date Gondi envisageait la possibilité de renoncer
à être d'Église pour se marier[2] ; une autre intrigue avec une certaine Marie Galateau, de naissance inférieure[3] ; les débuts de ses
amours avec Anne de Rohan, princesse de Guéménée, vers 1633-
1635[4]. Tallemant des Réaux a décrit, d'après les confidences de
Gondi, une scène extraordinaire de celui-ci surpris par un mari
peu accommodant ; et certain voyage fait par lui en Allemagne afin
de tâcher d'épouser une jeune fille catholique, très riche, fille de
parents luthériens, preuve nouvelle que Gondi songeait éventuellement à renoncer à l'Église : l'affaire devait échouer et n'aboutit
qu'à un duel avec un Weimar[5].

Car il y a eu beaucoup de duels dans cette jeunesse turbulente,
ce que Mazarin répétera plus tard avec insistance à la cour de
Rome. A vingt ans Retz se mesura au bois de Boulogne avec
M. du Plessis Praslin pour une vétille. Il a raconté lui-même sa
rencontre avec un neveu du maréchal de Bassompierre à Vincennes. Nous venons de parler de ses duels avec le comte d'Harcourt et un Weimar. Le marquis d'Argenson, petit-fils de M. de
Caumartin, grand ami de Retz, assurait qu'avant l'âge de dix-sept
ans, Paul de Gondi avait déjà trois duels sur la conscience[6] !

1. Retz, *Mém.* dans *Œuvres*, t. I, p. 89. M. d'Harcourt eut tôt fait d'avoir
raison du jeune homme et lui dit : « Vous êtes un joli garçon. Allez-
vous en ! » Gondi qui prétend se livrer à ces excès pour obliger son père à
le retirer de l'état ecclésiastique, ajoute : « je demeurai encore là avec ma
soutane ! » Il oublie qu'il ne la portait pas.

2. *Ibid.*, p. 93. Gondi conte très en détail cette aventure.

3. *Ibid.*, p. 103. Retz parlera plus tard à Mme de Sévigné de cette personne et de sa « divine beauté ». Lettre de Mme de Sévigné à Mme de Grignan
du 18 septembre 1676, dans *Lettres de Mme de Sévigné,* éd. des Grands
Ecrivains, t. V, p. 68. Cf. Tallemant, *Historiettes*, t. VI, p. 281.

4. Retz. *Mém.* dans *Œuvres*, t. I, p. 105. Ces passages des *Mém.* ont
été lacérés dans le manuscrit original nous verrons plus tard comment.

5. Tallemant, *Historiettes*, t. V, p. 185 et 186.

6. Mis d'Argenson. *Essais dans le goût de ceux de Montaigne*, Paris, 1785,

Mais le tableau de cette jeunesse ne serait pas complet s'il n'était fait place ici à un document important, datant de cette époque, qui révèle les pensées extraordinaires bouillonnant dans le cerveau de notre personnage et vont un peu expliquer sa vie.

C'est un écrit qu'il a composé à dix-huit ans, en 1631, sous le titre de la *Conjuration de Fiesque*[1]. Il en avait pris la matière dans un livre italien d'Agostino Mascardi : *la Congiura del conte Gio Luigi de Fieschi,* paru en 1629 et qui raconte comment, en 1547, la république de Gênes se trouvant dominée par les Doria, dont l'un d'eux, le célèbre André Doria, illustre capitaine du xvie siècle, s'était emparé du pouvoir dictatorial dans la ville, un noble génois, Jean-Louis de Fieschi, se souleva pour renverser cette tyrannie, s'empara de la ville, mais se noya accidentellement, ce qui fit échouer l'affaire. Mascardi était favorable à Doria. Gondi va faire tout le contraire[2].

Pour lui, Doria n'est qu'un tyran haïssable et Fieschi, un noble défenseur de la liberté! Dans Doria, Gondi va viser Richelieu et Fieschi, ce sera lui-même, ou plutôt le personnage qu'il voudrait être. Le livre deviendra ainsi un pamphlet indirect contre le

in-8°, p. 75. Nous verrons plus loin comment d'Argenson a eu des renseignements très sûrs au sujet de Retz. Pour les duels, voir : Retz, *Mém.* dans *OEuvres,* t. I, p. 87, 101 ; Tallemant, *Historiettes,* t. V, p. 185, 186 ; *Mémoires* du maréchal du Plessis, éd. Michaud, p. 345. Le maréchal de Grammont dans une lettre datée de Paris du 8 janvier 1654 assure que durant la régence d'Anne d'Autriche il y aurait eu 940 gentilhommes tués en duel (cité dans V. Cousin, *Madame de Sablé,* p. 392). Il faudra entendre Gondi dans une Assemblée du clergé le 30 juillet 1646 fulminer éloquemment contre « les hommes sanguinaires ou plutôt frénétiques qui... se dégradent dans les duels pour prendre la qualité infâme de gladiateurs! » (dans *OEuvres,* t. IX, p. 35).

1. MM. Bazin et Feillet pensent que Gondi aurait écrit cette œuvre non à 18 ans, c'est-à-dire en 1631, mais après la bataille de la Marfée et la mort du comte de Soissons en 1640, faits qui lui auraient donné l'idée de son travail (cf. Retz. *OEuvres,* t. I, p. 174, note). Nous ne croyons pas cette hypothèse exacte, ne fût-ce que parce que Chapelain parle de la *Conjuration de Fiesque* de Gondi, qu'il trouve admirable, avant La Marfée, dans une lettre à M. de la Lane du 6 août 1639 (Chapelain, *Lettres,* éd. Tamizey de Larroque, t. I, p. 472). Ce qu'on peut dire c'est qu'avant sa mort Retz a dû reprendre et corriger son texte. La première édition est de 1665, la seconde de 1682. On sent dans la dernière rédaction plus de goût comme composition et des nuances de scepticisme et de découragement d'un philosophe désabusé qu'expliquent les événements de la vie du coadjuteur.

2. Voir la notice de R. Chantelauze sur la *Conspiration,* suivie du texte de cet écrit, dans Retz, *OEuvres,* t. V, p. 475 et suiv.

ministre de Louis XIII et l'exposé des rêves politiques que caresse
le jeune homme. Il veut être conspirateur ! conspirateur de haute
allure, à la manière de Catilina ! Amoureux de la gloire, il désire
abattre la puissance de Richelieu, sans doute pour prendre sa place.
Il est impatient de devenir un personnage historique, de s'élever
au-dessus des hommes, de les dominer par son prestige, de les
conduire [1]. La duchesse de Nemours prétendra dans ses *Mémoires*
que c'est le livre de Mascardi qui a rempli la tête de Gondi des
chimères qui l'ont hanté toute sa vie [2]. Il faut penser plutôt que
Gondi avait trouvé précisément dans le livre de cet auteur l'occasion de formuler d'avance ce qu'il a tenté de réaliser ensuite.

Cette *Conjuration de Fiesque* n'était pas faite pour être publiée.
Hasard ou non, le manuscrit fut mis sous les yeux de Richelieu
qui déclara, parlant de l'auteur : « Voilà un dangereux esprit [3]. »
Il ne savait pas si bien dire ! Cette circonstance n'était pas propre
à rendre le ministre indulgent envers le jeune homme. Nous avons
dit qu'il n'aimait pas la famille. Il a écarté systématiquement
celle-ci de tout, et, en 1635, il obligera le frère aîné de Paul de
Gondi à se démettre de sa charge de général des galères. Son antipathie se manifesta à l'égard du futur coadjuteur. Il le traita
de « petit audacieux » qui avait « un visage patibulaire », de
« téméraire » [4].

1. Le marquis d'Argenson écrit : (*Essai sur le goût de ceux de Montaigne*,
p. 77) « Il se croyait un petit Fiesque ; il avait le même âge, 22 ans, qu'avait
son modèle lorsqu'il fut tué, mais, par bonheur, les conspirations de l'abbé
François n'éclatèrent pas si brusquement que celles du comte génois ; il eut
le bonheur de voir échouer tous ses projets, les uns après les autres, sans
accident ni péril de sa personne. » Voir aussi la notice sur Retz attribuée
au duc de Montausier et publiée dans la *Rev. d'hist. litt. de la France*, 1895,
t. II, p. 100.

2. *Mémoires* de la duchesse de Nemours, éd. Michaud, p. 620. Retz
écrira ensuite dans ses *Mémoires* (t. II, p. 6), pour le moment de la journée
des barricades : « Je voyais la carrière ouverte, même pour la pratique,
aux grandes choses dont la spéculation m'avait beaucoup touché dès mon
enfance. »

3. Retz. *Mém.*, t. I, p. 114.

4. *Lettre escrite à M. le cardinal de Retz par un de ses confidents de
Paris*, 1655, in-fol., p. 15 (inspirée par Mazarin). Cf. Lettre de Mazarin,
datée du 10 avril 1651 de Brühl, dans *Lettres du cardinal Mazarin*, éd.
Ravenel, Paris, 1836, in-8°, p. 9 ; Tallemant, *Historiettes*, t. V, p. 187.
Sur l'aversion de Richelieu contre Retz, voir : Bibl. de l'Arsenal, ms. 5132,
p. 652 ; *Journal* de Jean Vallier, éd. Courteault, t. II, p. 268. Bien que
jadis Richelieu, évêque de Luçon, eût eu l'occasion de demander quelque
service à la famille Gondi (Bibl. nat., ms. fr. 23200, fol. 191 r°), il ne pou-

La famille inquiète décida d'éloigner le jeune homme et de l'envoyer faire un voyage en Italie, selon l'usage du temps. Gondi partit en mars 1638. Il avait vingt-cinq ans [1]. Il emmenait avec lui quatre gentilshommes et le jeune Tallemant des Réaux, l'auteur des *Historiettes*, âgé de dix-huit ans. Il alla à Florence, à Venise, d'où l'ambassadeur dut le faire déguerpir à cause d'une aventure qu'il eut [2], gagna Rome. Là il se surveilla, voulant donner une bonne opinion de lui [3], prononça un discours à l'école dominicaine de la Sapience où il développa l'idée qu'il fallait vénérer le chef de l'Église et lui être soumis, preuve qu'il pensait sans doute à se ménager l'avenir en vue de futures dignités ecclésiastiques auxquelles il songeait donc [4] ; puis, vers la Noël, après dix mois de voyage, il revint, parce que, dit Tallemant des Réaux, il n'avait plus d'argent [5] !

vait la supporter « Il ne faut pas aimer les étrangers pour les éprouver, disait-il, mais les éprouver avant que de les aimer » (*Mém.*, éd. Michaud, t. I, p. 136). On parlait publiquement de « la haine que le cardinal de Richelieu avait conçue contre cette maison » (*Discours sur la conduite et sur l'emprisonnement de M. le cardinal de Retz*, 1654, in-4°, p. 5) au sujet de la façon « violente » dont Richelieu fit vendre au père de Gondi sa charge des galères « en dépit de lui », voir Tallemant, *Historiettes*, t. V, p. 186.

1. Les Registres capitulaires de Notre-Dame font mention du voyage du jeune chanoine. Le 21 avril 1638, Paul de Gondi fait exposer au chapitre, par Habert, chanoine théologal, son intention d'aller *ad limina* des saints apôtres Pierre et Paul et d'aller visiter Notre-Dame-de-Lorette et autres lieux de dévotion. Les chanoines accordent des lettres de recommandation et testimoniales *de vita et moribus* (Arch. nat., LL. 293 ; cf. Bibl. de l'Institut, 1328, fol. 28).

2. Tallemant, *Historiettes*, t. V, p. 188 et suiv. Tallemant donne des détails précis sur le voyage. Au sujet du séjour de Gondi à Venise, voir : H. Courteault, *Un témoin de la Fronde parisienne, Annibal de la Trémoille, vicomte de Marcilly*, dans *Ann, Bullet. de la Soc. de l'Histoire de France*, 1921, p. 233.

3. Peiresc faisait à J.-J. Bouchard se rendant à Rome les recommandations suivantes : « Il (Peiresc) lui bailla diverses lettres pour Rome et pour instruction l'avisa qu'il ne parlât jamais ni de Dieu ni du pape, soit en bien soit en mal, qu'il se vêtit de long pour se rendre plus vénérable et s'exempter de dépense et de débauche ; qu'il hantât le moins qu'il pourroit les français et qu'en pratiquant avec les italiens il ne s'embarquât jamais avec eux ni au jeu, ni aux femmes » (*Les Confessions* de J.-J. Bouchard, Paris, Liseux, 1881, in-12, p. 128). Gondi semble avoir suivi les mêmes conseils.

4. Gondi parle de ce discours dans une lettre à l'abbé Charrier publiée dans Sainte-Beuve, *Port-Royal*, t. V, p. 546 et qui doit être de 1651 ou 1652.

5. Tallemant, *op. et loc. cit.* Les amis de Retz écriront plus tard de ce voyage : (*Discours sur la conduite et sur l'emprisonnement de M. le cardinal*

Il revenait plus que jamais décidé à réaliser les idées ambitieuses
esquissées par lui dans sa *Conjuration de Fiesque*. S'il faut l'en
croire, dans ses *Mémoires*, il aurait alors formé un complot avec un
de ses cousins, M. de La Rochepot et des complices dont il donne
les noms, pour assassiner Richelieu ! Il devait profiter du baptême
de Mademoiselle, fille du duc d'Orléans, aux Tuileries, afin d'approcher le cardinal. Mais le projet n'aboutit pas. L'histoire est
suspecte : elle ne s'accorde pas avec les dates et on ne peut en
trouver ailleurs confirmation[1]. Il entra alors dans la conspiration
plus sérieuse du comte de Soissons. Mais ce qu'il dit ici de son
action dans cette affaire est aussi sujet à caution. Soissons aurait
chargé Gondi d'organiser un soulèvement à Paris, pendant que lui-
même envahirait la France : l'invasion réalisée, Gondi ferait révolter les prisonniers de la Bastille, marcherait avec eux, et à leur tête,
vers le Louvre, saisirait le Pont-Neuf, lèverait des barricades et
serait le maître du pouvoir, comme Fieschi. Malheureusement
Soissons fut tué à La Marfée et personne ne bougea à Paris[2].

Sur quoi, découragé, Gondi décida d'accepter son sort, d'être
d'Église : il deviendrait coadjuteur de son oncle l'archevêque, en
attendant de lui succéder ainsi que dans le cardinalat[3]. Peut-être
les circonstances lui permettraient-elles, grâce à ces moyens, de
tenter encore la fortune. Il chargea son père d'aller demander la
coadjutorerie de Paris à Richelieu. Richelieu qui avait eu vent du
rôle joué par le jeune abbé dans la conspiration de Soissons, refusa
et le père s'étant permis quelque riposte un peu vive, fut envoyé
en exil à Lyon[4].

de Retz : 1652, in-4°, p. 14) « Que pouvait-il souhaiter de plus conforme
à son talent et à son humeur que le voyage d'Italie et de Rome où il avait
déjà fait tant d'amis et acquis tant d'estime ! »

1. Retz, *Mém.*, t. I, p. 136 et suiv. Le récit qu'il donne semble s'appliquer à la date de février 1637. Or, d'après la *Gazette* (1636, p. 436), le
baptême de Mademoiselle a eu lieu le 17 juillet 1636 dans la chambre de
la reine au Louvre et non aux Tuileries. Peut-être Gondi parle-t-il d'un
vague projet esquissé.

2. Retz, *Mém.*, t. I, p. 154 et suiv. Voir *Ibid.*, p. 57, note, les doutes
qu'émettent MM. Feillet et Bazin sur les affirmations de Retz au sujet des
détails de l'affaire. « Il y a évidemment, dit Feillet (p. 175) beaucoup de
forfanterie dans la narration de Retz. »

3. « La mort de M. le Comte, dit-il, me fixa dans ma profession parce
que je crus qu'il n'y avait plus rien de considérable à faire. » *Ibid.*, p. 176,
De fait il faut remarquer que Retz ne prit pas part à la conjuration de
Cinq Mars afin de ménager Richelieu, dit le marquis d'Argenson
(*Essais*, p. 78).

4. *Remarques sur la conduite du cardinal de Richelieu*, 1654, in-4°, p. 6 ;

Richelieu mort en 1642, la famille essaya d'obtenir de Louis XIII la faveur désirée et l'archevêque de Paris vint lui-même formuler la demande. Louis XIII, sans doute au courant des sentiments de son ministre disparu, répondit : « Il est trop jeune ! » Puis, peu après, sur l'avis de son confesseur le P. Sirmond, jésuite, il offrit au jeune homme le petit évêché pauvre et lointain d'Agde qui comptait 22 paroisses. Paul de Gondi refusa en disant avec respect que « sa dévotion ne le portait pas en Languedoc où il manquerait de bons conseils [1] ».

Mais à son tour Louis XIII mourait. Avec une minorité, sous la régence d'une reine peu intelligente et d'un ministre étranger, Mazarin, sans autorité, les conditions, pour Paul de Gondi, allaient être toutes différentes. Comme il l'a écrit, il n'avait fait, jusque-là, que badiner avec les violons : il allait enfin pouvoir monter sur le théâtre ! Analysons au préalable son caractère.

Lettre d'un bon françois sur le sujet de celles du cardinal de Retz, à leurs Majestés, 1655, in-fol., p. 6 ; Chantelauze, *Saint Vincent de Paul et les Gondi,* p. 239 et 241.

1. Retz, *Mém.,* t. I, p. 201 et suiv.

II

LE CARACTÈRE

Par toute son ascendance paternelle, Paul de Gondi est un italien. Il n'a de sang français que par les femmes. C'est un italien du xvi⁰ siècle, un florentin et aussi un prélat de la Rome de la Renaissance. Les contemporains l'ont bien senti : Mazarin, Condé, Conti, Mme de Nemours, les auteurs des mazarinades, le traitaient d'étranger[1]. Regardons-le de près[2].

Il n'est pas beau. Il a le teint brun, les cheveux noirs, la figure

1. Nombre d'écrits du temps insistent sur cette qualité d'étrangers des Gondi : *Mém.* de la duchesse de Nemours, éd. Michaud, p. 628 : *L'Esprit de guerre des parisiens contre l'esprit de paix du Corinthien,* 1652, in-4⁰, p. 4 ; *le Poignard du coadjuteur,* 1651, in-4⁰, p. 4 ; *la Véritable Fronde des parisiens frondant Jean-François-Paul de Gondy,* 1652, in-4⁰, p. 10 ; *Lettre d'un marguillier de Paris à son curé,* 1651, in-4⁰, p. 16. Au xvi⁰ siècle, le maréchal de Retz avait été nettement considéré comme un simple étranger (*Mém.* de Vincuil, dans La Rochefoucauld, *Œuvres,* éd. des Grands Ecrivains, t. II, p. 514). Voir dans le livre de Maximin Deloche (*Les Richelieu, le père du cardinal,* Paris, Perrin, 1923, in-8⁰, p. 269 et suiv.) une note sur l'opinion en France à l'égard de ces étrangers. Retz, comme conscient de ce reproche qu'on lui faisait, a souvent protesté de ses sentiments français (*Mém.,* t. VI, p. 66, 67, 87, 177).

2. Le portrait le plus connu de Retz est celui qu'a écrit La Rochefoucauld en réplique à son propre portrait composé par Retz. Voir : La Rochefoucauld, *Œuvres,* éd. des Grands Ecrivains, t. I, p. 19 et suiv. Il avait été envoyé par Mme de Sévigné à sa fille en 1675 et a été publié en 1754 dans les *Lettres* de la marquise (cf. *Œuvres* de Mme de Sévigné, éd. des Grands Ecrivains, t. III, p. 486). Il en existe ailleurs un autre texte offrant d'assez sensibles variantes (Bibl. nat., ms. fr. 9364, fol. 97 et suiv. ; et Ibid., Recueil Fontanieu, t. 23, p. 236). Avec le portrait de La Rochefoucauld, il faut signaler celui que l'on attribue au duc de Montausier, publié dans la *Revue d'hist. litt. de la France,* t. II, p. 101.

tourmentée, courte et large, sans distinction, un nez en pied de
marmite, des sourcils épais : son regard est voilé : il est petit, mal
fait, avec cela distrait, malpropre, maladroit de ses mains. Il ne
paraissait guère séduisant. Il en convenait lui-même [1].

Et cependant il a eu beaucoup de succès féminins. Les mazarinades l'appelaient « le beau ténébreux [2] ». Comment expliquer cette
séduction ?

C'est qu'il est d'abord très intelligent. Ménage, Chapelain, Mme
de Motteville, Jean Vallier, tout le monde reconnaît cette acuité
intellectuelle pénétrante dont il a donné tant de témoignages dans
ses *Mémoires* remplis de remarques fines, d'analyses spirituelles,
profondes, d'idées remarquables [3].

---

1. M. Chantelauze a dressé une liste d'une cinquantaine de portraits
gravés de Retz — d'après, entre autres, Philippe de Champaigne, Lebrun,
Saint-Aubin, — par Nanteuil, Michel Lasne, Cl. Mellan, Huret, Rousselet,
J. Morin (Bibl. de l'Institut, ms. 1310, fol. 1). Il existerait un portrait à
l'huile de Retz du xviie siècle à la mairie de Ville-Issey, près Commercy
(Ibid., 1320, fol. 229). Ce serait celui qui a été gravé par Duflos et figure
dans l'*Histoire généalogique* de Corbinelli (t. II, p. 163, cf. E. Dumont,
Hist. de la ville de Commercy, t. II, p. 170). On trouve également un portrait
de Retz au Musée de Versailles (Soulié, *Notice historique sur le château de
Versailles*, t. III, p. 153) ; un autre, où il est jeune, au Musée de Blois,
qui provient peut-être de Caumartin, évêque de cette ville et filleul de Retz.
Le meilleur est celui qui a été donné par Retz lui-même à Mme de Sévigné
et que possède aujourd'hui Mlle de Luçay. Il n'est pas signé. Sur les détails
physiques que nous donnons, voir : Tallemant, *Historiettes*, t. V, p. 181 ;
Mém. de la duchesse de Nemours, éd. Michaud, p. 629 ; Dom J. de l'Isle,
Hist. de la célèbre ancienne abbaye de S. Mihiel. Nancy, 1757, in-4°, p. 327 ;
ce que dit Retz de lui-même, *Mém.*, t. I, p. 188, 111, 511. Bossuet parle
dans l'oraison funèbre de Michel le Tellier de « ses tristes et intrépides
regards » (Bossuet, *OEuvres oratoires*, Paris, Garnier, 1872, t. I, p. 158).
Des mazarinades appelaient Retz « le moricaud de Corinthe » (*Seconde lettre
d'un bon françois où est examinée celle de M. le cardinal de Retz aux arche-
véques et évéques de France*, citée dans Retz, *OEuvres*, t. VI, p. 21).

2. *Ibid.*

3. Ménage disait à Retz : « Vous ignorez si peu de choses, vos lumières
sont si grandes, vous avez le jugement si net, vous vous expliquez si clairement, si fortement, si éloquemment !... » (Le P. Desmolets, *Continuation
des mémoires de litt. et d'hist.*, Paris, Nyon, 1749, in-12, t. VI, 1re partie,
p. 281-2). Ménage aurait été attaché au service de Retz (J. Lemoine,
Mme de Sévigné, sa famille et ses amis, Paris, Hachette, 1926, in-4°, p. 151).
Voir aussi Mme de Motteville, *Mém.*, éd. Riaux, t. III, p. 336, le *Journal* de
Jean Vallier, éd. Courteault, t. III, p. 244, la *Lettre écrite à M. le cardinal
de Retz par un de ses confidents de Paris*, 1655, in-fol, p. 5 ; le « portrait
de Retz », Bibl. nat., ms. fr. 9364, fol. 97 v°.

Il est ensuite fort instruit. Malgré qu'on le tint pour paresseux, il semble avoir beaucoup étudié. Ses connaissances théologiques étaient étendues : nous en avons le témoignage dans ses sermons. La philosophie ancienne et moderne n'avait pas de secret pour lui. Sa puissance d'assimilation était telle que rien ne lui paraissait inconnu. Il s'occupait de politique, d'histoire, de droit international. Il sera consulté par Louis XIV, le pape, les cardinaux des conclaves. Nul n'écrivait mieux que lui en latin, plus purement, plus élégamment et il parlait fort bien [1].

Comme homme, dans ses rapports quotidiens, il était charmant. On soupçonnait bien quelquefois que cette amabilité était intéressée. L'ambassadeur à Rome, Valençay, écrivait en 1652 « qu'il était fort obligeant, courtois, plein de chaleur quand il voulait exiger une grâce, un bien ou un service de quelqu'un et fort tempéré à l'effet des espérances qu'il donnait pour parvenir à son but quand il y était arrivé [2] ». Mais, en général, ses amis l'ont beaucoup aimé et lui ont été fidèles [3]. On sait la passion amicale qu'a eue pour lui Mme de Sévigné. Elle parle dans une de ses lettres de « son amitié délicieuse », de « sa tendresse et sa bonté pour moi [4] ». L'auteur anonyme de son oraison funèbre à Saint-Denis qui l'a connu de près dira : « Il se faisait aimer parce qu'il aimait aimer. Il avait l'abord agréable, une affabilité exquise, un visage toujours serein... Le voir et l'aimer c'était une même chose [5] ! »

Il était fin, gracieux, spirituel. Ménage l'appelait « l'adorable Gondi ». Chapelain, Balzac, Adrien de Valois, Sarrazin parlaient de lui avec enthousiasme. Scarron qui le voyait souvent dans son

1. Nous verrons par la suite le témoignage de ce qui est dit ici. L'abbé de Marolles écrivait de Retz : « La mémoire du cardinal était si heureuse que sans avoir rien écrit il a composé plusieurs livres en latin et en français qu'il sait tous par cœur » (*Mém. de M. de Marolles*, Amsterdam, 1755, t. III, p. 345). Montglat remarque que Retz s'exprimait « avec une facilité de parler qui lui était naturelle » (*Mém.*, éd. Michaud, p. 244).

2. Dépêche du 3 juin 1652 adressée à Brienne et publiée par R. Chantelauze, *Le Cardinal de Retz et l'affaire du chapeau*, t. II, p. 442.

3. Saint-Simon dit : (*Ecrits inédits*, t. VI, p. 79) « C'était le plus aimable ami, le plus tendre, le plus sûr et le plus fidèle qu'il y eut au monde et la colombe la plus pénétrée de la plus ardente et de la plus active charité pour ses ennemis, vérité exacte, suprême éloge ! » « Comme M. le cardinal de Retz avait beaucoup de bonnes qualités, aussi avait-il grand nombre d'amis » (Jean Vallier, *Journal*, éd. Courteault, t. IV, p. 311).

4. Mme de Sévigné, *OEuvres*. éd. des Grands Ecrivains, t. III, p. 483 ; t. V, p. 519, 562.

5. Bibl. nat., ms. fr 19455, fol. 226 v°, 227 r°, 228 v°.

hôtel de Troyes, rue d'Enfer, et lui dédia son *Roman comique*, était fier de « l'honneur que vous me faites, lui disait-il, de m'aimer et que vous m'avez témoigné par tant de bontés[1] ! »

La Rochefoucauld assure qu'il était « incapable d'envie et d'avarice[2] ». C'était « le plus généreux et le plus noble de tous les hommes », affirmait Mme de Sévigné ; désintéressé ajoute Mme de Motteville[3]. Il donnait sans compter et discrètement, faisait des pensions, accordait libéralement ce qu'on lui demandait, comme il dépensait sans regarder[4]. Il ne faut pas s'étonner qu'il se soit découvert à la fin de sa vie plus de quatre millions de livres de dettes et soit mort insolvable !

Mais il faut voir maintenant les revers de cette riche nature.

S'il était spirituel, et ses *Mémoires* pétillent de trouvailles, il était aussi railleur, caustique, et il blessait. Il y avait en lui de l'esprit de Voltaire et de Talleyrand[5]. Nous avons sa correspondance avec un archidiacre de Rouen M. Pâris : elle est pleine de familiarités

---

1. Gilles Ménage, églogue, dans *Poemata*. Paris, Courbe, 1656, in-12, p. 67. V. Cousin (*Madame de Sablé*, Paris, 1882, p. 377), a signalé une note manuscrite placée dans un exemplaire de *l'Apologie pour M. Duncan, docteur en médecine. contre le traité de la Mélancolie*, in-4° conservé à la Bibl. nat. dont l'auteur dit avoir demeuré trois ans à l'hôtel de Troyes, rue d'Enfer, avec M. et Mme Scarron : « M. Scarron y tenait, ajoute-t-il, un appartement dont il me loua une partie ; ensuite de quoi il me prit en pension. Ce fut là où il fit, à ma persuasion, le premier volume de son *Roman Comique* qu'il dédia à Retz, pour lors coadjuteur de Paris, qui venait souvent passer d'agréables heures avec lui au sortir du Luxembourg, pendant la Fronde. » Scarron, le *Roman Comique*, Paris, T. Quinet, 1651, in-12. Epître dédicatoire.

2. Bibl. nat., ms. fr. 9364, fol. 97 v°. Cf. le portrait attribué à Montausier, *Rev. d'hist. litt. de la France*. t. II, p. 100.

3. Mme de Sévigné, *OEuvres*, t. V, p. 506 ; Mme de Motteville, *Mém.*, t. III, p. 336.

4. Voir par exemple ses *Mémoires*, t. III, p. 114 : Retz emprunte 1 500 pistoles pour les faire tenir au roi d'Angleterre arrivant vaincu et dans le dénuement à Paris ; voir aussi : t. IX, p. 370 ; t. II, p. 414, etc.

5. Quelqu'un qui l'a bien connu, a écrit : (*Lettre écrite à M. le cardinal de Retz par un de ses confidents de Paris*, 1655, in-fol., p. 8) « Il me souvient de vous avoir oui dire plusieurs fois que vous n'aviez point trouvé d'amis si constants que vos créanciers et qu'il vous avait été doublement avantageux d'en augmenter le nombre, parce que, outre le secours que vous en receviez pour subsister dans vos grands desseins, et même dans vos divertissements, vous aviez éprouvé qu'il n'y avoit point de liens plus solides pour tenir les hommes, dont l'humeur est naturellement changeante, attachés fortement à vos intérêts, que les sommes d'argent qu'il vous avaient prêtées ! » Voilà le genre !

drôles, mais de plaisanteries moqueuses plutôt brutales[1]. Le pis est qu'il se laissait aller à ses saillies avec insouciance, légèreté, sans beaucoup croire, peut-être, à ce qu'il disait, mais aussi sans trop mesurer l'effet de ses mots.

Ce qui n'était chez lui ni jeu, ni légèreté, c'était son ambition, une ambition âpre, sans limite et sans scrupule.

Se dépeignant lui-même dans la *Conjuration de Fiesque*, il écrivait : « Il aimait la gloire et cherchait les occasions d'en acquérir[2]. » Ailleurs, dans un panégyrique de Saint Charles Borromée, il expliquait les raisons de cet amour de la gloire : « Les honneurs, disait-il, parlant de Saint Charles et songeant à lui-même, qui ont été dans sa maison, les grandes terres qu'elle a possédées, les belles alliances qu'elle a prises, marquent suffisamment la grandeur de sa naissance et tous ces avantages, ces dons de la fortune... ne sont pas si faibles, selon le monde, qu'ils n'emportent presque toujours un jeune courage quand il commence à les sentir[3]. » Ainsi noblesse obligeait.

Aimant la gloire, il distinguait entre elle et l'ambition pour se défendre de celle-ci. « Je suis plus touché, déclarait-il, par la gloire des grandes actions que par l'amour des dignités. » Ce qu'il voulait, c'était l'éclat, le prestige, la renommée, la considération et non des places. « Ce qui fait les hommes véritablement grands, écrivait-il, et qui les élève au-dessus du reste du monde, c'est l'amour de la belle gloire ! » Beaucoup de contemporains l'ont bien vu. Guy Patin disait : « Il est homme d'esprit qui aime la belle gloire et le public auquel, infailliblement, il ferait du bien[4]. »

1. Cf. Retz, *OEuvres*, t. VIII, p. 135 et suiv.

2. *Ibid.*, t. V, p. 609. La duchesse de Nemours dit : « Il avait une ambition sans bornes » (*Mém.*, éd. Michaud, p. 620). « Son génie aimait le faste et la magnificence, écrit le P. Rapin (*Mém.*, éd. Aubineau, t. I, p. 268).

3. Bibl. nat., Collection Dupuy 64, cf. Retz, *OEuvres*. t. IX, p. 86.

4. *Lettres* de Guy Patin, éd. Réveillé-Parise, Paris, 1846, in-8°, t. III, p. 406. Retz a bien indiqué la distinction dont nous parlons dans un libelle qu'il a avoué : *Les Intérêts du temps* (dans C. Moreau, *Choix de mazarinades*. t. II, p. 363). « Il est difficile, y dit-il, de distinguer la gloire de l'ambition. » Mme de Sévigné, écho sans doute de ses confidences, écrivait de lui à Mme de Grignan le 5 juin 1675 (*OEuvres*, éd. des Grands Ecrivains, t. III, p. 468) : il a « pour règle de faire toujours ce qu'il y a de plus grand et de plus héroïque ». Dans sa *Conspiration de Fiesque* Retz développait déjà l'opposition de la gloire et de l'honneur à l'intérêt, pour se défendre de celui-ci (Retz, *OEuvres*, t. V, p. 533, 546). Les contemporains ont assez bien reconnu ce trait de son caractère : Mme de Motteville (*Mém.*, t. II, p 333, 409 ; III, 75, 361), M. de la Rocheposay (lettre à Mazarin du

Aurait-il fait autant de bien que cela au public? Car enfin ses tendances étaient négatives et, en réalité Gondi n'a été qu'un homme d'intrigue, d'opposition et de trouble. Il explique quelque part que les fleuves qui suivent tranquillement leur cours ne font pas de mal et qu'ils ne sont causes de désastres que lorsque des obstacles les font déborder ; ce qui doit vouloir dire sans doute, qu'il a été homme d'opposition faute de pouvoir prendre la tête des affaires et qu'il aurait préféré « employer utilement pour le service de la république les mêmes qualités qui pensèrent la ruiner [1] ! »

Cependant il a toujours nié avoir voulu être ministre. Nous venons de l'entendre dire qu'il préférait la gloire anx dignités. Les mazarinades lui ont reproché avec véhémence son désir féroce de remplacer Mazarin au pouvoir. Il affirme dans ses *Mémoires* que cette idée est « ridicule ». Je n'aspirais, répète-t-il, « qu'aux plaisirs et à la gloire ». Les soucis du ministère eussent troublé les premiers et rendu odieuse la seconde. Ce genre d'ambition était « encore moins à mon goût qu'à ma portée ». Naturellement, ajoutait-il, personne n'en croira rien, ce qui prouvera simplement que les gens du commun raisonnent au sujet des hommes politiques comme des « dupes présomptueux ». Et il a répété maintes fois publiquement qu'il ne voulait pas être ministre [2]. Etait-il sincère? Nul ne l'a su, pas même lui, sans doute.

Sainte Beuve se demande s'il aurait été un homme d'Etat remarquable [3]. Il hésite. Brossette, dans une note manuscrite, le nie. D'après lui, Retz était trop paresseux, n'agissant que par boutades [4]. M. Chantelauze se fondant sur les missions diplomatiques

3 avril 1656, Bibl. de l'Institut, ms. 1318, fol. 152), la Rochefoucauld (portrait de Retz dans ses *OEuvres,* éd. des Grands Ecrivains, t. I, p. 19), l'auteur d'un éloge de Retz, dans les *Mém.* de Guy Joly (Amsterdam, 1718, t. I, p. vii).

1. *Conjuration de Fiesque,* dans Retz, *OEuvres,* t. V, p. 515.

2. Retz, *Mém.,* t. V, p. 224, 225. Cf. son pamphlet : *Défense de l'ancienne et légitime Fronde,* 1651, in-4° (dans ses *OEuvres,* t. V, p. 182); son autre pamphlet : *Avis désintéressé sur la conduite de Monseigneur le coadjuteur,* 1651 (*Ibid.,* t. V, p. 344) ; un troisième écrit de lui : *Réponse du curé à la lettre du marguillier sur la conduite de Monseigneur le coadjuteur,* 1651 (*Ibid.,* t. V, p. 369).

3. Sainte-Beuve, *Causeries du lundi,* t. V, p. 45, 245.

4. Note mise en marge d'un exemplaire, ayant fait partie de la bibliothèque Péricaud, de l'ouvrage de Naudé : *Jugement de tout ce qui a été imprimé sur le cardinal Mazarin,* in-4°, p. 282. « Si le coadjuteur eut été mis à la place du cardinal [Mazarin], l'Etat aurait été mal gouverné, non que le coadjuteur n'eut beaucoup d'esprit et de grandes lumières, mais c'était un homme à boutades. Il avait besoin pour s'appliquer que quelque

que Gondi a brillamment remplies à Rome, croit le contraire[1]. À
l'opposé, Jean Vallier estime que deux défauts empêchaient Retz
d'être un grand homme d'État : son manque d'équilibre, de modération et de sincérité[2]. La question est insoluble et d'ailleurs un
peu vaine.

En tous cas, si Retz n'a pas eu d'ambition, il a exactement agi
comme s'il en avait une et démesurée. Son agitation perpétuelle,
son besoin constant de se produire, de remuer, d'intriguer, donnent
bien l'impression d'une inquiétude sans limite[3].

C'est qu'en fait ce qu'il aimait surtout, c'était l'action. Il l'a
aimée pour elle même, en elle-même. Ceci ne s'accorde peut-être
pas bien avec l'instinct de paresse qu'on lui reconnaissait, mais il
n'y a pas à compter chez lui les contradictions. Dans cette recherche
de l'action il s'est montré passionné, téméraire. Sainte-Beuve reconnaissait en lui les traits de l'aventurier et il avait raison : il y avait
dans Retz un aventurier avec ce que ce mot comporte d'audace
dépourvue de mesure et de prudence[4].

passion l'y obligeât. Il ne pouvait pas s'appliquer longtemps : il n'aimait pas
le travail, celui du gouvernement l'aurait bientôt lassé. »

1. R. Chantelauze. *Le cardinal de Retz et ses missions diplomatiques à
Rome*, p. 575.

2. Retz « eut passé pour l'un des plus grands hommes de notre temps,
s'il eut eu autant de piété, de modération et de sincérité, qu'il avait de cœur,
d'esprit et d'ambition ». J. Vallier, *Journal*, éd. Courteault, t. II, p. 422.

3. « Ce génie inquiet qui vous domine avec tant d'empire », dit l'auteur,
inspiré par Mazarin, des *Avis sincères d'un évêque pieux et désintéressé
envoyés au C. de Retz*, 1655, in-fol., p. 113. « Inquiet de son humeur »,
déclare le P. Rapin (*Mém.*, éd. Aubineau, t. III, p. 80); tout entier à
« la légèreté de son inquiétude naturelle et d'une imagination blessée »
(*Ibid.*, p. 61); homme « né d'un esprit inquiété et ambitieux », au dire
d'André d'Ormesson (*Mém.*, dans *Journal* d'Olivier Lefèvre d'Ormesson, éd.
Chéruel, t. II, p. 684). « Son humeur est étrangement inquiète et la bile le
tourmente presque toujours » (Tallemant, *Historiettes*, t. V, p. 183).

4. Sainte-Beuve, *Causeries du lundi*, t. V, p. 46. Cela « faisait la partie
la plus essentielle et le fond même de sa nature ». Voir le P. Rapin (*Mém.*,
éd. Aubineau, t. III, p. 455) qui constate que Retz « était trop vif et trop
ardent pour ne pas aimer l'action »; le *Journal* de J. Vallier (éd. Courteault, t. II, p. 422). Mme de Motteville estime que le coadjuteur était
« incapable de demeurer dans un état de modération et de sagesse » (*Mém.*,
t. III, p. 224). Cf. une lettre de Brienne à Valençay du 18 juillet 1653
dans le même sens (Bibl. nat., ms., fr. 20663, fol. 386) et aussi : *La Vérité
prononçant ses oracles sans flatterie*, 1652 (dans C. Moreau, *Choix de mazarinades*, t. II, p. 511). Les *Mém.* de Lenet (éd. Michaud, p. 383) qualifient
Retz : « un esprit violent » prêt « à tout entreprendre » et à se « porter aux
dernières extrémités ».

Le danger de cet état d'esprit est souvent le défaut de jugement. Retz a très fréquemment manqué de jugement. Cent fois il reconnaît dans ses *Mémoires* avoir commis des sottises. Mme de Nemours en faisait la remarque[1] et Mazarin jugeait Gondi « un visionnaire dont les propositions n'avaient aucun fondement que sa malice et sa vanité[2] » ; « un esprit chimérique », disait un autre qui ajoutait : « On ne peut concevoir qu'un homme de son caractère et de ses lumières ait pu se trouver susceptible d'une raison aussi creuse que celle qui a donné lieu à tous ses mouvements. » L'abbé de Choisy, son confident, qui a été son conclaviste, finissait par dire du coadjuteur : « Dans le vrai, il a un petit grain dans la tête », et, plus catégoriquement, le duc de Beaufort déclarait : « Il est un peu fou[3] ! »

Il était surtout vaniteux, d'une susceptibilité extrême, se blessant aisément de ce qu'il croyait être du mépris. La Rochefoucauld le croyait plus vaniteux qu'ambitieux[4].

Puis il était léger, inconstant, distrait, faible, indolent, « d'humeur facile, disait La Rochefoucauld, avec de la docilité à souffrir les plaintes et les reproches de ses amis, peut-être insensible à la haine et à l'amitié, quelque soin qu'il ait pris de paraître occupé de l'une et de l'autre » ; enfin nonchalant, s'amusant de tout, ne se plaisant à rien[5].

1. *Mém.* de la duchesse de Nemours, éd. Michaud, p. 620.

2. Dans un libelle inspiré par Mazarin : *Lettre escrite à M. le cardinal de Retz par un de ses confidents de Paris*, 1655, in-fol., p. 15. « J'aime mieux avouer avec tout le monde qu'il est sans jugement » dit l'auteur d'une lettre satyrique contre lui, Bibl. de l'Arsenal, ms. 5132, p. 648.

3. L'abbé de Choisy, *Mém.*, éd, Michaud, p. 565. Le propos de Beaufort est mentionné dans une lettre à Mazarin du 10 septembre 1650, Bibl. de l'Institut, ms. 1310, p. 773. « On eut dit qu'il était fou, ce que beaucoup de gens croient encore à l'heure qu'il est » (Portrait de Retz attribué au duc de Montausier. *Rev. d'hist. litt. de la France*, t. II, p. 100).

4. La Rochefoucauld, *OEuvres*, éd. des Grands Ecrivains, t. I, p. 19. « La vanité seule lui a fait entreprendre de grandes choses presque toutes opposées à sa profession » (Bibl. nat., ms. fr. 9364, fol. 97 r°). « La vanité était une de ses plus fortes passions » (*Mém.* de G. Joly, 1718, t. II, p. 227). Sur la blessure que faisait à Retz la moindre apparence de mépris, voir une lettre de lui à M. de la Fons, du 31 octobre 1672 (Retz, *OEuvres*, t. VIII, p. 534) et la *Vérité prononçant ses oracles sans flatterie*, 1652, in-4°, p. 15. « Le coadjuteur ne craint rien à l'égal du mépris ; c'est l'écueil de sa patience, c'est le sujet de son impatience. »

5. La Rochefoucauld, *op et loc. cit.* ; le P. Rapin, *Mém.* éd. Aubineau, t. II, p. 218. Olivier d'Ormesson à écrit un mémoire « de l'inconstance et légèreté des princes et grands seigneurs de France depuis l'année 1649 jusques en l'année 1653 » (publié dans son *Journal,* éd. Chéruel, p. 640 et suiv.).

Mais dès qu'il était aux prises avec les difficultés et les violences contradictoires de la politique, cet homme plein de contrastes, s'excitait. Il se jetait dans la lutte avec fougue. Il y apportait une ardeur joyeuse, une souplesse, une fertilité d'imagination qui l'enchantaient. Aimant l'intrigue, il se divertissait à la développer, à compliquer à plaisir jusqu'au désordre les moindres incidents et, s'il avait pu, jusqu'aux bouleversements, d'ailleurs sans haine, souriant, s'abstenant de violences verbales et dépourvu aussi de convictions.

Il a, d'avance, dans la *Conjuration de Fiesque*, défini ce que doit être, d'après lui, « la conduite étudiée » du bon politicien. Ce bon politicien, disait-il, doit avoir « un air toujours égal, ouvert, agréable et même enjoué ; être civil avec tout le monde, mais avec des distinctions obligeantes, selon le mérite et la qualité ». Il faut qu'il gagne « les pauvres par des largesses, les riches par de l'honnêteté » ; surtout qu'il ait « une grande chaleur à obliger » et qu'il montre à tous « une douceur civile et caressante ».

Le programme de ce politique doit être de renverser le gouvernement. La lutte contre le gouvernement passait peut-être pour une chose criminelle ; mais si celui qui l'entreprenait avait du courage et des qualités de cœur, elle était noble et généreuse. Si elle avait pour objet de chasser du pouvoir les personnes qui s'y trouvaient, elle était éminemment excusable[1].

Dès lors, ajoutait Gondi, le politicien devait n'avoir aucun scrupule à changer perpétuellement de parti, au besoin à les trahir tous. Une mazarinade, la *Requête des trois États*, le représentera, en effet, tantôt frondeur, tantôt mazarin, aujourd'hui avec la reine, demain contre elle, allant des uns aux autres par sentiment ou par intérêt[2], pratiquant « la politique la plus déliée et la plus artificieuse[3] », « ces traits de fine politique », ce qu'il appelait lui-même « mes souplesses[4] », se moquant de la sotte vanité du public

---

1. *Conjuration de Fiesque*, dans Retz, *OEuvres*, t. V, p. 552 et suiv., 588.

2. *La Requeste des trois Etats touchant le lieu et les personnes qu'on doit choisir pour l'assemblée des Etats généraux*, 1651, dans C. Moreau, *Choix de mazarinades*, t. II, p. 309.

3. Mot de lui dans son libelle : *Très humble et très importante remontrance au roi sur la remise des places maritimes*, 1657, dans Retz, *OEuvres*, t. V, p. 301. Ailleurs il parle de « la petite finesse qui infectoit toujours la politique, quoique habile, de M. le cardinal Mazarin ! » (*Mém.*, t. III, p. 133).

4. *Excommunication politique lancée sur le clergé*, 1652, in-4°, p. 9 et 11 ; *la Vérité prononçant ses oracles sans flatterie*, 1652, dans C. Moreau, *Choix de mazarinades*, t. II, p. 519, qui parle des « souplesses et bricoles » de

qui ne comprenait pas que « tout ce que les politiques du vulgaire se sont voulu figurer pour concilier les événements n'est que fiction et que chimère [1] ». Telle était sa doctrine.

Beaucoup l'ont bien comprise. Mazarin outré tenait Gondi pour un être souverainement faux et dangereux. Une mazarinade accusera l' « esprit italien du coadjuteur d'avoir méchamment insinué le commerce des fourbes dans le gouvernement de l'Etat [2] ». D'avance Gondi avait répondu à ces critiques en expliquant que là « où il s'agissait de notre vie et de l'intérêt général de l'Etat, la franchise n'était pas une vertu de saison, la nature nous faisant voir dans l'instinct des moindres animaux qu'en ces extrémités, l'usage des finesses est permis pour se défendre de la violence qui nous veut opprimer [3] ». Et, de fait, sa vie, nous dira un de ses adversaires, n'a été « qu'une suite continuelle de fourberies, de trahisons, d'ingratitudes [4] ». Il a pratiqué le mensonge avec assurance et désinvolture, protestant de sa loyauté, affirmant qu'il avait une aversion mortelle pour ce qu'il appelait des « girouetteries [5] ». Il a été un politicien de l'école de Machiavel, un cynique, avec une manière intrépide, hautaine et dédaigneuse, à la façon de Talleyrand [6] !

Ses *Mémoires* en sont le tranquille témoignage. Il s'y dépeint avec

Retz ; « sa conduite n'est autre chose qu'une suite de souplesses entrelacées les unes avec les autres. » *L'Anatomie de la politique du coadjuteur* parle de « ses honteuses souplesses » (1652, in-4°, p. 3). L'auteur de *la Véritable Fronde des parisiens frondant Jean François de Gondy* (1652, in-4°, p. 9) trouvait que Retz apportait à ses intrigues un « esprit féminin ».

1. Retz, *Mém.*, t. IV, p. 390.

2. *L'Anatomie de la politique du coadjuteur*, p. 1.

3. *Conjuration de Fiesque*, dans Retz, *OEuvres*, t. V, p. 558.

4. *Lettre escrite à M. le cardinal de Retz par un de ses confidents de Paris*, 1655, in-fol., p. 40.

5. Retz, *Mém.*, t. III, p. 135.

6. Benjamin Constant disait au temps du Directoire que les deux auteurs qu'il lisait le plus étaient Machiavel et Retz (Sainte-Beuve, *Causeries du lundi*, t. V, p. 36). Pour l'auteur de la notice sur Retz attribuée au duc de Montausier, Retz aurait considéré l'effronterie comme le suprême de l'art : « il a avoué lui-même, dit cet auteur, que de mille autres rares qualités dont il est pourvu, pas une ne lui a tant porté d'utilité que l'effronterie qui seule l'a maintenu en cent occasions où il était perdu sans elle » (*Rev. d'hist. litt. de la France*, t. II, p. 100). Le pape Alexandre VII disait à propos de Retz, paraît-il, « Questi maledetti francesi sono piu furbi di noi altri ! » Cf. Retz, *Mém.*, t. V, p. 92. Pour déclarer à Retz qu'il mentait, Segrais lui expliquait « qu'il fallait qu'il fît comme Mademoiselle qui disait qu'elle ne mentoit jamais, mais qu'elle se servait de son imagination au défaut de sa mémoire. » *Segraisiana*, éd. de 1721, p. 78.

une impudence sereine, avouant ses pensées les plus secrètes, ses
folies, ses erreurs, sans honte, presque souriant, comme s'il éprouvait à cette confession une sorte de joie malsaine. Parlant de ses
sottises, il les excusait en disant : « C'est un honneur que le caprice
de la fortune m'a fait[1]. » Et lorsque les moines bénédictins de Saint-
Mihiel, auxquels il avait demandé de recopier ses *Mémoires*, se scan-
dalisaient des passages excessifs qu'ils avaient à transcrire, il leur
répondait négligemment : « J'ai fait cela, ainsi point de honte de
le dire[2]. » Il ne faut pas s'étonner si un jour où son secrétaire Guy
Joly tourmenté de tant d'inconscience cherchait à donner à son
maître quelques conseils, Retz lui répliquait : « Mon pauvre ami,
tu perds ton temps à me prêcher. Je sais bien que je ne suis qu'un
coquin, mais malgré tout et tout le monde je le veux être parce que
j'y trouve plus de plaisir. Je sais que vous êtes trois ou quatre qui
me connaissez et me méprisez dans le cœur, mais je m'en console
par la satisfaction que j'ai d'en imposer à tout le reste du monde
par votre moyen même. On y est si bien trompé et ma réputation
si bien établie que quand vous voudriez désabuser les gens, vous
n'en seriez pas cru, ce qui me suffit pour être content et vivre à ma
mode[3] ! » Mazarin concluait. « Le fond de la probité n'y est pas[4]. »
Ici se pose la question délicate de la religion de Retz. Quelle était-
elle ?

M. Chantelauze et les critiques de sa génération ont estimé que
Retz n'a pu être qu'un « libertin », dans le sens de ce terme au xviie
siècle, c'est-à-dire, un sceptique, un incroyant[5]. Ils auraient peut-
être pu invoquer le mot d'Anne d'Autriche rapporté par Colbert à
Le Tellier dans une lettre du 2 novembre 1650 : « C'est un très

1. Retz, *Mém.*, t. I, p. 80. Ailleurs il dit (*Ibid.*, t. II, p. 93) « Je trouve
une satisfaction plus sensible à faire une confession de mes fautes que je
n'en trouverais assurément dans le plus juste panégyrique. »

2. Cf. C.-E. Dumont, *Histoire de la ville de Commercy*, t. II, p. 167. On
a souvent relevé des propos osés analogues dans ses *Mémoires* (t. II, p. 38,
69, 81 ; t. III, p. 43 ; t. IV, p. 279).

3. Guy Joly, *Mém.*, Amsterdam, 1718, t. II, p. 226.

4. Lettre de Mazarin à l'abbé Fouquet, de Sedan, 26 octobre 1652, citée
dans R. Chantelauze, *Le Cardinal de Retz et l'affaire du chapeau*, t. II,
p. 306. L'édition des *Lettres* de Mazarin (par Chéruel, t. V, p. 424) ne
donne pas intégralement toute la lettre.

5. « La foi, dit Chantelauze, était aussi absente de son âme que la charité
l'était de son cœur » (dans Retz, *OEuvres*, t. IX, p. xviii). C'était un
« libertin » (du même, *Le Cardinal de Retz et l'affaire du chapeau*, t. I,
p. 11). Cf. Sainte-Beuve, *Causeries du lundi*, t. V, p. 189. Dans une lettre
particulière à Chantelauze, le même Sainte-Beuve déclare Retz « un coquin »
occupé « de polissonneries » (*Rev. des quest. hist.*, t. XXI, 1877, p. 123).

méchant homme qui n'a ni religion, ni fidélité[1] » ; ou un autre
analogue de la duchesse de Chevreuse : « Il n'a point de religion »,
si cette expression, au xviie siècle, n'avait pas un sens plus restreint
que celui que nous serions tentés de lui attribuer aujourd'hui[2]. Ils
se sont autorisés surtout de sa vie dévergondée, peu édifiante. Les
contemporains ont, eux aussi, relevé le désaccord qu'il y avait entre
la vie de Retz et son état. Le *Supplément au Nécrologe de Port
Royal* déclarait que le coadjuteur avait eu « la vie la moins ecclésiastique qui fut[3] » ; une lettre de Louis XIV du 2 juillet 1656
parlera d'impiétés scandaleuses que Retz aurait commises, sans
qu'on sache exactement de quoi il peut bien être question[4] ; et une
lettre de Mazarin à la reine du 10 avril 1651 articulera contre
Retz de graves imputations relatives à de lamentables légèretés
de lui[5].

Par contre ceux qui l'ont connu de près ne donnent pas une note
aussi rigoureuse. La Rochefoucauld, qui ne l'aimait pas, a dit de
lui qu'il « avait peu de piété, quelques apparences de religion[6] »,
ou suivant une autre version « peu de piété mais beaucoup de religion[7] ». Saint Vincent de Paul, qui, il est vrai, était très charitable,
disait : « Pas assez de piété, mais pas trop éloigné du royaume de
Dieu[8]. »

1. Bibl. nat., ms. fr. 4209, fol. 177 et 185.

2. Rapporté dans une lettre de Le Tellier à Mazarin du 19 octobre 1650,
Bibl. nat., ms. fr. 6884, fol. 372.

3. Année 1735, p. 663. Cf. A. Gazier, *les Dernières années da cardinal de
Retz*, p. 203. Voir aussi : *Lettre escrite à M. le cardinal de Retz par un de
ses confidents de Paris*, 1655, in-fol., p. 29. Un auteur de libelle assurait que
Retz ne disait pas son bréviaire (*Avis donné aux parisiens avant leur entière
désolation*, Paris, 1652, in-4°, p. 5).

4. Publiée dans Retz, *OEuvres*, t. VI, p. 611.

5. *Lettres du cardinal Mazarin*, éd. Ravenel, t. I, p. 4. Cf. Bibl. nat., ms.
fr. 20666, fol. 305 v°. Il s'agit du fait de Retz révélant par raillerie le secret
de la confession afin d'amuser des dames dans un carrosse au cours d'un
voyage au château de Berny. On peut lire dans le *Journal* de Jean Vallier
(éd. Courteault, t. II, p. 212), une histoire de possession du diable où Retz
joue un rôle déplacé.

6. La Rochefoucauld, *OEuvres*, éd. des Grands Ecrivains, t. I, p. 19.

7. Bibl. nat., ms. fr. 9364, fol. 97 r°. Nous avons déjà dit que ce texte
du portrait de Retz par La Rochefoucauld comportait de sensibles variantes
avec celui qui a été souvent imprimé. Ailleurs on dit : « Il avoit peu de
piété et peut-être peu de religion. Il prêchoit comme un simple curé et
vivoit comme le courtisan le plus mondain » (*Eloge du cardinal de Retz*, par
D. dans *Mém.* de G. Joly, Amsterdam, 1718, t. I, p. vii).

8. Propos rapporté par Retz lui-même dans ses *Mém.*, t. I, p. 180.

En fait, la cour de Rome si instamment pressée plus tard de faire
son procès à Retz, n'a été saisie à son égard d'aucune accusation
relative à la doctrine, sauf en ce qui concerne le jansénisme où
d'ailleurs le reproche n'a pas tenu. C'est que Retz s'est toujours
gardé soigneusement de tout écart dogmatique susceptible de faire
incriminer son orthodoxie [1]. On le voit dans des discussions relatives
à la philosophie cartésienne avec des moines de l'abbaye de Saint-
Mihiel, conserver une prudente réserve, rester sur le terrain de la
pensée « intégriste » la plus vigilante [2]. Nous avons des sermons de
lui. Ils pourraient ne pas être une preuve, le talent se trouvant
toujours capable de suppléer aux convictions. Ces sermons qui,
avons nous dit, témoignent de connaissances théologiques appro-
fondies, sont, comme ceux de Bossuet, nourris de citations de la
Sainte Écriture, des Pères, des conciles. On voit le sermonnaire
développer cette thèse, qui paraît être sincère chez lui, que la philosophie est impuissante à expliquer les choses, qu'elle ne fait que
« tâtonner à l'entour des apparences » ; qu'il faut donc rester fidèle
à la foi. « A la réserve de la religion, dit Retz, tout doit être, au
moins à mon opinion, égal aux hommes. » Sans doute il y a des
difficultés et des objections troublantes, mais, conclut-il, « il est
dangereux de toucher à tout ce que la théologie nous enseigne de
l'obscurité de la foi. Il est si délicat de prétendre de l'éclaircir par
de nouvelles vues que je ne veux me rendre à mes propres lumières »
et que j'estime que des discussions d'idées ne doivent être considé-
rées « que comme une spéculation sur laquelle il est permis aux
gens de lettres de s'exercer, pourvu qu'ils ne s'y appliquent qu'avec
l'esprit et le dessein de soumettre leurs vues à la doctrine reçue
universellement dans l'Église ». On ne saurait être plus prudent [3].

1. « Comment, dit-il quelque part, pourrait-on m'accuser d'une chose
pour laquelle je n'ai jamais rien fait, rien écrit ni rien dit ? » Et encore :
« Tant qu'il me restera un souffle de vie, je n'aurai point d'autre règle de
conduite, pour ce que j'aurai à suivre et à éviter, que les décisions de
Sa Sainteté. » Voir Chantelauze, *Le Cardinal de Retz et ses missions diplomatiques à Rome*, p. 23. On sait que Retz disait, parlant des *Lettres provinciales*
de Pascal, « qu'il n'avait point vu d'hérésies mieux écrites » (Journal ms. de
Feydeau du 28 août 1679, cité par A. Gazier, *Les Dernières années du cardinal
de Retz*, p. 94).

2. Cf. Retz, *Œuvres*, t. IX, p. 246 et suiv. Ailleurs on le voit se scan-
daliser de blasphèmes (*Mém.*, t. II, p. 491).

3. Nous avons quelques sermons de lui, imprimés au tome IX de ses
Œuvres, d'après le ms. fr. 469 de la Bibliothèque nationale : ce sont des
œuvres bien faites, un peu factices et froides. Jacquinet les a étudiées dans
son livre : *les Prédicateurs du XVIIe siècle avant Bossuet*, p. 313. Les passages
que nous citons sont pris dans le sermon sur Saint Louis du 24 août 1648

Ceux qu'il faudrait consulter en définitive sur la question seraient les prélats romains qui ont bien connu Gondi, l'ont vu à l'œuvre et longtemps, puisqu'il a pris part à des affaires ecclésiastiques, figuré dans des congrégations du Saint Siège et participé activement à des conclaves. Résumant son impression sur lui, le pape Alexandre VII disait au cardinal Bichi : « Il a beaucoup de doctrine, mais il n'a point de jugement[1]. » Et le même pontife causant avec l'abbé Benedetti, confirmait cette impression : « Il n'a de bon que la doctrine : pour le reste, c'est un esprit trouble ! » Le même pape racontait comment Retz étant près de lui dans un conclave, lui avait avoué avec tristesse que ce qui lui pesait le plus dans sa vie c'était ce qu'il appelait les *delicta juventutis suæ*, les fautes de sa jeunesse[2]. La doctrine semblait donc hors de cause.

Des regrets sur les faiblesses de sa conduite, Retz paraît, au fond, en avoir éprouvé, tout de même, et jusqu'à la fin de ses jours, malgré le cynisme de ses *Mémoires*. Dans plusieurs de ses sermons il les a indirectement formulés, tâchant d'expliquer ses fautes, développant l'idée de l'impuissance de l'homme à ne pas faire le mal qu'il condamne, s'affligeant de la vanité incurable de l'être humain qui l'entraîne perpétuellement à la « vanité des plaisirs et au charme des voluptés[3]. »

Personne en effet n'a peut-être moins que lui résisté à ce charme des voluptés. Ses *Mémoires* sont une confession extraordinaire de toutes ses bonnes fortunes. Il n'a fait mystère d'aucune d'elles, écrivant le nom de ses héroïnes sans pudeur, tranquillement, avec des remarques choquantes sur les moyens d'accommoder cette vie dévergondée avec les devoirs de son état[4].

(dans Retz, *OEuvres*, t. IX, p. 114), celui du mercredi des cendres (*Ibid.*, p. 135, 140-141, 154 et suiv.) et aussi dans ses *Mém.*, *Ibid.*, t. V, p. 435.

1. Lettre de Lionne à Brienne datée de Rome du 14 juin 1655. Arch. Aff. étr. Rome, 129, fol. 484.

2. Lettre de l'abbé Elpidio Benedetti du 19 avril 1655, Bibl. de l'Institut, ms. 1315, fol. 39.

3. Voir son sermon du mercredi des cendres qui dans certains passages a bien un accent personnel et un ton de confidence presque découragé (dans *OEuvres*, t. IX, p. 156, 157) ; surtout son sermon sur l'hypocrisie, sujet un peu audacieux pour lui, contenant de belles pages et si piquantes par la façon dont le sermonnaire joue la difficulté non sans découvrir, certainement, les côtés de son âme compliquée avec quelque audace intrépide, ou peut-être quelque raillerie (*Ibid.*, p. 163 et suiv.).

4. Ses familiers ont du reste fait remarquer qu'il était incapable de garder le moindre secret. Ceci pourrait être une demi-explication de son inconscience. Guy Joly le dit nettement : « Ceux qui l'ont connu le plus familièrement savent bien qu'il était incapable de garder un secret aussi

Ses ennemis ont exploité les turpitudes de cette existence indigne
de son caractère. Mazarin les flétrissait[1]. Les mazarinades quali-
fiaient Retz de « personne publiquement décriée[2] ». Le P. Rapin
a écrit contre le coadjuteur une page frémissante d'indignation dans
laquelle il jugeait la vie de Gondi « un des plus grands scandales
de ce siècle[3] » ! Au cours de son sermon sur Saint Charles Borromée, Retz s'écriait : « Vous qui joignez la vigueur d'une belle jeunesse à la gloire d'une haute naissance... prenez-vous de la facilité
pour vos débauches dans l'applaudissement que vous recevez dans
les compagnies et dans la considération que vous tirez de votre
qualité ? » Ainsi c'était parce qu'il était jeune, vigoureux, paré d'un
nom illustre, dans une haute situation, appartenant à une grande
famille, bien accueilli partout pour le charme de son esprit, que,
malgré sa taille médiocre et sa figure peu engageante, il se trouvait
exposé à tant de tentations auxquelles il n'avait pas la force de
résister[4]. Énumérons brièvement, parce qu'elles ont joué un rôle

bien que ses bonnes fortunes avec les dames » (G. Joly, *Mém.*, éd. d'Amsterdam, 1718, t. I, p. 94).

1. Lettre de lui à Le Tellier du 26 décembre 1650, dans *Lettres* de
Mazarin (éd. Chéruel, t. III, p. 972). Il fera parler au roi Louis XIV, dans
une lettre au pape du 12 décembre 1654 de « l'imposture et la méchanceté
d'un homme indigne du caractère qu'il porte » (Bibl. nat., ms. fr. 20666,
fol. 157 v°).

2. *Avis sincères d'un évêque pieux et désintéressé envoyés au cardinal de
Retz.* 1655, in-fol., p. 69. *Les Justes plaintes de la crosse et de la mitre du
coadjuteur de Paris.* 7 août 1652, dans C. Moreau, *Choix de mazarinades*,
t. II, p. 445. On disait publiquement : « les vices et les crimes scandaleux
du cardinal de Retz... les sacrilèges et plusieurs autres péchés aussi
énormes... » (*Lettre escrite à M. le cardinal de Retz par un de ses confidents
de Paris*, p. 53).

3. Le P. Rapin, *Mém.*, éd. Aubineau, t. II, p. 492. Le P. Rapin faisant
aussi allusion aux bavardages de Retz sur ses bonnes fortunes, parle de
« ses galanteries secrètes et cachées qu'on ne savait que par la folle vanité
d'un homme qui ne pouvait avoir de ces avantages infâmes qu'on a dans
ces sortes de commerces, sans avoir l'impudence de s'en vanter le premier. »

4. Sermon sur saint Charles Borromée, dans Retz. *Œuvres*, t. IX,
p. 87. Il y a lieu de remarquer d'ailleurs que le cas de Retz n'est pas à ce
point exceptionnel au XVIIe siècle. Il n'était pas le seul de son temps dans
le clergé, à n'être pas, comme disait Anne d'Autriche à Châteauneuf
(lettre de Mazarin à Lionne du 11 mars 1651, dans *Lettres* de Mazarin,
éd. Chéruel, t. IV, p. 83) « à l'épreuve d'un cotillon ». Le Camus, évêque
de Grenoble écrivait le 26 mars 1672 à M. de Pontchateau (cité par Sainte-
Beuve, *Port-Royal*, t. IV, p. 541), parlant de son diocèse : « La débauche des
moines et des prêtres y est comme en Italie. » Voir le tableau que trace
R. Chantelauze dans son livre, le *Cardinal de Retz et le chapeau* (t. I, p. 305)

important dans sa vie, et afin de n'y pas revenir, ce qu'il a appelé lui-même « mes inconstances et mes différentes amours[1] ».

La chronologie exacte en serait inutile et malaisée, d'ailleurs, en raison des simultanéités ou des retours. Après les peccadilles de jeunesse dont nous avons parlé, une des premières aventures paraît avoir été celle d'une cousine, fille du marquis de Ragny. Retz en parle avec réticences, mais Tallemant est plus explicite[2]. A suivi une autre cousine, Marguerite de Gondi[3] ; après quoi Mme de La Meilleraye, Marie de Cossé Brissac, femme du Grand Maître de l'artillerie, belle personne, avoue Retz, mais on a déchiré, dans ses *Mémoires* ce qui la concerne. D'après Saint-Simon, il était fou d'elle[4]. L'abbé de Choisy racontant les confidences que lui a faites Retz, sur le tard, à ce sujet et les projets extravagants auxquels l'excès de sa passion l'avait conduit, répétait également : « Cela est bien fou[5] » !

En même temps que Mme de La Meilleraye, Retz conduisait parallèlement une intrigue avec Mme de Guéménée : nous en avons indiqué les débuts. Cette affaire dura longtemps. La dame habitait

de la façon dont vivaient les cardinaux italiens à Rome à cette date, puis dans une lettre du P. Duneau, jésuite, à Mazarin, datée de Rome le 19 avril 1660 (Arch. Aff. étr. Rome 139. fol. 81), l'histoire extraordinaire d'un cardinal Maidalchini. Retz parle dans ses *Mém.* (t. V, p. 24) de ce qu'il appelle « les débauches scandaleuses » du cardinal Trivulce. En France des abbés étaient célèbres pour leur existence plus que libre, notamment les abbés de Choisy, de Dangeau, Caumartin, Vaudrun. On les chansonnait (*Mém.* de l'abbé de Choisy. éd. Michaud, p. 548, 549). Il y a d'étranges analogies entre les aventures de Retz que nous allons voir et celles de l'abbé de Choisy (*Ibid.*, p. 526 ; Bibl. de l'Arsenal, ms. 3188). Celui-ci n'était même pas sans quelque grossièreté (voir un recueil de vers de sa main : Bibl. de l'Arsenal, ms. 2935). Parmi les prélats du temps, l'évêque du Mans, M. de Lavardin, M. de Gondrin, archevêque de Sens, Le Camus lui-même, évêque de Grenoble, passaient pour avoir eu des vies « relâchées et dissolues » (Cf. Sainte-Beuve, *Port-Royal*, t. IV, p. 365, 540 ; t. V, p. 529).

1. Retz, *Mém.* dans ses *OEuvres*, t. IV, p. 497. Saint-Simon écrit discrètement que Retz était « d'une galanterie toujours fine et utile ».

2. Tallemant, *Historiettes*. éd. P. Paris. t. V, p. 195. R. Chantelauze a essayé de dresser une liste des bonnes fortunes de Retz (*Le Cardinal de Retz et l'affaire du chapeau*, p. 55).

3. Retz, *Mém.*. t. II, p. 594 ; t. III, p. 170.

4. Saint-Simon, *Mém.*. éd. Chéruel (Hachette, in-18), t. VII, p. 337. Cf. Retz. *Mém.*, t. I, p. 129, 133.

5. L'abbé de Choisy, *Mém.*, éd. Michaud, p. 565. On a lacéré dans les *Mém.* de Retz ce qui concerne son intrigue avec Mme de la Meilleraye.

Place Royale où elle recevait nombre de personnes élégantes, Retz
n'étant pas le seul à profiter de ses bonnes grâces : relations ici ora-
geuses, avec des scènes de jalousie, des batailles, lui la prenant par
la gorge, elle lui jetant des chandeliers à la tête. C'est Retz qui nous
donne ces détails dans ses *Mémoires* [1].

De vers 1642 doit dater un tendre sentiment pour Mlle de Vendôme, « une beauté de qualité », dit Retz, pas très intelligente,
mais « dont la sottise n'était pas encore bien développée. » Tout
dut cesser lors du mariage de celle-ci le 30 juillet 1643. Portraits,
lettres et cheveux furent rendus, nous dit-il [2].

Mme de Montbazon, la célèbre duchesse, figure sur la liste, mais,
semble-t-il, en passant [3]. Y figure aussi la Palatine, Anne de Gonzague, deuxième fille de Charles de Gonzague, duc de Nevers et de
Rethel, mariée à Edouard de Bavière, comte palatin du Rhin. Elle
avait trente ans vers 1645, et Retz trente-deux, personne habile et
intrigante [4]. Retz a raconté comment il essaya de fléchir la future
comtesse d'Olonne, Mlle Catherine d'Angennes de La Loupe, mais
en vain. Son récit permet de juger la manière dont il s'y prenait
dans ces sortes d'aventures et l'impression n'est pas très plaisante [5].
Notons encore Marie de Brancas, mariée au marquis d'Ampu [6] ;
Mme de Rhodes, une Louise de Lorraine, femme du grand maître
des cérémonies, le marquis de Rhodes [7].

---

1. Retz, *Mém.*, t. II, p. 538. Mazarin parle dans ses *Carnets* de ces
relations de Retz avec Mme de Guéméné (*Carnet*, 12, p. 112, dans Retz,
Œuvres, t. IX, p. 445). Voir l'historiette de Tallemant, t. IV, p. 483.

2. Retz, *Mém.*, t. I, p. 182, 194, racontant ces aventures, écrit (p. 197) :
« Ainsi mes occupations ecclésiastiques étaient diversifiées et égayées par
d'autres qui étaient un peu plus agréables mais elles n'en étaient pas assurément déparées : la bienséance y était observée en tout. » On voit par ces
mots le personnage.

3. *Ibid.*, t. II, p. 568.

4. Voir R. Chantelauze, *le Cardinal de Retz et l'affaire du chapeau*, t. I,
p. 151 ; t. II, p. 169.

5. Retz, *Mém.*, t. IV, p. 149.

6. C. Moreau, *Choix de mazarinades*, t. II, 445, 451. Un libelle, les
Justes plaintes de la crosse et de la mitre du coadjuteur de Paris (1652, in-4°,
p. 14) parlant d'un pseudo-arrêt du Parlement de Paris contre Retz dit
que la cour ordonnait à celui-ci de « ne rendre jamais aucune visite à
Mme Dampu, pour éviter le scandale et le désordre qui en pourraient
arriver. »

7. Dubuisson-Aubenay, *Mém.*, éd. Saige, t. II, p. 162. Des placards
affichés dans Paris dévoilaient cette intrigue. *Les Justes plaintes de la crosse
et de la mitre*, que nous venons de citer disent ouvertement : « Il y a longtemps que nous reconnaissons les visites trop fréquentes qu'il [Retz] rend à

Les deux principales ont été sans aucun doute, Mlle de Chevreuse et Mme de Pomereu.

Mlle de Chevreuse, de douze ans plus jeune que Retz, était longue, maigre, avec de beaux yeux et un agréable tour de visage. La décrivant plus tard, lorsque ses sentiments étaient bien éteints, Retz avouait qu'elle n'était pas intelligente, qu'elle était même sotte, capricieuse, emportée[1]. La liaison commença en 1649. La mère, la duchesse de Chevreuse, par politique — elle voulait tenir Gondi dans sa main — s'y prêta[2]. Etrange monde ! Gondi écrit, parlant de Mlle de Chevreuse : « Je l'aimai, ou plutôt je la crus aimer, car je ne laissai pas de continuer mon commerce avec Mme de Pomereu[3] ». C'est à propos de Mlle de Chevreuse que Mme de Guémenée, jalouse, faisait à Gondi les scènes dont nous venons de parler. Tous les auteurs de Mémoires du temps, ont connu cette liaison qui fut la fable de Paris : La grande Mademoiselle, La Rochefoucauld, Lenet, Mme de Motteville, la duchesse de Nemours, Guy Joly, Mazarin y fait allusion dans ses lettres[4]. Les mazarinades y trouvaient matière à plaisanteries[5]. Il y a dans cette affaire des détails inqualifiables[6]. Ecrivant ses *Mémoires*, Retz en parlera avec une inconscience déconcertante, établissant des compa-

---

la marquise Dampu et à Mme de Rhodes. Les visites nocturnes qu'il faisait à la dernière ne lui ont-elles pas causé une maladie mortelle ? » L'auteur d'un autre libelle *L'Esprit de guerre des parisiens contre l'esprit de paix des corinthiens*, 1652, in-4°, p. 15, osait écrire : « La peste saura vous trouver [il parle à Retz] fussiez-vous caché sous la jupe de la de Rhodes, vos chères délices ! »

1. Retz, *Mém.*, t. IV, p. 229 ; Mme de Motteville, *Mém.*, t. II, p. 417 ; Dubuisson-Aubenay, *Mém.*, éd. Saige, t. I, p. 79 ; Mlle de Montpensier, *Mém.*, éd. Michaud, p. 155.

2. Cf. Lettre de Mazarin, expliquant le fait, datée de Brühl, avril 1651, dans *Lettres* de Mazarin, éd. Ravenel, p. 7.

3. Retz, *Mém.*, t. II, p. 490.

4. Lenet, *Mém.*, éd. Michaud, p. 206, 346, 434 ; La Rochefoucauld, dans ses *Œuvres*, éd. des Grands Ecrivains, t. II, p. 221 ; Mme de Motteville, *Mém.*, t. III, p. 254 ; duchesse de Nemours, *Mém.*, éd. Michaud, p. 629 ; Guy Joly, *Mém.*, éd. d'Amsterdam, 1718, t. I, p. 127 ; lettre de Mazarin à Lionne datée de Bouillon, 11 mars 1651, dans ses *Lettres*, éd. Chéruel, t. IV, p. 84.

5. *La France affligée parlant et répondant à toutes les personnes et les corps qui suivent*, Paris, 1652, in-4°. « Le coadjuteur et la Chevreuse sa coadjutrice », dit l'auteur de la *Vérité prononçant ses oracles sans flatterie*, 1652, dans C. Moreau, *Choix de Mazarinades*, t. II, p. 506 ; le *Fourrier d'Etat*, 1652, in-4°, p. 6.

6. Voir Retz, *Mém.*, t. III, p. 124.

raisons d'un goût douteux entre ses soirées passées à l'hôtel de Chevreuse et ses matinées occupées au séminaire Saint Magloire : « J'avais trouvé l'art, dit-il, de les concilier ensemble et cet art justifie à l'égard du monde ce qu'il concilie [1] ». Le 7 novembre 1652, après deux jours de maladie, Mlle de Chevreuse mourait inopinément sans que Gondi manifestât beaucoup d'émotion [2].

Quant à Mme Denise de Pomereu, mariée à François de Pomereu, maître des requêtes, puis président au Grand Conseil et dont elle n'a pas eu d'enfants, elle connut Gondi au moment où Mme de Guéménée se décidait à s'en aller faire pénitence à Port Royal des Champs et où Mme de La Meilleraye avait abandonné Gondi afin de prendre un capitaine des gardes de son mari, Palier. La liaison dura longtemps. Ce fut la passion de Gondi la plus prolongée. Il lui fut d'ailleurs aussi infidèle qu'aux autres [3]. Nous verrons plus tard que durant ses années d'exil, il devait ajouter à cette longue liste d'autres passades de moindre style.

Que conclure de tant de contradictions? Le marquis de Voyer d'Argenson expliquant comment il avait recueilli sur Retz les impressions, dans sa famille, de son grand-père, Caumartin, ami du coadjuteur, de sa grand'mère, qui avait connu Gondi, de son oncle évêque de Blois, qui « avait été pour ainsi dire, élevé sur les genoux du cardinal », résumait les traditions des siens en disant : « C'était un vrai brouillon, un intrigant sans motif et sans objet, faisant du bruit pour en faire et très maladroit dans le choix de ses moyens, quoique, d'ailleurs, il eut bien des qualités brillantes. De telles gens sont très fâcheux à rencontrer et très dangereux à suivre quand ils se mêlent des affaires. Mais quand ils en sont tout à fait retirés, ils sont quelquefois charmants à entendre [4]. » Un critique moderne analysant l'idée qu'on se faisait de Retz au xixe siècle disait : « personnage compliqué et imprévu comme pas un autre, le plus romanesque des hommes positifs, le plus fantastique

1. *Ibid.*, t. III, p. 194.

2. *Journal* de J. Vallier, éd. Courteault, t. IV, p. 119 ; Retz, *Mém.*, t. IV. p. 424 ; *Mém.* de Guy Joly, éd. d'Amsterdam de 1718, t. I, p. 188.

3. Il y eut de nombreux vers satyriques sur les relations de Retz avec Mme de Pomereu : Bibl. de l'Institut, ms. 1328, fol. 105 et note de P. Paris, dans Tallemant, *Historiettes*, t. V, p. 199. Sur Mme de Pomereu elle-même consulter le même Tallemant, t. V, p. 194 ; une lettre de Servien à Mazarin, du 9 juillet 1656 donnant des détails sur les rendez-vous nocturnes des deux personnages (publiée dans les *OEuvres* de Retz, t. VI, p. 629) et Retz d'ailleurs *Mém.*, t. I, p. 176-179, 180, 241.

4. Marquis de Voyer d'Argenson. *Essai dans le goût de ceux de Montaigne*, Amsterdam, 1785, in-8°, p. 72.

des personnages réels, le plus mondain des prêtres (pour parler honnêtement), le plus remuant des factieux, le plus déçu parmi les ambitieux... mélange inouï de finesse, d'audace et de rouerie, de sérieux et de frivole... exemplaire hors ligne d'une espèce qu'on peut dire disparue, français doublé d'italien, Catilina doublé de Guzman d'Alfarache[1] » Le jugement est d'expression un peu romantique, mais assez juste. Voyons dans la suite des faits comment il se vérifie.

1. Nefftzer, dans un article du *Temps* du 11 mars 1863.

III

LA JOURNÉE DES BARRICADES

Louis XIII mort le 14 mai 1643, et la régence d'Anne d'Autriche
proclamée, au nom de Louis XIV enfant, le gouvernement allait se
trouver entre les mains d'une femme peu intelligente et d'un ministre étranger, Mazarin, sans grande autorité. Paul de Gondi résolut
de profiter de la réaction vive qui allait certainement se produire,
avec un nouveau régime si faible, contre le règne précédent, afin
d'avancer immédiatement ses affaires.

Il voulut tout de suite être nommé coadjuteur. A sa prière, sa
tante, la marquise de Maignelay, alla voir l'évêque de Lisieux,
Cospéan, personnage influent (qui faisait partie du Conseil de
conscience institué par la reine sur les avis du roi défunt afin de
désigner les candidats aux bénéfices ecclésiastiques) et lui demanda
de proposer Gondi à la reine. La reine exprima le désir que le père,
Emmanuel de Gondi, vînt lui même solliciter la place en faveur de
son fils. Le père vint. Le P. Rapin assure qu'il était accompagné
du duc de Retz, frère du candidat, du duc de Longueville, de
Mme de Maignelay, de Vincent de Paul. Il y eut des hésitations au
Conseil de conscience. D'après une lettre de Loménie de Brienne
au bailli de Valençay de 1653, Anne d'Autriche n'aurait cédé que
sur les instances de Mme de Maignelay, qui l'aurait fait passer « par
dessus diverses considérations qui lui furent alléguées [1] ».

1. Retz, *Mém.*, t. I, p. 210 et suiv., le P. Rapin, *Mém.*, éd. Aubineau,
t. I, p. 47-49 ; lettre de Loménie de Brienne à Valençay du 8 août 1653,
Bibl. nat., ms. fr. 20663, fol. 419. Mazarin, sur le moment, déclara avoir
contribué à la nomination de Gondi comme coadjuteur (lettre de lui au
duc de Retz, de Paris, le 17 août 1643, dans *Lettres* de Mazarin, éd. Chéruel,
t. I, p. 284). Voir aussi : *Journal* d'O. Lefèvre d'Ormesson (éd. Chéruel,
t. I, p. 65) ; la *Gazette* du 13 juin 1643, p. 74. Sur le conseil de conscience

Moins d'un mois après la mort de Louis XIII, le 12 juin, Gondi
avait enfin son brevet de nomination de coadjuteur avec future
succession [1]. Ce brevet contenait plusieurs erreurs. Il y était dit que
la nomination d'un coadjuteur avait été demandée par l'archevêque
de Paris, Jean François de Gondi, en raison de ses « incommodités
et indispositions », ce qui était inexact. Paul de Gondi était qualifié ensuite de « sous diacre du diocèse de Paris » : il ne l'était pas :
dans les Registres des délibérations du chapitre de Notre-Dame de
Paris de 1643, il ne figure que parmi les simples clercs, après les
sous-diacres [2]. On le disait encore docteur en la Faculté de théologie en Sorbonne ; autre erreur : il ne le sera que le 19 octobre suivant [3]. Le nouvel élu alla remercier la régente. L'archevêque de
Paris, accompagné de six représentants du chapitre et de huit délégués des curés de la ville, exprima à son tour à la souveraine sa
gratitude pour une faveur dont, comme nous le constaterons, il se
fût tout aussi bien passé [4].

Paul de Gondi s'employa sans tarder à obtenir le plus rapidement
possible ses bulles de Rome. Il envoya d'avance à la daterie pontificale les 16 000 écus de droits qu'il avait à payer et qu'il emprunta

qui aurait eu un rôle dans cette affaire, et qui se composait de six personnes : la reine, Mazarin, le chancelier, les évêques de Beauvais et de
Lisieux, Vincent de Paul, voir l'*État de la France* de 1648, dans Cimber et
Danjou, *Archives curieuses de l'histoire de France,* 2ᵉ série, t. VI, p. 444 ;
les *Mém.* de Dubuisson-Aubenay, éd. Saige, t. II, p. 26. Vincent de Paul
trop intègre et trop droit aura des difficultés dans ce conseil et manquera
être disgracié (Arch. Aff. étr. Fr. 849, fol. 75 r°, 116 r°, le *Journal*
d'O. Lefèvre d'Ormesson, t. I, p. 153). On fera état plus tard, pour
défendre Retz de ce qu'il a été nommé coadjuteur par un conseil composé
de saints (*Discours sur la conduite et sur l'emprisonnement de M. le cardinal
de Retz,* 1654, in-4°, p. 7). D'autres diront, il est vrai, que la reine l'avait
nommé parce qu'elle ne le connaissait pas (*Lettre d'un bon français sur le
sujet de celles du cardinal de Retz,* in-fol., 1655).

1. P. d'Arbois de Jubainville, *Pièces originales relatives au cardinal de
Retz.* Extrait du *Bullet. hist. et phil.,* 1907. Paris, Imp. nat., in-8°. Ce sont
6 pièces provenant des archives départementales de la Meuse, dont le
brevet en question, daté du 12 juin, les bulles du pape Urbain VIII annonçant à Louis XIV la nomination du coadjuteur ; à celui-ci, cette nomination ; et 3 bulles communiquant la même nouvelle au clergé de Paris, aux
évêques suffragants de l'archevêque et aux vassaux de l'église de Paris. On
trouve copie de ces bulles dans les Registres du chapitre de Notre-Dame,
Arch. nat., LL 296, p. 35-40.

2. Ibid., 295, p. 278.

3. Des mains du chancelier de l'Université : *Gazette* de 1643, p. 920,
fin d'octobre.

4. *Mém.,* de Mathieu Molé, Paris, 1855-7, in-8°, t. III, p. 68.

à son ami Lozières, maître des requêtes[1]. L'oncle archevêque étant tombé malade en septembre, il s'inquiéta, écrivit à Rome, entre autres au cardinal Barberini afin de demander qu'on pressât l'envoi du document attendu[2], et enfin, le 5 octobre, le pape Urbain VIII adressait au roi de France la pièce sollicitée, accompagnée de trois autres bulles, l'une au clergé de Paris, l'autre aux évêques suffragants de la province, la dernière aux vassaux de l'Eglise de Paris afin de leur annoncer la nomination du coadjuteur. Toutes ces bulles arrivèrent la veille de la Toussaint[3].

Paul de Gondi était donc pourvu des pouvoirs épiscopaux. Mais d'après le droit canon, il ne pouvait les exercer pleinement que s'il avait reçu les ordres. Il s'y décida. Et c'est à ce moment seulement, c'est-à-dire en novembre 1643 qu'il entra définitivement dans l'Eglise. Il avait trente ans; personne ne le contraignait; c'était lui qui avait demandé et fait demander les honneurs épiscopaux, sachant à quelles obligations il s'engageait. Il n'a donc que faire de reprocher à sa famille une vocation que nul ne l'a forcé de subir. Dès lors il y a peu de pages de ses *Mémoires* plus extraordinaires que celles, si connues, où il explique comment étant allé faire une retraite à Saint-Lazare, sous le toit de Vincent de Paul, à la veille de son ordination, il aurait employé son temps à réfléchir sur la situation qui lui était imposée d'homme d'église malgré lui. Son oncle, l'archevêque de Paris, pensait-il, ayant dégradé la dignité épiscopale par ses bassesses et son incapacité, il aurait, lui, Gondi, beaucoup de difficultés à rendre son lustre à la fonction, et la plus grande serait son propre tempérament et ses passions qu'il ne serait pas en mesure de dominer. Par suite, il ne pouvait qu'en prendre son parti : « il ferait le mal » intentionnellement, « ce qui est sans comparaison le plus criminel devant Dieu, mais ce qui est sans doute le plus sage devant le monde », car, dans ce cas, on fait attention, on s'arrange pour que le public ne s'aperçoive de rien en remplissant exactement les devoirs de sa profession et en évitant « le ridicule de mêler à contre temps le péché dans la dévotion »; bref il tâcherait d'être « aussi homme de bien pour le salut des autres qu'il pourrait être méchant pour lui-même. » Cette assurance est déconcertante[4] !

<hr>

1. Retz, *Mém.*, t. I, p. 211.

2. Lettre de lui qui traduit ses inquiétudes au cardinal Barberini du 20 septembre 1643, dans Retz, *OEuvres*, t. XI, p. 1.

3. Voir plus haut, p. 44, note 1.

4. *Mém.*, t. I, p. 215-217. Beaucoup, peut-être, ont agi de la sorte au XVIIe siècle parmi ceux qui entraient dans les ordres sans vocation réelle, mais ils ne se l'avouaient pas à eux-mêmes à ce point, et surtout ne l'expli-

La cérémonie de la consécration épiscopale eut lieu le dimanche
31 janvier 1644 à l'église Notre-Dame de Paris. Gondi qui prenait
le titre d'archevêque de Corinthe *in partibus*[1], avait bien préparé
les choses. Ducs et pairs, maréchaux, princes, officiers de la couronne avaient été invités et avaient leur place dans le chœur. Le
trône du nouvel évêque se dressait à droite, monté sur trois mar-
ches. L'oncle archevêque, assisté des évêques d'Orléans et de Meaux,
fit la consécration en présence du cardinal Mazarin, du nonce Grimaldi et de plus de trente évêques. L'archidiacre de Paris prononça
un discours dans lequel il déclara, au nom du chapitre, que le nouveau pontife « serait la gloire de son clergé ». La cérémonie fut
longue et imposante[2].

Paul de Gondi se trouvait installé dans ce qu'on appelait le petit
archevêché, construction du xviie siècle édifiée sur le côté méridional de Notre-Dame, faisant suite à l'archevêché, vieux bâtiment du
xiiie siècle, démoli au xixe, qui bordait la Seine vers le midi[3]. Il
régla sa nouvelle vie. Il raconte dans ses *Mémoires* comment il
s'appliqua à être affable pour tout le monde, humble, tout en
n'abandonnant rien de ses droits ; se montra soucieux d'aller pré-

quaient pas par écrit froidement et délibérément comme le fait Paul de
Gondi après coup et à distance. C'est par erreur que R. Chantelauze a
attribué à l'époque de cette retraite du coadjuteur à S. Lazare une lettre
de S. Vincent de Paul au P. de Gondi où le fondateur de la Mission dit :
« M. de Buzay (Paul de Gondi) a célébré la sainte messe le jour de Pâques
avec grande dévotion » ; ce qui contredirait les affirmations de Retz
(R. Chantelauze, *Saint Vincent de Paul et les Gondi*, p. 201 et 206). Nous
ne sommes pas d'ailleurs au temps de Pâques. Cette lettre date du temps
où Retz était enfermé au donjon de Vincennes.

1. Ce titre lui est donné dans la bulle d'Urbain VIII, citée plus haut :
« te electum Corinthiensem... »

2. La description nous en est donnée dans les Registres capitulaires de
Notre-Dame de Paris. Arch. nat., LL, 296, fol. 27. Le public entrait par
la porte rouge. Deux gentilhommes plaçaient les invités dans le chœur.
Les autres portes étaient fermées et gardées par des sergents de l'église. La
musique du roi était installée sur un échafaud édifié au jubé. Cf. *Gazette*
du 6 février 1644, p. 100 ; *Journal* d'O. Lefèvre d'Ormesson, éd. Chéruel,
t. I, p. 145. Ormesson dit qu'il y eut des contestations, comme en toute
cérémonie semblable, entre les cardinaux et les archevêques, les présidents
du Parlement et les ducs et pairs sur leurs places respectives. Voir aussi
Algay de Martignac, *Eloges historiques des évesques et archevesques de Paris*.
Paris, F. Muguet, 1698, in-4°, p. 47, pour le discours de l'archidiacre.

3. Tallemant, *Historiettes*, t. V, p. 193. Sur ces bâtiments de l'archevêché, voir : Maurice Vloberg, *Notre-Dame de Paris*, Paris, 1926,
in-4°, p. 14.

senter ses devoirs à la régente une fois par semaine, de dîner chez
Mazarin le plus qu'il pourrait, en demeurant soigneusement en
dehors des cabales de la cour ; de répandre des aumônes de façon
sourde, peut-être, mais de telle manière que « l'écho n'en fut que
plus résonnant » ; de prêcher souvent. Dès le jour de la Toussaint
1643, il prêchait à Saint-Jean en Grève[1]. Il essaya d'administrer le
diocèse en l'absence de son oncle, parti deux mois après le sacre
du 31 janvier, pour aller passer l'été à Angers dans son abbaye de
Saint-Aubin. Il visita des monastères, notamment de moniales ;
s'avisa de faire passer des ecclésiastiques qu'il ne jugeait pas suffisamment instruits, devant des commissions d'examen formées de
chanoines, de curés, de religieux, ce qui amena des protestations et
des plaintes à l'archevêque, lequel pria son coadjuteur de se tenir
tranquille. Il se rejeta alors sur la doctrine, prononça des discours
où il fulminait contre les protestants et les blasphémateurs, demandant des mesures de rigueur contre eux[2]. Ce n'étaient que des
paroles. Les circonstances n'allaient pas tarder à le mettre en contact
avec la cour de la façon du monde la moins favorable pour lui.

Il a raconté lui même dans ses *Mémoires*, et confirmé dans une
lettre du 24 avril 1660, le premier incident qu'il eut avec la régente,
à l'occasion de l'Assemblée générale du clergé de 1645, à propos
d'une réparation un peu éclatante qu'il était question de donner à
six prélats que le cardinal de Richelieu avait exilés avec quelque
rudesse, et qui consistait à les convoquer à l'Assemblée[3]. Il prit le
premier la parole dans l'assemblée, défendit hardiment la proposi-

1. Retz, *Mém.*, t. I, p. 218, 266, 216. Le P. Rapin reconnait le succès
que Paul de Gondi obtenait (*Mém.* du P. Rapin, éd. Aubineau, t. I,
p. 159-160) « L'archevêque de Corinthe, dit-il, Jean-François-Paul de Gondi,
qui commençait à briller dans le monde par les avantages de sa naissance et
de son esprit, et par la nouvelle dignité de coadjuteur de l'archevêque son
oncle, dont il avait été revêtu, attiroit les yeux de toute la cour et de tout
le royaume sur lui. »

2. Retz, *Mém.*, t. I, p. 240 et suiv. Il écrit à propos de son zèle des
phrases d'un goût douteux sur ses visites dans un monastère de religieuses
recollettes, rue du Bac. On le voit dans les Registres capitulaires de Notre-
Dame demander au chapitre l'autorisation d'aller célébrer la messe ou
l'entendre à l'église Saint-Denis-du-Pas, qui était au chevet de la cathédrale
(Arch. nat., LL, 296, fol. 48). Le 11 juin 1645, il sacrera l'évêque de
Boulogne, M. Perrochel, à Saint-Lazare (*Journal* de O. Lefèvre d'Ormesson,
éd. Chéruel, t. I, p. 289).

3. Retz, *Mém.*, t. I, p. 245. La lettre du 24 avril 1660 adressée au clergé
est donnée dans ses *OEuvres*, t. VI, p. 409. Le procès-verbal de l'assemblée
du clergé (Arch. nat., G8 469, fol. 43) mentionne comment Gondi vint
prendre place à l'assemblée dans la séance le mercredi 21 juin 1645 à

tion, qui n'allait à rien moins qu'à faire désavouer Richelieu et
même Louis XIII lequel avait approuvé la mesure. Anne d'Autriche
manda Gondi et, du ton aigre qui lui était habituel, lui dit qu'elle
ne le croyait pas capable d'une telle impertinence. Avec Mazarin le
dialogue fut plus vif. Le ministre parla sèchement, exigea que le
coadjuteur se rétractât le lendemain et refusa d'écouter ses explications. L'affaire ne paraît pas avoir eu de suite. Gondi qui s'était
d'ailleurs beaucoup remué dans cette session de l'Assemblée du
clergé, où il avait obtenu d'être délégué dans nombre d'affaires et
multiplié les interventions, se fit charger, à la fin, de la harangue de
clôture à faire au roi[1]. Nous avons cette harangue. Le ton y est un
peu hautain et absolu. « Sire, disait l'orateur, (il a trente trois ans)
je porte à Votre Majesté des paroles qu'elle doit respecter puisque ce
sont celles de Dieu »; et faisant allusion aux victoires retentissantes
de Condé à ce moment : « Nous étendons nos mains sacrée sur votre
sacrée personne pour la remplir des bénédictions célestes en cette
grande guerre... Il est de vérité évangélique que vous triomphez
beaucoup moins par vos armées que par nos prières ». L'Eglise étant
« la seule interprète des volontés de Dieu, sur ce fondement nous
vous représentons ce que vous devez à l'Eglise dont vous avez l'honneur d'être le fils aîné ». Et ce que vous lui devez, c'est de vous
soumettre à la « volonté du Ciel », dont les ecclésiastiques sont les
représentants. Il terminait en s'élevant contre les impôts que le
clergé avait à payer. Ces déclarations, qui avaient été convenues
entre les archevêques d'Arles et de Vienne, les évêques de Chartres
et d'Uzès, étaient sans doute des théories ecclésiastiques courantes
du temps : elles déplurent, mais Mazarin se borna à emmener l'orateur dîner[2].

Gondi a également raconté le second incident qu'il eut avec la
cour à l'occasion du mariage de la fille du duc de Nevers, Marie
Louise de Gonzague et du roi de Pologne, mariage qui devait avoir
lieu par procuration à Notre-Dame de Paris et que devait bénir

8 heures du matin. Deux évêques et deux abbés vont le recevoir. Il entre,
s'assied à son rang d'archevêque, fait son compliment à l'assemblée « cour-
tement et dignement ». Le cardinal président lui répond qu'on compte sur
ses avis et conseils. Le coadjuteur prête serment, se rasseoit et écoute.

1. Nous avons le détail de ses interventions dans la *Collection des procès-
verbaux des Assemblées générales du clergé de France*, Paris, 1769, in-fol.,
t. III, p. 111-435. On les trouvera résumées par Chantelauze dans Retz,
OEuvres, t. IX, p. 23 et suiv.

2. Le texte du discours est donné dans les *OEuvres*, t. IX, p. 25 et suiv.
Il y a de la rhétorique dans cette pièce et le ton un peu boursouflé n'est pas
toujours de très bon goût.

l'évêque de Varmie, ambassadeur polonais. Gondi refusa à cet évêque l'autorisation d'officier dans sa cathédrale. La cour irritée fit
écrire par l'archevêque de Paris au coadjuteur de se taire. Alors le
chapitre métropolitain, maître de la cathédrale, incité par celui-ci,
déclara ne pas accepter la cérémonie dans le chœur de Notre-Dame.
Gondi fut mandé à Fontainebleau. Il y alla accompagné de seize
chanoines, eut une scène avec Mazarin qui le traita d'insolent :
« Messieurs, le mot est gai », dit comme riposte le coadjuteur à
ses chanoines, et finalement la cour capitula, faisant célébrer le
mariage, sujet du litige, à la chapelle du Palais Royal[1].

Il y eut un troisième incident provoqué par une dispute de Gondi
avec le duc d'Orléans, oncle du roi, à propos d'une question de
préséance à Notre-Dame. Monsieur menaça le coadjuteur d'un
affront public. Mazarin fit une scène. Gondi ayant invoqué l'exemple de Saint-Ambroise, se fit riposter vertement par Mazarin que
quand on affectait de s'inspirer de l'exemple des saints, il fallait
d'abord imiter leurs vertus. Puis l'affaire s'apaisa par de vagues
explications[2]. Mais décidément Gondi était un personnage remuant
et inquiétant. La cour fut mal impressionnée.

Là-dessus, Gondi tomba malade en novembre 1646. Nous ignorons la cause de son mal. Les Registres du chapitre de Notre-Dame
signalent cette maladie le 12 novembre, et ce n'est que le 10 mai
suivant 1647 que les chanoines se féliciteront de la guérison de leur
coadjuteur, sorti, disent-ils, d'une épreuve très difficile et dangereuse. Ils décident d'adresser des actions de grâces à Dieu au cours
de la messe capitulaire[3].

Relevé, Gondi reprit ses sermons. Il les faisait annoncer avec
soin à l'avance dans la *Gazette*. Ils eurent un grand succès. Balzac

1. Retz, *Mém.*, t. I, p. 249-257. Sur cette affaire du mariage de la reine
de Pologne, voir Bibl. de l'Arsenal, ms. 4127 (Recueil Conrart), p. 1025 ;
Mém. de Michel de Marolles, 1755, t. I, p. 312, 339 ; Louis le Laboureur,
*Histoire et relation du voyage de la reine de Pologne et du retour de Mme la
maréchale de Guébriant*, Paris, 1647, in-4°, 2 vol. ; *Journal* de O. Lefèvre
d'Ormesson, éd. Chéruel, t. I, p. 727. Le même Lefèvre d'Ormesson
raconte comment, vers cette époque-là, en juillet 1646, Gondi présida
en Sorbonne la soutenance de thèse du prince de Conti (*Ibid.*, t. I,
p. 351). Il donne des détails curieux sur la scène. Cf. *Gazette*, 1646, p. 403.
2. Retz, *Mém.*, t. I, p. 259.
3. Registres capitulaires de Notre-Dame. Arch. nat., LL 300, fol. 96.
Le 12 novembre 1646, y est-il dit, au vestiaire, après les vêpres, les chanoines commentent la maladie du coadjuteur. Le 10 mars 1647 ils se
félicitent de sa guérison et célèbrent une messe d'action de grâces. « *Valde
difficili et periculoso morbo quo nuper conflictabatur.* »

en faisait beaucoup de cas. Il les a mentionnés dans son *Socrate Chrétien* et dans une lettre à Gondi, il lui disait : « Vous traitez des choses divines avec la force et la dignité dont est capable l'éloquence humaine ». Il le comparait à Saint Jean Chrysostôme[1].

Mais les événements graves de la Fronde qui allaient arriver devaient enfin donner l'occasion à l'auteur de la *Conjuration de Fiesque* de se demander si le moment n'était pas venu où les circonstances allaient le mettre à même de réaliser ses rêves de jeunesse, c'est-à-dire devenir un homme public, un héros, acquérir cette gloire réservée au vainqueur populaire qui saurait, comme disait le personnage du xvie siècle, sauver « la liberté et la république ».

On sait comment des difficultés financières inextricables amenèrent la régente Anne d'Autriche à prendre des mesures fiscales vexatoires qui irritèrent la foule : — édit du tarif, édit du toisé, — et provoquèrent des manifestations ; comment le Parlement, à son tour atteint en 1648, et les autres cours souveraines, s'unirent, délibérèrent révolutionnairement dans la chambre dite de Saint-Louis ; comment la nouvelle de la grande victoire de Lens, en août de cette année, étant parvenue à Paris, incita le gouvernement d'Anne d'Autriche à sévir, et, à propos d'un *Te Deum* chanté à Notre-Dame à cette occasion, à faire arrêter le 26 août 1648 quelques magistrats particulièrement compromis, ce qui amena le soulèvement du peuple de Paris et la journée des Barricades, point de départ de la vie politique du coadjuteur[2].

1. Balzac, *Lettres choisies.* 1647, p. 225 à 230 ; lettre à Gondi du 1er décembre 1644. *le Socrate chrétien.* Paris, 1652, p. 228-9. Nous avons dit que les sermons conservés du coadjuteur sont imprimés au tome IX des *OEuvres.* L'orateur avait un tel succès que, parait-il, « son vénérable maître d'éloquence, le bon vieil évêque de Lisieux, Cospéan, en pleurait de joie » (P. Jacquinet, *Les Prédicateurs du XVIIe siècle avant Bossuet,* Paris, Didier, 1863, in-8°, p. 3o6).

2. La Fronde n'a pas éclaté brusquement en 1648. On pourrait écrire un livre sur l'esprit frondeur avant la Fronde dont, entre autres, les *Mémoires* d'Omer Talon fourniraient des éléments importants : état s'aggravant chaque jour de la misère financière du gouvernement, mesures fiscales tracassières et irritantes de l'incapable Particelli d'Emeri, agitation progressive de la rue ; attitude d'opposition systématique du Parlement ; faiblesse croissante du pouvoir. En 1648 les choses et les gens étaient à bout. Paul de Gondi avait dû réfléchir d'avance à tout ce qui pouvait se produire et mesuré surtout l'impopularité de Mazarin qu'on ne pouvait souffrir comme étranger (voir *Mém..* d'Omer Talon, éd. Michaud, p. 272 ; *Mém.* de Vineuil dans La Rochefoucauld, *OEuvres,* éd. des Grands Ecrivains, t. II, p. 513 ; *Hist.*

Dans ses *Mémoires* Gondi s'est prêté ce jour des barricades un rôle important[1]. Les sources contemporaines ne confirment pas précisément ses affirmations. Molé, Jean Vallier, Omer Talon, l'*Histoire du temps*, André d'Ormesson, ne parlent pas de lui[2]. Le *Journal du Parlement*, Le Fèvre d'Ormesson, Mme de Motteville, Jacques Dubois, ne lui attribuent qu'une action secondaire, épisodique. Le Fèvre d'Omesson achevant son récit de la journée ajoute : « J'allois oublier d'escrire que M. le coadjuteur... » et consacre trois lignes à l'action de Gondi, preuve du peu d'effet qu'elle a produit[3]. En confrontant les témoignages, voici ce qui paraît s'être passé au sujet de l'intervention du coadjuteur[4].

C'était Gondi qui avait présidé la cérémonie de Notre-Dame et entonné le *Te Deum*[5]. Le service terminé, il était rentré dans la sacristie et n'avait pas encore eu le temps de retirer ses vêtements de chœur quand la nouvelle lui arriva de l'arrestation de parlementaires et de l'insurrection qui suivait. L'idée lui traversa immédiatement l'esprit de profiter de l'occasion tant cherchée qui se présentait. Il sortirait en apparat épiscopal, irait au Palais Royal, demanderait la libération des prisonniers et revenant à travers les

du temps, 1647-8, dans Cimber et Danjou, *Arch. curieuses*, 2e série, t. VII, p. 183).

1. Retz, *Mém.*, t. II, p. 5 et suiv.

2. Voir à ce sujet M. Molé. *Mém.*, éd. Champollion, t. III, p. 252 ; J. Vallier, *Journal*, t. I, p. 92 ; Omer Talon, éd. Michaud, p. 267 ; *Hist. du temps*. t. VII, p. 170 ; André d'Ormesson, dans *Journal* d'O. Lefèvre d'Ormesson, éd. Chéruel, t. I, p. 560, et l'article de A. Feillet dans la *Revue des Sociétés Savantes*, 1865, p. 325.

3. L. d'Ormesson, p. 569 ; Mme de Motteville, *Mém.*, t. II, p. 159-179 ; Vineuil, *Mém.*, dans La Rochefoucauld, *Œuvres*. t. II, p. 509 ; Jacques Dubois, valet de chambre du roi, dans *Rev. des Soc. Savantes*, 1865, t. II, p. 324-338.

4. Sur les récits de la journée des barricades voir la note de M. de Vaissières dans le *Journal* de J. Vallier. t. I, p. 88. Les détails les plus circonstanciés sont donnés par Mme de Motteville, Omer Talon, Dubuisson-Aubenay, Montglat surtout (*Mém.*, éd. Michaud, p. 198) dont l'exposé clair est presque émouvant.

5. Voir l'extrait des manuscrits de Lancelot à ce sujet, dans *Mém.* de M. Molé, éd. Champollion, t. IV, p. 308 et *les Registres de l'Hôtel de ville de Paris pendant la Fronde*, éd. Le Roux de Lincy, t. I. p. 14. Gondi avait reçu d'abord Sainctot, aide des cérémonies lui présentant les drapeaux pris à l'ennemi « qui furent portés au son des trompettes et tambours, par les suisses et autres gardes du corps du roy derrière le grand autel de ladite église. Ce fait, ledit sieur coadjuteur fut conduit en sa chaire archiépiscopale d'où il fit chanter quelques motets en musique et dit quelques oraisons. » Le roi et la reine arrivèrent à onze heures et demie.

rues, cette libération obtenue, serait acclamé par la foule, porté en triomphe, traité de défenseur du peuple, de pacificateur de Paris[1]!

Il se décida aussitôt, sortit, en rochet, soutane et camail violet, précédé de la croix archiépiscopale. La foule intimidée le laissa passer. Arrivé au Palais Royal — il était accompagné du maréchal de La Meilleraye qu'il avait rencontré — il monta les escaliers qu'encombraient quantité de courtisans accourus au secours du roi et de la reine[2]. L'assistance lui fit un accueil hostile. Elle n'oubliait pas ses précédentes incartades contre la cour. La veille, 25 août, il avait prononcé à l'église Saint-Paul, devant le roi et la régente, un sermon que Guy Joly assure avoir été trouvé « très emporté et très séditieux »[3]. La cour fut persuadée qu'il venait réclamer la délivrance des rebelles, ce qui était d'ailleurs exact. Aussitôt les murmures éclatèrent, des mots ironiques ou irrités volèrent. Que venait-il faire ici? Qu'il allât donc dire son bréviaire! Ce n'était pas sa place! De quoi se mêlait-il? Voulait-il jouer au tribun du peuple? On entendit Bautru crier : « La reine est bien malade puisque le coadjuteur lui apporte l'extrême onction »! Après l'avoir fait longtemps attendre Anne d'Autriche et Mazarin finirent par le recevoir dans la petite galerie. Là, Gondi exposa l'état de la ville, les dangers qu'on courait, demanda pour mettre fin aux troubles que les prisonniers fussent remis en liberté. Mais il ne fut prêté aucune attention à ses propos. La reine lui répondit qu'elle savait ce qu'elle avait à faire, qu'il se mêlât de prier Dieu et lui conseilla d'aller à travers les rues apaiser la foule. On se moquait de lui[4].

1. *Mémoire touchant le cardinal de Retz*, à la suite de : Guy Joly, *Mém.*, Amsterdam, 1718, t. II. p. 4. Madame de Nemours remarque (*Mém.*, éd. Michaud, p. 620) qu'à ce moment, « quoiqu'il parut si empressé et si zélé pour grossir le parti du Parlement... il n'avait jamais eu aucun sujet de se plaindre de la cour. »

2. Voir Retz. *Mém.*, t. II, p. 607, la notice de A. Feillet sur les circonstances et les sources.

3. Nous avons ce sermon : Bibl. de l'Arsenal, ms. 718, p. 57. Il a été d'ailleurs imprimé sur le moment : *Sermon de Saint Louis, roi de France, fait et prononcé devant le roi et la reine régente sa mère, par J.-F. Paul de Gondy, à Paris, dans l'église Saint-Louis des PP. Jésuites, au jour et fête dudit Saint Louis, l'an 1648.* Paris, 1649, in-4°. Voir ce qu'en disent Claude Joly, *Mém.*, éd. Michaud, p. 159 ; Guy Joly, *Mém.*, éd. Petitot, t. XLVII, p. 23.

4. Sur le mauvais accueil qu'a reçu Gondi au Palais Royal et sur la façon dont il a été « tourné en ridicule par les courtisans » ; voir : Lenet, *Mém.*, éd. Michaud, p. 517 ; La Rochefoucauld, *Mém.*, éd. des Grands Ecrivains, t. II, p. 104 ; la duchesse de Nemours, *Mém.*, éd. Michaud, p. 620 ;

Il sortit avec La Meilleraye, essaya de dire quelques mots aux gens des barricades, mais cette fois fut reçu avec des huées et des pierres, rentra au Palais Royal pour insister. La reine refusa de rien ajouter à ce qu'elle avait dit et il dut revenir à l'archevêché non sans difficultés et de sérieux dangers, n'ayant rien obtenu. Il avait échoué et il se trouvait humilié au possible. Il attribua cette piteuse déconvenue à Mazarin et ne lui pardonna jamais. C'est à partir de cette date qu'il va s'engager à fond contre le ministre.

De son côté Mazarin ne fit pas beaucoup attention à l'attitude de Gondi durant la journée des Barricades. Il ne prononce pas son nom dans ses *Carnets* à cette date [1]. Ensuite il parle du coadjuteur comme s'il eût pu être cette journée-là un conciliateur possible [2]. Mais à mesure, sous l'effet des menées ultérieures de Gondi, ses idées se modifieront. Il finira par considérer que le coadjuteur n'a pu être que très mêlé à toutes les séditions de la Régence et s'avisera qu'à la journée des Barricades il a parcouru les rues, soi-disant pour apaiser le peuple, en réalité pour l'exciter [3]. Et même dans une lettre à la reine du 10 avril 1651, il finira par déclarer que c'est Gondi qui a été l'auteur des barricades [4]. On voit le chemin parcouru.

Montglat, *Mém.*, éd. Michaud, p. 197, qui écrit ceci : le cardinal Mazarin, « se moqua de lui avec la reine et ils le tournèrent tous deux en ridicule le traitant d'homme qui se faisoit de fête sans ordre et qui se mêloit de ce qu'il n'avait que faire. Comme il avait beaucoup d'esprit, il connut bien les railleries qu'on faisait de lui et à l'heure même il se retira dans sa maison, outré de rage d'un si grand mépris et dans la résolution de s'en venger. » Voir encore le P. Rapin, *Mém.*, éd. Aubineau, t. I, p. 202 ; Mazarin, *Carnet* 10, dans Retz, *OEuvres*, t. IX, p. 440 ; *Lettre d'un marguillier de Paris à son curé sur la conduite de Monseigneur le coadjuteur*, 1651, dans C. Moreau, *Choix de Mazarinades*, t. II, p. 279. Gondi au Palais royal, « fut qualifié du nom de tribun par des bouffons de cour » (*Manuel du bon citoyen ou bouclier de défense légitime contre les assauts de l'ennemi*, 22 mars 1649, *Ibid.*, t. I, p. 448).

1. Le texte de ces *Carnets* qui se trouve au fonds Baluze de la Bibl. nat., est reproduit dans Retz, *OEuvres*, t. IX, appendice.

2. *Ibid.*, t. IX, p. 439.

3. *Mémoires des griefs de la cour envoyé au pape pour faire le procès de Retz en juillet 1656*, Bibl. nat., ms. fr. 20666, fol. 304, et dans Retz, *OEuvres*, t. VI, p. 624 ; lettre du roi au pape du 6 avril 1657, *Ibid.*, t. VI, p. 639.

4. *Lettres* de Mazarin, éd. Ravenel, p. 10 ; également lettre de lui à Le Tellier dans le même sens, du 3 décembre 1652, dans Retz, *OEuvres*, t. V, p. 454. Cf. Vineuil, *Mém.*, dans la Rochefoucauld, *OEuvres*, éd. des Grands Ecrivains, t. II, p. 535.

Rentré chez lui, « abattu, fort fatigué », Gondi secoua sa dépression. Il fallait réagir. Des amis l'entouraient : le chevalier Renaud de Sévigné, chevalier de Malte, oncle de la célèbre marquise et qui admirant beaucoup le coadjuteur, allait s'attacher à sa fortune ; MM. d'Argenteuil, de Laigues. Il les pria d'aller chercher un certain nombre de personnages avec lesquels il allait délibérer sur ce qu'il y avait à faire. La réunion eut lieu dans la nuit. Le duc de Longueville, beau-frère de Condé était présent. Gondi expliqua que les événements étaient graves. Les barricades se trouvaient dressées, le peuple en armes. Il fallait profiter des circonstances, essayer de renverser Mazarin et de le chasser. Ainsi, réalisant ses idées de la *Conjuration de Fiesque,* il entreprenait de se poser en chef de parti et traçait un programme en vue de changer le gouvernement. Malheureusement les assistants ne parurent pas disposés à le suivre. Ils se bornèrent à répondre qu'il fallait observer les événements afin de voir ce qu'on pourrait en tirer[1]. Dans ses *Mémoires,* le coadjuteur arrange le récit de cet épisode. Il prétend qu'il aurait déclaré à Laigues présent : « Je serai demain, avant midi, maître de Paris ! » « Mes amis, ajoute-t-il, crurent que j'avais perdu l'esprit. » Ils n'avaient pas tout à fait tort. Puis il aurait fait venir le colonel de la garde bourgeoise de Saint-Germain l'Auxerrois et donné ses ordres pour le soulèvement et les barricades du lendemain. Il oublie que les barricades étaient déjà dressées et qu'on n'avait pas besoin de ses ordres[2].

Le lendemain, 27, le Parlement se rendit en corps au Palais Royal et finissait par obtenir la liberté des prisonniers, délivrés le 28. Les barricades tombèrent.

Gondi nous raconte qu'Anne d'Autriche lui aurait alors envoyé quelqu'un, ce jour même, afin de lui demander d'apaiser la sédition, comme si cela lui était possible et que le coadjuteur lui aurait répondu froidement que les efforts qu'il avait faits dans ce sens l'ayant discrédité, il aimait mieux rester chez lui. Cette histoire est

---

1. Guy Joly, *Mém.,* Amsterdam, 1718, t. I, p. 17 ; Claude Joly, *Mém.,* éd. Michaud, p. 160. Sur le chevalier de Sévigné (René, Bernard, Renaud, chevalier de Malte) dont le frère aîné Charles de Sévigné avait une alliance avec les Gondi, voir Jean Lemoine, *Un nouvel historien de la Fronde, le chevalier de Sévigné,* dans le *Correspondant,* 10 et 25 septembre 1911 ; J. Lemoine et Frédéric Saulnier, *Correspondance du chevalier de Sévigné et de Christine de France. duchesse de Savoie,* Paris, 1911, in-8° ; J. Lemoine, *Madame de Sévigné, sa famille et ses amis,* Paris, Hachette, 1925, in-8°, p. 184 ; Cécile Gazier, *Renaud de Sévigné,* dans *Revue bleue,* 6 mars 1926, p. 143 ; Jean Vallier, *Journal,* t. I, p. 311, note.

2. Retz, *Mém.,* t. II, p. 38 et suiv.

peu vraisemblable [1]. Mais où nous sommes encore moins obligés de
le croire, c'est lorsqu'il nous conte un incident sur lequel nous
avons, malheureusement pour lui, des témoignages contraires au
sien décisifs.

Il nous dit qu'après les barricades, le maréchal de La Meilleraye
serait venu lui offrir de la part de Mazarin, au nom de la reine,
40 000 écus afin de payer ses dettes, « en reconnaissance des services,
écrit Gondi, que j'avais essayé de lui rendre le jour des barricades ». Gondi aurait refusé, mais, à la suite, le maréchal d'Estrées traitant pour acheter au duc de Montbazon sa charge de gouverneur de Paris, Mazarin aurait suggéré à d'Estrées l'idée d'y
renoncer et d'inspirer à Gondi la pensée d'effectuer cet achat. Ainsi
le coadjuteur serait devenu en même temps qu'archevêque, gouverneur de Paris. Gondi n'aurait pas vu le piège qu'on lui tendait,
aurait cherché à traiter, puis, le maréchal d'Estrées, d'accord avec
Mazarin, aurait soulevé des difficultés et l'affaire n'aurait pas abouti.
Sur quoi, dans ses *Mémoires*, Gondi s'emporte contre Mazarin,
auteur, d'après lui, de l'impair qu'il a commis et qui, déclare-t-il,
l'aurait ridiculisé [2].

En réalité il n'y a pas de doute que c'est Gondi qui a eu l'idée
de devenir gouverneur de Paris en même temps qu'archevêque, et,
comme il le dit, de croiser la crosse avec le bâton de commandement militaire. Mme de Motteville, Vineuil, le P. Rapin, des mazarinades bien informées l'affirment [3]. Une mazarinade écrite par un
de ses collaborateurs l'avoue, expliquant qu'il y avait des précédents, que l'archevêque de Lyon était lieutenant au gouvernement
de la ville, que M. Cohon était évêque et gouverneur de Dol, que
jadis Gozlan et Anchéric, s'étaient trouvés avoir été évêques et gouverneurs de Paris [4]. Mazarin, dans ses *Carnets*, nous apporte un
témoignage définitif, quand il écrit le jour même de la démarche :
« M. le Grand Maître (le maréchal de La Meilleraye) m'a demandé
de la part de M. le Coadjuteur, que je m'employasse auprès

1. *Ibid.*, p. 46.
2. *Ibid.*, p. 90 et suiv.
3. Mme de Motteville dit (*Mém.*, t. II, p. 271) « Le coadjuteur avait
demandé le gouvernement de Paris : on le lui avait refusé. » Vineuil
(*Mém.*, dans la Rochefoucauld, *Œuvres*, t. II, p. 510) : « Le refus qu'on
lui avait fait de traiter du gouvernement de Paris » ; le P. Rapin, *Mém.*, éd.
Aubineau, t. I, p. 267 ; *Lis et fais*, 1649, dans C. Moreau, *Choix de
mazarinades*, t. I, p. 183 ; *Lettre d'un bon français sur le sujet de celles du
cardinal de Retz*, 1655, in-fol., p. 7.
4. *Discours sur la conduite et l'emprisonnement de M. le cardinal de Retz*,
1654, in-4°, p. 13. Les renseignements fournis sont assez détaillés et précis.

de la reine pour lui faire accorder le gouvernement de Paris[1]. »

Cependant Anne d'Autriche, outrée des spectacles auxquels elle venait d'assister, quittait Paris le 13 septembre et gagnait Rueil avec le roi. Paris se troubla. Le Parlement négocia avec la cour qui rentra après que la régente eut signé le 25 octobre une déclaration en quinze articles par laquelle elle capitulait.

Au dire de tous les témoignages, à commencer par celui de Gondi, le coadjuteur se serait livré pendant ce temps à mille jeux compliqués et doubles. Supposant que Paris allait être assiégé, il aurait eu l'idée d'envoyer un de ses confidents, Saint Ibal, à Bruxelles, solliciter le secours de l'Espagne, comme s'il se croyait au temps de la Ligue ! Puis apprenant que Condé était à Rueil appuyant de son épée victorieuse la régente, il aurait changé d'avis, serait allé présenter ses compliments à la Reine et à Mazarin, puis aurait proposé à Condé, dans une entrevue à Paris, à l'archevêché, de s'entendre avec lui pour renverser le ministre, ce que Condé aurait refusé[2].

Les *Carnets* de Mazarin bien informés notent presque jour par jour les intrigues auxquelles se livre en effet le coadjuteur et que celui-ci ne conte pas toutes dans ses *Mémoires*[3]. Mme de Motteville et Guy Joly complètent. Gondi aurait organisé, d'après eux, chez lui, avec le duc de Longueville, Broussel, Blancmesnil, Novion et autres du Parlement, des conciliabules afin de chercher les moyens de renverser et de chasser Mazarin. Il aurait même déclaré dans une de ces réunions, écrira Mazarin : « La France est bien malheureuse de n'avoir pas un [homme] qui se sacrifie pour la délivrer d'un tyran étranger qui a conjuré sa ruine », l'appel à l'assassinat[4] ! On voit nettement Gondi chercher à constituer un parti composé de personnalités connues en plus grand nombre possible : la duchesse de Longueville, La Rochefoucauld, le prince de Conti, frère de Condé, le maréchal de La Mothe Houdancourt, le duc de Retz, frère du coadjuteur. La duchesse de Longueville se trouvant à ce

1. *Carnet* 10 de Mazarin dans Chéruel, *Hist. de France pendant la minorité de Louis XIV*, t. III, p. 412. Mazarin a confirmé le fait dans une lettre à Servien du 15 janvier 1649 : « Le coadjuteur de Paris veut joindre la puissance temporelle dans Paris à la spirituelle et traiter de la charge de M. de Montbazon. » *Lettres* de Mazarin, éd. Chéruel, t. III, p. 267.

2. Retz, *Mém.*, t. II, p. 63 et suiv. ; le P. Rapin, *Mém.*, éd. Aubineau, t. I, p. 237 ; Guy Joly, *Mém.*, éd. d'Amsterdam, 1718, t. I, p. 33 ; Mme de Motteville, *Mém.*, t. II, p. 235 et suiv.

3. *Carnets* de Mazarin, dans Retz, *OEuvres*, t. IX, p. 442 et suiv.

4. *Carnet II* de Mazarin, *Ibid.*, p. 444. « Le coadjuteur a dit devant beaucoup de monde... »

moment au château de Noisy le Roy, à la lisière de la forêt de
Marly, que l'archevêque de Paris, propriétaire du domaine, avait
mis à sa disposition, les conjurés, parmi lesquels se trouvaient des
magistrats du Parlement, s'y seraient donné rendez-vous. Sur ce
complot qu'on a appelé ensuite « le complot de Noisy », nous avons
des détails que nous donnent La Rochefoucauld, Montglat, la
duchesse de Nemours, le P. Rapin [1]. Le duc de Retz prenant la
parole y aurait exposé l'état lamentable du royaume et proposé de
constituer un vaste parti afin de sauver le pays. L'assistance approuvait, mais il fallait avoir Condé. Gondi aurait tâché de gagner ce
personnage difficile, d'ailleurs sans succès. Finalement rien de bon
ne serait sorti de cette conférence, sinon la résolution d'attaquer à
fond Mazarin. Pour Gondi, qui cherchait à être chef de parti, la
réunion, qui est de décembre 1648, constituerait le point de
départ de sa campagne acharnée contre le ministre [2]. En réalité il
avait pris cette décision plus tôt.

Ainsi ses idées se précisaient. Le but était de renverser Mazarin.
Les causes de cette attitude étaient mélangées : désir de se venger
des humiliations que lui avait infligées Mazarin, ceci de peu de
poids ; l'intérêt du bien public, belle apparence sans grande réalité ;
l'arrière-pensée consciente ou non, de remplacer Mazarin ; surtout
la passion de s'agiter, de se mettre en évidence, de jouer un rôle
historique, de renverser un tyran, de devenir un héros : toujours le
souvenir de Fiesque !

Le 6 janvier 1649, à quatre heures du matin, Anne d'Autriche
ne voulant plus rester dans Paris où elle se sentait entourée de
menaces perpétuelles, quittait la ville à l'improviste et s'en allait à
Saint-Germain avec la cour. Les *Mémoires* du temps sont pleins du
détail pittoresque de cette fuite improvisée et de l'installation de
fortune à Saint-Germain, sans bagages, sans argent. La guerre
civile de la Fronde allait commencer [3].

---

1. Sur le château de Noisy, près de Versailles, à la lisière de la forêt de
Marly, voir : C. Tambour, *les Gondy et le château de Noisy*, 1568-1732,
préface par M. Maurice Prou (Paris, Baillière, 1925, in-16, 407 p.) et sur
le complot même : La Rochefoucauld, *Mém.*, éd. des Grands Écrivains,
t. II, p. 107 ; Montglat, *Mém.*, éd. Michaud, p. 201 ; la duchesse de
Nemours, *Mém.*, éd. Michaud, p. 619. Pour ces auteurs Gondi veut se
venger des humiliations qu'il a subies au Palais-Royal le jour des barricades.

2. Retz, *Mém.*, t. II, p. 127. « Ce ne fut que dans ce moment où je pris
l'entière et pleine résolution d'attaquer personnellement le Mazarin. »

3. La cour pensait, dit Olivier Lefèvre d'Ormesson (*Journal*, éd. Chéruel,
t. I, p. 733) que son éloignement durerait une semaine ; il allait en durer
douze. Le gouvernement eut un instant l'idée, au lieu de quitter Paris, de

Le Parlement, d'abord un peu désorienté, organisa délibérément la résistance. Il ferma les portes de Paris, arma les bourgeois, répara les murailles [1]. La reine avait fait adresser des lettres de cachet à divers personnages de la ville, entre autres à Gondi, pour les prier de venir la rejoindre. Gondi veut nous faire croire qu'il ne songea pas à obéir. Nous savons néanmoins qu'il essaya de sortir avec l'évêque de Sarlat, se présenta à plusieurs portes, notamment à celles de Saint-Honoré et de Saint-Jacques, prétextant aller retrouver son père à Saint-Magloire, mais ne put passer, la consigne étant inflexible. Il dut rentrer chez lui. A la cour on fut convaincu qu'il l'avait fait exprès : il pactisait avec les rebelles [2].

se réfugier à l'Arsenal et de s'y fortifier : on aurait mis des canons dans l'île Louviers, fait un front de la Bastille à l'Arsenal en s'assurant les communications avec Vincennes. Adossé ainsi aux fortifications de Paris et flanqué de la Seine on aurait évité le danger d'être tourné ou enveloppé comme on pouvait l'être au Palais-Royal. Si les frondeurs étaient venus attaquer, on les aurait canonnés rue Saint-Antoine. D'après Montglat (*Mém.*, éd. Michaud, p. 202), Condé conseillait que le roi allât à l'Arsenal au retour d'une chasse à Vincennes, qu'on mît 20 canons en batterie rue Saint-Antoine, 20 autres sur le quai de l'Arsenal. Les parisiens n'avaient pas d'artillerie, toute celle-ci étant à l'Arsenal : ils n'auraient pu riposter. Il existe aux Arch. des Aff. étrang. une esquisse de la mise en état de défense de l'Arsenal avec cette note manuscrite de Lionne : « Dessin fait par Son Altesse Royale [le duc d'Orléans] quand on délibérait de se fortifier à l'Arsenal de Paris, sans en sortir, comme on fit au commencement de 1649 » (Arch. Aff. étr. Fr. 865, fol. 24). On ne donna pas suite à cette idée sans doute comme trop incertaine et on aima mieux gagner Saint-Germain où on serait plus à l'abri (cf. Chéruel, *Hist. de France, pendant la minorité de Louis XIV*, t. III, p. 137). Sur l'installation de la cour à Saint-Germain, voir : Mlle de Montpensier, *Mém.*, éd. Michaud, p. 51 ; les *Logements de la cour à Saint-Germain-en-Laye*, dans C. Moreau, *Choix de mazarinades*, t. I, p. 173 ; le *Journal* de J. Vallier, t. I, p. 160. Le roi n'avait plus d'argent (cf. *Extrait du Livre des choses mémorables de l'abbaye de Saint-Denis*. dans : *Registres de l'Hôtel de ville de Paris*, éd. Le Roux de Lincy, t. III, p. 326).

1. Le peuple de Paris avait d'abord été consterné du départ du roi (Omer Talon, *Mém.*, éd. Michaud, p. 318 ; Dubuisson-Aubenay, *Mém.*, éd. Saige, t. I, p. 106 ; duc de Navailles, *Mém.*, dans les *Mém.* du Mis de Chouppes, éd. C. Moreau, 1861, p. 47). La haine de Mazarin prévalut (*Lettres* de Guy Patin, éd. A. Thérive, 1921, in-12, p. 81), et le Parlement agit. Voir les mesures qu'il prend, d'après les Extraits des registres de la ville de Paris, dans Cimber et Danjou, *Arch. curieuses de l'histoire de France*, 2e série, t. VII, p. 309 et suiv. D'après Olivier Lefèvre d'Ormesson (*Journal*, éd. Chéruel, t. I, p. 610), en janvier 1649, la population de Paris était estimée s'élever à 900 000 habitants.

2. Voir : *Journal de ce qui s'est passé aux assemblées du Parlement*, 1649,

Le 10 janvier 1649, des princes abandonnant la cour quittaient
Saint-Germain et rentraient à Paris : le prince de Conti, le duc de
Longueville, ensuite les ducs d'Elbeuf, de Bouillon, de Beaufort.
Le groupe des confédérés de Noisy se retrouvait[1]. Tous venaient
prendre la tête du mouvement. Ce n'était pas l'affaire du coadjuteur. Il a raconté comment par ses manœuvres habiles il parvint à
déjouer les projets des uns et des autres et à faire nommer chef de
l'armée, Conti, jeune homme de dix-neuf ans inconsistant et
faible, qu'il mènerait[2]. Puis il fit dresser un acte par lequel tous ces
personnages promettaient de demeurer unis afin d'expulser Mazarin. Il eut 22 signatures. Il groupait son état-major avec la pensée
de le dominer[3].

in-4°, p. 4. « Il tenta de sortir par plusieurs portes, mais elles étaient si
bien gardées et l'ordre y était si bien observé qu'il n'en put venir à bout. »
Cf. Dubuisson-Aubenay, *Mém.*, éd. Saige, t. I, p. 104. « Le coadjuteur de
Paris et l'évêque de Sarlat pensant aller ensemble à Saint-Germain, furent
refusés à la porte Saint-Honoré et même à celle de Saint-Jacques, où ils
feignaient vouloir aller voir le P. de Gondi à Saint-Magloire. » Le même
Dubuisson-Aubenay rapporte ensuite que le bruit courut que le coadjuteur
avait fini par pouvoir sortir, mais le bruit était faux (*Ibid.*, p. 117). Mazarin
écrira au maréchal de l'Hospital le 10 janvier (*Lettres* de Mazarin, éd.
Chéruel, t. III, p. 250) que le roi a quitté Paris à cause de 4 ou 5 factieux
parmi lesquels il cite le coadjuteur.

1. Lorsque le prince de Conti et M. de Longueville se présentèrent ce
jour-là à cinq heures du matin à la porte de la Conférence, ce fut Gondi qui
les reçut avec le président de Blancmesnil (Omer Talon, *Mém.*, éd. Michaud,
p. 321). La Rochefoucauld a indiqué dans son *Apologie du prince de
Marcillac* (La Rochefoucauld, *Œuvres*, éd. des Grands Écrivains. t. II,
p. 439 et suiv.) toutes les raisons qu'il avait d'être avec les frondeurs. Voir
sur lui : E. Magne, *le Vrai visage de La Rochefoucauld*, Paris, Ollendorff,
1923, in-16. Omer Talon assure que c'était le coadjuteur qui « avait noué
la partie et concilié les esprits de tous ces « personnages » ensemble, à la
réserve de M. le duc d'Elbeuf avec qui il n'avait point de liaison »
(O. Talon, *op. cit.*, p. 357).

2. Retz, *Mém.*, t. II, p. 148 et suiv. Voir sur le prince de Conti : les
Mém. de Montglat (éd. Michaud, p. 205) « Le prince de Conti était bossu
et contrefait », dit Montglat. Sa mère, la princesse de Condé estimait que
c'était « un vrai innocent, un mouton, qui n'avait pas de santé » (propos
d'elle aux bénédictins de l'abbaye de Saint-Denis, *Extrait du Livre des
choses mémorables de l'abbaye de Saint-Denis*, dans *Registres de l'Hôtel de ville
de Paris*, éd. Le Roux de Lincy, t. III, p. 334). Voir aussi sur Conti :
V. Cousin, *Madame de Longueville*, 1859, in-8°, p. 289-291.

3. « L'original est demeuré en dépôt entre les mains de M. le coadjuteur
de Paris. » *Mém.* de Omer Talon (éd. Michaud, p. 328) qui donne le texte
du document. M. Molé (*Mém.*, éd. Champollion, t. III, p. 337) dit :

Il chercha à se faire admettre au Parlement pour y siéger. Après un échec dont il ne parle pas dans ses *Mémoires* ; — le président Novion qui avait présenté la demande le 12 janvier s'étant vu répondre que le coadjuteur ne pouvait être admis aux audiences que pour représenter l'archevêque de Paris, membre de droit, à condition que celui-ci en exprimât le désir — il réussit le 18 [1]. Il ne parle pas non plus dans ses *Mémoires* d'une proposition qu'à peine reçu il présenta, qu'on lui a reprochée vivement plus tard et qui consistait, pour avoir de l'argent et soutenir le siège de Paris que la cour avait décidé de faire, à fondre les calices, reliquaires, croix et vases sacrés des chapitres, paroisses et couvents de la ville [2]. Il se tait également sur un sermon enflammé qu'il prononça le 25 janvier à l'église Saint-Paul, devant un auditoire « où tout Paris était », dit d'Ormesson et où il attaqua Mazarin avec fureur, le traitant d'étranger, d'italien qu'on ne pouvait souffrir, qui « mettait tout l'État en feu ». Pareil discours, dans une église, devait faire scandale. Mazarin reviendra vingt fois sur cette manifestation diabolique. Gondi ne s'en tint pas là [3].

Le Parlement avait décidé de lever douze régiments de cavalerie de 400 maîtres chacun et demandé aux grands seigneurs d'en réunir, équiper et payer chacun un, qui porterait son nom. Le coad-

---

« M. le coadjuteur m'a fait voir l'original. Il désirait le faire enregistrer [au Parlement] mais je lui ai dit que je m'y opposais. » Suit également le texte. Ce texte a encore été donné, d'après un autre original autographe conservé à la Bibliothèque nationale, par le comte de Laborde (le *Palais Mazarin*, 1846, in-4°, p. 40).

1. Voir sur ces faits : le *Journal* de Olivier Lefèvre d'Ormesson, éd. Chéruel, t. I, p. 626 ; *Journal de ce qui s'est fait ès assemblées du Parlement*, Paris, 1649, in-4°, p. 15 ; Mme de Motteville, *Mém.*, éd. Riaux, t. II, p. 313. Le 18, le Parlement décida de recevoir Gondi qui fut installé le jeudi 21 « au banc et rang des ducs et pairs et conseillers honoraires, après ceux d'épée et devant ceux de robe » (Dubuisson-Aubenay, *Mém.*, éd. Saige, t. I, p. 122), « vis-à-vis au-dessus du doyen » (lettre de Sainctot à Le Tellier, 14 mars 1649. Bibl. de l'Institut, ms. 1310, p. 227).

2. Lettre de Cohon à Mazarin de janvier 1649 (Arch. Aff. étrang. citée par Chéruel, *Hist. de France pendant la minorité de Louis XIV*. t. III, p. 175). Cf. J. Vallier, *Journal*. t. I. p. 173-174. On fit des vers contre l'idée de Gondi de vendre les calices pour faire la guerre au roi (Bibl. nat., **ms. fr.** 25662, fol. 55).

3. *Journal* d'Olivier Lefèvre d'Ormesson, éd. Chéruel, t. I, p. 642 ; Dubuisson-Aubenay, *Mém.*, éd. Saige, t. I, p. 131 ; Omer Talon, *Mém.*, éd. Michaud, p. 328 ; *Journal* de J. Vallier, t. I, p. 173-174 ; lettre de Cohon à Mazarin du 25 janvier 1649 (*op. cit.*, t. III, p. 179), *Lettres* de Mazarin, éd. Ravenel, 1836, p. 10.

juteur entendit répondre à cet appel et créer aussi un régiment
malgré son caractère ecclésiastique. Il recruta 5 compagnies de
chevau-légers : il emprunta pour payer la dépense. Il mit à la
tête, comme maître de camp, le chevalier Renaud de Sévigné. Condé
narquois appela cette troupe le régiment de Corinthe et le mot resta.
On a beaucoup fait grief ensuite à Gondi d'avoir pris au sérieux son
rôle de chef de régiment, d'avoir caracolé à cette occasion en tête
de ses troupes aux yeux de la foule étonnée. Mais il ne se vante pas
dans ses *Mémoires* de n'avoir pas dépassé au cours de ses sorties
Bourg-la-Reine. Il ne dit pas non plus que le 28 janvier son régiment ayant reçu l'ordre d'aller convoyer un arrivage de vivres du
côté de Longjumeau, se heurta au pont d'Antony à 800 mousquetaires et 500 cavaliers royaux — c'était la première fois qu'il voyait
le feu — qu'au premier choc, il fit demi-tour, se débanda et prit
la fuite. Vingt hommes furent sabrés, trente faits prisonniers et
Sévigné démonté tomba dans un fossé où il passa pour mort. On
se moqua de cette aventure et le mot célèbre courut qui eut un
grand succès, c'était « la première aux corinthiens [1] » !

Cependant les troupes du roi organisant le siège serraient de plus
en plus Paris. Le 8 février, le prince de Condé qui les commandait,
enlevait Charenton, dernier endroit demeuré libre par où les vivres
pouvaient pénétrer dans la ville. La population était très abattue [2].

---

1. *Registres de l'Hôtel de ville de Paris pendant la Fronde*, éd. Le Roux de
Lincy, t. I, p. 120 ; Extrait des Registres de l'Hôtel de ville, 1649, dans
Cimber et Danjou, *Arch. curieuses de l'histoire de France*, 2ᵉ série, t. VII,
p. 322. Les régiments levés étaient de 3, 4, 5 ou 8 compagnies ; celui de
Gondi fut logé au faubourg Saint-Victor. Voir aussi : Dubuisson-Aubenay,
Mém., t. I, p. 129, qui dit que le régiment avait pour devise des flèches
avec le mot : « *In corda inimicorum regis* ». Plus tard le pape rappelait à
Lionne que c'était Condé qui avait donné le nom de corinthiens aux cavaliers
du coadjuteur (lettre de Lionne à Brienne du 23 août 1655, Arch. Aff.
étr. Rome 130, fol. 157). Sur les actions d'éclat du régiment, voir le
P. Rapin, *Mém.*, éd. Aubineau, t. I, p. 253, et sur la défaite du 28 janvier
1649. Dubuisson-Aubenay, *op. cit.*, t. I, p. 136 : *La Défaite d'une partie de
la cavalerie du régiment de Corinthe et de celui d'infanterie du duc de Bouillon
au pont Antoni et sur le chemin de Paris à Lonjumeau*, 1649, in-4° : la lettre
de Lionne à Servien du 30 janvier (dans Chéruel, *Hist. de France pendant
la minorité de Louis XIV*, t. III, p. 182) ; le *Journal* d'O. Lefèvre d'Ormesson, t. I, p. 646, le *Carnet* 11 de Mazarin (dans Retz, *Œuvres*, t. IX,
p. 444).

2. Voir les discours prononcés dans les assemblées de la ville et des
colonels (*Registres de l'Hôtel de ville*, éd. Le Roux de Lincy, t. I, p. 236).
L'hiver d'ailleurs, « était fort rude » (*Mém.* du maréchal Duplessis-Praslin,
éd. Michaud, p. 399). Il y avait une grande inondation de la Seine (*Mém.*,

Gondi qui s'efforçait en vain de s'imposer comme chef du mouvement essaya de profiter du découragement général pour galvaniser la foule. Il sortit dans les rues sur un cheval de bataille, habillé de gris, l'épée au côté, deux pistolets à l'arçon. Il pensait être acclamé comme autrefois le duc de Guise, porté en triomphe à l'Hôtel de ville et peut-être le soir se trouver maître de Paris. Malheureusement il ne se produisit rien de pareil. La foule ne bougea pas. Il dut rentrer chez lui comme il en était sorti. Ce fut une amère déception [1].

Il nous raconte ensuite qu'il reprit ses négociations avec les Espagnols de Bruxelles par Saint Ibal ; qu'un gentilhomme de l'archiduc Léopold, gouverneur des Pays Bas, vint à Paris ; que Gondi rassembla ses amis afin de traiter avec le personnage, mais personne ne voulut assumer la responsabilité de cette négociation. Le gentilhomme de l'archiduc adressé au Parlement fut envoyé par celui-ci à la régente. L'affaire était manquée [2]. D'ailleurs les magistrats du Parlement lassés comme les habitants, penchaient pour traiter avec la cour qui était toute disposée à les recevoir. Ils envoyèrent des délégués à Rueil. Les chefs de la Fronde, princes, généraux, sentant que tout cédait, en firent autant. On les accueillit. Ce fut une curée de places, d'honneurs et d'argent [3]. Dans cette débâcle qu'allait devenir Gondi ?

de Mme de Motteville, t. II, p. 325). La guerre civile causait à six lieues autour de Paris des ravages qui impressionnaient les habitants (*Journal* de J. Vallier, t. I, p. 337 ; *Extrait du Livre des choses mémorables de l'abbaye de Saint-Denis*, dans *Registres de l'Hôtel de ville*, éd. Le Roux de Lincy, t. III, p. 336, 442). L'opinion se déchaînait (Guy Patin, *Lettres du temps de la Fronde*, éd. A. Thérive, p. 73).

1. Sur la façon dont Gondi chercha à capter la foule, à être « fort caressant avec tout le monde », voir la duchesse de Nemours, *Mém.*, éd. Michaud-p. 623. Il va aux portes de la ville haranguer et bénir les troupes qui partent (*Lettre d'un marguillier de Paris à son curé*, dans C. Moreau, *Choix de mazarinades*, t. II, p. 279). Il parle au public du haut du grand escalier du Palais (Dubuisson-Aubenay, *Mém.*, t. I, p. 181). Il explique et justifie sa conduite (le P. Rapin, *Mém.*, t. I, p. 267). Plus tard, dans une lettre à Le Tellier du 3 décembre 1652, Mazarin résumera l'attitude du coadjuteur à ce moment (Mazarin, *Lettres*, éd. Chéruel, t. V, p. 484). Voir encore : le *Journal* d'O. Lefèvre d'Ormesson, t. I, p. 655.

2. Retz, *Mém.*, t. II, p. 231 et suiv. Cf. *Journal* d'O. Lefèvre d'Ormesson (éd. Chéruel, t. I, p 673) qui ne paraît pas donner au rôle de Gondi, dans cette affaire, l'importance que celui-ci s'attribue. Voir aussi : Lettre du président Potier à Molé du 22 mars 1649, dans *Mém.* de M. Molé, t. III, p. 431.

3. Sur les causes qui ont amené la conclusion de la paix de Rueil, voir :

Le 15 mars, il avait prononcé au Parlement un grand discours
contre le projet de paix, qui, d'après lui, n'était ni véritable, ni sûr,
ni honorable. Cette paix ne débarrassait pas, disait-il, le royaume
« d'un homme déclaré ennemi public ». Mieux valait périr ! Et il
avait conclu avec force : « Il n'y a que les âmes basses et sans courage qui peuvent se résoudre à accepter les faits. » C'était assez
hardi [1] !

Il raconte dans ses *Mémoires*, que la reine lui fit offrir alors par
Mme de Lesdiguières, sa nièce, tout ce qu'il voudrait pour traiter :
le cardinalat, des abbayes, le paiement de ses dettes et qu'il aurait
refusé avec hauteur [2]. Malheureusement encore pour lui nous savons
par une lettre de l'évêque de Lavaur à Mazarin que c'est sa tante,
Mme de Maignelay qui, à sa sollicitation, alla prier son père, le P.
de Gondi et le P. Paulin, supérieur des jésuites, de demander
à la reine un accord pour Gondi, ce qui, d'ailleurs, n'aboutit
pas [3].

Registres de l'Hôtel de ville de Paris pendant la Fronde, éd. Le Roux de
Lincy, t. I, p. 328 et suiv.; *Récit exact et fidèle de ce qui s'est passé à la
conférence de Rueil pour la négociation de la paix*, Paris, N. Bessin, 1649; la
lettre de Mazarin à Servien du 13 mars 1649, dans *Lettres* de Mazarin, éd.
Chéruel, t. III, p. 318; le *Journal* de O. Lefèvre d'Ormesson, éd. Chéruel,
t. I, p. p. 689, 708.

1. *Ibid.*, p. 716. Gondi aurait prononcé la dernière phrase parce qu'après
avoir dit : « il y a des occasions où il faut périr » il avait vu le premier
président faire de la tête un geste de dénégation. Sur l'excitation de Gondi
à ce moment, voir Mme de Motteville, *Mém.*, éd. Riaux, t. II, p. 333. On
laissa entendre que le coadjuteur avait eu l'idée de faire assassiner le Premier
président, partisan de la paix (*Journal* d'O. Lefèvre d'Ormesson, éd.
Chéruel, t. I, p. 698). Le *Journal* de Jean Vallier (éd. Courteault, t. I,
p. 253) lui attribue à ce moment un pamphlet : *la Vérité reconnue ou les
intrigues de Saint-Germain* qui figure dans C. Moreau, *Bibliographie des
mazarinades*, t. III, p. 259, mais dont les éditeurs des *OEuvres* ne paraissent
pas avoir identifié l'auteur.

2. Retz, *Mém.*, t. II, p. 349 et suiv. Gondi pensa qu'on devait faire des
offres semblables à tout le monde.

3. La lettre de l'évêque de Lavaur à Mazarin est du 13 mars 1649. Arch.
Aff. étrang. Fr. 864, fol. 161, donnée dans Chéruel, *Hist. de France, pendant la minorité de Louis XIV*, t. III, p. 423. Gondi voulait qu'on comprît
Beaufort dans l'arrangement. Mazarin acceptait d'abord de négocier. Puis le
14 mars l'évêque de Lavaur écrivait une autre lettre pour dire qu'il n'y
avait pas de confiance à avoir dans le coadjuteur et on en resta là. Gondi
ensuite se vantera de son désintéressement et écrira dans un pamphlet de
1642 : *Le Vrai et le faux de M. le Prince*, in-4°, p. 5. « Le seul coadjuteur
refusa toutes choses. Il ne voulut prendre aucune part dans toutes ces saletés
dont l'histoire doit rougir ; il se contenta de l'approbation des gens de bien

Ainsi tout se traitait sans lui ; la paix se faisait en dehors de lui.
Il était navré. Saintot qui le vit à ce moment écrivait à Le Tellier
le 5 avril : « Je l'ai trouvé l'oreille pendante et le visage fort pâle
et fort défait[1]. » Après quelques semaines de réflexion, il se décida
à capituler à son tour. Le chancelier Séguier écrivait le 10 mai à
Le Tellier : « M. le coadjuteur est venu me voir qui me coula en
passant qu'il était prêt à saluer la reine et qu'ensuite il rendrait ses
respects à M. le cardinal Mazarin[2]. » La reine n'était pas encore
rentrée à Paris : elle ne devait y revenir qu'en août. Gondi lui
envoya le duc de Liancourt lui présenter ses hommages. Anne
d'Autriche les accueillit de façon dédaigneuse[3].

A ce moment la duchesse de Chevreuse, jusque-là en exil, rentrait de Bruxelles. Gondi alla la voir. Il y avait des analogies entre
leurs caractères et leur situation. Ils se lièrent. A ce moment aussi,
au su de la mère, Gondi se mit au mieux avec la fille[4].

Il fallait pourtant se résoudre à aller à Compiègne où était la
reine et là, humblement, lui présenter, à tous risques, ses hommages. Le coadjuteur fixa sa démarche au 13 juillet. Comment
serait-il reçu ? Malgré l'avis qu'on lui donna qu'il allait être arrêté,
il partit. A Compiègne la reine lui donna une audience sans Mazarin. Gondi exposa les vœux du peuple parisien, affirma que le retour
du roi était désiré dans sa capitale. La régente parla de Mazarin ;
Gondi esquiva la réponse. Il put revenir à Paris sans avoir été
arrêté et sans avoir vu le ministre[5].

Enfin, le 18 août, Louis XIV faisait sa rentrée dans sa capitale
au milieu de la pompe usitée en pareil cas et accueilli par les vivats
enthousiastes de la foule[6]. Le lendemain, le coadjuteur vint le
saluer au Palais Royal. Mazarin était là. Au dire de Mme de Motteville présente, le coadjuteur parut assez pâle et ému. Il ne regarda

et de la satisfaction de sa conscience ! » D'après Omer Talon (*Mém.*, éd.
Michaud, p. 350) lorsqu'on discutait au Parlement les procès-verbaux de
Rueil, il s'était opposé à ce que le prince de Conti réclamât pour le duc de
Retz la charge de général des galères.

1. Lettre de Sainctot à Le Tellier, dans *Mém.* de M. Molé, éd. Champollion, t. IV, p. 11.

2. Bibl. nat., ms. fr. 6881, fol. 248 ; Bibl. de l'Institut, ms. 1310,
p. 281 ; ms. 1328, p. 76.

3. *Mém.* de Mme de Motteville, éd. Riaux. t. II, p. 418.

4. *Ibid.*. t. III, p. 9. Retz, *Mém.*, t. II, p. 484 et suiv.

5. Les détails de ce voyage nous sont donnés par Mme de Motteville,
Mém.. t. II, p. 447 ; t. III, p. 9 ; et Retz, *Mém.*, t. II, p. 519 et suiv.

6. *Registres de l'Hôtel de ville de Paris,* éd. Le Roux de Lincy, t. II,
p. 47-60.

pas Mazarin. Mais le lendemain il alla le voir. Le ministre le reçut
avec courtoisie. Ils parlèrent du passé, esquissèrent l'un et l'autre
de vagues protestations et justifications, convinrent que l'avenir
était douteux, puis se quittèrent sur « quelques apparences de conci-
liation », termine Mme de Motteville.

Quand Gondi rentra chez lui, ses amis l'accablèrent de reproches.
Comment avait-il eu la faiblesse et la lâcheté de faire sa cour à
Mazarin ? Le coadjuteur répondit que Mazarin était méprisable,
mais que quand on ne pouvait pas renverser un gouvernement, le
mieux était de faire semblant de le servir et de l'utiliser en attendant que des circonstances plus favorables permissent de le culbu-
ter !¹ Les circonstances allaient favoriser cette double évolution.

1. Mme de Motteville, *Mém.*, t. III, p. 14. La *Gazette* du 28 août
raconte que le roi et la reine étant allés entendre la messe à Notre-Dame,
le coadjuteur ne vint pas les recevoir sous prétexte qu'il était indisposé.
Gazette de 1649, p. 719.

IV

LE SIÈGE DU PALAIS ROYAL

Le prince de Condé, jeune vainqueur de 28 ans, intelligent, mais fantasque et brutal, jusque-là fidèle à la reine et à Mazarin, s'était maintenant retourné contre eux et irritait tout le monde par son orgueil et ses manières hautaines. Il parlait de la reine et de son ministre en termes blessants, « outrageants », même, dit Mme de Nemours. Un soir, dans le cercle d'Anne d'Autriche, il rompit violemment avec Mazarin et s'en alla. C'était la rupture[1] !

Gondi alla aussitôt le trouver, l'emmena diner chez Prudhomme, une maison à la mode, où ils se retrouvèrent onze à table. Là on offrit au prince un pacte en vue d'attaquer le ministre. Mais Condé hochant la tête refusa. Il dit à Gondi de façon ironique que s'il se réconciliait avec le ministre, il le réconcilierait lui aussi ainsi que ses amis. C'était se moquer : il n'y avait rien à faire avec le personnage. Restait à attendre les événements[2].

---

1. Sur le caractère de Condé voir les *Mém.* de Lenet, éd. Michaud, p. 417 et suiv., qui raconte comment étant enfant le prince se divertit un jour à crever les yeux à un moineau : son père le fit fouetter devant témoins ; les *Mém.* de la duchesse de Nemours, éd. Michaud, p. 627. Mazarin disait de Condé que « rien n'était plus grand que le génie qu'avait M. le Prince à la guerre, mais qu'il avait un tel mépris pour la cour et pour les ministres et un tel orgueil et une inégalité si grande qu'il était devenu insupportable. » (Lenet, *op. cit.*, p. 254). Voir aussi le *Journal* de J. Vallier, t. II, p. 371, *la Vérité prononçant ses oracles sans flatterie*, dans C. Moreau, *Choix de mazarinades*, t. II, p. 504 ; Mlle de Montpensier, *Mém.*, éd. Michaud, p. 27, puis ce que dit le duc d'Aumale : *Histoire des princes de Condé pendant les XVIe et XVIIe siècles*, Paris, C. Lévy, t. V, p. 279 et suiv. La Rochefoucauld explique comment Condé et Mazarin se brouillèrent (*Mém.*, éd. des Grands Écrivains, t. II, p. 485).

2. Retz, *Mém.*, t. II, p. 534. Prudhomme était un baigneur étuviste qui

Justement une affaire difficile agitait à ce moment l'opinion. Depuis le début des troubles de la Fronde on avait suspendu le paiement des arrérages des rentes de l'Hôtel de ville et si la déclaration du 25 octobre 1648 avait annoncé aux rentiers qu'on leur réglerait deux quartiers et demi, soit le montant de plus de la moitié d'une annuité à valoir sur les gabelles, les fermiers des gabelles s'étaient déclarés incapables de payer les sommes promises [1]. Les rentiers se fâchèrent, formèrent des attroupements, constituèrent un syndicat de douze membres, parmi lesquels se trouvait Guy Joly, secrétaire du coadjuteur et ce syndicat organisa des réunions tumultueuses de plus de 3 000 personnes où on vit venir des bandes armées [2]. Mazarin note dans ses *Carnets* que pour lui, c'est le coadjuteur qui pousse à cette agitation, qu'il penserait se mettre à la tête des rentiers, les conduire aux halles afin d'augmenter le nombre des coquins qui le suivraient et marcher ensuite sur le Palais Royal. « Il paie des gens, dit-il, afin de crier et de soulever le peuple sous prétexte de rentes [3]. » D'où avait-il cet argent ? On remarquait à ce moment que Gondi tenait table ouverte, achetait de la vaisselle, vivait largement. Étaient-ce les Espagnols qui le soudoyaient ? Mazarin ne le croyait pas bien que Gondi s'en vantât [4].

habitait rue d'Orléans aujourd'hui rue Charlot, au Marais (*Ibid.*, t. IV, p. 231) à côté de l'hôtel du duc de Retz. Cf. *Lettre d'un marguillier de Paris à son curé*, dans C. Moreau, *Choix de mazarinades*, t. II, p. 280. Au sujet de ces agissements de Gondi cherchant à jouer le rôle de chef de parti, cf. Omer Talon, *Mém.*, éd. Michaud, p. 362.

1. Sur cette question des rentes de l'Hôtel de ville, voir une longue note dans les *Registres de l'Hôtel de ville de Paris*, éd. Le Roux de Lincy, t. II, p. 425 et 447. Sur les rentes elles-mêmes : Pierre le Roy, contrôleur général des rentes, *Mémoires concernant le contrôle des rentes de l'Hôtel de ville*, Paris, Le Mercier, 1717, in-12 ; *Bref état des sommes auxquelles montent les rentes assignées sur l'Hôtel de ville de Paris, avec la division et distribution d'icelles*, 1652, in-4° ; *Raisons pour empêcher le retranchement des rentes assignées sur les gabelles*, in-4° ; *Mémoire des propriétaires des rentes de l'Hôtel de ville de Paris assignées sur les gabelles, aides et entrées...*, in-4°.

2. Voir, Omer Talon, *Mém.*, éd. Michaud, p. 368 et suiv., Retz, *Mém.*, t. II, p. 549 et suiv.

3. *Carnets* de Mazarin, publiés dans Retz, *Œuvres*, t. IX, p. 447 et suiv. La phrase relative au paiement de gens pour crier a été dictée par Mazarin plus tard dans les griefs exposés par Louis XIV au pape afin d'obtenir la mise en jugement de Retz : Bibl. nat., ms. fr. 20066, fol. 305 v°.

4. *Carnets* 13 et 14 de Mazarin dans Retz, *Œuvres*, t. II, p. 655, t. IX, p. 448. « Le coadjuteur fait la plus grande dépense qu'on puisse imaginer et souvent dit devant le monde, étant à table, que sans le roi d'Espagne il ne pourroit faire une si grande dépense : *ridendo dicere verum*. »

Dans ses *Mémoires*, Gondi avoue avoir bien envoyé du monde aux assemblées des rentiers, mais, dit-il, c'était pour les contenir et empêcher le désordre. Tant il y a que le Parlement intervenant, interdit ces assemblées de rentiers et cassa les syndics nommés. Il fallait pour Gondi trouver autre chose [1].

Il avait autour de lui un groupe d'amis dévoués qui le suivaient partout : Beaufort, Brissac, La Boulaye, Laigues, Fosseuse, Montrésor. Il convint avec eux de provoquer quelque incident susceptible d'exciter la foule, par exemple de simuler un attentat, faire tirer un coup de pistolet contre un des syndics, tel que Guy Joly : on crierait « aux armes » ! on ameuterait la rue et les barricades reprendraient !

L'attentat préparé avec soin eut lieu le 11 décembre. Guy Joly qui s'était complaisamment prêté au jeu qu'on attendait de lui, avait percé d'avance la manche de son habit avec une balle. Ce jour-là, comme il passait en carrosse rue des Bernardins, vers sept heures et demie du matin, un gentilhomme du duc de Noirmoutier, d'Estainville, lui tira haut dans la voiture un coup de pistolet. Joly s'étant fortement baissé ne reçut rien. Mais il fut conduit chez un chirurgien qui constata à la manche gauche le trou de balle, trouva au-dessous une plaie contuse que Joly s'était faite avec de la pierre à fusil, mit un appareil et coucha le blessé. Alors les amis de Gondi coururent à travers les rues en criant, allèrent prévenir le colonel de la milice du quartier, président Charron, lequel fit battre le tambour. Malheureusement personne ne bougea : le coup était manqué ! Le Parlement ordonna une enquête. Mazarin note encore dans ses *Carnets* que c'est certainement le coadjuteur qui a machiné cette histoire afin de provoquer des troubles dans les rues [2].

---

1. Retz, *Mém.*. t. II, p. 551.

2. L'attentat est conté en détail par Guy Joly, *Mém.*, éd. d'Amsterdam, 1718, t. I, p. 70. Le coadjuteur aurait un instant pensé à faire tirer sur lui-même, mais, dit Joly, « il n'appuya pas assez pour faire croire qu'il le souhaitait tout de bon ». Voir aussi le rapport fait sur l'attentat par le quartenier de la Cité, Jean Rousseau, dans *Registres de l'Hôtel de ville de Paris*, éd. Le Roux de Lincy, t. II, p. 70 ; Mme de Motteville, *Mém.*, t. III, p. 101. Dans ses *Carnets*, Mazarin pense que Gondi est l'auteur de l'affaire. Il dit : « Joly, l'intime du coadjuteur, la Boulaye, de Beaufort, Charton, de tous les deux, sont les principaux acteurs. Il y a grande apparence que le tout ait été su et réglé par le coadjuteur, Beaufort et adhérents » (texte dans Chéruel, *Hist. de France pendant la minorité de Louis XIV*, t. III, p. 325). Dans une lettre au duc d'Orléans, du 11 décembre, Mazarin racontant l'incident ne fait pas allusion à Retz et ne le nomme pas (*Lettres de Mazarin*, éd. Chéruel, t. III, p. 429). Plus tard dans les griefs envoyés à

Les conjurés estimèrent que l'échec provenait de ce que le personnage attaqué était trop mince et que l'attentat avait eu lieu dans un endroit trop désert. Qu'à cela ne tint ! Le même jour, à neuf heures du soir, le marquis de La Boulaye se rendait sur le Pont Neuf avec une troupe de deux à trois cents hommes, dit Guy Joly, à l'heure où il savait que devait passer Condé revenant du Louvre et, lorsque le carrosse du prince parut, deux coups de mousquet furent tirés sur la voiture. Le hasard voulut, ou, dit Joly, un avertissement préalable de Mazarin averti, que le prince ne fût pas dans le carrosse. Un laquais reçut la charge. Cette fois l'affaire valait la peine et le lieu était bien choisi [1] !

Rome contre Retz, on fera état de cette tentative d'assassinat simulée (Cf. Retz, *Œuvres*, t. VI, p. 626). Il est à remarquer que Guy Patin a une très bonne opinion de Guy Joly : « Les rentiers ont élu pour leur syndic un nommé M. Joly, Conseiller au Châtelet, *virum optimum et antiquæ fidei*. Il est neveu de feu M. Loysel, conseiller de la grand Chambre » (lettre du 24 décembre 1649, dans *Lettres du temps de la Fronde*, éd. A. Thérive, 1921, in-18, p. 169). Ce témoignage est à noter en raison des jugements un peu sévères que généralement les critiques portent sur ce Joly et par suite sur l'autorité de ses *Mémoires*. Voir encore M. Trénel, *Une affaire médico légale politique au temps de la Fronde. Le prétendu attentat contre Guy Joly, Conseiller au Châtelet et la feinte blessure par coup de pistolet. Extrait du Bulletin de la Société française d'histoire de la médecine, s. d., in-8°*.

1. Guy Joly, *Mém.*, éd. d'Amsterdam, 1718, t. I, p. 74. Le chiffre de 2 à 300 personnes paraît un peu élevé. Joly qu'on accuse d'accabler toujours Retz, ici le défend au contraire. « Il y en a beaucoup, dit-il, qui ont cru que le cardinal était l'auteur de cette entreprise et que la Boulaye n'avoit rien fait que par son ordre : mais il n'y a guère d'apparence, quoique, depuis, La Boulaye ait avoué à quelques uns de ses amis, pendant la retraite à l'hôtel de Vendôme, qu'il avait imaginé cet attentat sur M. le Prince, pour réparer la faute qu'il avait faite le matin, sachant bien que la perte de S. A. n'aurait pas déplu au cardinal. » Lenet a bien relevé que « ce prétendu assassinat ne fut qu'une fausse attaque » (Lenet, *Mém.*, éd. Michaud, p. 208). Pour Jean Vallier la complicité de Gondi ne paraît pas faire doute (*Journal*, t. II, p. 37). Retz écrira dans ses *Mémoires* qu'il s'est opposé en vain à ces attentats (*Mém.*, t. II, p. 555 et suiv.) et que La Boulaye venant chez lui il avait manqué le faire jeter dehors par la fenêtre. Le *Journal du Parlement* (p. 42) semble lui donner raison. Quoi qu'il en soit, plus tard, encore, dans les actes d'accusation articulés contre Retz pour obtenir sa mise en jugement, le gouvernement de Louis XIV affirmera que le coadjuteur a eu dessein d'attenter aux jours du prince de Condé avec M. de la Boulaye, a réuni des gens de main et fait attaquer le carrosse du prince. Il est difficile de croire à l'entière innocence de Gondi. Voir encore : *Journal du procès du marquis de La Boulaye*, édité par A. H. Taillandier, à la suite de : *Mémoires du marquis de Beauvais-Nangis*.

L'émotion fut extrême dans Paris. D'une commune voix on accusa Gondi et ses complices. Beaufort effrayé vint proposer au coadjuteur de s'enfuir : le coadjuteur refusa : ce serait se dénoncer. Mais l'opinion lui était décidément contraire. Il alla voir Mme de Montbazon qui lui parla elle aussi de fuir. Gondi tenait bon. Pour donner le change, il se présenta à l'hôtel de Condé afin de protester au prince de son innocence et le complimenter d'avoir échappé à l'attentat [1]. On ne le reçut pas.

Cependant Guy Joly payant d'audace portait plainte au Parlement au sujet de l'attentat dont il avait été l'objet, et Condé aussitôt comme riposte, exigeait à son tour une prompte information sur le crime odieux dont il avait manqué être victime. L'affaire s'aggravait. Gondi apprit qu'à la suite d'une conférence chez le chancelier entre celui-ci, le secrétaire d'État Chavigny et le procureur général Méliand, il avait été décidé de l'inculper, lui Gondi, de l'attentat contre Condé, avec Beaufort et Broussel, conseiller au Parlement ; on ne sait pourquoi Broussel. Ses amis lui proposèrent de soulever immédiatement le peuple et d'investir le Palais Royal. Mais le peuple ne bougerait pas. Gondi décida d'aller lui-même ouvertement au Parlement avec Beaufort, et à l'audience de dire que puisque le bruit courait de sa culpabilité dans l'attentat dont le prince de Condé se plaignait, il venait apporter sa tête et demander qu'on le jugeât. C'était intrépide ! Il espérait, paraît-il, que des incidents violents provoqueraient un mouvement populaire à la faveur duquel « il serait le maître du pavé ». Ses illusions continuaient [2].

Il raconte dans ses *Mémoires* comment le gouvernement afin d'éviter cet éclat au Parlement et empêcher le neveu de se rendre à l'audience, aurait fait inviter l'oncle archevêque à occuper, au jour prévu, sa place à la Grand chambre, et comment le neveu serait parvenu à éviter la démarche de son oncle en faisant persuader à celui-ci par son médecin qu'il était extrêmement malade et qu'il ne devait pas quitter le lit [3].

Paris, 1862, in-8° (Société de l'Histoire de France), p. 273 et suiv. et le complément donné par Courteault dans *Ann. Bullet. de la Sociéte de l'Hist. de France*, 1911.

1. Retz, *Mém.*, t. II, p. 563 et suiv. Gondi s'étend sur ces incidents et donne les colloques qu'il a notamment avec Mme de Montbazon. Ces faits se passent le 11 et le 12 décembre 1649.

2. *Ibid.*, p. 575.

3. *Ibid.*, p. 577. L'archevêque était chez les capucins de la rue Saint-Jacques. Le trait a été connu dans le public : voir *Le Journal de Paris*, t. I, p. 507-8 ; le *Journal* de J. Vallier, t. II, p. 48, et Bibl. nat., ms. fr. 25 025, fol. 158 r°.

Ce fut le mercredi 22 décembre qu'eut lieu l'audience attendue, toutes chambres réunies. Le prince de Condé était venu accompagné d'un millier de gentilshommes armés. L'audience ouverte, lecture fut donnée des pièces de l'affaire, et le procureur général, comme il avait été annoncé, conclut à ce que Gondi et consorts fussent assignés pour être ouïs à fins d'information. Alors Gondi, qui était venu en rochet et en camail, se leva et malgré les efforts du Premier président, prononça un discours véhément dans lequel il déclara qu'il était inouï qu'on inculpât des gens de sa qualité, lui et Beaufort, sur de simples présomptions ou de vagues témoignages de gens de rien. Quand il eut terminé, le Premier président le déclarant lui et Beaufort inculpés, les pria tous les deux de sortir. Ce fut un tumulte ! A la majorité des voix, le Parlement se prononça pour le Premier président. Il fallut sortir [1].

Gondi dépité et ne sachant que faire eut l'idée subite d'aller trouver Condé et de lui offrir ses services. Il ne fut pas reçu. Il essaya d'intermédiaires auxquels le prince ordonna de répondre qu'ils n'y étaient pas [2].

Alors il décida de se retourner vers la régente et Mazarin. Il leur proposerait d'être avec eux contre Condé qui paierait les frais de l'accord. A ce moment où le prince était plus insupportable que jamais et où Anne d'Autriche et son ministre ne cherchaient que le moyen de se défaire de lui, ils pensèrent que Gondi leur apporterait peut-être l'appui de ses amis, celui du Parlement, du clergé. A tout hasard, ils acceptèrent [3].

Des conversations secrètes eurent lieu entre la régente, Mazarin et Gondi. Celui-ci, qui aimait les mises en scène romanesques, se rendait déguisé, à minuit, à la barrière des sergents, rue Saint-Honoré — il changea plusieurs fois de costume parce qu'il y eut

1. Retz, *Mém.*, t. II, p. 580 et suiv. Omer Talon déclare dans ses *Mémoires* (éd. Michaud, p, 372) à propos du décret de prise de corps que « la charge nous sembla légère ». Jean Vallier s'étend sur les circonstances de l'audience (*Journal*, t. II, p. 49 et suiv.). Voir aussi : *Procès du marquis de La Boulaye*, éd. Taillandier, p. 304 et suiv. Le Premier président fut très attaqué ; on le traita de « traître, fourbe ! »

2. *Mém.* de Mme de Motteville, t. III, p. 107. Les intermédiaires furent la Moussaye et Toulongeon.

3. Retz, *Mém.*, t. II, p. 604. D'après Gondi, Chavigny aurait tâché de négocier une entente entre Condé et le coadjuteur, et il aurait eu une conférence avec ce dernier le 30 décembre d'ailleurs sans résultat. Pour l'entente avec la reine, Gondi raconte (*Mém.*, t. III, p. 3 et suiv.) que ce serait la reine et Mazarin qui auraient cherché à le gagner par l'intermédiaire de Mme et Mlle de Chevreuse et que celles-ci auraient réussi.

plusieurs entrevues — et un domestique de la reine le conduisait par la rue des Petits-Champs et celle des Bons-Enfants, à travers les maisons, jusqu'au Palais Royal où on l'amenait à l'oratoire de la reine [1]. Les conditions du pacte furent fixées : il fallait payer l'alliance. Gondi aurait le chapeau de cardinal, ses amis : Beaufort l'amirauté ; Noirmoutier le gouvernement de Charleville et du Mont Olympe ; Laigues la charge de capitaine des gardes, etc. [2] Condé eut vent de ces tractations. Il en parla à Mazarin qui répondit en se moquant des déguisements de Gondi, « S'il revient une seconde fois, je vous avertirai, afin que vous vous cachiez pour le voir : cela vous fera rire ». Condé crut à une plaisanterie et n'insista pas [3].

Avec Condé la cour voulait aussi se défaire du frère et du beau frère de celui-ci, le prince de Conti et le duc de Longueville, soutiens naturels du premier. Grâce à Gondi, croyait-elle, le Parlement et la foule ne diraient rien. Se croyant, par ce moyen, en sûreté, la régente décida l'arrestation des trois princes.

Elle eut lieu le mardi 18 janvier 1650, à cinq heures du soir au Palais Royal, au moment où les trois personnages passaient de la chambre de la reine dans la galerie. Le capitaine des gardes s'assura de leurs personnes. Ils ne résistèrent pas. On les conduisit dans le donjon de Vincennes où ils furent écroués [4].

---

1. Ces visites de nuit déguisé ont été connues de tout le monde. Voir Lenet, *Mémoires*, éd. Michaud, p. 208 ; Guy Joly, *Mém.*, éd. d'Amsterdam, 1718, t. I, p. 80 ; *Lettre d'un marguiller à son curé*, dans C. Moreau, *Choix de mazarinades*, t. II, p. 282. L'abbé de Choisy (*Mém.*, éd. Michaud, p. 564) dit que les tractations auraient duré trois semaines avec des visites de cinq et six jours de suite : c'est lui qui fournit les détails circonstanciés sur le chemin que Gondi suivait, conduit par Gabory, domestique de la reine et c'est à ce propos qu'il écrit : « Dans le vrai, le cardinal de Retz avoit un petit grain dans la tête. » Voir encore sur ces rendez-vous : *Mém.* de la duchesse de Nemours, éd. Michaud, p. 629 ; *Anatomie de la politique du coadjuteur*, dans C. Moreau, *Choix de mazarinades*, t. II, p. 288, où sont décrits les divers déguisements de Gondi.

2. Guy Joly, *op. et loc. cit.* Retz, *Mém.*, t. III, p. 13-14.

3. Ce trait est conté par la duchesse de Nemours (*loc. cit.*), Lenet (*Ibid.*), l'abbé de Choisy (*op. cit.*, p. 565).

4. Voir le récit de Dubuisson-Aubenay, *Mém.*, éd. Saige, t. I, p. 203 ; celui du comte de Comminges, lieutenant aux gardes, publié par Tamizey de Larroque dans la *Revue des questions historiques*, du 1er octobre 1871 ; les *Mém.* de Mme de Motteville, t. III, p. 133 ; de Lenet, éd. Michaud, p. 214 ; les lettres de Guy Patin du 1er mars et 14 juin 1650, dans ses *Lettres du temps de la Fronde*, éd. A. Thérive, 1921, p. 179, 223. Le 20 janvier 1650, le roi adressa une lettre au Parlement et à la Ville de

Personne ne remua, ni le populaire, ni le Parlement[1]. Gondi n'avait pas eu de peine à donner un soi-disant appui à une mesure qui eut peut-être parfaitement réussi sans son intervention. Le 22 janvier il obtint que les poursuites dirigées contre lui à propos de la tentative d'assassinat de Condé fussent abandonnées : un arrêt le renvoya lui et ses amis des fins de la plainte[2].

Mais dès le lendemain on remarqua que son attitude à l'égard du gouvernement devenait un peu singulière. Il assurait partout qu'il n'avait pas conseillé l'arrestation des princes, qu'il ne l'avait pas connue, bien que Mme de Motteville affirme que l'idée était de son entourage[3]. Le bruit courut qu'il allait remplacer Mazarin. Il s'empressa d'aller trouver celui-ci pour protester contre ce racontar[4].

Puis ses *Mémoires* sont pleins ici de détails embrouillés sur des séries d'intrigues compliquées auxquelles il se livre, croisées, entrecroisées, suspectes, peu claires. En somme que voulait-il ? Visi-

Paris énumérant ses bienfaits multipliés à l'égard du prince et les attentats, en retour, de celui-ci, véritable réquisitoire accablant contre le prisonnier de Vincennes : *Lettre du roy sur la détention des princes de Condé et de Conti et du duc de Longueville, envoyée au Parlement le 20 janvier 1650*, dans *Registres de l'Hôtel de ville de Paris pendant la Fronde*, éd. Le Roux de Lincy, t. II, p. 87 et suiv. Cette lettre a été imprimée d'ailleurs en libelle.

1. « Mais au contraire tout le peuple fut dans une satisfaction publique toute la nuit et le lendemain... La bourgeoisie de Paris n'aimoit point M. le Prince parce qu'il les avoit trop tourmentés pendant la guerre... » (Omer Talon, *Mém.*, éd. Michaud, p. 380). « Cet événement causa une joie si grande et si générale à toute la France où la nouvelle en fut bientôt répandue, qu'il n'y eut pas jusqu'au moindre petit bourgeois qui n'en fit un feu de joie devant sa porte. » (*Mém.* de la duchesse de Nemours, éd. Michaud, p. 632). On eut vent cependant d'un complot pour délivrer les princes et des mesures de précaution furent prises (lettre de Le Tellier à Mazarin du 17 février 1650, Bibl. de l'Institut, ms. 1310, p. 481).

2. *Procès du marquis de La Boulaye*, p. 336 ; Omer Talon, *Mém.*, p. 376.

3. *Carnet* 12 de Mazarin, dans Retz, *Œuvres*, t. I, p. 445. « Je sais, dit Mazarin, qu'il s'échauffe tant qu'il peut pour engager chacun à faire des folies. » Sur les affirmations de Gondi qu'il n'a pas conseillé et même connu l'arrestation des princes, voir la duchesse de Nemours, *Mém.*, éd. Michaud, p. 633 ; tandis que pour Mme de Motteville, c'est le coadjuteur et ses amis qui auraient eu l'idée de cette arrestation (*Mém.*, t. III, p. 124).

4. *Lettre escrite à M. le cardinal de Retz par un de ses confidents de Paris*, in-fol., p. 14 ; Mme de Motteville, *Mém.*, t. II, p. 302 ; Lenet, *Mém.*, éd. Michaud, p. 346 ; Retz, *Mém.*, t. III, p. 46. « Je le suppliois (Mazarin, dit Retz) de faire réflexion sur mon âge (37 ans) qui joint à mon incapacité ne lui pouvoit donner aucune jalousie à l'égard de la première place. » Retz assure qu'en juillet suivant Mazarin lui aurait offert une place au conseil et qu'il l'aurait refusée (*Ibid.*, p. 67).

blement il cherchait à conserver la faveur du peuple, qui, pensait-il, devait être surpris de le voir en si bons termes avec le ministre impopulaire[1]. D'autre part la cour étant obligée d'aller en province avec le roi afin de lutter contre les partisans de Condé qui avaient pris les armes, et lui demeurant à Paris, il allait essayer de capter la confiance du duc d'Orléans, lieutenant général du royaume, personnage médiocre, léger, changeant, afin, nous explique Montglat, de se servir de lui contre Mazarin[2]. Ainsi il continuait à vouloir renverser le premier ministre. D'ailleurs le duc d'Orléans suivait, s'abandonnant, comme l'écrit un contemporain, « à la conduite de ce faux tribun[3] ». Mazarin fut prévenu. On lui rapporta que Gondi se disait ouvertement son irréconciliable adversaire ; qu'influencé par lui, le duc d'Orléans exprimait le mépris qu'il éprouvait à l'égard du ministre, lequel il estimait incapable de gouverner, ridicule ! Mazarin répondit : « J'ai peine à ajouter foi à ces avis après les protestations que le coadjuteur a faites à la reine. » Il n'était pas si dupe qu'il affectait de le paraître[4].

La cour poursuivant sa campagne en Guyenne et les Espagnols, d'accord avec les amis de Condé avançant du Nord au secours de ceux-ci, par Vervins, Rethel, le duc d'Orléans, sur le conseil de Gondi, écrit Mazarin dans ses *Carnets*, fit transférer, par précaution, les trois princes prisonniers de Vincennes à Marcoussis. Maza-

---

1. Omer Talon note que Gondi prêchait « pour se maintenir dans les bonnes grâces du peuple lesquelles pourroient diminuer à cause de la bonne intelligence qui paraissait entre lui et le cardinal. » (*Mém.*, éd. Michaud, p. 384). Il allait se promener sur le Pont Neuf, dans les rues, afin de se faire voir et saluer (Loret, la *Muse historique*, t. I, p. 17). Dans un libelle qu'il imprima en mai (*Apologie des frondeurs*, dans C. Moreau, *Choix de mazarinades*, t. II, p. 177) Gondi se défend ouvertement de toute collusion avec Mazarin.

2. Montglat, *Mém.*, éd. Michaud, p. 236. Lenet écrit à la date de mai 1650 : « Le duc d'Orléans était pour lors absolument gouverné par le coadjuteur » (*Mém.*, éd. Michaud, p. 253).

3. *Manifeste de Madame de Longueville*, 9 mai 1650, dans C. Moreau, *Choix de Mazarinades*, t. II, p. 174.

4. Mazarin note dans ses *Carnets* (Carnet 14, dans Retz, *OEuvres*, t. IX, p. 454) qu'en avril 1650 Monsieur dit de Gondi : « M. le coadjuteur est tout puissant, c'est un grand génie ! Il a fait ce discours à M. de Bellièvre qui me l'a dit et au Président de Bailleul aussi. » On prévenait Mazarin des conciliabules qui avaient lieu la nuit chez le coadjuteur où se tenaient les propos que nous mentionnons (*Ibid.*). Les hésitations qu'a Mazarin, vraies ou simulées, à croire aux mauvaises dispositions de Gondi sont dans une lettre de lui à Le Tellier de juillet 1650 (dans *Lettres* de Mazarin, éd. Chéruel, t. III, p. 596).

rin remarquait que Gondi maintenant avait l'air de protéger
Mme de Longueville, la sœur de Condé, lui avait facilité sa rentrée
à Paris, interdisait à son clergé de prêcher contre les princes.
Qu'est-ce que cela voulait dire? Gondi se retournait-il donc vers
les princes après les avoir sacrifiés[1]?

Bordeaux pris et les partisans de Condé vaincus, la cour rentra
à Paris en octobre. Mazarin ne savait plus que penser du coadjuteur. En passant à Fontainebleau, il avait reçu la visite de la
duchesse de Chevreuse, qui, chargée évidemment d'une mission,
lui avait affirmé que Gondi n'avait que de bonnes intentions à son
égard, mais qu'il désirait qu'on lui tint la promesse faite de le nommer cardinal[2]. Déjà au milieu d'août, la duchesse avait tenté de
premières ouvertures dans ce sens auprès de Le Tellier. Le Tellier
avait répondu de façon évasive et Mazarin mis au courant avait
approuvé, disant qu'il n'y avait aucune raison actuellement de faire
droit à cette demande, que Gondi était un homme « dont on ne
pouvait douter de la mauvaise volonté[3] ».

1. Sur le transfert des princes à Marcoussis « château appartenant à
d'Entragues, entouré de fossés pleins d'eau, à six lieues de Paris » voir :
Montglat, *Mém.*, éd. Michaud, p. 236 ; Dubuisson Aubenay, *Mém.*, éd.
Saige, t. I, p. 312. Mazarin recevant la nouvelle déclara d'abord l'approuver
(*Lettres*, éd. Chéruel, t. III, p. 765-6). Mais dans une lettre à Le Tellier
(*Ibid.*, p. 759) il insistait sur la nécessité de séparer le duc d'Orléans du
coadjuteur en raison « de la mauvaise conduite » de celui-ci, et de le faire
venir près de la reine. D'après une lettre de Lionne au Maréchal de
Gramont du 8 septembre (*Annuaire-bulletin de la Société de l'histoire de
France*, 1925, p. 233), Gondi avait voulu d'abord faire transférer les
princes à la Bastille. Malgré les avis qu'il recevait sur les cabales du
coadjuteur contre lui (lettre du P. Léon à Mazarin du 2 septembre 1650,
Arch. Aff. étr., Fr. 871, fol. 3), Mazarin qui n'ignorait pas la puissance de
Gondi (celui-ci se vante même d'avoir été sollicité par Cromwell en vue
d'une entente entre eux, Retz, *Mém.*, t. III, p. 115-116) feignait de dire
« qu'il serait facile de le ramener » (lettre de lui à Le Tellier, 17 septembre 1650, dans Mazarin, *Lettres*, t. III, p. 790). Il lui parla même de le
nommer négociateur pour aller traiter de la paix avec l'Espagne (*Ibid.*,
p. 811-2). Gondi plus tard se plaindra vivement qu'on n'ait pas donné suite
à une idée qui lui souriait (lettre de Le Tellier à Mazarin du 24 septembre,
Bibl. de l'Institut, ms 1310, p. 809).

2. Mme de Motteville, *Mém.*, t. III, p. 235 ; Lenet, *Mém.*, éd. Michaud,
p. 476 ; lettre de Lionne au maréchal de Gramont du 20 novembre 1650,
dans *Annuaire-bulletin de la Soc. de l'Hist. de France*, 1925, p. 283.

3. Mémoire de Le Tellier à Mazarin du 18 août 1650, Bibl. nat., ms.
fr. 4210, fol. 46 ; voir R. Chantelauze, *Le cardinal de Retz et l'affaire du
chapeau*, t. II, p. 142. Sur la réponse de Mazarin, voir la lettre de Colbert

Mais Gondi informé s'était irrité. Il avait fait dire que si la France ne voulait pas le nommer cardinal, il se ferait présenter au pape par le roi de Pologne, dont la princesse Palatine lui offrait l'appui. D'ailleurs, il proposait, une fois cardinal, de s'en aller résider à Rome deux ans, si on voulait. Le duc d'Orléans avait joint ses instances aux siennes[1]. La régente intervenant avait signifié qu'elle refusait de nommer Gondi cardinal, connaissant son ingratitude foncière[2].

Gondi était alors venu trouver Le Tellier. Il lui avait expliqué qu'il n'avait pas réclamé le cardinalat jusque-là, parce qu'il avait eu la pensée de l'obtenir grâce à ses mérites d'archevêque, mais qu'ayant su qu'on l'avait dénoncé à Mazarin, et estimant qu'il se déconsidérait auprès du peuple, s'exposait à la vengeance de Condé, pour servir le ministre, il jugeait indispensable d'avoir la pourpre afin de se mettre à l'abri des risques de cette impopularité et des vengeances du prince. Il avait insisté usant d'un mélange de promesses fallacieuses et de menaces et Le Tellier avait répondu froidement qu'il n'avait montré aucune gratitude à la reine lorsqu'il avait été nommé coadjuteur, qu'il n'en aurait aucune d'être nommé cardinal, qu'on ne pouvait se fier à lui, qu'il ne tenait pas ses paroles ; qu'assurément il avait su faire du mal, qu'il pouvait même encore causer de grands désordres, mais que, et ici Le Tellier acheva avec force : « il y périrait » ! Devant cette algarade inattendue, Gondi intimidé se borna à répondre qu'il avait parlé à Le Tellier en confidence, comme à son confesseur, et qu'il le priait de ne pas répéter ses paroles. Le Tellier, le jour même, rendait compte à Mazarin de cette conversation[3] et, plus tard, ajoutait que Gondi, d'après une information du garde des sceaux, avait émis l'avis, en bon lieu, qu'il n'y avait pas de meilleure sûreté à prendre à l'égard

à Le Tellier, datée de Bourg, Guyenne, dans *Lettres* de Colbert, éd. Clément, t. I, p. 33.

1. Lettre de Le Tellier à Mazarin, du 29 septembre 1650, Bibl. nat., ms. fr. 4210, fol. 113.

2. Lettre à Le Tellier datée d'Amboise, octobre 1650 : Bibl. nat., ms. fr. 4209, fol. 177 et suiv. : « Sur les sentiments de S. A. R. touchant la nomination de M. le coadjuteur au cardinalat, S. E. estime qu'il serait bon que vous lui fissiez connaître, comme de vous, que la reine ne le fera jamais, parce qu'elle sait, par sa propre expérience, que c'est un très méchant homme qui n'a ni religion ni fidélité et que tout le monde connaît pour tel. » Voir la réponse donnée par la reine à Mme de Chevreuse, *Mém.*, d'Omer Talon, éd. Michaud, p. 401.

3. Lettre de Le Tellier à Mazarin du 22 août 1650, Bibl. nat., ms. 4210, fol. 48.

de Mazarin que de l'assassiner[1]. Le refus du cardinalat allait décider le coadjuteur, irrité au possible, à accentuer son retour vers la cause des princes détenus[2].

Ceux-ci, le 15 novembre, sur l'ordre de Mazarin, avaient été transférés de Marcoussis au Havre. Le 20, au Parlement, Gondi, se démasquant, demanda qu'ils fussent envoyés dans une prison plus salubre et estima qu'il fallait faire des remontrances à la reine « sur tous les désordres de l'État causés par les conseils de M. le cardinal Mazarin ». Il attaquait donc, maintenant, de façon ouverte, le ministre[3]. Le Parlement vota l'arrêt relatif aux princes. Il suivait. Les princes informés envoyèrent des requêtes conformes. Sur quoi, le duc d'Orléans réclama à la régente le cardinalat pour Gondi de façon si arrogante que le danger de la situation politique nouvelle éclata soudain aux yeux de tous : Gondi était ainsi parvenu à grouper ensemble : Parlement, princes, frondeurs, tout le monde contre Mazarin, et l'opinion publique était avec lui[4].

C'était un triomphe ! Guy Joly nous raconte que dans son exaltation, Gondi songea même à faire enlever Mazarin après un souper chez Tubeuf, par le marquis de Chandenier. Mazarin fut averti et l'affaire manqua[5]. De toutes parts, d'ailleurs, les avis menaçants lui parvenaient. Il ne décolérait pas contre Gondi. Ses lettres à Le Tellier à ce moment révèlent son exaspération devant les méchancetés de cet homme, disait-il, qui ne rêvait que de renverser la monarchie et de proclamer la république[6].

1. Lettre du 30 octobre 1650, Bibl. nat., ms. fr. 6884, fol. 427.

2. Les *Mémoires* de Retz, ici présentent des faits d'une complication à peine intelligible (t. III, p. 172 et suiv.).

3. *Ibid.*, t. III, p. 212-214. Pour le discours, voir *Ibid.*, t. IX, p. 51-55, *l'Histoire des dernières guerres civiles de France*, liv. II, p. 167-173 ; et *Histoire de la prison et de la liberté de Monsieur le Prince*, p. 65-70. R. Chantelauze attribue ce discours à Claude Joly. Le texte en est habile et très étudié.

4. Mazarin fut extrêmement irrité. Son entourage prévoyait bien depuis longtemps que le coadjuteur voulait être le maître (lettre de Colbert à Le Tellier du 17 septembre 1650 dans P. Clément, *Lettres* de Colbert, t. I, p. 39). Cf. *Mém.* de Montglat, éd. Michaud, p. 241. Dans ses lettres à Le Tellier, Mazarin exhalera sa colère contre « l'insolence » du coadjuteur ; il parlera de « la profession d'honneur que je fais de souffrir lâchement d'être poussé par ceux qui n'ont d'autre but que la perte de l'État. » Il veut lutter : « car de laisser, dit-il, travailler les méchants à la destruction de l'autorité royale sans leur faire la moindre opposition, c'est donner la main à ce qu'ils veulent avec la dernière faiblesse. »

5. Guy Joly, *Mém.*, Amsterdam, 1718, t. I, p. 103.

6. « Son aversion à la monarchie et ses folles pensées de la pouvoir ren-

L'accusation que Gondi était un « républicain » et voulait détruire la royauté a été assez répandue à cette époque. Les mazarinades ne se font pas faute de la reprendre à maintes reprises[1]. Il est exact que Gondi, nourri des histoires des républiques italiennes, s'était familiarisé avec les idées de démocratie, liberté, tyrannie, monarchie. Dans sa *Conjuration de Fiesque*, il avait exposé les avantages et les inconvénients de ces systèmes et formulé des maximes de ton très moderne[2]. Il ne semble pas avoir été très convaincu de la profondeur du sentiment monarchique en France à cette date. Causant un jour avec Le Tellier, dans la galerie du Luxembourg, il lui disait que la cour avait eu de la chance, au moment du siège de Paris que personne dans la ville assiégée ne sût trop ce qu'il voulait. S'il en avait été autrement, disait-il, il eût été facile de proclamer la république. Les gens criaient « La république » ! Et comme Le Tellier sceptique objectait que trop de personnes étaient encore intéressées au maintien de l'état de choses ancien ; que ceux qui criaient « république » ! étaient certainement payés, Gondi répliquait qu'il eût suffi de se défaire de sept à huit personnages ayant encore de sincères sentiments monarchiques et que le reste eût accepté la révolution[3]. Le 29 août Mazarin répondait à Le Tellier qu'effectivement la reine était convaincue que « cet esprit-là (Gondi) ne pensait qu'à la république »[4]. Il écrira dans ses *Carnets*, en octobre : cet homme veut « renverser la monarchie »[5]. Son confident Colbert mandera à Le Tellier qu'il ne comprend pas que le coadjuteur, qui a « des sentiments de république », inspire confiance à de fidèles sujets du roi[6] et, en juillet 1651, Anne d'Autriche causant avec Gondi, s'écriera indignée des idées qu'il lui expose : mais ce sont « des maximes de républicain[7] » !

verser ou changer en république » (Mazarin à Le Tellier, 26 décembre 1650, dans *Lettres* de Mazarin, éd. Chéruel, t. III, p. 971-2).

1. Le duc de Rohan écrira à Condé en octobre 1652 : on accuse partout Gondi de vouloir « le bouleversement de la monarchie » (Bibl. de l'Institut, ms. 1312, p. 715).

2. *Conjuration de Fiesque*, dans Retz, *OEuvres*, t. V, p. 622, 635, 641.

3. Lettre de Le Tellier à Mazarin du 22 août 1650, Bibl. de l'Institut, ms. 1310, p. 415.

4. *Ibid.*, ms. 1328, p. 94 ; Bibl. nat., ms. fr. 6883, fol. 459.

5. *Carnet* XIV, p. 94-95, dans Chéruel, *Hist. de France pendant la minorité de Louis XIV*, t. IV, p. 178.

6. Lettre de Colbert à Le Tellier du 28 août 1650, Bibl. nat., ms. fr. 6883, fol. 453 ; Cf. *Lettres* de Colbert, éd. P. Clément, t. I, p. 35.

7. Retz, *Mém.*, t. III, p. 443. Mme de Chevreuse était d'avis que Retz était plutôt fait « pour être conseiller dans une république que ministre

Gondi a-t-il vraiment été un précurseur? L'absence de convictions
bien établies chez ce dilettante très intelligent permet les doutes. Il
y a des raisons de croire que si, par impossible, Louis XIV l'eût
pris pour ministre, il eût été tout aussi bien un excellent serviteur
de l'absolutisme du maître.

Quoi qu'il en soit, en cette fin de décembre 1650, Mazarin était
fixé sur les sentiments du coadjuteur à son égard. Le 30 décembre
le Parlement présentait des remontrances à la reine au sujet de la
détention de Condé, et le 30 janvier 1651 suivant, princes et frondeurs signaient ensemble cinq traités qui les liaient désormais contre
Mazarin et aux termes desquels, entr'autres, le cardinalat était promis
à Gondi et Mlle de Chevreuse devrait épouser le prince de Conti[1].
Puis le 1er février, le duc d'Orléans, poussé par Gondi, rompait violemment avec Mazarin. Le soir au cercle de la reine, après une
conversation où le premier ministre avait été amené à dire à l'oncle
du roi que le jeune Louis XIV était certainement le prince le plus
malheureux de la chrétienté, que des malheurs semblables à
ceux d'Angleterre et à l'exécution de Charles Ier pourraient bien
arriver en France, où il y avait des Fairfax et des Cromwell, le
duc d'Orléans avait vivement relevé le propos ajoutant que le peuple de France aimait son roi, mais qu'il ne pouvait souffrir le ministre, cause unique des maux qu'il endurait, sur quoi Mazarin ayant
répondu que ce prétexte-là avait été donné en Angleterre pour
détruire le roi et que lui il saurait bien défendre l'Etat, Monsieur,
irrité tournait brusquement le dos, et sortait. Le lendemain, à
l'instigation de Gondi, il envoya dire à la reine qu'il la priait de
chasser Mazarin; qu'il ne paraîtrait plus au conseil, puis, le
3 février, comme lieutenant général du royaume, il fit dire aux
quarteniers de la ville de mettre sur pied la milice bourgeoise.
Que voulait-il faire? La reine troublée le pria de venir la voir. Il
refusa[2].

C'était le coadjuteur qui le conduisait. Les ministres le savaient.
Ils décidèrent de faire un grand éclat contre Gondi. La reine manda

dans une monarchie » (lettre de Le Tellier à Mazarin du 22 août 1650,
Bibl. de l'Institut, ms. 1310, p. 413).

1. Ces traités rédigés par Fouquet de Croissy et Louis le Fèvre de Caumartin, conseiller d'État, amis de Gondi, furent signés chez la princesse
Palatine. Le texte en a été publié par V. Cousin pour la première fois dans
son livre *Madame de Longueville pendant la Fronde*, Paris, Didier, 1891,
in-18, p. 369 et suiv., d'après le ms. de la Bibliothèqne nationale provenant
de Lenet, fr. 6731.

2. *Mém.* de Dubuisson-Aubenay, éd. Saige, t. II, p. 10 ; *Mém.* de Omer
Talon, éd. Michaud. p. 407 ; *Mém.* de Mme de Motteville. t. III, p. 275.

au Palais Royal une délégation du Parlement conduite par le Premier président, et, devant les magistrats, le garde des sceaux Châteauneuf lut un sanglant réquisitoire contre Gondi, esprit dangereux, disait-il, pervers, « un factieux », qui conseillait mal le duc d'Orléans, voulait perdre l'État et se vantait de mettre le feu aux quatre coins du royaume parce qu'on ne lui avait pas donné le cardinalat[1] !

Lorsque de retour au Parlement le premier Président rapporta ce qu'il venait d'entendre, Gondi, qui était présent, très ému, prit la parole. Il s'écria que « la paperasse » dont on avait donné lecture devant la reine était « une indignité, une saillie de fureur du cardinal Mazarin ». Il la méprisait. Il proposait des remontrances au roi pour le prier de délivrer les princes au Havre, chasser le cardinal du royaume et signifier qu'on attendait la réponse pour le lundi suivant. C'était un ultimatum ! Le Parlement vota les remontrances[2].

La reine était désemparée. La presse donnait avec rage. Les libelles étaient déchaînés contre Mazarin[3]. Sur l'ordre du duc d'Orléans, guidé toujours par le coadjuteur, six compagnies de la milice parisienne se rassemblèrent en armes. Que voulait donc faire Gondi ? Notons-le ici : il arrive à un des moments les plus graves de sa vie, celui que Louis XIV ne lui pardonnera jamais !

Dans les rues, des attroupements se formaient : Il y avait tumulte ; on parlait de faire quelque mauvais parti à Mazarin, de l'assassiner, de traîner son cadavre dans les rues, comme celui du maréchal d'Ancre. Informé de ces propos, Mazarin prit peur et, le 6 février, à onze heures du soir, déguisé avec un habit gris, une casaque rouge, un chapeau à plumes, il gagnait la porte de Richelieu, sortait de la ville, montait à cheval et s'en allait à Saint-Germain[4].

---

1. Retz, *Mém.*, t. III ; *Suite du Journal des assemblées du Parlement.* p. 31. La délégation du Parlement était composée, avec le premier président Molé et le président Le Bailleul, de 20 conseillers. Voir aussi Mme de Motteville, *Mém.*, t. III, p. 283 ; *Journal* de J. Vallier, t. II, p. 275 ; Omer Talon, *Mém.*, éd. Michaud, p. 409.

2. Retz, *Mém.*, t. III, p. 238.

3. Lettre d'un ecclésiastique à l'abbé Charrier, du jeudi 8 février : « Jamais il n'y eut tant d'injures et tant d'outrages... Le Parlement donna lundi arrêt sur le sujet du placard dont je vous viens de parler, par lequel il permet à M. le lieutenant civil de faire fouetter et mettre au carcan, sans autre figure de procès, tous imprimeurs et colporteurs qui seront surpris imprimant ou débitant qui que ce soit des pièces qui ont de coutume de se crier licencieusement par les rues sans permission » (Bibl. de l'Institut, ms. 1312, p. 207).

4. Guy Joly, *Mém.*, éd. d'Amsterdam, 1718, t. I, p. 116 ; Mme de Mot-

Aussitôt prévenu, Gondi alla trouver le duc d'Orléans au Luxembourg et le persuada que Mazarin se proposait d'emmener le jeune roi hors de Paris : il fallait prendre immédiatement des mesures afin de l'en empêcher. Après quelques hésitations, le prince céda. Le lendemain, au Parlement, il demandait qu'on exigeât de la reine le départ de Mazarin, séance tenante hors de France. La cour rendit un arrêt dans ce sens[1].

La nuit du 9 au 10 février, vers onze heures du soir, le coadjuteur fut mandé au Luxembourg : Mlle de Chevreuse venait d'y annoncer, de la part de sa mère, que le roi quittait secrètement Paris la nuit même : il était prêt, habillé et botté. Gondi très excité déclara au duc d'Orléans qu'il fallait s'opposer à tout prix à cette fuite ; et pour ce faire, lever d'urgence la milice bourgeoise, occuper les portes de la ville, envelopper le Palais Royal : c'était un acte révolutionnaire ! Le duc hésitait. Le coadjuteur prit sur lui d'ordonner aussitôt aux colonels de la garde bourgeoise le rassemblement de leurs hommes et l'occupation des portes. L'ordre fut exécuté[2].

Ces mesures ameutèrent la foule. On cria « aux armes » ! Les gens sortaient dans les rues. Au Palais Royal, la reine, très troublée, crut qu'on voulait lui enlever le roi et la mettre elle-même dans un couvent. Elle envoya chercher les fidèles serviteurs de la royauté comme le duc d'Epernon[3], fit doubler les gardes aux portes du Palais Royal, puis, vers minuit, le capitaine des suisses de Monsieur, Des Ouches, parut, venant de la part de son maître dire les regrets que le prince éprouvait de ce qui se passait, mais que la cause en était l'avis répandu partout que la reine voulait s'enfuir avec le roi. Anne d'Autriche protesta contre cette affirmation et,

teville, *Mém.*, t. III, p. 277 ; lettre de Morosini du 7 février 1651, dans Chéruel, *Hist. de France pendant la minorité de Louis XIV*, t. IV, p. 266. Mazarin avait songé d'abord à sortir par la porte de la Conférence. Il envoya du monde à chacune des portes de Paris pour dérouter ses ennemis.

1. Retz, *Mém.*, t. III, p. 252 et suiv. Retz résume ici dans ses *Mém.*, la *Suite du Journal des assemblées du Parlement*, p. 37 et suiv.

2. Retz, *Mém.*, t. III, p. 258 et suiv. Mme de Motteville, *Mém.*, t. III, p. 307. Mme de Motteville indique bien que le coadjuteur est, pour la Cour, l'auteur des événements qui se passent. Guy Joly (*Mém.*, t. I, p. 120) confirme que les mesures en question sont prises « par les intrigues du coadjuteur ».

3. Dubuisson-Aubenay (*Mém.*, éd Saige, t. II, p. 16) décrit bien l'état d'émotion et de trouble de la ville, qui, d'après lui, crut que le duc d'Epernon voulait enlever le roi et l'emmener hors de Paris.

comme preuve, fit montrer à Des Ouches Louis XIV dormant dans son lit [1].

Pendant ce temps la foule rompait le cordon des gardes qui avait été mis aux portes du Palais, l'envahissait. Ce fut une minute d'angoisse. La régente ordonna de ne pas résister et de tout ouvrir. Le procédé réussit : il n'y eut aucune violence. Le peuple se retira peu à peu après avoir contemplé le petit roi dans son lit [2].

Par ailleurs, Gondi achevait de prendre ses mesures. Aux portes de la ville on ne laissait plus passer personne. Six compagnies de la garde bourgeoise bloquaient maintenant le Palais Royal. La rue Saint-Honoré était barrée par de la cavalerie que commandait le comte de Saulx Tavannes ; les ponts gardés ; des pelotons et des rondes circulant. Cette sorte de siège allait durer une huitaine de jours [3] !

Ainsi le coadjuteur était parvenu à ce résultat de tenir prisonnier le roi et la reine mère, de les garder à vue, de les menacer de la populace soulevée ! Anne d'Autriche en a éprouvé une indicible humiliation [4] ! Elle a élevé son fils dans l'exécration de ces heures funestes de février 1651 où la royauté s'est trouvée réduite à la merci d'un factieux. Il ne faudra pas l'oublier lorsque, plus tard, on constatera la rancune inexorable de Louis XIV à l'égard de celui qui avait été l'auteur d'une pareille honte infligée à l'orgueil du futur grand roi !

Il était d'ailleurs exact, au dire de Mme de Motteville, de La Rochefoucauld et de Montglat, qu'Anne d'Autriche avait eu la pensée de s'enfuir [5]. Elle était vaincue : elle capitula. Elle annonça

1. Mme de Motteville (*Mém.*, t. III, p. 309) appelle ce capitaine des Suisses de Souches. Cf. Montglat, *Mém.*, éd. Michaud, p. 247.

2. *Ibid.*, et Mme de Motteville, *loc. cit.*

3. Les *Mém.* de Jacques de Saulx-Tavannes (éd. Moreau, p. 54) donnent des détails circonstanciés sur toutes les mesures militaires prises. D'après la duchesse de Nemours (*Mém.*, éd. Michaud, p. 636) on observa à la reine qu'elle aurait dû aller habiter le Louvre où elle eût plus facilement échappé à l'émeute, « au lieu qu'étant au Palais Royal, elle se trouvait obsédée et enfermée par tout le peuple et même encore proche des Halles d'où les plus tumultueuses séditions venaient d'ordinaire. L'envie d'avoir des appartenants plus beaux et plus commodes contribua peut-être aussi un peu à son entêtement là-dessus »

4. Mme de Motteville l'a bien noté (*Mém.*, t. III, p. 311). Comme signe elle raconte que la reine se crut obligée de causer familièrement avec les envahisseurs et qu'on remarqua entre autres qu'elle combla de grâces un individu qui se trouva être un ancien laquais de son maître d'hôtel. « La chose se termina, dit-elle, en une espèce de prison où le roi et elle (la reine) furent arrêtés sans pouvoir sortir du Palais-Royal. »

5. Mme de Motteville, *Mém.*, t. III, p. 304 ; La Rochefoucauld, *Mém.*,

qu'elle accordait la libération des princes et le départ de Mazarin du royaume. Elle envoya Bouvigny porter l'ordre à celui-ci de s'en aller. Mazarin comprenant que la partie était perdue, prit son parti de quitter la France[1].

On a dit que son départ ne fut qu'une feinte, qu'il était d'accord avec Anne d'Autriche à laquelle l'attachait un mariage secret. Les documents ne confirment pas cette assertion. Il semble que la reine et le cardinal, à ce moment, aient été convaincus que leur séparation était définitive. Les duchesses de Chevreuse et de Nemours disaient que Mazarin disparu Anne d'Autriche ne manquerait certainement pas de l'oublier et les correspondances justifient jusqu'à une certaine date cette impression. L'ancien ministre retiré à Brühl, près de Cologne, écrira aux secrétaires d'État : ceux-ci, par crainte des retours imprévisibles de la politique, n'oseront pas, de loin en loin, ne pas lui répondre. Or on voit Mazarin se plaindre amèrement à l'un d'eux, Lionne, de l'oubli de la reine, de son ingratitude après tous les services qu'il a rendus, de la misère dans laquelle elle le laisse, sans argent, sans linge, poursuivi par ses créanciers, n'ayant pas été payé en France de ce qu'on lui devait. Il n'a pas la force, ajoute-t-il, d'écrire à la régente qui ne lui répondrait pas. Il gémit d'être « insulté de cette sorte ». Il se dit au désespoir[2] !

éd. des Grands Écrivains, t. II, p. 231 ; Montglat, *Mém.*, *loc. cit.*. Mazarin avait été de cet avis (lettre de lui à Le Tellier du 8 février, dans *Lettres de Mazarin*, éd. Chéruel, t. IV, p. 6).

1. Duchesse de Nemours, *Mém.*, éd. Michaud. p. 639.

2. *Ibid.*, p. 638. « Mme de Chevreuse, dit Mme de Nemours, avait toujours soutenu qu'il n'y avait qu'à éloigner le cardinal Mazarin de la Reine et que, la connaissant comme elle faisait, elle était assurée que sitôt qu'elle ne le verroit plus, elle l'oublierait, ce qui arriva ainsi qu'elle l'avait prédit. » Anne d'Autriche déclara ouvertement « que tout de bon et en toute certitude le cardinal Mazarin s'en étoit allé pour ne retourner jamais » (*Mém.* de Dubuisson-Aubenay, t. II, p. 15). Et Mme de Nemours ajoute : « Je sais qu'une chose que je vais dire là dessus est contre l'opinion générale, cependant je le sais si certainement que je ne puis ni en douter ni même m'empêcher de le rapporter... ce que j'ai à dire de si inconnu, c'est que, depuis que le cardinal fut parti, la reine et lui agirent peu de concert et furent souvent peu satisfaits l'un de l'autre. » Dans une lettre à Le Tellier du 1er mars Mazarin ne cache pas que la reine lui a « envoyé l'ordre de se retirer » (Mazarin, *Lettres*, t. IV, p. 46). La suite de ses lettres indique qu'il se considère comme définitivement chassé. Il écrit à Lionne le 7 mars (*Ibid.*, p. 55) « Pour moi, je me le tiens pour dit et que je serai toute ma vie le plus malheureux des hommes ». Et il se dit « au désespoir », « dans une profonde mélancolie ». Il expliquera à M. de

Mais partant de Saint-Germain pour gagner la frontière, il était passé par le Havre, où, le 13 février, il avait fait ouvrir les portes aux princes détenus. Espérait-il gagner les bonnes grâces de ceux-ci, par cette démarche, que le public ne comprit pas, ou plutôt pensait-il embarrasser ses ennemis en lâchant dans Paris des hôtes incommodes qui allaient brouiller les affaires des vainqueurs ? Sur le premier point il se trompait, car les princes le reçurent dédaigneusement, ne le remercièrent pas, et montèrent en carrosse sans faire attention à lui : sur le second il devait réussir [1].

A peine arrivé à Paris, en effet, Condé blessa le coadjuteur en déclarant ne pas vouloir exécuter les conventions arrêtées avec lui par le traité de naguère. Il refusait le mariage de Conti avec Mlle de Chevreuse ; il ne voulait pas du cardinalat de Gondi. Gondi fût surpris. Il fut surpris surtout de ce que le Parlement accepta de proposer à la reine que dorénavant aucun cardinal ne pourrait être ministre parce qu'il prêtait serment au pape, souverain étranger. Tout le monde crut le coup dirigé contre lui. Dans ses *Mémoires*, il affecte l'indifférence [2],

Béringhen le 4 mars (*Ibid.*, p. 49-50) qu'il ne peut aller à Rome, qu'il pense s'établir en Suisse. Il n'a plus ni linge, ni harde. Il est accablé de créanciers et il n'a pas d'argent. Le 10 mars il écrit à Lionne (*Ibid.*, p. 68) qu'il ne demande pas à rentrer aux affaires, mais qu'au moins, en raison des services qu'il a rendus, on le laisse « dans quelque coin où l'on me donne un petit établissement pour y vivre le reste de mes jours ». Il se plaint amèrement le 24 mars à Brienne (*Ibid.*, p. 91) : « Je suis extrêmement marri de ce qu'une personne (la reine) que j'ai tant servie et pour qui j'ai eu tant d'affection et tant d'estime, soit capable d'insulter sur moi de cette sorte dans l'état où je suis. » Voir sur lui : Umberto Silvagni, *Il Cardinal Mazzarino con ricerche nuove e documenti inediti*. Turin, 1928, in-8°.

1. Lettre de Mazarin à Le Tellier datée du Havre, 13 février 1651. Bibl. nat., ms. fr. 6886, fol. 57 r°. Mazarin dit dans cette lettre qu'il avait reçu pouvoir de la reine de délivrer les princes. D'après Mme de Motteville il avait obtenu un ordre écrit de la reine adressée à de Bar, gouverneur du Havre, de faire ce que le cardinal lui commanderait (Mme de Motteville, *Mém.*. t. III. p. 290) mais la reine n'aurait donné cet ordre qu'avec répugnance. C'est Mazarin qui explique dans ses lettres avoir délivré les princes du Havre pensant qu'il se les attacherait par là (lettre de lui datée de Péronne 27 février 1651, dans *Lettres*, éd. Chéruel, t. IV, p. 39 et 40). Jean Vallier nous dit que, une fois délivré, Condé n'écouta plus ce que lui disait le cardinal « qu'il laissa assez brusquement pour monter en carrosse » (J. Vallier, *Journal*, éd. Courteault, t. II, p. 289).

2. Duchesse de Nemours, *Mém.*, éd. Michaud, p. 639, Mme de Motteville. *Mém.*, t. III, p. 332. Retz (*Mém.*, t. III, p. 268 et suiv.) déclare qu'il ne comprit pas ce qu'il appelle « le pas de ballet du cardinal ». Il alla tout de même au devant des princes jusqu'à mi-chemin de Saint-Denis. Ce qui

De loin, cependant, au cours de ses lettres aux secrétaires d'État, Mazarin ne cessait de fulminer contre lui. Il le considérait comme la cause de tout ce qui se passait. Il le flétrissait. Cet homme, disait-il, « a fait banqueroute à l'honneur et à la probité ». « Son but est de perdre l'État et il renchérira sur toutes les pensées de Cromwell »[1]. Il conseillait par ironie à ses correspondants de pousser le coadjuteur au pouvoir ? Il a toutes les qualités de l'emploi, écrivait-il le 27 février : « Il est pieux, reconnaissant, modéré, bon, humble, véritable, aimant le repos de l'État et ennemi de l'intrigue[2]. » Mme de Motteville assure que Gondi aurait fait demander en effet à la reine, à ce moment, de le prendre comme ministre, mais que la reine aurait refusé avec « horreur ». Gondi ne parle pas de cette démarche[3]. De nouveaux incidents allaient servir à préciser son attitude.

Une assemblée de nobles réunie à Paris réclamait, sur ces entrefaites, la réunion des États généraux. Gondi persuadé que cette réunion des États pourrait être pour lui une occasion de triomphe — il songeait à Guise et aux États de Blois — poussa le duc d'Orléans à réclamer la convocation immédiate de cette assemblée. La reine refusa. Le duc envoya dire à la régente que si elle ne cédait pas elle aurait des barricades dans Paris, le Palais Royal assiégé et les amis de Mazarin « égorgés ». Au conseil tenu au Luxembourg à cette occasion, dit Mme de Nemours, Gondi, auteur de ces propositions déraisonnables, serait allé jusqu'à dire qu'il fallait « jeter des pierres contre le Palais Royal ». Condé refusa de s'associer à cette démonstration : il ne savait pas, expliquait-il, faire « la guerre des cailloux ». Anne d'Autriche envoya alors le secrétaire d'État Brienne dire au Parlement qu'elle savait bien que c'était le coadju-

faisait la force de Condé était la grande popularité que lui avaient acquise ses victoires (*Mém.* de Jacques de Saulx-Tavannes, éd. C. Moreau, p. 3).

1. *Lettres* de Mazarin, éd. Chéruel, t. IV, p. 51, 62, voir aussi, p. 6, 10, 17, 30, 31, 85, 91.

2. *Ibid.*, p. 42. « Je ne sais pas, dit-il, comme on hésite encore à l'établissement d'un premier ministre puisque, sans sortir de l'Église, il y en a un qui a toutes les qualités requises. »

3. Mme de Motteville, *Mém.*, t. IV, p. 335. Dans un pamphlet contre Condé du 5 avril 1651, *Défense de l'ancienne et légitime Fronde* (dans C. Moreau, *Choix de mazarinades*, t. II, p. 259), Gondi niait aspirer au pouvoir et vantait son désintéressement, déclarant que depuis trois ans il avait refusé l'entrée au conseil. « L'on verra, disait-il, parlant de lui-même, par la suite des années, que ses maximes sont fort éloignées de ces emplois. »

teur qui inspirait ces idées diaboliques et qu'elle désirait qu'il
quittât Paris. Gondi ne quitta pas Paris [1].

Le duc d'Orléans réclama alors la disgrâce des trois secrétaires
d'État Le Tellier, Servien, Lionne, sous prétexte qu'ils correspon-
daient secrètement avec Mazarin. Le lendemain Anne d'Autriche
ayant chassé le garde des sceaux Châteauneuf et nommé à sa place
le Premier président Mathieu Molé, Gondi excita le duc d'Orléans
à protester, cette nomination ayant été faite sans qu'il eût été
consulté, et fut d'avis d'armer les bourgeois, de marcher sur le
Palais Royal, d'enlever le roi, de jeter Molé à la rivière. L'entourage, Condé, le duc de Bouillon, impatientés cette fois de ces violences, les traitèrent de sottises absurdes, impertinentes, et firent
taire le coadjuteur. Celui-ci dépité annonça qu'il se retirait. Il s'en
irait. Il ne voulait plus s'occuper de rien [2].

Et en effet à ce moment, en avril, il rentra dans son petit archevêché, au cloître Notre-Dame et ne reparut plus. Peu de personnes
crurent à cette retraite. De Brühl, le 19, Mazarin écrivait qu'elle
était simulée, que « le bon ermite » ne laissait pas de guider le duc
d'Orléans. Il était d'avis que la reine profitât de l'occasion et chassât Gondi du royaume. De fait Gondi recevait beaucoup de monde

1. Voir sur ces incidents : Omer Talon, *Mém.,* ; éd. Michaud, p. 423 ;
Journal de l'assemblée de la noblesse tenue à Paris en l'année 1651 ; S. l. n. d.,
in-4° ; *Requête de la noblesse pour l'assemblée des États généraux*, Paris,
1651, in-4° ; *Déclaration des prétentions de la noblesse assemblée aux Corde-
liers à Paris*, Paris, 1651, in-4° ; *Journal* de J. Vallier, t. II, p. 304 et suiv. ;
La Rochefoucauld, *Mém.,* éd. des Grands Écrivains, t. II, p. 246 ;
Dubuisson-Aubenay, *Mém.,* éd. Saige, t. II, p. 28, 33 ; lettre de
Le Tellier à Mazarin du 23 mars 1651, relative aux menaces articulées par
Gondi si on n'accordait pas la convocation des États généraux pour le
1er septembre, Bibl. nat., ms. fr. 4210, fol. 328, et *Mém.* de la duchesse de
Nemours, éd. Michaud, p. 647.

2. Omer Talon (*Mém.,* éd. Michaud, p. 426, 430), dit que Gondi avait
agi contre les trois ministres à l'instigation de Condé. Voir aussi Dubuisson-
Aubenay, *Mém.,* éd. Saige, t. II, p. 37, 103, Jacques de Saulx-Tavannes,
Mém., éd. Moreau, p. 74-5. On voulait chasser ces ministres, parce qu'ils
étaient les trop fidèles serviteurs de Mazarin, au moment où Mazarin se
plaignait de leur ingratitude et de leur trahison (lettre de lui du 17 mars
dans *Lettres,* éd. Chéruel, t. IV, p. 78), Retz, *Mém.,* t. III, p. 300 et suiv.
Pour la disgrâce de Châteauneuf, voir, Mme de Motteville, t. III, p. 353 et
suiv., 411 ; lettre de Le Tellier à Mazarin du 7 avril 1651, Bibl. nat., ms.
fr. 4210, fol. 330 ; *Journal* de J. Vallier, t. II, p. 334. D'après Vallier,
et Dubuisson-Aubenay (*loc. cit.*), Gondi manifestant l'intention de se retirer
pour ne plus s'occuper que de ses fonctions épiscopales, le duc d'Orléans y
aurait « consenti assez doucement ».

dans sa solitude, des gentilshommes, des colonels, des capitaines de
la garde bourgeoise, et, la nuit, allait à l'hôtel de Chevreuse[1].

Puis brusquement il changea d'attitude et décida de se rapprocher
de la reine. Dans ses *Mémoires* il assure que ce serait Anne d'Autriche qui lui aurait fait les premières avances. Mme de Motteville
affirme le contraire, disant le tenir de la reine elle-même et elle
donne des détails précis qui ne laissent pas de doute sur la réalité.
Le coadjuteur aurait envoyé à la régente le marquis de Senneterre
afin de proposer la réconciliation non seulement avec lui-même mais
avec le duc d'Orléans et son parti. Comme conditions, Condé serait
remis en prison, les sceaux rendus à Châteauneuf, Gondi fait cardinal, après quoi, tout le monde accepterait le retour de Mazarin !
Surprise, la reine d'abord refusa. Mais de Brühl, Mazarin informé,
écrivait aux secrétaires d'État qu'il fallait accepter immédiatement
la proposition. On pressa la reine qui résistait toujours. Gondi
affirme dans ses *Mémoires*, ce qui est inexact et invraisemblable,
qu'Anne d'Autriche lui aurait offert d'être premier ministre et de
prendre au Palais Royal l'appartement de Mazarin[2]. Ce qu'il ne dit
pas, c'est qu'il avait envoyé à Mazarin un homme de confiance à
lui, Penacors, pour traiter directement avec l'exilé. Mazarin le
raconte à Lionne dans une lettre du 28 avril[3]. Devant les observations pressantes de ses ministres, Anne d'Autriche dut céder. Il
lui fallut subir que le coadjuteur vînt la voir secrètement à minuit
au Palais Royal, où il était amené par le cloître de la rue Saint-
Honoré. Elle lui confirma l'offre du cardinalat. Gondi promit son
concours, mais fut réservé sur le sujet de Mazarin pour ne pas se
compromettre aux yeux de la foule très hostile à l'exilé[4].

1. La duchesse de Nemours écrit que durant cette retraite Gondi s'occupait à « se divertir de ses oiseaux » (*Mém.*, éd. Michaud, p. 651). Mazarin
voulait qu'on profitât de la circonstance pour « le pousser à bout » (lettre
de lui à Millet, du 19 avril, dans *Lettres*, éd. Chéruel, t. IV, p. 132). Sur
la simulation de cette retraite, voir Guy Joly (*Mém.*, p. 50), Mme de Motteville (*Mém.*, t. III, p. 357-8), et sur les visites que recevait le coadjuteur,
les propres *Mém.* de celui-ci (t. III, p. 303, 304).

2. Voir Retz, *Ibid.*, p. 306 et suiv., Mme de Motteville, *Mém.*, t. III,
p. 362 et suiv. ; Omer Talon, *Mém.*, éd. Michaud, p. 432.

3. Lettre de Mazarin à Lionne dans Mazarin, *Lettres*, éd. Chéruel, t. IV,
p. 147. Mazarin fit à Penacors une réponse dilatoire : il n'avait plus d'influence, disait-il, il n'écrivait pas à la reine, il ne songeait plus à la Cour ni
aux affaires ; il voulait vivre en repos, occupé seulement de défendre
son honneur. On le surprend ici à des finasseries trop peu dissimulées.

4. Retz, *Mém.*, t. III, p. 310, Mme de Motteville, *Mém.*, t. III, p. 363 ;
Montglat, *Mém.*, p. 251. Gondi donne dans ses *Mémoires* le discours qu'il

Les semaines suivantes les tractations se précisèrent. Il y eut des conciliabules au Luxembourg. On parla de l'arrestation de Condé, même de son exécution. Condé averti était inquiet. Le 6 juillet, dans la nuit, informé qu'une troupe de 70 soldats du régiment des gardes françaises se trouvait à la Croix-Rouge, il crut qu'on venait l'arrêter, monta à cheval, quitta Paris et se rendit à Saint-Maur. Était-ce le signal de la guerre civile ? Néanmoins sur quelques assurances qui lui furent données, il rentra, mais n'alla pas voir la reine [1].

Pendant ce temps les conversations du coadjuteur avec Mazarin, qui faisait insister auprès d'Anne d'Autriche pour qu'elle cédât — le roi, disait-il, ne devant pas avoir de passion et, en politique, nécessité étant, s'il le fallait, de savoir changer ses aversions en amitiés — aboutissaient à un traité, sur l'authenticité duquel les critiques ne sont pas d'accord, mais qui figure dans les *Mémoires* de Mme de Motteville. D'après ce traité, Gondi serait cardinal, ministre d'État, soutiendrait loyalement Mazarin : l'arrêt du Parlement contre les cardinaux serait rapporté et tout le monde s'unirait contre Condé [2].

---

aurait tenu à la reine dans cette circonstance et qu'il aurait écrit en rentrant chez lui.

1. *Mém.* de J. de Saulx-Tavannes, éd. C. Moreau, p. 71, surtout : lettre de Le Tellier à Mazarin du 7 juillet 1651, Bibl. nat., ms. fr. 4210, fol. 420. « Environ 70 soldats du régiment des gardes, dit Le Tellier, avaient été assemblés en la maison de la Croix rouge, au faubourg Saint-Germain, à dessein de faire entrer du vin sans payer les droits. » Condé « est convaincu que ces soldats ne sont pas réunis sans quelque dessein et sans ordre... Il monte à cheval et avec quelques-uns des siens, part pour Saint-Maur. »

2. Pour les tractations entre Gondi et Mazarin, servaient d'intermédiaires et allaient de Brühl à Paris : Bartet, Brachet, Silhon et Ondedei (Guy Joly, *Mém.*, éd. d'Amsterdam, 1718, t. I. p. 145). La lettre où Mazarin fait expliquer à la reine « qu'il faut passer d'une extrémité à l'autre sans milieu, quand l'intérêt de l'État le requiert ainsi, que les plus grands ennemis et ceux de qui on a été le plus offensés, s'ils sont capables de servir, doivent être bien traités, caressés et même recherchés, etc... », est datée du 18 juillet et adressée à un agent secret, Jobar (Bibl. nat., fonds Baluze, 332, dans Chantelauze, *Le Cardinal de Retz et l'affaire du chapeau*, t. I, p. 233). Mazarin, d'ailleurs, ne croyait pas à la bonne foi de Gondi (lettre de lui à Lionne du 4 juillet dans Mazarin, *Lettres*, éd. Chéruel, t. IV, p. 304, 313). Une mazarinade parue à ce moment mettait en évidence toutes les incohérences, et les changements déconcertants de la conduite de Gondi (*La Requeste des trois États touchant le lieu et les personnes qu'on doit choisir pour l'assemblée des États Généraux*, in-4°, p. 23). « Un esprit qui ne fait que

Dès le 17 août, la bataille contre celui-ci commença. Anne d'Autriche manda les députés des cours souveraines au Palais Royal, leur fit lire un manifeste accablant contre le prince où étaient énumérés en termes d'une sévérité extrême tous les griefs que la cour avait contre lui. Le lendemain, 18, Condé accourut au Parlement réclamer justice contre les impostures, disait-il, dont ce factum était rempli et qui, pour lui, affirmait-il, était du coadjuteur. Gondi présent se leva. Il y eut échange de mots vifs. La scène en resta là [1].

Mais trois jours après, 21 août, à 7 heures du matin, les deux adversaires se retrouvèrent au Palais. Condé était venu accompagné d'une suite nombreuse de gentilshommes armés. Gondi et ses amis avaient recruté des bourgeois munis de pistolets et de poignards. Les deux troupes remplissaient la salle des pas perdus. A l'audience de la grand'chambre Condé se plaignit hautement de ce qu'il y eut des gens, disait-il, qui prétendaient « lui disputer le pavé ». Il visait Gondi. Celui-ci riposta. Une altercation suivit. Le Premier président intervenant s'éleva avec force contre la présence de tant de gens armés dans le Palais : c'était intolérable ; le Parlement ne pouvait pas délibérer au milieu d'une telle foule menaçante, et il en demandait le départ. Condé acquiesçant, pria son fidèle lieutenant La Rochefoucauld d'aller porter la commission à ses amis. Gondi crut devoir en faire autant auprès des siens. Il rentrait, lorsque La Rochefoucauld, qui le précédait, poussant brusquement la porte au moment où le coadjuteur passait, le prit dans l'ouverture et se mit à

voltiger par tous les partis, qui se donne à prix d'argent, qui se laisse gagner par l'espérance d'un beau chapeau, qui met sa faveur à l'encan, qui est aujourd'hui frondeur, demain Mazarin... etc. » Pour le traité conclu, avec Mazarin, voir Mme de Motteville, *Mém.*, t. III, p. 424. Ce traité fut imprimé et rendu public. Voir la scène qu'a Gondi avec un homme de la rue qui le traite de « Mazarin » dans J. Vallier, *Journal*, éd. Courteault, t. II, p. 386.

1. *Discours que le roi et la reine régente... ont fait lire en leurs présences aux députés du Parlement, Chambre des comptes, Cour des aides... sur la conduite présente de M. le prince de Condé le dix septième d'avril 1651*. Paris, 1651, in-4°; *Registres de l'Hôtel de ville pendant la Fronde*, éd. Le Roux de Lincy, t. II, p. 204 ; *Relation de ce qui s'est passé tant au Palais Royal qu'au Parlement en faveur de M. le prince de Condé, depuis le 21 juillet jusqu'à présent 1651* (20 août). Paris, 1651, in-4°. Nous ne pouvons que résumer les faits. On les trouvera plus longuement détaillés dans le livre de R. Chantelauze, *Le Cardinal de Retz et l'affaire du chapeau*, t. II. Les *Mémoires* de Retz s'étendent très longuement sur les événements de mai-août 1651. Nous renvoyons à son texte (t. III, p. 324 et suiv., p. 479 pour les scènes présentes).

le serrer avec force entre les deux battants criant : « Il faut tuer ce bougre-là ! » Il y eut des cris ; des gens réclamaient que cessât cette scène brutale. Le fils du Premier président, M. de Champlatreux, d'un vigoureux coup d'épaule, parvint à dégager le coadjuteur. Revenu à son siège celui-ci se plaignit de ce qu'on avait voulu l'assassiner : « Ce n'eût pas été grand dommage » s'exclama La Rochefoucauld. Une querelle suivit au milieu du brouhaha de l'assemblée. Puis l'affaire se calma. A dix heures tout le monde s'était retiré et le Palais avait repris son calme [1].

Anne d'Autriche envoya dire à Gondi de ne plus reparaître au Parlement ; à Condé qu'elle reviendrait sur la manifestation du 17 août par une déclaration d'innocence. Mais Condé dépité quitta Paris, gagna la Guyenne. Cette fois c'était bien la guerre civile [2] !

Le 7 septembre 1651, Louis XIV, âgé de treize ans, était proclamé majeur dans un lit de justice, cérémonie en apparence conventionnelle, en fait très importante au point de vue politique. Elle mettait fin à la fiction d'une régence responsable, devant consulter les princes, Orléans ou Condé. Désormais le gouvernement agirait au nom du roi majeur, souverainement, sans contrôle. D'après Mme de Motteville, Anne d'Autriche aurait été heureuse d'abandonner des responsabilités écrasantes. Elle continuerait à gouverner, mais autrement, anonymement : le roi seul serait censé agir [3].

1. Nombreux sont les récits de cette matinée. Nous l'expliquons telle que les témoignages confrontés permettent d'en dégager le sens. Cf. La Rochefoucauld, *Mém.*, éd. des Grands Écrivains, t. II, p. 280 et suiv. ; Mme de Motteville, *Mém.*, t. III, p. 418-420 ; l'abbé de Choisy, *Mém.*, éd. Michaud, p. 564 (« Le coadjuteur, dit Choisy, m'a conté toutes ces particularités à Rome dans le conclave » [de 1676]) ; *Lettre d'un marguillier de Paris à son curé*, dans C. Moreau, *Choix de mazarinades*, t. II, p. 291 ; Duchesse de Nemours, *Mém.*, éd. Michaud, p. 650 ; Guy Joly, *Mém.*, t. I, p. 157 ; Dubuisson-Aubenay, *Mém.*, t. II, p. 106. Gondi paraît en avoir fait une maladie. Dubuisson-Aubenay dit à la date du 27 août (*Ibid.*, p. 109) « M. le coadjuteur, malade d'un choléra morbus, est purgé ce jourd'hui ».

2. Retz, *Mém.*, t. III, p. 506-508 et 539. Gondi écrivit un libelle intitulé : *Discours libre et véritable sur la conduite de Monseigneur le Prince et Monseigneur le coadjuteur*, in-4° ; en réponse à un autre émanant de l'entourage de Condé : *Motifs de la retraite de Monsieur le Prince*, in-4°. Caumartin aurait mis le canevas sur le métier, et Gondi aurait brodé (Retz. *Mém.*, t. III, p. 325).

3. *L'Entrée du roi dans son Parlement pour la déclaration de sa majorité*. Paris, 1651, in-4° ; *Les Particularités des cérémonies observées en la majorité du roi, avec ce qui s'est fait et passé au Parlement, le roi séant en son lit de justice*. Paris, 1651, in-4°. Cf. Mme de Motteville, *Mém.*, t. III, p. 443 ;

Après quoi, la cour partit pour Bordeaux afin d'aller réprimer le soulèvement de Condé qui avait appelé aux armes ses amis. Elle laissait Gondi à Paris attendre avec impatience le cardinalat qu'on lui avait tant promis et par lequel, pensait-on. on pouvait encore le tenir.

la duchesse de Nemours, *Mém.*, p. 65r ; Dubuisson-Aubenay. *Mém.*, t. II, p. 114.

V

LE CARDINALAT

Être cardinal c'était pour Gondi non seulement grandir en prestige, gagner en autorité, mais, supposait-il, se mettre à l'abri des représailles de la cour en cas de disgrâce. Il se donna avec fébrilité à l'acquisition de son titre.

Dès septembre 1651, ayant renoué avec Mazarin, il lui avait envoyé par Bartet, secrétaire du cabinet, la proposition de lui assurer l'assentiment du duc d'Orléans à son retour en France pourvu que l'exilé consentît à appuyer à fond sa candidature au cardinalat. C'était un marché. Dans l'état où était Mazarin, celui-ci n'avait pas hésité à répondre en acceptant. Il y avait eu des conférences à Paris entre Gondi, Ondedei, envoyé confidentiel de Mazarin et les ministres pressés par lui. Les rencontres entre Gondi et Ondedei avaient eu lieu à onze heures du soir, dans un cabaret borgne du quartier Saint-Honoré, d'où Ondedei menait le coadjuteur chez le garde des sceaux, puis chez le surintendant[1].

Les conversations aboutirent au résultat cherché. Les ministres finirent par faire comprendre à la reine qu'il était indispensable,

1. Mme de Motteville, *Mém.*, t. III, p. 449. Lettre de Mazarin au marquis de Noirmoutier du 22 septembre 1651, dans Mazarin, *Lettres,* éd. Chéruel, t. IV, p. 436. Le 10 décembre 1650 Servien avait expliqué à Mazarin qu'il faudrait céder un jour sur le cardinalat du coadjuteur (Arch. Aff. étr. Fr. 872, fol. 305, cf. Chéruel, *Hist. de France pendant la minorité de Louis XIV*, t. IV, p. 211). Sur les entrevues avec Ondedei, voir Dubuisson Aubenay, *Mém.*, éd. Saige, t. II, p. 120. Il est à remarquer que dans une lettre à Lionne du 10 juin 1655, Mazarin dira plus tard s'être opposé au cardinalat de Gondi, lequel aurait été obtenu malgré lui et contre sa volonté (Bibl. de l'Institut, ms. 1316, p. 193). Nous devons rappeler ici sur le sujet qui nous occupe l'important ouvrage de R. Chantelauze, *Le cardinal de Retz l'affaire du chapeau*, **Paris, Didier,** 1878, 2 vol. in-8°.

au moment où la cour partait pour la Guyenne, en vue de réprimer la guerre civile du prince de Condé, de donner sincèrement cette satisfaction du chapeau de cardinal à un personnage qui, ayant de l'influence sur le duc d'Orléans et la foule, était en mesure sans cela de troubler Paris. Au surplus faire au Saint-Siège la proposition de nommer Gondi cardinal n'avait pas de grandes conséquences, car il serait toujours loisible de retarder l'affaire et même de l'arrêter. Avec d'indicibles répugnances, Anne d'Autriche dut subir ce qu'on lui imposait[1]. Le 22 septembre 1651 un courrier partait pour Rome chargé de la lettre qui ordonnait à l'ambassadeur de France auprès du Saint-Siège, M. de Valençay, de faire la proposition au pape le plus secrètement possible. Au début d'octobre, dans une audience spéciale d'Innocent X, l'ambassadeur remplissait sa mission[2].

Malgré le secret recommandé, la nouvelle ne tarda pas à se répandre. Jean Vallier se fait l'écho de l'étonnement qu'éprouva le public[3]. Celui qui fut surtout indigné ce fut Condé. Gourville, valet de chambre de La Rochefoucauld, raconte dans ses *Mémoires*, comment, de colère, le prince le chargea d'aller à Paris enlever Gondi et le conduire à Damvilliers, près de Montmédy, pour l'y enfermer. Ce fut un épisode de roman de cape et d'épée. Gourville recruta 50 à 60 spadassins, les mit en embuscade sur le quai du Louvre et les rues avoisinantes, un soir, à onze heures, pour entourer la voiture du coadjuteur quand celui-ci reviendrait de l'hôtel de Chevreuse, le prendre, l'attacher en croupe derrière un cavalier et l'emmener à Damvilliers. Malheureusement le coup manqua parce que ce soir-là il plut à verse et que le coadjuteur prit un autre chemin. Meilleure occasion ne se présenta pas : Gourville dut y renoncer[4].

---

1. *Mém.* de Montglat, éd. Michaud, p. 256.

2. D'après les lettres de M. de Valençay des 9 et 20 octobre annonçant l'arrivée des courriers. Mais, dit l'ambassadeur, la nouvelle à tenir secrète a été sue avant lui par un de ses expéditionnaires nommé Bouvier et par l'abbé Barclay à qui un des courriers à été adressé. Bibl. de l'Institut, ms. 1323, fol. 41 et 43.

3. *Journal* de J. Vallier, éd. Courteault, t. III, p. 17-18.

4. Sur cette affaire, voir les *Mém.* de Gourville, éd. Michaud, p. 499, ceux de Mme de Motteville, t. III, p. 453, de La Rochefoucauld, p. 306, de Guy Joly, t. I, p. 171 ; une lettre à l'abbé Charrier du 16 novembre 1651, dans Retz, *Œuvres*, t. VIII, p. 105. Il y a à ce moment une question assez confuse d'un projet d'assassinat de Condé par le coadjuteur. Celui-ci en aurait fait la proposition à la reine. V. Cousin a discuté la question dans son livre *Mme de Longueville pendant la Fronde*, Paris, Perrin, 1891, in-12, p. 31 et

Entre temps le roi et la reine sa mère s'en allaient avec une armée vers la Guyenne afin d'attaquer Condé. Mazarin jugea le moment venu de rentrer en France. N'avait-il pas l'appui promis du duc d'Orléans et du coadjuteur contre la promesse du cardinalat ? Il quitta Cologne, vint à Huy en octobre 1651, à Dinant en novembre, gagna Sedan en décembre. Il avançait lentement, attendant que le roi et Anne d'Autriche lui fissent quelque signe favorable[1]. Mais la reine ne disait rien. Elle hésitait ; elle craignait, disait-elle à Mme de Navailles « que ce retour trop précipité empirât les affaires[2] ». Mazarin s'adressa alors à Gondi. Il écrivit le 13 novembre à Penacors qu'il comptait sur l'amitié du coadjuteur, qu'il avait de bonnes nouvelles de Rome[3]. D'après des lettres de Villacerf à Le Tellier, Gondi semblait en effet approuver le retour de Mazarin, au moins le rapportait-on à celui-ci[4]. Mais, d'autre part, on rapportait aussi à Mazarin que Gondi disait hautement pis que pendre de lui. L'avocat général Omer Talon raconte que le 19 décembre Gondi vint le trouver et s'élevant vivement contre le retour en France de Mazarin, ajouta que l'avocat général devait saisir le Parlement de propositions énergiques contre l'exilé qui revenait. Quel rôle double jouait donc le coadjuteur ? Le Parlement en effet allait envoyer une délégation à la reine pour protester contre la rentrée de l'ancien ministre et ordonner de lui courir sus s'il avançait dans le royaume[5]. Le 28 décembre Anne d'Autriche fit prévenir Gondi

suiv. Elle ne paraît pas avoir beaucoup de consistance. Au dire de Lenet (*Mém.*, éd. Michaud, p. 535) le comte de Fiesque aurait proposé à Condé de faire tuer Gondi, mais le prince aurait refusé.

1. On voit dans sa correspondance Mazarin épier le moment où il pourra rentrer (notamment *Lettres*, éd. Chéruel, t. IV, p. 496). Il avait hâte de revenir pour qu'on ne s'habituât pas à se passer de lui (Guy Joly, *Mém.*, t. I, p. 177).

2. Mme de Motteville, *Mém.*, t. III, p. 459. D'après cependant une lettre de Villacerf à Le Tellier du 29 novembre (Bibl. nat., ms. fr. 6887, fol. 125), la reine aurait été au courant de la rentrée de Mazarin et des conditions dans lesquelles il revenait.

3. Chantelauze, *Le Cardinal de Retz et l'affaire du chapeau*, t. II, p. 252. La confiance que Mazarin témoigne dans le coadjuteur paraît même excessive de ton.

4. *Ibid.*, t. II, p. 249. « La seule chose pour laquelle la reine prend quelque confiance au coadjuteur c'est parce qu'il est ferme pour le retour de S. E. et qu'il dit qu'il le fera revenir. » Et Mazarin écrit qu'il veut croire à son amitié (lettre de lui à l'abbé Fouquet, dans *Lettres* de Mazarin, éd. Chéruel, t. IV, p. 579 et 591).

5. Omer Talon, *Mém.*, éd. Michaud, p. 455. A rapprocher une lettre du chevalier de Sévigné à la duchesse de Savoie du 22 décembre (*Correspondance*

qu'elle décidait d'accepter la rentrée de Mazarin et qu'elle comptait sur lui[1].

Alors le 3o décembre Mazarin franchissant la Meuse, gagna Epernay le 3 janvier 1652, Pont-sur-Yonne le 9, et le 3o parvint à Poitiers où était la Cour. Louis XIV alla au-devant de lui, à deux lieues de la ville : c'était une réparation éclatante !

Gondi embarrassé ne savait plus que résoudre[2]. Il proposa au duc d'Orléans de constituer une sorte de nouveau parti en dehors de tous les autres : c'était irréalisable. Quelqu'un conseilla à Monsieur de se rapprocher de Condé ; versatile et léger, le prince accepta, sous condition qu'il continuerait à s'entendre avec Gondi : il ne savait plus ce qu'il faisait[3].

Cependant la cour décidait de revenir sur Paris. Laissant Harcourt en Guyenne tenir tête à Condé, elle gagnait Blois, Beaugency, avec une armée de 8 à 9000 hommes que commandaient Turenne et Hocquincourt. Des amis de Condé, Nemours, Beaufort, qui avaient fait venir des troupes étrangères, s'avançaient du nord contre Turenne. Condé accourut, afin de prendre la direction de ces troupes. Il se faisait battre à Bléneau le 7 avril par l'armée royale et de là revenait sur Paris.

De plus en plus perplexe, Gondi aurait conçu, alors, paraît-il, d'après ses adversaires, le projet compliqué de gagner Anne d'Autriche en se montrant violent contre Condé, favorable à Mazarin, et à faire, en sous-mains, saper celui-ci par le duc d'Orléans[4].

En réalité, incertain au milieu de tant de complications, il attendait. Pour le moment il affectait d'être en bons termes avec Mazarin,

du chevalier de Sévigné. éd. J. Lemoine. 1911, p. 24), « M. le coadjuteur qui est venu céans ce matin, m'a juré qu'il avait écrit à la reine *de proprio motu* que ceux qui lui donnaient le conseil de faire revenir cet homme non seulement étaient ennemis de l'État, mais encore plus de S. M. et que la puissance du roi ne pourrait pas la garantir qu'elle ne pérît avec lui. Enfin il m'a dit qu'il avait encore mandé pire ».

1. Elle le lui fait dire par Bartet : lettre de Le Tellier à Mazarin du 28 décembre : Bibl. nat , ms. fr. 6887, fol. 177 ; cf. R. Chantelauze, *Le Cardinal de Retz et l'affaire du chapeau*, t. I. p. 394.

2. Un pamphlet indique l'imbroglio dans lequel son astuce contradictoire a placé le coadjuteur : *la Vérité prononçant ses oracles sans flatterie* dans C. Moreau, *Choix de Mazarinades*, t. II, p. 514. L'auteur d'un autre pamphlet, *la Véritable Fronde des parisiens frondant Jean-François-Paul de Gondi* (in-4°, p. 12) relève ses perpétuelles évolutions.

3. Retz, *Mém.*, t. IV, p. 46. Gondi ici échafaude tout un plan auquel il mêle les Espagnols. Le duc d'Orléans fit d'abord de nombreuses objections.

4. Voir une lettre de Mazarin à Penacors dans ce sens dans Mazarin, *Lettres*, éd. Chéruel, t. V, p. 36.

au moins à cause de son cardinalat. Dans une lettre à Fouquet du 11 janvier 1652, Mazarin expliquait, de son côté, l'intérêt qu'il avait à accepter provisoirement cette entente apparente qui était à son avis, le seul moyen de tenir le Parlement et le peuple de Paris. Il n'écouterait pas tout ce qu'on lui dirait de déplaisant sur l'attitude et les propos du coadjuteur à son égard[1]. Il continuerait à se servir de Penacors comme intermédiaire avec le coadjuteur. Nous avons la correspondance entre les trois personnages. Gondi et Mazarin s'assuraient, avec une touchante conviction, de leur dévouement réciproque. Gondi insistait sur le secret qu'il désirait qu'on gardât de cette collusion avec le ministre ; ce que Mazarin acceptait avec empressement. « Rien, protestait-il à Penacors le 22 janvier, n'était capable de me faire concevoir la moindre défiance de la personne du coadjuteur. » Les deux compères se jouaient la comédie. Ils avaient trop besoin l'un de l'autre à ce moment[2] !

En février, Mazarin envoya 6 000 livres à l'abbé Fouquet pour payer des écrits à composer contre Condé, et le pria de demander au coadjuteur de diriger cette campagne de presse[3]. Gondi prenait en effet une part active à la publication des innombrables libelles qui pullulaient à cette date. Il s'était assuré la collaboration de plusieurs écrivains : Marigny, Blot, Scarron, Brousse. Au compte de Condé travaillait l'âpre Dubosc Montandré qui attaquait le coadjuteur sans ménagement et le traînait dans la boue. Le coadjuteur ripostait. On a identifié la plupart de ses écrits. Il en a avoué plusieurs. On lui en a prêté d'autres sur lesquels il y a des doutes. On voit que ce qui lui était le plus importun était d'être accusé de sa connivence avec Mazarin[4].

Ce fut au milieu de ces péripéties qu'enfin Gondi, après beaucoup

1. *Ibid.*, t. V, p. 4-5, 23.

2. Cette correspondance a été utilisée par le comte Jules de Cosnac, dans son livre : *le Baron de Penacors et le cardinal de Retz*, Paris, 1895, in-8°.

3. Mazarin, *Lettres*, éd. Chéruel, t. V, p. 39, 49. Le 5 février Mazarin écrivait cependant au maréchal d'Aumont : « Il n'y a pas un sol aux coffres de S. M. » (*Mém.* de Dubuisson Aubenay, éd. Saige, t. II, p. 360).

4. Pour tous ces libelles de Gondi, nous renvoyons au tome V des *OEuvres de Retz* où ils ont été reproduits accompagnés de notices critiques de R. Chantelauze. Le public savait la part du coadjuteur dans ces publications et disait que les auteurs de ces libelles séditieux étaient « ses marionettes et qu'il les faisait jouer quand il voulait » (*Journal* de J. Vallier, éd. Courteault, t. III, p. 123). Sur Dubosc Montandré voir ce qu'en dit Retz dans ses *Mém.* (t. III, p. 327) « Un méchant écrivain à qui Vardes avait fait couper le nez pour je ne sais quel libelle qu'il avait fait contre Mme la maréchale de Guébriant sa sœur... » « Il m'attaqua par 12 ou 15 libelles plus mauvais l'un que l'autre. » Gondi se les faisait lire « à l'heure de son dîner ».

d'inquiétudes, de soucis et d'intrigues, apprit brusquement, un beau matin, qu'il avait été fait cardinal le 19 février 1652 !

La bataille, car ce fut une vraie bataille, avait commencé dès septembre 1651. Nous avons la correspondance de l'ambassadeur de France auprès du Saint-Siège, le bailli de Valençay et celle de l'agent que Gondi avait expédié à Rome pour suivre l'affaire, l'abbé Charrier. Cet abbé Charrier était bien l'homme qu'il fallait pour le coadjuteur, un agent adroit, astucieux, sans scrupule, impudent [1].

Le pape, l'octogénaire Innocent X, vieillard perclus de goutte, à la fois indécis et obstiné, favorable à l'Espagne qui l'avait fait nommer et hostile à Mazarin qui s'était opposé à son élection, se trouvait sous l'influence de sa belle-sœur, Olympia Maldachini et de sa nièce, belle-fille de celle-ci, la princesse de Rossano [2].

Gondi agit sans pudeur. Il commença par envoyer à Rome de l'argent : 80 000, 100 000 écus ; des bijoux, montres, rubans, gants, destinés à la princesse Rossano. « N'épargnez rien, écrivait-il à Charrier, pour faire réussir l'affaire, et donnant donnant, car vous connaissez les fourbes du pays [3]. » Il recommandait de jouer du jansénisme, de dire que la secte craignait sa promotion, parce qu'il

1. Nous rappelons encore sur le sujet le livre de R. Chantelauze, *le Cardinal de Retz et l'affaire du chapeau*, 1878, 2 vol. in-8°. Chantelauze a trouvé à Lyon en 1862 la correspondance de Gondi avec l'abbé Charrier dans la famille de celui-ci. Il a pu lire les lettres chiffrées qui dictées par le coadjuteur étaient mises en chiffres par Guy Joly secrétaire de celui-ci. Elles ont été imprimées au tome VIII des *Œuvres* de Retz. Chantelauze a donné dans son livre les lettres de Valençay d'après les documents conservés aux Archives des affaires étrangères. Cl. Cochin a retrouvé aux Archives vaticanes des correspondances relatives au cardinalat de Gondi et les a publiées au tome IX des *Œuvres* de Retz. Nous avons repris tous ces textes et en avons ajouté quelques autres. L'abbé Charrier était un des 19 enfants d'un échevin de Lyon. Il fut abbé de Chaage au diocèse de Meaux et devint l'ami de Retz. Cf. Dom Toussaint du Plessis, *Histoire de l'église de Meaux, avec des notes ou dissertations*, Paris, J. Gandouin, 1731, 2 vol. in-4°, t. I, p. 573-4.

2. Cf. *Histoire de Donna Olympia Maldachini, traduite de l'italien de l'abbé Gualdi* (pseudonyme de Gregorio Leti ; traduit par Renoult). Leyde, J. du Val, 1666, in-12. Les lettres de Valençay sont pleines de détails sur ces deux princesses. Voir aussi Chantelauze, *op. cit.*, t. I, p. 292. Au sujet de l'hostilité d'Innocent X contre Mazarin, voir des lettres de Mazarin : à Anne d'Autriche du 22 mars 1650, à Valençay du 10 août 1651 et une autre de Valençay à Mazarin, antérieure, dans *Mém.* de Mathieu Molé, t. IV, p. 378.

3. Lettres de Gondi à Charrier d'octobre et de novembre 1651, dans Retz, *Œuvres*, t. VIII, p. 15 et suivantes. Pour donner le ton de cette correspondance voici ce qu'écrira Gondi à Charrier le 8 décembre (*Ibid., p. 62*) : « Vous êtes un viedase, Monsieur l'abbé, c'est la plus fraîche nouvelle que je vous puisse mander de Paris ! »

serait du côté de Rome et qu'elle désirait pour lui un échec qui le rejetterait vers elle[1]. Il faisait prier la cour de Toscane de le soutenir, promettant au bailli de Gondi, secrétaire d'Etat du grand duc, sa nièce en mariage pour son fils[2]. Il indiquait surtout qu'il fallait insister sur son hostilité contre Mazarin. Sa promotion promptement faite, expliquait-il, il serait en mesure de s'opposer au retour de l'exilé qui n'avait pas encore rejoint la cour. Représentez, disait-il, « les services que je peux rendre d'une manière qui marque, sans menace et avec respect, le moyen que j'aurais de faire le contraire ». Et Gondi ajoutait aimablement à Charrier : « Comme vous avez été toujours un très grand fourbe, je ne fais point de doute que vous ne vous démêliez fort bien de ces commissions. » Que la promotion ait lieu avant Noël, insistait-il, et il pourrait encore empêcher Mazarin de rentrer : lui seul en était capable[3] !

Noël passa sans que la promotion fût faite. Gondi se décourageait. Il se posa en philosophe. Il invita Charrier à ne pas plus se tourmenter que lui, « à qui, voulait-il faire croire, les événements étaient fort indifférents ». Mais il ajoutait que si la promotion n'était pas faite avant la seconde quinzaine de carême, Charrier devrait rentrer en France. En attendant il devrait répéter à Rome qu'au cas où on lui refuserait le chapeau, le coadjuteur s'engagerait à fond dans le jansénisme : c'était une menace[4]. Là-dessus le secrétaire d'Etat Chigi s'avisa de demander à Gondi une déclaration formelle, signée de lui, relative à ses sentiments contre le jansénisme. Gondi s'indigna. Charrier se divertit à fabriquer une fausse déclaration de son maître qu'il remit au secrétaire d'Etat comme venant du coadju-

---

1. « Faites donner avis adroitement et sans qu'il paroisse que cela vient de vous, que les jansénistes appréhendent fort que le coadjuteur ne soit cardinal parce qu'ils savent bien que cette qualité l'attachera inséparablement aux intérêts de la cour de Rome. » Sinon « il se jettera tout à fait dans leur cabale qui est très puissante en France. » On voit le mélange de promesses et de menaces (*Ibid.*, p. 28, 26 octobre).

2. Lettre à l'abbé Charrier du 7 novembre (*Ibid.*, p. 36).

3. Lettres des 10 et 25 novembre, *Ibid.*, p. 41, 50. On ne se faisait pas d'illusion à Paris sur le coadjuteur. Le Tellier écrivait à Villacerf le 29 novembre : « Le coadjuteur croit estre assuré d'estre fait cardinal mais il ne voudroit pas que ce fut si tôt, parce que, dit-il, il n'auroit pas de joie de sa promotion comme il en recevroit de l'exécution de diverses choses qu'il a dans l'esprit pour se venger de ne l'avoir pas été fait. » Bibl. nat., ms. fr. 4230, fol. 114.

4. Lettre à Charrier du 26 janvier, dans Retz, *OEuvres*, t. VIII, p. 80, 82. Tout de même de temps à autre Gondi parle de l'éventualité de voir le roi de France révoquer la demande du chapeau pour lui. La chose le préoccupe plus qu'il ne veut l'avouer.

teur. Gondi prévenu accepta cette fausse pièce, mais il ne décolerait
pas. Il protestait. S'il avait écrit cette déclaration, disait-il, « mon
affaire ne serait pas assurée pour cela et ces fripons chercheraient
encore quelque autre raison toute nouvelle pour me chicaner ». Il
se laissait aller à des menaces extraordinaires. Il est de l'intérêt de
la cour de Rome, disait-il, de ne pas allumer en France un feu qui
s'éteindrait difficilement, qui pourrait même à la fin embraser plus
dangereusement la cour de Rome. Et il allait jusqu'à dire que « ce
serait le moyen de réveiller les esprits qui dorment dans une paix
chrétienne et fort soumise et qui petit à petit pourraient même se
retirer de l'obéissance de l'Eglise[1] ».

Le 16 février 1652, il pria Charrier de rentrer en France. Il
jugeait nécessaire de cesser des démarches qui étaient, disait-il,
« au-dessous de sa conduite ordinaire, de sa dignité et de la considération que la conjoncture des affaires m'a acquise dans le monde ».
Il avait été « blesssé » de la déclaration contre le jansénisme qu'on
lui avait réclamée, non pour le fond auquel il ne tenait pas, « mais
pour la forme qui m'est injurieuse ». C'était « un affront ! » Et il
envoya une lettre à montrer partout où il s'indignait de cette déclaration avec véhémence la traitant de complaisance basse et servile
laquelle lui avait fait éprouver « ces nobles impatiences que les
Pères ont appelées de saintes indignations ». Seulement il ajoutait
à Charrier : « Si la promotion est proche, vous saurez bien vous
faire prier de demeurer à Rome et faire toutes les c... nécessaires.[2] »
Il ne parle pas de cette correspondance extravagante dans ses
Mémoires.

En regard, quelle était l'attitude de Mazarin et de l'ambassadeur
du roi à Rome, M. de Valençay?

Valençay suivait attentivement l'affaire. Ses lettres au secrétaire
d'État Brienne sont celles d'un homme consciencieux qui agit
loyalement. Pour lui, la proposition de nommer Gondi est sincère
et il procède en conséquence. Il explique au pape que le roi désire
voir Gondi cardinal parce qu'il a l'intention de le mettre dans son
conseil, en quoi Valençay s'avançait un peu. Le pape répond que
Gondi est certainement un bon français, un bon ecclésiastique, et
qu'il réfléchira. Valençay va voir les cardinaux qui se tiennent sur
la réserve. Le 16 octobre il revoit le pape. Le pape accepte en principe la nomination de Gondi, mais il n'y aura pas de consistoire
avant six semaines : il faut attendre[3].

---

1. *Ibid.*, p. 83, 86, 87, lettres des 2 et 9 février.
2. Lettres des 16 et 23 février. *Ibid.*, p. 91 à 103.
3. Nous suivons le texte des lettres publiées dans Chantelauze, *le Cardinal*

L'ambassadeur se tient en contact avec Charrier, le met au courant de ses démarches, agit de concert avec lui. A la fin d'octobre, la santé du pape donne des inquiétudes, ce qui va ajourner la promotion. Valençay voit le Souverain pontife. Innocent X parle avec amertume de Mazarin, cette homme, dit-il, qui est « la pierre de scandale entre la curie et la France... la ruine du royaume et même celle du Saint Siège ! » En apparence le pape paraît demeurer favorable à la promotion de Gondi, mais il y a des difficultés pour le choix des autres candidats. On raconte à Charrier que la cour à Paris ne désire pas en réalité la nomination du coadjuteur, que le pape le sait et que c'est pour cela qu'il ajourne indéfiniment la promotion. Valençay proteste à Charrier contre ce bruit et Charrier croit l'ambassadeur [1].

Puis ici, brusquement, en décembre, la correspondance de Valençay révèle qu'il a reçu des instructions de France où on le prie d'aller dorénavant avec précaution et lentement, au sujet du chapeau de Gondi, « jusques à temps, lui dit-on, que le coadjuteur ait donné des témoignages bien solides d'un attachement indissoluble aux intérêts du roi ». M. de Valençay répond qu'il obéira, mais que la manœuvre est délicate parce que si le pape, qui n'aime pas la France, s'aperçoit du jeu, il est capable, étant donné son hostilité contre Mazarin, de faire tout le contraire de ce qu'on désire de lui [2]. A partir de ce moment, par prudence, l'ambassadeur évite d'aller à l'audience pontificale. D'ailleurs, explique-t-il, l'animosité du pape contre la France croît de jour en jour, de façon telle que cette abstention constituera un avertissement [3]. Le 8 janvier un consistoire a lieu : aucune promotion n'est faite.

de Retz et l'affaire du chapeau. t. II, p. 315-328, lettres de Valençay au comte de Brienne, secrétaire d'État, des 11, 25 septembre, 2, 9, 16 octobre 1651.

1. Lettres des 23, 30 octobre, 6, 13, 20, 27 novembre. *Ibid.*, p. 333 à 350.

2. Lettre de Valençay du 11 décembre, *Ibid.*, p. 353 : « Je vous ai mandé, dit l'ambassadeur, dans mes précédentes, que j'avais très bien compris, en la sorte que voulait le roi, que je me comportasse pour hâter ou retarder ladite promotion. Il suffit de vous assurer que je suis vos ordres très ponctuellement et agis, selon iceux, avec toutes les précautions nécessaires. » Il faut, ajoute-t-il, que j'aille « avec voiles et rames et que cependant j'aille procurant une procrastination de l'effet de cette grâce accordée au dit sieur coadjuteur jusques à tant..., etc. » Valençay doit reproduire les termes de la dépêche du secrétaire d'État.

3. *Ibid.*, p. 355. Il veut éviter les audiences pontificales dit-il, « pour ne me pas exposer dorénavant à des refus et mépris sur les choses que je pourrois demander de la part du roi. »

Rome, écrit l'ambassadeur, est aux écoutes de ce qui se passe en France. On sait les troubles et les guerres civiles qui y règnent, les arrêts du Parlement contre Mazarin, l'anarchie générale. Le pape pourrait bien s'aviser de nommer Gondi cardinal afin de faire pièce à Mazarin [1].

Et en effet, tout à coup, le 19 février, vers midi, Valençay apprend inopinément qu'il y a eu consistoire dans la matinée, que douze cardinaux y ont été promus et que parmi eux figure Gondi. Il ne s'en doutait pas, Charrier non plus. Tous deux sont fort étonnés [2].

Telle avait été l'attitude du gouvernement. Le P. Rapin n'a donc pas tout à fait raison lorsqu'il prétend que Valençay avait reçu l'ordre secret de s'opposer au cardinalat du coadjuteur [3]. L'ambassadeur, nous venons de le voir, n'avait eu que la recommandation de ne pas presser la nomination : c'était une nuance. Mais il y avait eu d'autres oppositions plus directes.

De Paris, l'oncle archevêque avait écrit au pape une lettre, le 23 octobre 1651, pour expliquer qu'étant depuis trente ans archevêque, il lui était infiniment pénible de voir donner à son neveu un honneur qui devait revenir à lui-même et qui mettait son coadjuteur au-dessus de lui. Il disait sa douleur : il en était ulcéré [4].

---

1. Lettres de Valençay des 8 janvier 1652 (*Ibid.*, p. 370) et 22 janvier (p. 375) : « Présentement, dit l'ambassadeur, les français sont considérés ici comme des gens quasi sans roi, sans patrie, et la nation sans vigueur à cause de ses maladies intérieures » ; 29 janvier (p. 389). Le bailli est indigné de ce que le pape dit de la France et de leurs majestés. Il ne peut l'écrire, même en chiffre. Il demande qu'on « parle très haut au nonce et lui dire en peu de mots qu'il fasse que son maître soit dorénavant plus retenu et plus prudent en ses discours et dans ses œuvres, en égard à la France, s'il ne veut que l'on se résolve de par delà à l'arrestement de son flux de bouche et du cours de ses mauvaises intentions contre nous et les puissances de l'État ». Le 12 février, Valençay écrit parlant de la façon dont la promotion des cardinaux tarde (p. 401) : « J'ai reconnu une grâce particulière de Dieu qui a voulu que la cour fut contente par le délai de cette promotion, pour tirer des services de M. le coadjuteur avant que de lui en donner la récompense sans qu'il y ait paru qu'une très grande chaleur de mon côté pour satisfaire à deux commandements bien précis d'y travailler incessamment. » Il précise bien ainsi son attitude à l'égard de la demande du chapeau pour Gondi.

2. Lettre de Valençay du 19 février 1652 (*Ibid.*, p. 410). Il envoie M. de Vilcour porter la nouvelle à Paris, et il fait demander au pape une audience qui lui est aussitôt accordée « avec une civilité extraordinaire ».

3. Le P. Rapin, *Mém.*, éd. Aubineau, t. I, p. 433.

4. Lettre en latin au pape Innocent X publiée par Cl. Cochin, d'après les

De cette protestation, le pape pouvait ne pas tenir compte. Mais, au Parlement de Paris, on avait attaqué publiquement Gondi au sujet de son ambition relative au cardinalat. Le conseiller des requêtes Machault, le 13 décembre 1651, s'était élevé avec véhémence contre le coadjuteur, lui criant en pleine assemblée que la passion qu'il avait d'être cardinal était la source des maux dont le public souffrait [1]. Le nonce avait prévenu Rome de ces algarades. Le prince de Condé, d'autre part, avait envoyé à Rome pour combattre la candidature du coadjuteur, un jeune homme inconsidéré et bavard, Mathieu de Montreuil, qui, heureusement n'était pas très dangereux, mais qui avait été reçu par le pape [2]. Enfin, par surcroît, à la sollicitation du même prince de Condé, le roi d'Espagne s'était engagé contre la promotion de Gondi [3]. A quoi donc Gondi devait-il son succès ?

Il ne l'a dû ni aux protections qu'il a pu avoir, comme celle du duc d'Orléans, qui écrivit force lettres à Rome en sa faveur [4], ni à l'argent qu'il dépensa — les pamphlets parlent de deux millions que son chapeau lui aurait coûté [5] — ni aux menaces qu'il fit pro-

Archives vaticanes dans Retz, *OEuvres*, t. XI, p. 192. Et, ajoutait l'archevêque, « omitto, pro reverentia, ne prolixior sim, in pudore hoc meo, simul et dolore, plura et forte graviora incommoda sedi nostrae archiepiscopali obventura ». On sait que l'oncle et le neveu ne s'aimaient pas (cf. Le P. Rapin, *op. cit.*, t. I, p. 406). Cette lettre du 23 octobre 1651 a déjà été signalée par A. Clergeac, *Inventaire analytique et chronologique de la série des Archives vaticanes dite Lettere di Vescovi*, dans *Annales de Saint-Louis des Français*, 10ᵉ année, p. 242.

1. *Mém.* d'Omer Talon, éd. Michaud, p. 454 ; de Dubuisson-Aubenay, éd. Saige, t. II, p. 139 ; de Jean Vallier, éd. Courteault, t. III, p. 90.

2. Valençay, dans les dépêches de lui que nous avons citées, tient au courant le gouvernement des faits et gestes, au jour le jour, de ce personnage plus remuant que sérieux.

3. Lenet, *Mém.*, éd. Michaud, p. 533 ; lettre de Dom Luis de Haro à Lenet, *Ibid.*, p. 543. Le ministre espagnol, il est vrai, se plaint du peu d'influence à Rome de son gouvernement qui, en huit ans, dit-il, n'a pu obtenir qu'un chapeau pour un Espagnol. « Le roy (d'Espagne), déclare-t-il, n'a pas reçu moins de déplaisir que M. le Prince (de Condé) de la promotion du coadjuteur. »

4. Lettres publiées par Cl. Cochin, d'après les Archives vaticanes, au tom. IX, p. 210, et suivant, des *OEuvres* de Retz. Voir aussi dans la *Correspondance du chevalier de Sévigné*, éd. J. Lemoine, 1911, p. 70, une lettre du chevalier de Sévigné à la duchesse de Savoie du 16 février 1652 parlant de ce qu'a fait le duc d'Orléans en faveur du chapeau de Gondi.

5. « Ce chapeau coûte à des particuliers qui vous ont prêté de l'argent, plus de deux millions que vous ne rendrez jamais », *L'Esprit de guerre des parisiens contre l'esprit de paix des corinthiens*, 1652, in-4°, p. 140. Voir plus

férer, ni même aux efforts surhumains qu'il déploya et qui faisaient dire à Bossuet, dans son Oraison funèbre de Michel Le Tellier : « Cet homme si redoutable à l'État... ce ferme génie... pour s'attirer cette dignité... remua tout par de secrets et puissants ressorts[1]. » Il le dut à un accident.

Le pape avait gardé un silence impénétrable sur ses intentions. Au fond, il ne tenait pas à nommer Gondi, mais il tenait encore moins à faire le jeu de Mazarin. Le 18 février arriva à Rome un courrier de Lyon qui apportait des dépêches de Paris. Le bruit courut, dans l'entourage du pape, du moins, c'est ce dont à Rome tout le monde fut persuadé, que ce courrier avait des lettres de Mazarin révoquant la désignation faite par la France de Gondi pour le cardinalat. Le pape décida de ne pas attendre l'ouverture des dépêches et de prévenir l'ordre qu'elles devaient contenir, en nommant tout de suite Gondi, dès le lendemain matin : l'ambassadeur se trouverait devant un fait accompli. Et la résolution fut exécutée[2].

Par là s'explique qu'on ait cru à Rome que la promotion du coadjuteur avait été résolue contre les intentions du roi de France et de Mazarin. Valençay protesta. Il déclara cette affirmation fausse et calomnieuse : il avait littéralement raison. Il montra même à Charrier quelques-unes des lettres qu'il avait reçues de Brienne et répéta que Gondi ne devait sa promotion qu'au roi. Gondi devait

haut ce que dit Gondi, écrivant à Charrier, de distribuer force argent. R. Chantelauze a publié une lettre de Guy Joly du 12 janvier 1652, relative aux lettres de change et aux sommes envoyées par Gondi à Rome afin de faire réussir ses efforts (R. Chantelauze, le Cardinal de Retz et l'affaire du chapeau, t. II, p. 116).

1. Bossuet, Œuvres oratoires, Paris, Garnier, 1872, t. I, p. 158. Un libelle du temps (Lettre d'un bon français, 1655, in-fol., p. 9) prêtait à Gondi ces paroles : « Si je ne puis fléchir les dieux d'en haut, je me résous d'employer à mon secours les divinités de l'enfer. » Cf. Relation de ce qui s'est passé à Rome en la promotion de Monseigneur le coadjuteur de Paris au cardinalat et en la confirmation faite par S. S. de l'arrest de la cour de Parlement de Paris donné contre le cardinal Mazarin, Paris, 1652, in-4°.

2. Lettre de Gueffier, résident de France à Rome, au comte de Brienne du 26 février 1552 et lettre de Valençay à Brienne du 19 février, dans Chantelauze, op. cit., t. II, p. 472 et t. I, p. 458. Il n'est pas vrai, comme le dit Retz (Mém., t. IV, p. 136) que le gouvernement de Louis XIV ait révoqué la demande de cardinalat et lorsqu'il écrit ceci : « le pape Innocent m'a dit qu'il savoit de science certaine qu'il (Valençay) avait dans sa poche la lettre du roi pour la révocation de ma nomination... et l'abbé Charrier m'avait dépêché deux courriers pour me donner le même avis », il se trompe ou nous trompe.

d'ailleurs remercier l'ambassadeur de ses bons services avec effusion [1].

La nouvelle lui arriva à Paris dans la nuit du 28 février au 1er mars, à une heure du matin. Il la reçut par un exprès du grand duc de Toscane qui devança l'envoyé de Valençay parti plus tard. On peut deviner ce que fut sa joie accrue par l'imprévu de la nouvelle [2].

Il était le troisième cardinal de la famille. Contrairement à l'exemple du premier de ses prédécesseurs, il n'allait pas prendre le nom de cardinal de Gondi, mais celui de cardinal de Retz. C'est sous ce nom que nous allons le désigner dorénavant [3]. Le pape lui envoya un bref très élogieux en latin, où il lui parlait de ses « vertus », de « ses lumières [4] ». A Paris, la *Gazette* du 2 mars 1652 annonça la nouvelle en parlant elle aussi des « grandes vertus » du nouveau cardinal, mais sur un ton tel qu'on pourrait s'y méprendre et croire à de l'ironie sarcastique [5]. Le 11 mars, selon l'usage, le roi écrivit à celui que le protocole l'obligeait maintenant à appeler « mon cousin », une lettre banale de félicitations [6].

1. Valençay écrivait le 26 février à Brienne que le bruit courant à Rome que la promotion du coadjuteur avait été faite contre les intentions du roi et de Mazarin il avait toute sa correspondance prête « à confondre ces donneurs d'avis ». Il ajoute qu'il a montré à Charrier quelques-uns de ces documents (texte des lettres de Valençay, d'après les Archives des affaires étrangères, dans R. Chantelauze, *op. cit.*, t. II, p. 418 et suiv.).

2. *Correspondance du chevalier de Sévigné*, éd. Lemoine, 1911, p. 76. Lettre du 1er mars 1652 à la duchesse de Savoie : « Je me promenai hier toute l'après-midi avec le nouveau cardinal dans le parc des Chartreux, tous deux seuls ; il était bien éloigné de l'opinion qu'il le dut être si tôt (cardinal)... Le duc de Florence lui a envoyé un courrier exprès qui est arrivé à une heure après minuit et lui en a appris les premières nouvelles desquelles il m'a envoyé donné part par un gentilhomme. »

3. Un pamphlétaire donnait l'explication suivante de ce détail : « Tout le monde sait qu'il n'a pas voulu se faire nommer le cardinal de Gondy à cause que ce nom se termine en *y*, comme Conchiny, Mazariny, favoris de deux reines étrangères. » *Avis prompt et salutaire donné par les bons bourgeois de Paris à Messieurs les princes*, 1652, p. 14. Il est à remarquer d'ailleurs que Gondi signait avec un *i* et non un *y*. Il a signé *Retz* jusqu'en 1671, puis a adopté l'orthographe *Rais* après cette date, conformément à ce que faisaient d'autres membres de sa famille (Cf. une note de R. Chantelauze à ce sujet dans Retz, *OEuvres*, t. VIII, p. lxvii).

4. Texte du bref en latin donné par Cl. Cochin d'après les Archives vaticanes, *Ibid.*, t. XI, p. 206.

5. *Gazette* du 2 mars 1652, p. 252.

6. Minute de la main de Brienne, conservée à la Bibliothèque nationale. Cf. Retz, *OEuvres*, t. VIII, p. 128.

Puis le 19, le chapitre de Paris se rendit en corps au petit archevêché pour complimenter le nouveau cardinal[1].

Le duc d'Orléans et ses amis étaient enchantés. Retz alla voir le
prince revêtu d'une chape rouge, et, soucieux des privilèges que
lui conférait sa nouvelle dignité, demeura couvert devant l'oncle
du roi[2]. Le public, dit Jean Vallier, eut une mauvaise impression[3].
Surtout le bruit se répandit que le nouveau cardinal allait être
premier ministre et cela inquiéta fortement. Les amis du coadjuteur exultaient de ce que Guy Joly, plus prudent, appelait « des
espérances chimériques[4] ». A Rome on fut convaincu qu'en effet
Retz allait entrer aux affaires et peut-être cette conviction n'avait-
elle pas été étrangère à la brusque promotion de Gondi[5]. Le pape,
mandait Valençay le 25 mars, qui s'était montré très difficile pour
toutes les questions en suspens, avait laissé entendre que la cause
en était le ministère de Mazarin mais que « sous celui d'un autre,
on verrait les grâces à pleines mains[6] ». Il n'y avait rien d'exact
dans ces suppositions.

Mazarin affecta de demeurer tranquille. Se trouvant à ce

1. Registres capitulaires du chapitre de Notre-Dame de Paris, Arch. nat.,
LL 302, fol. 76. Gondi était nommé cardinal du titre de Sainte-Marie de la
Minerve (Corbinelli, *Histoire généalogique*. t. II, p. 171). Le bruit courut
qu'il alla s'excuser d'avoir reçu le cardinalat auprès de son oncle, l'archevêque, malade, « et le prier de lui pardonner s'il avait emporté le cardinalat
sans sa participation. Mais cela se trouva faux car l'archevêque a officié la
veille à Notre-Dame, à vêpres, en son église, en pleine santé » (*Mém.* de
Dubuisson-Aubenay, éd. Saige, t. II, p. 273).

2. *Ibid.*, p. 289. Mlle de Montpensier, *Mém.*, éd. Michaud, p. 88.

3. *Journal* de J. Vallier, éd. Courteault, t. III, p. 164. Le public estima
« que les moyens de parvenir à cette éminente dignité avaient été peu
conformes à sa profession, dont la sincérité, la piété et l'éloignement des
intrigues de Cour doivent être les principales parties ».

4. Voir Guy Joly, *Mém.*, 1718, t. I, p. 184. Scarron écrivant à Retz pour
le féliciter de sa promotion, faisait allusion aux exemples des cardinaux
d'Amboise et de Richelieu qu'il allait imiter (Scarron, *Dernières œuvres*.
Paris, David, 1720. in-12, t. I, p. 39). Des placards affichés dans Paris
annoncèrent que Retz allait être premier ministre (lettre d'Annibal de la
Trémoïlle au duc Henry son frère, du 5 juin 1652, dans *Ann. Bullet. de la
Société de l'Histoire de France*, 1921, p. 273). Des libelles comme l'*Anatomie de la politique du coadjuteur*(1652, in-4°, p. 21) annonçaient que celui-ci
était « en dessein de pousser jusqu'au ministère d'État » ; qu'il avait
emprunté 4 ou 5 millions pour y arriver (*Avis donné aux parisiens avant leur
entière désolation*, Paris, in-4°, p. 4 ; *Mém.* de Conrart, éd. Michaud, p. 557).

5. Lettre de Gueffier au comte de Brienne du 8 janvier 1652, dans
R. Chantelauze, *le Cardinal de Retz et l'affaire du chapeau*, t. II, p. 465.

6. *Ibid.*, p. 425.

moment avec la cour sur la Loire, il écrivit à ses correspondants à
Paris qu'il comptait sur le nouveau cardinal, pour que, de concert
avec les autorités et les bourgeois, l'ordre fût maintenu et qu'on
empêchât le prince de Condé d'entrer dans la ville. Il répétait
qu'il ne négligerait rien « sur tout ce qui regardait les intérêts et
la satisfaction de M. le cardinal auquel je vous prie de dire que je
n'oublierai rien pour le servir en toutes occasions et mériter de
plus en plus l'amitié qu'il me fait l'honneur de me promettre [1] ».

En réalité, le premier mouvement de joie passé, Retz qui sentait
bien que la foule parisienne, de plus en plus montée contre
Mazarin, soupçonnait son entente avec le ministre, réfléchissait
qu'il était en train de perdre tout crédit et tout prestige auprès
d'elle [2]. Le 30 avril, la municipalité convaincue de connivence avec
le ministre, avait subi une avanie au sortir du Luxembourg : elle
avait été entourée, huée, lapidée et les gens de la ville avaient dû
sauter de carrosse, se réfugier dans les maisons et se sauver
déguisés [3]. L'opinion attaquait maintenant Retz avec violence. Les
libelles le couvraient d'injures [4]. Il eut aussi sa manifestation du
Luxembourg. Un mardi, comme il sortait de chez le duc d'Orléans,
la foule se mit à crier après lui, à vociférer, l'appelant « traître,
Mazarin », qu'il fallait « jeter à l'eau ». Il tint tête bravement à
l'orage, menaça de faire donner les étrivières à ceux qui l'insul-
taient et son air décidé en imposa aux gens : il put partir la
tête haute [5].

Mais cette impopularité lui était extrêmement pénible. Par
surcroît, vers cette fin d'avril, d'après Conrart, il crut comprendre
qu'il y avait des pourparlers entre ses ennemis et ses alliés en

1. Lettre de Mazarin à Penacors, du 14 avril 1652 dans Mazarin, *Lettres*,
éd. Chéruel, t. V, p. 78. Cf. lettre de lui à l'abbé Fouquet, de Gien, 6 avril,
Ibid., p. 71 ; dans une autre lettre au même abbé Fouquet du 14 avril,
Mazarin écrivait : « Je contribuerai de tout mon pouvoir à tout ce qui sera
de sa satisfaction » (*Ibid.*, p. 80, voir aussi p. 89).

2. Le chevalier de Sévigné note bien dans une lettre du 22 mars qu'en
réalité Retz ne pouvait rien faire : « Je ne pense pas qu'il puisse répondre
aux espérances que l'on a de lui » (*Correspondance du chevalier de Sévigné*,
éd. J. Lemoine, p. 84).

3. *Registres de l'Hôtel de ville de Paris pendant la Fronde*, éd. Le Roux de
Lincy, t. II, p. 289. « Tout Paris, dit le rédacteur, retentit de cette aversion politique. »

4. « Ce petit orgueilleux qui veut tout être et qui veut tout faire et ne
peut rien que brouiller » (*Consultation chrétienne et politique*, 1652, in-4°,
p. 10).

5. Dubuisson-Aubenay, *Mém.*, éd. Saige, t. II, p. 224 ; Conrart, *Mém.*,
éd. Michaud, p. 555.

dehors de lui et sans lui ; que Condé était en train de s'arranger
avec la cour, d'accepter Mazarin ; que le duc d'Orléans l'abandonnait et qu'il allait se trouver joué par tout le monde [1].

Découragé, il décida de se retirer une fois de plus dans la retraite
et le silence, de demeurer « clos et couvert », à l'ombre des tours
de Notre-Dame, d'attendre et de ne rien dire [2].

Pour toutes sortes de raisons, à ce moment, d'ailleurs il faisait
bien et peut-être n'avait-il pas grand mérite à subir ce qui était
une nécessité. Après sa défaite de Bléneau le 7 avril, Condé accouru
à Paris était entré dans la ville malgré les autorités. La cour alors
avait gagné Saint-Germain-en-Laye et l'armée royale de Turenne
s'était concentrée à Lagny pour donner la main à celle du maréchal
de La Ferté qui venait de Picardie. Le 1er juillet, Condé, de
Saint-Cloud, contournant avec ses troupes la ville au nord, était
venu livrer bataille devant la Bastille contre les deux armées
royales de Turenne et de La Ferté, avait été refoulé, était rentré
dans Paris grâce à la canonnade de la grande Mademoiselle qui
le sauvait des deux armées royales, puis convoquait le 4 juillet,
une grande assemblée à l'Hôtel de ville pour savoir si oui ou non
les parisiens étaient en sa faveur. Sur un résultat incertain de la
réunion, il laissait attaquer l'Hôtel de ville, tirer sur les assistants,
incendier le monument, ce qui indigna les habitants lesquels se
prononcèrent finalement pour le roi. Enfin, la décision prise par
Mazarin, afin d'arranger les choses arrivées à un point inextricable,
de disparaître le 19 août et de s'en aller à Bouillon dans les
Ardennes, amenait peu à peu le dénouement de la crise [3].

1. *Ibid.*, p. 543. « Le cardinal ayant rencontré l'abbé A... son ami (qui
me l'a dit lui-même) le samedi 27 avril, il fit arrêter son carrosse et lui dit à
l'oreille : « Nous sommes f... ; l'accommodement est fait et sans nous, car ni
Madame de Chevreuse, ni M. de Châteauneuf, ni moi n'y avons aucune
part. » Cf. *Correspondance du chevalier de Sévigné*, éd. Lemoine, p. 112.
« Cela est assez étrange, dit Sévigné, qu'on l'ait assez peu considéré (Retz)
pour entendre à un accommodement avec son ennemi (Condé) et avec un
ennemi si dangereux que celui-là, sans lui en rien dire. »

2. Le « clos et couvert » est dans une lettre de Sévigné à la duchesse de
Savoie du 3 mai 1652 ; *Ibid.* Retz explique superbement dans ses *Mém.* (t. IV,
p. 219) : « Je m'enveloppais pour ainsi dire dans mes grandes dignités auxquelles j'abandonnai les espérances de ma fortune », voguant contre le vent de
la tempête avec les deux bonnes rames qu'étaient sa masse de cardinal et sa
crosse de Paris. Il estimait qu'à ce moment il avait « beaucoup à perdre et
rien à gagner dans le mouvement ».

3. Sur tous ces événements, et notamment le combat de la Porte Saint-
Antoine, voir le récit fait par Condé au Marquis de Chouppes (*Mém.* du
Mis de Chouppes, éd. C. Moreau, Paris, Techener, 1861, in-8º, p. 171 e

Durant ces tragiques événements Retz s'était barricadé dans son archevêché. Il semble avoir eu assez peur de Condé. Nous savons par une lettre de Viole à Lenet du 17 juillet qu'il avait transformé sa maison en arsenal, recruté 60 hommes, fait venir 100 soldats du régiment de Valois, 30 gendarmes [1]. D'après Joly, il aurait entassé dans les tours de Notre-Dame, des vivres, des grenades, des mousquets, des bombes qu'avait emmagasinés le prêtre chargé des cloches, M. Carré. Il ne lui manquait que du canon, observe Viole [2]. Et il attendait. Si une attaque se produisait, il était convenu que les églises de Paris sonneraient le tocsin d'alarme pour qu'on vînt à son secours.

suiv.), les lettres de la grande Mademoiselle données par Couderc (*Annuaire Bullet. de la Soc. de l'Hist. de France*, 1927, p. 72), les *Mém.* du duc de Navailles, à la suite de ceux du Mis de Chouppes (p. 85) ; les *Mém.* de J. de Saulx-Tavannes, éd. C. Moreau, p. 152 et suiv. ; un récit du temps donné par V. Cousin, dans son livre *Mme de Longueville pendant la Fronde*, p. 414 et suiv. ; un autre, conservé à la Bibl. de l'Arsenal, ms. 4651, fol. 265, cité dans l'*Annuaire Bullet. de la Soc. de l'Hist. de France*, 1921, p. 291, par A. Courteault ; les lettres d'Annibal de la Trémoïlle (*Ibid.*, 1921, p. 285 et suiv.) ; les *Mém.* de Montglat, éd. Michaud, p. 270 ; de Mlle de Montpensier, même éd., p. 122 ; de La Rochefoucauld, éd. des Grands Écrivains, t. II, p. 404 ; de Conrart, éd. Michaud, p. 566 ; d'O. Talon, même éd., p. 494 ; de Dubuisson-Aubenay, éd. Saige, t. II, p. 246. Voir aussi : C. Couderc, *Mlle de Montpensier et le combat du faubourg Saint-Antoine*, dans *Bull. de la Soc. de l'hist. de Paris*, 1897, p. 155 ; *Extrait du Livre des choses mémorables de l'abbaye de Saint-Denis*, dans *Registres de l'Hôtel de ville de Paris*, éd. Le Roux de Lincy, t. III, p. 418 ; *Relation véritable de ce qui se passa le mardi deuxième de juillet au combat donné au faubourg Saint-Antoine*, dans *Mém.* de J. de Saulx-Tavannes, éd. C. Moreau, p. 255. Pour les événements tragiques de l'Hôtel de ville du 4 juillet, outre les mêmes mémoires du temps, voir : *Siège de l'Hôtel de ville, suivi d'incendie et de massacre le 4 juillet 1652*, dans Cimber et Danjou, *Archives curieuses de l'histoire de France*, t. IX, p. 347 et suiv. ; *Liste générale de tous les morts et blessés, tant mazarins que bourgeois de Paris, à la généreuse résolution faite à l'Hôtel de ville pour la destruction entière des Mazarins*, dans C. Moreau, *Choix de mazarinades*, t. II, p. 183 ; Lettre de M. de Marigny à Lenet, de Paris, 7 juillet 1652, dans les mss. de Lenet, Bibl. nat., ms. fr. 6708, fol. 35 ; le récit du maître des requêtes Pierre Lallemant publié par Maugis dans *Rev. hist.*, 1920, p. 55-72, etc.

1. Lettre de l'abbé Viole à Lenet du 21 juillet 1652. Bibl. nat., ms. fr. 6708, fol. 89.

2. *Mém.* de Guy Joly, Amsterdam, 1718, t. II, p. 18, de Retz, t. IV, p. 286. D'après Conrart (*Mém.*, éd. Michaud, p. 563), Condé aurait eu l'idée de faire un petit fort sur « le terrain » à l'extrémité de l'île Notre-Dame, d'y mettre deux canons « pour essayer d'obliger le cardinal de Retz à se retirer ». Le projet en tous cas ne fut pas exécuté.

Du petit archevêché, par un passage qu'il avait fixé d'avance à travers des vitraux de l'église, il gagnerait les tours. L'alerte dura trois semaines: personne ne l'attaqua. Plus tard Retz reconnaîtra avoir eu tort de procéder à tout cet attirail tapageur et qu'il eût été plus simple pour lui de quitter Paris[1].

Mais à la Cour on eut le sentiment qu'il était diminué et n'avait plus d'influence, dangereuse constatation ! On reçut l'avis que sentant le vent tourner il songeait maintenant à se faire l'intermédiaire entre les parisiens et le gouvernement pour se donner les gants de la réconciliation et de la paix. Les ministres s'alarmèrent. Ils estimèrent qu'ils ne pouvaient à aucun prix accepter cette intervention. Le Tellier l'écrivit à Mazarin qui abonda dans son sens[2].

La correspondance de Mazarin, à dater de mai 1652 permet en effet de voir le progrès des sentiments du ministre qui évoluent à l'égard du coadjuteur, conséquence sans doute de ce que Gondi est de moins en moins à craindre. Mazarin se plaint le 4 mai à l'abbé Fouquet de ce que Retz exagère le mal qu'il dit de lui : « Je suis assuré qu'il n'oublie rien pour me nuire » ; écrit-il[3]. Et le ton, à mesure, devient âpre. Au sujet du bruit qui court que le coadjuteur voudrait se mettre à la tête du mouvement de réconciliation de Paris avec le roi pour en avoir la gloire et le profit, Mazarin exprime avec de plus en plus de vivacité sa volonté qu'on s'oppose à cette prétention. Cet homme, dit-il, « n'a rien de bon dans l'âme, ni pour l'Etat, ni pour la reine, ni pour moi. » Tout ce qu'il fait « est plein d'un poison caché et dirigé à de méchantes fins ». « Il faut empêcher par toutes sortes de voies que le cardinal de Retz ne s'érige pas en chef du parti du roi dans Paris. S'il doit être l'instrument des avantages du roi dans la ville, je crois que c'est un très grand malheur[4]. »

Dans ses *Mémoires*, Retz a raconté que ses amis vinrent le trouver, lui reprochèrent pathétiquement de ne rien tenter pour mettre fin aux troubles de la ville, qu'un colonel de milice de quartier lui aurait même déclaré avec emphase : « Sauvez l'Etat, sauvez la ville : j'attends vos ordres ! » et qu'il se serait décidé alors à se rendre, comme coadjuteur, accompagné d'une grande députation du clergé de Paris,

1. Retz, *Mém.*, t. IV, p. 287-288.

2. Lettre de Le Tellier à Mazarin du 1er septembre 1652, Bibl. nat., ms. fr. 4212, fol. 24.

3. Mazarin, *Lettres*, éd. Chéruel, t. V, p. 108 et 104-105. « Il n'a rien oublié pour exciter et fomenter la haine de S. A. R. (le duc d'Orléans) contre moi... Je sais que je ne le pourrai pas apaiser ».

4. *Ibid.*, p. 211-7. Lettres de Mazarin à Nicolas Fouquet des 6, 7 septembre 1652.

à Compiègne où était la cour, afin de prier le roi de rentrer dans sa capitale et le remercier d'avoir renvoyé Mazarin. Il chargea la Palatine et d'autres d'aller expliquer à Anne d'Autriche ses intentions. Il était impossible qu'on refusât de recevoir une députation du clergé de Paris, conduite par son chef hiérarchique et malgré l'opposition ardente des ministres, il fallut céder et subir l'humiliation[1].

Le 3 septembre l'abbé Charrier vint à Compiègne demander des passeports au nom du coadjuteur et de la députation. Une lettre de Le Tellier à Mazarin nous raconte qu'on le questionna sur les raisons de la visite de Retz : devant la réponse que cette députation venait seulement « assurer Sa Majesté de la continuation de son obéissance », on délivra les passeports[2].

Le 8 septembre, le coadjuteur se mettait en route avec 28 carrosses à six chevaux contenant les dignitaires de l'Eglise de Paris et les délégués des curés et des maisons religieuses qu'entouraient 200 gentilshommes à cheval, fastueuse cavalcade ! La cour allait d'ailleurs profiter de la venue de Retz pour lui conférer la barette de cardinal ce que les circonstances avaient jusque-là empêché de faire. Arrivé à Compiègne le 10, Retz fut reçu avec courtoisie. Il devait rester trois jours, tenant table ouverte, ce qui lui coûtera 2400 écus[3].

Le lendemain matin eut lieu la remise de la barette, avec le cérémonial ordinaire, dans la chapelle du château, par le roi Louis XIV qui avait à ce moment quatorze ans[4]. L'après midi, ce fut l'audience

1. Retz, *Mém.*, t. IV, p. 307 et suiv., 325 et suiv. Le coadjuteur raconte longuement les péripéties de ces circonstances.

2. Lettre de Le Tellier à Mazarin du 4 septembre 1652, datée de Compiègne : Bibl. nat., ms. fr. 4212, fol. 34. D'après le chevalier de Sévigné (*Correspondance du chevalier de Sévigné*, éd. Lemoine, p. 178, lettre du 6 septembre) Condé aurait prié le duc d'Orléans d'empêcher que les passeports fussent donnés. Le coadjuteur se vantait paraît-il de ramener à Paris le roi et de faire la paix : « On n'en peut rien croire, n'en ayant pas le pouvoir » (lettre de Paris du 13 septembre provenant des archives d'Amelot de Chaillou, dans V. Cousin, *Madame de Longueville*, p. 431).

3. Dubuisson-Aubenay, *Mém.*, éd, Saige, t. II, p. 286 ; Retz, *Mém.*, t. IV, p. 355. Le coadjuteur avait déjà demandé qu'on lui donnât le bonnet en juin, ce qui lui avait été refusé (lettre du chevalier de Sévigné du 28 juin 1652, dans *Correspondance*. éd. Lemoine, p. 141). Il avait insisté en juillet sollicitant la remise du bonnet par tout autre personnage que le roi s'il le fallait ayant pour cela l'autorisation, disait-il, du pape, ce que Valençay fit savoir de Rome être faux (*Ibid.*, p. 156).

4. Montglat, *Mém.*, éd. Michaud, p. 275 ; *Gazette* de 1652, p. 875. La barette avait été apportée de Rome par le camérier Curtio Testa (Bibl. de

solennelle où le coadjuteur présenta son clergé, en prononçant
« d'un ton fort haut », écrivait Le Tellier à Mazarin, un discours
de sentiments respectueux, mais un peu hautains où il demandait
la fin des calamités qui affligeaient le peuple. Le roi fit une courte
et vague réponse [1].

Puis Retz, pendant les quelques heures qu'il allait rester à
Compiègne, s'essaya à des tractations insidieuses qu'il a déformées
ensuite dans ses *Mémoires* mais dont nous avons le détail plus exact
dans les lettres écrites le jour même à Mazarin par Le Tellier. La
Palatine ayant préparé les voies, il y eut une conférence le soir à
onze heures entre Servien, Le Tellier et Retz. Celui-ci développa
ses idées qui étaient de conclure la paix dans la huitaine, de recevoir des envoyés du duc d'Orléans venant proposer de traiter avec
Condé et de rétablir à Paris le Parlement qu'on avait exilé à Pontoise. « Quand on aura calmé le *public*, concluait Retz, — et Le
Tellier ajoute dans la lettre où il rend compte de l'entretien : c'est
ainsi qu'il parle, — le duc d'Orléans cédera et l'accommodement sera
fait permettant le retour de Mazarin ». Les deux ministres se bornèrent à répondre que le roi ne pouvait pas se départir de la résolution qu'il avait prise d'obliger tout le monde à déposer les armes
et à se soumettre purement et simplement « avant qu'on pût pourvoir à ce qu'il appelait le *public* [2]. » En vain le Coadjuteur revit la

l'Institut, ms. 1312. p. 339, lettre de Valençay au comte de Brienne du
14 avril 1652). Cf. Cl. Cochin, dans Retz. *OEuvres*, t. XI, p. 203. On trouve
un récit détaillé manuscrit de la remise de la barette, sous le titre de :
« Extrait touchant M. le coadjuteur de l'archevêque de Paris, cardinal de
Retz, et la cérémonie observée en la réception du bonnet qui lui a esté
conféré par S. M. » dans un recueil très important de mazarinades, constitué, croyons-nous, par Lefèvre de Caumartin, et conservé aux imprimés de
a Bibl. de l'Arsenal, tome 165 de cette collection.

1. Lettre de Le Tellier à Mazarin du 13 septembre, Bibl. nat., ms. fr.
6890, fol. 112. Voir J. Vallier, *Journal*, éd. Courteault. t. IV, p. 56. Le ton
de Retz n'est pas tout à fait exceptionnel. On trouve dans le ms. de la Bibl.
nat., n. a. fr. 2393, fol. 258, une harangue adressée à Louis XIV le 22 octobre 1655 par François de Harlay, archevêque de Rouen, du même genre, ce
qui prouve que c'était là la manière dont les grands dignitaires de l'Église
parlaient à cette époque au roi. François de Harlay dit au souverain que les
évêques « ayant à répondre un jour devant le tribunal de Jésus-Christ de la
conscience de V. M ... sont autant de surveillants qui doivent éclairer sa
personne sacrée et qui sont obligés de dissiper toutes les fausses idées que
lui suggèrent incessamment la prudence mondaine et la passion du siècle ».
Louis XIV, au cours de son règne, fera changer le ton.

2. Voir Mazarin, *Lettres*, éd. Chéruel, t. V, l'avertissement, p. v, et
lettres de Le Tellier à Mazarin du 14 sept. 1652, Arch. Aff. étr., Fr. 884,

reine, l'assura de son dévouement, fit force protestations d'être
fidèle serviteur de Mazarin, se plaignit de calomnies qu'on avait
répandues sur son compte, à savoir qu'il convoitait sa place, il
n'obtint rien de plus et dut rentrer à Paris, le 14, n'apportant
pas la paix qu'il avait annoncée[1].

On l'accueillit avec des sifflets rue Saint-Denis[2]. Le 15 septembre,
au Luxembourg, dans la grande salle, un individu l'interpellant
violemment, l'agonisa d'injures sans que le public présent pût faire
taire l'homme[3]. Ainsi il devenait impopulaire. Le 24 une grande
manifestation de plus de 4000 bourgeois eut lieu au Palais Royal
réclamant avec véhémence la paix et le retour du roi[4]. Retz se
moque dans ses *Mémoires* de ce qu'il appelle « une ridicule levée de
boucliers qui fut huée ». En réalité il avait envoyé des émissaires
afin de se faire acclamer chef de ce mouvement et les émissaires
n'avaient pas réussi[5]. Cette manifestation produisit une impression

fol. 331 ; Bibl. de l'Institut, ms. 1312, p. 553. La lettre de Le Tellier du
11 septembre donne les détails les plus précis.

1. Retz, *Mém.*, t. IV, p. 338 et suiv. Le coadjuteur laisse entendre que
la Cour aurait eu l'intention à Compiègne de l'arrêter ou de le faire assassiner. Les lettres de Le Tellier démentent cette assertion. Le public comprit
que dans cette démarche auprès du roi Retz avait seulement « cherché dans
la vanité d'une fausse gloire son véritable salut » (*Seconde lettre d'un bon
françois*, 1655, in-fol., p. 21). Pour Mazarin, il n'avait voulu que « satisfaire
sa vanité » (lettre de Mazarin à Le Tellier du 19 septembre, dans Mazarin,
Lettres, t. V, p. 259) « et rétablir son crédit parmi les badauds ».

2. « Il fut sifflé tout le long de la rue Saint-Denis par le peuple qui l'accusait tout haut de trahison pour succéder au ministre. » *Recueil du journal
contenant ce qui se passa de plus remarquable en tout le royaume depuis le vendredi 23 août jusques au vendredi 23 septembre 1652*. Paris, S. Le Porteur,
1652, in-4°, p. 35. Retz dit au contraire qu'il a été accueilli chaleureusement par la foule qui l'a applaudi (*Mém.*, t. IV, p. 356).

3. Cet individu se nommait Pèche et avait été un des chefs de l'armée à
Bordeaux. Le maréchal d'Étampes le menaça de la potence. L'autre répondit
qu'il se tairait lorsque le coadjuteur se déciderait à ne s'occuper que de « ses
fonctions d'évesque ou de cardinal » (*Recueil du journal...*, p. 36).

4. Lenet, *Mém.*, éd. Michaud, p. 576. Ce fut un conseiller à la Grand
chambre, M. Prévost, qui fut l'animateur de cette assemblée. Voir le rapport du lieutenant-colonel du quartier Saint-Honoré dans *Registres de l'Hôtel de ville de Paris*, éd. Le Roux de Lincy, t. III, p. 293.

5. Retz (*Mém.*, t. IV, p. 380) si prolixe sur tant de faits, indique à peine
cet incident. Il assure qu'il n'y avait pas plus de 4 à 500 bourgeois qui
furent hués, dit-il, « comme l'on hue les masques ». En fait, pour la réalité,
voir la note de Chéruel, *Hist. de France sous le ministère de Mazarin*, t. I,
p. 326, les *Mém.* de Lenet, éd. Michaud, p. 576, les *Registres de l'Hôtel de
ville*, t. III, p. 293, et sur le rôle de Retz, la note ci-dessus de Chéruel ; une

profonde. Le duc d'Orléans troublé écrivit au roi qu'il allait quitter Paris. D'après une lettre de Le Tellier à Mazarin, Retz l'aurait supplié de rester, s'offrant à faire lever des barricades, comme s'il pouvait encore les provoquer ! Le duc refusa[1].

La cour avait gagné Saint-Germain. Le 13 octobre elle invita les colonels de la milice parisienne à lui envoyer une députation qui fut bien accueillie, invitée à dîner et le roi parcourant les rangs des convives prodigua ses sourires. Le 19, Louis XIV fit annoncer son intention de rentrer à Paris le 21. La nouvelle produisit des mouvements contradictoires. On s'attendait en effet à une amnistie qui n'était pas encore accordée. Le 21 octobre, après avoir couché à Rueil, le roi pénétra par le Cours la Reine dans sa bonne ville escorté de Turenne, des maréchaux, de toute une armée. Il fut acclamé frénétiquement. Il s'installa au Louvre[2].

Le lendemain 22, l'amnistie générale était proclamée, sauf pour quelques exceptions et le gouvernement prenait aussitôt les mesures de rigueur qu'il jugeait indispensables et qu'il avait réservées. Le duc d'Orléans reçut l'ordre de quitter Paris dans les 24 heures : il obéit. Le roi tint un lit de justice où il annonça au Parlement qu'il chassait douze de ses magistrats les plus compromis, parmi eux, Viole, Broussel et de Thou. Nombre de personnages furent exilés : La Rochefoucauld, Beaufort, La Boulaye, Fontrailles, Mmes de Montbazon, de Frontenac et autres. La grande Mademoiselle dut aller au Bois le Vicomte[3]. Qu'allait-il advenir de Retz ?

Il affecte dans ses *Mémoires* d'avoir conservé un grand calme. En réalité il était très anxieux. On lui répétait de tous les côtés qu'il était menacé. La Palatine l'adjurait de prendre garde à lui et ne voulait plus le recevoir chez elle. Il lui demanda jusqu'où il pensait

ettre de l'abbé Viole à Lenet du 26 septembre (Bibl. nat., ms. fr. 6710, fol. 166)). une lettre de Le Tellier à Mazarin du 27 septembre (Ibid., ms. fr. 6890, fol. 269).

1. Nous savons ce fait, que Retz nie dans ses *Mémoires*. par une lettre de Le Tellier à Mazarin du 30 octobre 1652. Arch. Aff. étr., Fr. 885, fol. 315. Voir Bibl. nat., ms. fr. 4212, fol. 199 et la lettre de l'abbé Viole à Lenet du 2 octobre, Ibid.. ms. fr. 6711, fol. 21.

2. *Relation de tout ce qui s'est fait et passé en la députation du corps de la milice de Paris et l'assurance que le roi lui a donnée de se rendre lundi à Paris*. Paris, 1652, in-4° ; *Relation véritable des particularités observées en la réception du roi dans sa bonne ville de Paris et tout ce qui s'est fait et passé au Parlement le lundi 21 octobre 1652*. Paris, 1652, in-4° ; *Paris aux pieds du roi Louis XIV*, Paris, A. Estienne, 1652, in-4° ; *l'Heureux retour du roi avec la paix dans sa bonne ville de Paris*, Paris, P. Clément, 1652, in-4°.

3. *Journal* de Jean Vallier. éd. Courteault, t. IV, p. 103, 106 ; Lettre de Le Tellier à Mazarin du 24 octobre 1652, Bibl. nat., ms. fr. 6891, fol. 250.

que pouvait aller ce qu'elle redoutait : « A tout, jusqu'à la mort »,
répondit-elle. Impressionné il n'osait plus paraître au Louvre, ne
sortait qu'entouré de huit à dix personnes armées ce qu'on traitait
de « rodomontades ».

Il se décida à aller saluer le roi et la reine mère. Il reçut un
accueil indécis. Ses amis lui affirmaient que la cour était résolue à
en finir avec lui. M. de Caumartin lui conseillait de gagner Rome
au plus vite : « Vous ne vous tenez plus que sur la pointe d'une
aiguille », lui disait-il[1]. Il hésitait encore et tandis qu'il attendait,
le coup éclata !

1. Même lettre de Le Tellier du 24 octobre et Guy Joly, *Mém.*, éd.
d'Amsterdam, 1718, t. II, p. 30 et suiv. Tout de même Retz avoue (*Mém.*,
t. IV, p. 402) : « Je me croyois beaucoup plus en péril que je m'y suis cru
de ma vie. » Et il explique (p. 421) qu'il ne pouvait compter sur personne,
que tous ses amis, égoïstes ou intéressés, étaient prêts à le trahir.

VI

L'ARRESTATION ET L'ÉVASION

Depuis plus de quatre mois, l'idée de prendre des mesures contre le coadjuteur mûrissait dans l'esprit des ministres. C'est au début de septembre que la pensée s'était précisée chez Mazarin[1]. En octobre il avait écrit qu'il fallait à tout prix éloigner Retz de Paris, l'envoyer à Rome, s'il le fallait[2]. Le 26 octobre, Servien lui avait expliqué que Retz était sans prestige, sans autorité et il insinuait qu'on pourrait maintenant le faire partir au loin et même « passer plus avant si l'on voulait[3] ». L'invitation était claire.

Alors on demanda ouvertement à Retz d'aller résider à Rome. Il refusa. Il raconte dans ses *Mémoires* que Servien lui aurait offert de se rendre auprès du Saint-Siège pour s'occuper des affaires du roi, avec une pension de 50 000 écus, le paiement de 100 000 écus de ses dettes, 50 000 écus pour son ameublement, à condition qu'il ne bougerait pas de Rome de trois ans de suite. D'après une lettre de Mazarin à l'abbé Fouquet, ce serait Retz qui, au contraire, aurait mis en avant ce projet et ces conditions. Quoi qu'il en soit, l'affaire n'aboutit pas[4].

1. Lettre de Mazarin à Le Tellier du 7 septembre 1652, dans *Lettres* de Mazarin, éd. Chéruel, t. V, p. 217. « Je m'étonne que le cardinal de Retz, dit le ministre, n'ait pas parlé de venir lui-même à la Cour... mais peut-être il s'en est abstenu parce que, comme la conscience lui reproche beaucoup de choses, ...il ne s'assure pas tout à fait que la reine ne fut capable de prendre des résolutions qui ne fussent pas à son avantage. »

2. *Ibid.*, p. 417. Toutes les lettres de Mazarin, à ce moment, en ce qui concerne Retz, insistent sur cette même solution. « Je vous conjure, mande-t-il à Le Tellier, de bien veiller à ce que je vous marque touchant le cardinal de Retz et de dire à leurs majestés qu'elles ne doivent rien épargner de ce qui peut servir à le faire sortir de Paris. »

3. Arch. Aff. étr. Fr. 885, fol. 277.

4. Retz, *Mém.*, t. V, p. 436. Retz répondit à Servien que n'ayant que

A Paris, maintenant, les ministres pressaient pour qu'on en finît avec Retz. Ils conseillaient à Mazarin « d'écrire fortement à la reine » qu'une « résolution hardie » devait intervenir avant qu'on fût « opprimé par cette faction »[2]. Le 4 novembre Mazarin fut averti que Retz proposait d'aller à Rome. Inquiet, fléchissait-il[3]? Dans le courant du mois les amis du coadjuteur parlèrent à nouveau de cette idée de départ[4]. Mazarin répondit qu'il fallait tout de suite l'accepter. Puis n'y croyant plus, devenant nerveux, il insistait, le 20 novembre, répétant à Ondedei qu'il fallait supplier la reine de faire sortir Retz de Paris[5].

Alors le 25 novembre fut tenu à Paris un grand conseil où on mit en délibération le parti à prendre. Tout le monde était d'accord pour estimer que la présence de Retz à la cour était intolérable. Le Tellier et Servien proposèrent nettement de le faire arrêter. Anne d'Autriche accepta. Servien et Le Tellier furent chargés par elle avec l'abbé Fouquet d'étudier les moyens de procéder à l'arrestation. Il faudrait au préalable informer Mazarin et avoir son sentiment : en attendant, on tromperait Retz, afin d'écarter

15 000 livres de rentes il ne pourrait pas vivre à Rome : *Discours sur la conduite et sur l'emprisonnement de M. le cardinal de Retz*, 1654, in-4°, p. 25. Ce serait la Palatine, au dire de la lettre de Mazarin à Fouquet, qui aurait présenté les propositions de Retz au ministre (Chéruel, *Mémoires sur Fouquet*, t. I, p. 206-7).

2. Lettre de Servien à Mazarin du 30 octobre 1652, Arch. Aff. étr. Fr. 885, fol. 318. Cf. Chéruel, *Hist. de France sous le ministère de Mazarin*, t. I, p. 368.

3. Arch. Aff. étr. Fr. 885, fol. 360 ; Bibl. nat., ms. fr. 4212, fol. 204 : Lettre de Le Tellier à Mazarin. Retz avait fait connaître son intention par la princesse de Guéménée.

4. Lettre de La Rochefoucauld à Lenet du 17 novembre 1652 dans *Œuvres* de La Rochefoucauld, éd. des Grands Ecrivains, t. III, p. 117. « Le cardinal de Retz ne s'éloigne pas du voyage que la Cour veut lui faire faire à Rome. »

5. Lettre de Mazarin à Le Tellier du 19 novembre (Mazarin, *Lettres*, éd. Chéruel, t. V, p. 461): « Je ne sais pas comment leurs majestés hésitent à lui faire commandement de s'en aller à Rome, car si on le lui donne en sorte qu'il cognoisse que c'est avec résolution de pousser la chose à fond [Mazarin trahit bien ici ses intentions] je ne doute pas qu'il obéisse. » Lettre à Ondedei du 20 novembre, *Ibid.*, p. 467 ; autre lettre au même du 26 novembre dans le même sens, *Ibid.*, p. 474. A ce moment, Retz prêchait beaucoup devant le roi à Saint-Germain-l'Auxerrois, à Saint-Jacques-la-Boucherie, mais, disait La Rochefoucauld, « il a beau prêcher, ses affaires n'en vont pas mieux jusques ici » (lettre de La Rochefoucauld à Lenet du 3 novembre 1652 dans *Œuvres* du même, éd. des Grands Ecrivains, t. III, p. 117. Cf. Loret, t. I, p. 304).

ses soupçons, en feignant de reprendre avec lui par la Palatine et Ondedei, les négociations relatives à sa mission de Rome et, cette fois en admettant les conditions qu'il avait lui-même proposées [1].

L'arrestation envisagée n'était pas facile. Retz ne venait plus au Louvre. On ne pouvait songer à le saisir au cloître de Notre-Dame, au milieu de son clergé. Il fallait tâcher de le prendre lorsqu'il irait chez sa nièce, Mme de Lesdiguières, rue de la Cérisaie, à l'ancien hôtel Zamet. Il y avait là, au fond de la rue, une porte dondant dans le petit Arsenal par où il serait aisé de le faire disparaître avant que personne pût le secourir. Fouquet connaissait des hommes sûrs : Pradel, Rubentel, le marquis de Pompadour, Magalotti, des officiers des gardes, qui se chargeraient du coup [2]. Il ne restait plus qu'à l'exécuter : on s'y décida, mais la résolution prise brusquement par Retz de venir au Louvre changea ces dispositions.

Le 3 décembre Mazarin avait répondu qu'il approuvait pleinement ce qu'on avait décidé en conseil et il donnait des instructions complémentaires détaillées : préparer une dépêche générale aux gouverneurs de province et aux Parlements afin d'expliquer l'arrestation ; être très ferme à l'égard de Rome et du nonce ; renvoyer le P. de Gondi hors de Paris ; ne point parler de l'amnistie. Retz a cru, et d'autres avec lui, que Mazarin avait été étranger à son arrestation ; qu'il l'avait seulement approuvée après coup. On voit par ces précisions ce qu'il en est [3]. Le 8 décembre Mazarin revendi-

1. Ces renseignements nous sont fournis par une lettre de Le Tellier à Mazarin du 26 novembre 1652. Arch. Aff. étr. Fr. 886, fol. 235 ; Bibl. nat., ms. fr. 4212, fol. 217-218 : « La reine m'a commandé de dépêcher exprès ce courrier. » On proposait d'arrêter Retz soit au Louvre, soit aux Chartreux, soit au jardin de Rambouillet, à Reuilly, « qui sont les lieux où il va le plus ordinairement ».

2. Lettre de l'abbé Fouquet à Mazarin du 19 décembre lui donnant ces détails (Arch. Aff. étr. Fr. 886, fol. 246) ; lettre de Le Tellier au même du 18 décembre (Ibid., fol. 243). Il est singulier qu'à ce moment Retz ayant rencontré le prétendant d'Angleterre, le futur Charles II, et s'entretenant avec lui, lui proposait sérieusement de s'occuper de lui avoir l'assistance du pape pour remonter sur le trône, lui parlait de sa conversion au catholicisme et lui demandait quelques renseignements par écrit que le prince lui adressa le lendemain. On va trouver la lettre du roi d'Angleterre dans la poche de Retz au moment de son arrestation, ce qui va valoir au prétendant de vifs reproches de sa famille. Edward earl of Clarendon, *The history of the rebellion and civil war in England*, Oxford, University Press, t. II, p. 854.

3. Lettre de Mazarin à Le Tellier, datée de Rumigny-aux-Vaches [Ardennes] 3 décembre 1652, dans Mazarin, *Lettres*, t. V, p. 482. « Tout ce que vous m'avez mandé d'avoir été discuté... à l'égard du cardinal de Retz

quait au contraire la responsabilité de la mesure en écrivant à Le Tellier et Servien que la résolution prise était d'autant plus conforme à ses sentiments qu'il avait exprimé ceux-ci assez clairement à mots couverts depuis longtemps, sans peut-être employer le mot « arrestation » ; « me semblant, expliquait-il, que la bienséance ne me le permettait pas », mais en d'autres termes aussi « significatifs » [1].

Ce fut un hasard qui mit Retz entre les mains de ses adversaires [2].

et ce que vous estimez... devoir estre fait pour l'avantage du service du roi, est fort bien... L'abbé Fouquet et Ondedei m'ont écrit sur cette matière et je ne leur ai fait autre réponse sinon que j'estimois... que de *façon ou d'autre*, la reine devait prendre résolution là-dessus. »

1. Lettre de Mazarin à Servien datée de Fains [Meuse] 8 décembre 1652, dans Mazarin, *Lettres*, t. V, p. 493. « C'est un grand malheur qu'ayant écrit tant de fois sur ce sujet et marqué qu'il ne fallait pas perdre un moment de temps, me servant mesme de ces termes : *de façon ou d'autre*, je ne me sois pas assez bien expliqué » ; et (p. 497) « je ne puis m'empêcher de vous répliquer sur le sujet de M. le cardinal de Retz que bien loin d'avoir été d'un sentiment contraire à la résolution qu'on avoit prise à son égard, elle était tout à fait conforme au mien... Si l'on examine bien toutes mes lettres sur cette matière, ...on verra que j'ai toujours esté du même avis... Enfin j'estois si peu d'opinion différente que, par ma dernière dépêche, j'ai mandé que je ne croyois pas qu'on l'attendit pour exécuter ce qui avait été résolu... Il est vrai que je ne me suis pas servi du mot *d'arrester*, me semblant que la bienséance ne me le permettait pas, mais j'ai dit la même chose en des termes significatifs ; je suis en peine de ce que pourrait souffrir le service du roi pour ne m'être pas su assez bien faire entendre. » Le rôle de Mazarin est donc ici très net. Voir ce que dit Retz de ce rôle qu'il ignore, dans ses *Mém..* t. IV, p. 447. Il écrit que ce qu'on lui en a dit est contradictoire ; que Lionne lui a affirmé que Mazarin avait approuvé après coup l'arrestation mais qu'une autre personne lui a rapporté avoir entendu Le Tellier reconnaître la part de Mazarin dans l'affaire. Retz ne se prononce pas. On lit dans une lettre de Sourches à Mazarin du 24 décembre 1652 (publiée par le Cte de Cosnac, *Mazarin et Colbert*, Paris, Plon, 1892, t. I, p. 373) : « je sais, Monseigneur, par les assurances publiques que la reine a données et par des raisons toutes convaincantes, que V. E. n'a nulle part à cette résolution (l'arrestation de Retz). La pourpre qui vous couvre également, le Sacré Collège dont vous faites partie et qui reçoit une plaie en la personne de ce prélat, la douceur, la bonté de votre âme éloignée de sentiments sévères..., me fortifient justement dans le désaveu de votre participation, sans autre considération dont le détail serait trop long. » On croirait presque à de l'ironie si le caractère des deux interlocuteurs et les circonstances n'excluaient pas cette hypothèse.

2. Il y a de nombreux récits de l'arrestation de Retz. Un des plus importants est celui du P. Paulin, confesseur du roi (qui y a assisté), dans une lettre de lui à Mazarin du 25 décembre 1652. Arch. Aff. étr. Fr. 886,

Le maréchal de Villeroy prévint Mme de Lesdiguières qu'un conseil
avait été tenu au Louvre et qu'il avait été décidé de s'arranger avec
Retz, allusion, sans doute au conseil du 25 novembre et au parti
qui y avait été pris d'engager de fausses négociations avec le coadjuteur afin d'endormir ses défiances. Mme de Lesdiguières redit la
nouvelle à son oncle et lui conseilla, puisqu'il en était ainsi, de faire
de son côté preuve de bonne volonté et d'aller voir le roi et la reine
mère au Louvre. Tous les amis étaient du même avis : Brissac,
l'abbé Charrier, Montrésor. Après de grandes hésitations, Retz
acquiesça. On était au 16 décembre. Il irait au Louvre dans deux
ou trois jours.

Immédiatement prévenu, le gouvernement prit ses mesures.
Deux lettres furent écrites par Le Tellier et signées de Louis XIV,
le 16, dont l'une ordonnait au capitaine aux gardes françaises Pradel d'arrêter le cardinal et l'autre aux gardes et aux suisses de lui
prêter main forte [1].

Le 18, Caumartin, mal impressionné, vint voir Retz et lui
conseilla de ne pas aller au Louvre. Le matin du 19, la princesse
Palatine fit dire au coadjuteur de différer sa visite. Retz refusa. De
tous côtés cependant lui arrivaient des informations inquiétantes.
Guy Joly lui avait déclaré qu'il ferait beaucoup mieux de s'en aller
à Mézières traiter avec Mazarin et que lui ne l'accompagnerait certainement pas au Louvre. Mais les autres, Brissac, Charrier, insis-
taient, traitant ces donneurs d'avis de gens à « terreur panique » [2].
Le sort en était jeté !

Nous avons, par différentes sources, des détails précis sur l'arrestation. Le 19, vers neuf heures du matin, Retz arriva au Louvre,
se rendit dans la chambre du maréchal de Villeroy pour y attendre
l'audience royale : il allait attendre une heure et demie. La reine

---

fol. 310 ; elle a été souvent imprimée (*Lettres* de Colbert, éd. P. Clément,
t. I, p. 494 ; C^le de Cosnac, *Mazarin et Colbert*, t. I, p. 373 ; le P. Chérot,
La première jeunesse de Louis XIV, Lille, 1892, in-8°, p. 139, etc.) ; puis
la lettre de Le Tellier à Mazarin du 20 décembre (Bibl. nat., ms. fr. 4212,
fol. 242 ; Bibl. de l'Institut, ms. 1312, p. 861 ; imprimée dans Retz,
OEuvres, t. VI, p. 462).

1. Nous avons les originaux de ces documents conservés à la Bibl. nat.,
ms. fr., 6891, fol. 368, 370, 371. Il y a trois expéditions de la main de
Michel Le Tellier. toutes trois signées de Louis XIV qui a ajouté de sa
main sur l'une d'elles un post scriptum où se trouve le mot « mort ou vif ».
La date est en blanc.

2. *Mém.* de Guy Joly, éd. de 1718, t. II, p. 40. Retz répondait qu'on
n'oserait pas l'arrêter, « la chose étant sans exemple et de périlleuse
conséquence ».

avertie fit venir le roi dans son appartement de l'entresol où, au lieu de Pradel, à la dernière minute, on avait chargé le capitaine des gardes du corps, Villequier, de l'arrestation.

Retz introduit dans le salon d'Anne d'Autriche vers onze heures moins le quart, salua le roi et la reine. Étaient présents : Le Tellier, l'abbé Fouquet, Villequier, le P. Paulin, confesseur de Louis XIV, qui a écrit un récit de la scène. Anne d'Autriche était froide. Le jeune roi causa, parla d'une comédie qu'il voulait faire jouer, puis sortit pour aller à la messe. Onze heures sonnaient. Retz se retirait, lorsque dans l'antichambre, Villequier lui signifia à mi-voix qu'il avait ordre de l'arrêter. Le coadjuteur interloqué suivit sans rien dire : personne n'avait remarqué ce qui se passait. Il fut conduit dans la chambre de Villequier. On le fouilla, ou plutôt on lui fit retourner ses poches : il n'avait sur lui que deux brouillons de sermons, des billets anonymes et une lettre du roi d'Angleterre. Guy Joly assure qu'avant de partir, il avait brûlé des papiers : était-ce un pressentiment ? À trois heures de l'après-midi un carrosse du roi fut amené aux Tuileries : Retz y monta avec Villequier et cinq ou six officiers des gardes du corps. Une escorte de gendarmes et de chevau-légers devait entourer le prisonnier. On conduisit le coadjuteur, en longeant les murs de Paris au Nord, jusqu'à Vincennes où il fut écroué au deuxième étage du donjon [1].

La nouvelle se répandit aussitôt, mais ne produisit aucun effet sur le public [2]. Retz expliquera plus tard cette indifférence en

1. D'après les sources que nous venons d'indiquer, auxquelles il faut ajouter les *Mém.* du P. Rapin, t, I, p. 515, les *Mém.* de Retz, t. IV, p. 450 et suiv. ; un récit contenu dans le ms. fr. 10275 de la Bibl. nat., publié dans Retz, *OEuvres*, t. VI, p. 467 ; les *Mém.* de Mlle de Montpensier, éd. Michaud, p. 156. Les brouillons de sermons trouvés dans les poches de Retz sont conservés à la Bibl. nat. (ms. fr. 6886, fol. 2 et suiv. Cf. *OEuvres* de Retz, t. IX, p. 200). L'un avait été prêché le 1er dimanche de l'Avent et l'autre devait être prêché le dernier dimanche à Notre-Dame. Pour la lettre du roi d'Angleterre, voir plus haut, p. 117, note 2. L'escorte des gendarmes et des chevau-légers était commandée par Miossens (*Journal* de J. Vallier, éd. Courteault, t. IV, p. 140) qui s'était d'ailleurs offert à la reine à cette intention (Arch. Aff. étr. Fr. 886, fol. 249).

2. Voir ce que dit la duchesse de La Rochefoucauld dans une lettre à Lenet du 25 décembre (*OEuvres* de La Rochefoucauld, éd. des Grands Ecrivains, t. III, p. 274). Voir aussi la lettre du baron de Cize de Grésy, secrétaire de l'ambassade de Savoie à Paris, à la duchesse de Savoie du 27 décembre, dans *Correspondance du chevalier de Sévigné*, éd. Lemoine, p. 323 : « Ceux qui espéraient que l'emprisonnement de M. le cardinal dut causer quelque émotion se sont désabusés par l'indifférence que le peuple a conçue pour sa détention. »

disant que la foule fut abattue et n'avait personne pour la guider.
D'après Jean Vallier et Brienne, au contraire, le public n'aurait pas
été mécontent de cette mesure [1]. La *Gazette* expliqua par un article
sévère, que le roi avait voulu assurer la tranquillité de l'État [2].

Les amis, dans une extrême agitation, voulurent protester. Ils se
réunirent et estimèrent qu'il fallait envoyer immédiatement Charrier à Rome afin de réclamer l'intervention du pape, Joly en Bretagne pour provoquer la révolte du duc de Retz, le frère; d'autres à
Mézières afin que Noirmoutier se soulevât. Malheureusement tous
ceux qui furent sollicités de se révolter déclinèrent. Guy Joly
observe : « Il est étonnant combien il y en eut qui s'en réjouirent !
On disait hautement ; il n'a que ce qu'il mérite [3] » !

Tout au plus les ducs de Retz et de Brissac écrivirent-ils au roi
une lettre mesurée où ils disaient leur douleur [4]. Mme de Lesdiguières eut l'imprudence de demander à Villequier la permission
d'envoyer à son oncle prisonnier deux fioles de contrepoisons ce qui
indigna la reine [5]. Le père du coadjuteur, Gondi, ayant manifesté
une affliction profonde accompagnée de menaces, fut prié de se
retirer à Villepreux où Vincent de Paul alla le consoler [6]. Quand
un secrétaire du cabinet, M. de Chalon, vint annoncer la nouvelle
à l'oncle archevêque de Paris, celui-ci se mit à pleurer. Il dit
combien il était malheureux que son neveu eût déplu au roi, et il
pria M. de Chalon de répéter à la reine qu'il répondait de tout
Paris, écrivait Le Tellier à Mazarin le 20 décembre. Malheureusement, le pauvre archevêque ne pouvait pas même répondre de son
clergé [7].

1. Lettre de Brienne à l'abbé Strozzi, agent de la cour de France à Rome,
du 25 décembre 1652. Bibl. nat., ms. fr. 20659, fol. 401 ; J. Vallier,
Journal, éd. Courteault, t. IV, p. 136.

2. *Gazette*, 1652, p. 1175-1176, à la date du 21 décembre.

3. *Mém.* de Guy Joly, éd. de 1718, t. II, p. 46. Joly donne des détails
circonstanciés.

4. Bibl. nat., ms. fr. 15626, fol. 23, texte de cette lettre que Guy Joly
dit avoir revue (*op. et loc. cit.*).

5. D'après une lettre de Le Tellier à Mazarin du 22 décembre. Bibl.
nat., ms. fr. 4212, fol. 246. Guy Joly confirme le fait (*op. et loc. cit.*),
ainsi que J. Vallier (*Journal*, éd. Courteault, t. IV, p. 143), Omer Talon
(*Mém.*, éd. Michaud, p. 515), l'abbé de Choisy (*Mém.*, éd. Michaud, p. 566).

6. Retz a une page émue sur cet exil (Retz, *OEuvres*, t. VI, p. 45-46).
Cf. Guy Joly, *Mém.*, éd. de 1718, t. II, p. 54 ; *Correspondance du chevalier
de Sévigné*, éd. Lemoine, p. 227. Saint-Vincent de Paul, *Correspondance*,
éd. Coste, t. IV, p. 535.

7. Lettre de Le Tellier à Mazarin du 20 décembre 1652, Arch. Aff. étr.
Fr. 886, fol. 255.

Celui-ci en effet s'était extraordinairement ému. Le chapitre de Notre-Dame s'assembla et décida d'aller trouver le roi avec les curés de la ville, sous la conduite de l'archevêque, afin de supplier S. M. de rendre la liberté au coadjuteur. En attendant il fit dire les prières des quarante heures et exposer le Saint-Sacrement dans toutes les églises. Le lendemain, 20 décembre, une centaine de carrosses amenaient au Louvre l'imposante délégation. On la fit attendre une heure. Lorsqu'elle fut reçue, l'archevêque, qui avait dû suivre, débita une harangue embarrassée où il demandait la liberté de son neveu lequel lui était nécessaire pour remplir sa charge « à laquelle il ne pouvait pas vaquer à cause de son âge caduc ». Le chancelier répondit que le roi révérait les ecclésiastiques mais qu'il était obligé d'user du pouvoir que Dieu lui avait donné contre ceux qui « troublaient la tranquillité publique » en se mêlant des affaires qui ne les regardaient pas. Puis le roi et la reine emmenèrent l'archevêque dans un cabinet où ils se plaignirent sévèrement à lui des prières des quarante heures et de l'exposition du Saint-Sacrement ordonnées ; après quoi consolèrent le vieillard par quelques mots bienveillants.

Revenus au cloître, le chapitre et les curés mécontents, édictèrent des prières spéciales à dire au chœur de chaque église, après la grand'messe, tant que Retz serait en prison [1]. D'après une lettre de Le Tellier à Mazarin du 28 décembre l'archevêque serait allé ensuite protester au roi de sa bonne volonté, mais aurait laissé entendre que n'ayant pas été satisfait de voir son neveu nommé cardinal avant lui, s'il plaisait à S. M. de le proposer pour la prochaine promotion, il « promettait de maintenir chacun dans son devoir ». Le Tellier expliquait à Mazarin que le bon archevêque peu touché de la prison de son coadjuteur, tâchait au moins d'en tirer parti le mieux possible. « Il a l'esprit faible, disait-il, et il y a à craindre sur sa conduite [2]. »

1. Sur tous ces faits, voir : les Registres capitulaires du chapitre de Notre-Dame, Arch. nat., LL 302, fol. 359 et suiv. ; une lettre de l'évêque de Coutances, Claude Auvry, à Mazarin du 19 décembre, Arch. Aff. étr. Fr. 886, fol. 244 ; un récit contenu dans le ms. fr. 25026, fol. 189 r° de la Bibl. nat., mentionné dans le *Journal* de J. Vallier, éd. Courteault, t. IV, p. 140, note ; les *Mém.*, de Guy Joly, éd. de 1718, t. II, p. 44.

2. Lettres de Le Tellier à Mazarin du 28 décembre, Bibl. nat., ms. fr. 4212, fol. 255, du 30 décembre 1652 (Ibid., fol. 261), du 10 janvier 1653 (Ibid., fol. 275). L'archevêque avait publié le 2 janvier 1653 un mandement prescrivant aux curés de son diocèse les mémoires à dire à la messe pour la libération du coadjuteur (texte de ce mandement dans Retz, *OEuvres*, t. VI, p. 469). Il écrivit au pape qui lui répondit le 10 février pour le consoler et

Après le clergé, la Sorbonne voulut protester. Elle devait beaucoup aux Gondi dont deux d'entre eux avaient été ses proviseurs. Le roi lui fit dire qu'il ne la recevrait pas. L'Université à son tour alla au Louvre. On lui fit la même réponse qu'au clergé [1].

Pendant ce temps Mazarin qui rentrait en France exprimait dans ses lettres sa grande satisfaction de l'événement accompli. Il était désolé, disait-il, que sa conduite eût attiré au coadjuteur cette malheureuse disgrâce qui était inévitable et il s'appliquait à ne rien dire qui pût faire croire à son intervention dans l'affaire [2]. Le 3 février 1653, il rentrait à Paris après deux ans d'absence durant esquels il avait été l'objet de la haine universelle, flétri par le roi et le Parlement, vilipendé, condamné et il était accueilli comme un triomphateur ! Par précaution, avant de revenir, il avait fait ajouter quelques épilogues à l'arrestation de Retz ; on avait envoyé au loin, en province, des amis de celui-ci : Charrier, Guy Joly, le chevalier Renaud de Sévigné. Il avait même été question un instant de chasser de Paris Mme de Lesdiguières, mais Anne d'Autriche y avait renoncé [3].

Retz a longuement raconté dans ses *Mémoires* l'impression qu'il éprouva lorsqu'il se trouva seul dans sa prison de Vincennes au milieu de cette salle voûtée du deuxième étage du donjon (qui subsiste encore), sans meuble, sans feu, rien, un 19 décembre : et il allait demeurer là 19 mois et 21 jours ! Aux quatre angles de la salle étaient des tourelles, dans l'une desquelles se tenaient les gardes, dans une autre était un retrait, dans la troisième, un passage menant à l'oratoire où Retz entendait la messe ; dans le qua-

---

approuver les démarches qu'il faisait afin d'obtenir la liberté de son neveu (réponse du pape, d'après le texte des Archives vaticanes, publiée par Cl. Cochin, *Ibid.*, t. XI, p. 226).

1. Arch. nat., MM 252, fol. 175 ; 269 fol. 293-4, 299, 306. La Sorbonne avait envoyé M. Hennequin auquel M. Saintot, introducteur des ambassadeurs, donna la réponse du roi. Pour l'Université, voir : C. Jourdain, *Hist. de l'Université de Paris*, Paris, 1862, in-fol., pièces justificatives, p. 87, 88, 89 : « Suivant le mémoire qui m'en a esté baillé par M. de la Place, recteur » ; lettre de Le Tellier à Mazarin du 22 décembre, Bibl. nat., ms. fr. 4212, fol. 246.

2. Voir par exemple, lettre de lui à l'abbé Fouquet du 23 décembre 1652, *Lettres de Mazarin*, éd. Chéruel, t. V, p. 514. « Je n'ai rien à dire, écrit-il, à ce que leurs majestés font pour le bien de l'Etat. »

3. *Journal* de J. Vallier, éd. Courteault, t. IV, p. 145 ; le récit de l'arrestation de Retz, Bibl. nat., ms. fr. 10275, dans Retz, *OEuvres*, t. VI, p. 469 ; la *Muse* de Loret, t. I, p. 323, à la date du 28 décembre 1652. Pour Mme de Lesdignières, voir la lettre de Le Tellier à Mazarin du 10 janvier 1653 : Bibl. nat., ms. fr. 4212, fol. 275.

trième un escalier. Sur le mur Ouest était une cheminée très vaste
et à gauche une grande embrasure de fenêtre sur les parois de
laquelle ensuite le cardinal installera une bibliothèque [1].

La garde chargée de la surveillance se composait de deux compagnies de gardes françaises, d'une compagnie de suisses que vint
renforcer un détachement de gardes du corps de la compagnie du
comte de Noailles, le tout commandé par les capitaines aux gardes
Pradel et de Maupeou. Douze hommes se tenaient dans le donjon
et trois exempts dans la tourelle de l'étage où se trouvait le cardinal. Parmi ces exempts était un M. d'Avanton, du Poitou, qui
devait rendre compte des faits et gestes du prisonnier et un autre,
nommé Croizat, un gascon, dont Retz se plaint tant dans ses
Mémoires [2].

Nous ne reprendrons pas ce qu'il a raconté lui-même, comment
on l'autorisa à se meubler, à dire la messe ou à l'entendre, à se
confesser à un docteur de Sorbonne, M. Lemoine ; comment il
éprouva tout de suite un sentiment terrible d'isolement. Il se plaint
amèrement des vexations systématiques dont il aurait été, dit-il,
l'objet [3], mais le gouvernement saisi par des tiers de ces réclamations
les déclarait injustifiées. Mazarin écrivait à propos de ces plaintes que

1. Retz, *Mém.*, t. IV, p. 255 et suiv. Sur le château de Vincennes à
cette époque, voir l'important ouvrage de F. de Fossa : *Le Château historique de Vincennes*, Paris, H. Daragon, 1908, 2 vol. in-4° et les plans qu'il
donne t. II, p. 25, 175. L'étage où fut mis Retz et sur lequel il n'y a pas
de doute est donné par le recoupement de divers passages de ses *Mémoires*,
par exemple (t. IV, p. 465), celui où il dit que son médecin veut le faire
sauver par une petite fenêtre de la chapelle où il entend la messe et qui est à
l'étage de son logement, or cette chapelle est au second ; l'endroit (t. V, p. 83)
où le prisonnier raconte qu'il correspond avec Croissy (conseiller au Parlement, arrêté comme lui, et détenu à l'étage au-dessus du sien), au moyen
d'un filet descendant « qu'il laissait couler vis-à-vis l'une de mes fenêtres »,
opération qu'aurait rendue impossible l'interposition, entre le 3ᵉ, si Retz
était au 3ᵉ, et le 4ᵉ étage, de la corniche d'une saillie considérable qui sépare
ces deux étages; et les autres raisons que donne Fossa, t. II, p. 103. Sur la
détention de Retz à Vincennes, voir : Lous-Adrien Le Paige et Durey de
Mesnières, *Histoire de la détention du cardinal de Retz et de ses suites*,
Vincennes, 1755, in-12.

2. Lettre de Mazarin à Le Tellier du 24 décembre 1652 (dans Mazarin,
Lettres, éd. Chéruel, t. V, p. 515). Le ministre indiquant les qualités qu'il
faut attendre de ces gardes recommande surtout qu'ils empêchent que le
prisonnier écrive ou reçoive des lettres. Lettre de Le Tellier à Mazarin du
20 décembre 1652 (Arch. Aff. étr. Fr. 886, fol. 255), du 20 décembre
(Bibl. nat., ms. fr. 4212, fol. 242).

3. Retz, *Mém.*, t. IV, p. 475 et suiv.

« jamais un prisonnier d'État n'avait été si favorablement traité »,
et Brienne mandait à Valençay le 18 juillet suivant : « Sa prison
est si douce qu'il ne saurait désirer qu'elle le fût davantage »[1]. On
avait permis à Retz d'avoir un médecin attaché à sa personne et de
son choix, M. Vacherot, un valet de chambre, de recevoir des livres,
d'aller prendre l'air au haut du donjon, sur la terrasse[2]. En octobre-
novembre 1653, il paraît avoir été assez gravement souffrant, au
point que le chapitre prescrivit des prières particulières pour sa
guérison[3].

1. Ceux qui se plaignaient étaient : Mme de Lesdiguières (voir sa lettre
à Mazarin dans Retz, *Œuvres*. t. VI, p. 477), Noirmoutier. Bussy, l'abcrt :
lettre de Mazarin à ce dernier du 17 mai 1653. dans Mazarin, *Lettres*.
t. V, p. 615 ; lettre de Loménie de Brienne à M. de Valençay du 18 juillet :
Bibl. nat., ms. fr. 20663, fol. 38, où Brienne donne des détails sur les
faveurs qu'on a accordées au détenu.

2. Ibid., cf. la lettre citée plus haut de Le Tellier à Mazarin du
30 décembre 1652. Retz fut autorisé à avoir les meubles qu'il voudrait
(Arch. nat., O¹ 3, fol. 195 v°, cf. Retz, *Œuvres*. t. VI, p. 481. ordre à
Pradel de recevoir ce qu'on expédie à cet égard au coadjuteur). On donnait
mille écus par mois pour la nourriture du prisonnier (*Seconde lettre d'un bon
français*, 1655. in-fol., p. 14). Loret prétend qu'en janvier 1654 Retz fera
venir 20 muids de vin de Bourgogne pour régaler ses domestiques et ses
gardes (*Muse* de Loret, t. I, p. 453). Il y a une lettre du roi à l'exempt
Croizat réglementant la question de la messe pour Retz, fixant comment un
chanoine de Vincennes la célébrera devant lui, comment M. Lemoine pourra
venir confesser le coadjuteur, et les précautions à prendre dans ces divers
cas (Arch. nat., O¹ 3, fol. 192, cf. Retz, *Œuvres*, t. VI, p. 479). Nous
avons une lettre de S. Vincent de Paul datée d'avril ou mai 1653 (et non
de 1644 comme a paru le croire Chantelauze), où le fondateur de la Mission
parlant de celui qu'il appelle « le reclus » dit : « il a célébré la sainte messe
le jour de Pâques avec grande dévotion » (*Correspondance de Saint Vincent
de Paul*, éd. P. Coste, t. IV, p. 574).

3. Délibération du chapitre : Arch. nat., LL 302, fol. 585 et fol. 619. Le
samedi 18 octobre, fête de Sainte Luce, les chanoines réunis dans leur
vestiaire apprennent de M. Chevalier, vicaire général de Retz, que le
coadjuteur est gravement malade. Ils ordonnent d'afficher une note dans
la petite nef de la sacristie pour prescrire aux ecclésiastiques célébrant la
messe de prier pour la santé et la liberté du prélat ; puis décident que
chaque jour, après vêpres, on chantera à genoux le *Sub tuum* avec les deux
collectes *de beata* et *pro infirmo*, aux mêmes intentions. Le 19 novembre,
M. Chevalier informe que le coadjuteur est en convalescence, et ces
messieurs décident de faire cesser les prières. Loret mentionne en effet le
18 octobre que Retz a la fièvre à Vincennes (*Muse* de Loret, t. I, p. 421).
En mai 1653, le prisonnier s'était senti assez souffrant pour que le roi, sur
la plainte du nonce, lui envoyât son premier médecin et c'est à ce moment
qu'on lui permit d'aller prendre l'air au haut du donjon (lettres de Loménie

Il a également raconté tout ce qu'il essaya pour se distraire : lire, écrire, élever des lapins, des tourterelles, des pigeons [1].

Au dehors on ne l'abandonnait pas, surtout le clergé. Le 9 janvier 1653, les archevêques et évêques présents à Paris tentaient une démarche auprès du roi afin de demander au moins, si on procédait juridiquement contre Retz, qu'on observât les voies canoniques à son égard, qu'on ne confiât son procès qu'à des juges ecclésiastiques et, qu'en attendant, on le mît en liberté. Le chancelier répondit sur ce dernier point par un refus [2].

En février la faculté de théologie de la Sorbonne, en avril, le chapitre de Notre-Dame essayèrent eux aussi de nouvelles tentatives en vue de sa mise en liberté. Elles n'eurent pas plus de succès [3].

de Brienne à Valençay du 30 mai et du 4 septembre 1653, Bibl. nat., ms. fr. 20663, fol. 301 et 482). Voir aussi une lettre de Mazarin à l'abbé Fouquet sur le même sujet du 29 septembre 1653 dans Mazarin, *Lettres*, t. VI, p. 47. Retz qui s'ennuyait extrèmement demanda et obtint qu'un chanoine de Paris, M. de Bragelonne vînt partager sa prison (Arch. nat., LL 302, fol. 450, Registres capitulaires de Notre-Dame mentionnant, à la date du 25 avril 1653, les adieux que fait le chanoine à ses confrères avant d'aller s'enfermer à Vincennes. La réunion paraît émue de « la grande vertu de M. de Bragelonne »). Malheureusement M. de Bragelonne ne résista pas à l'effet d'une claustration prolongée et le 28 août suivant, dans un accès de fièvre chaude, se coupa la gorge avec un rasoir (Ibid., fol. 549 ; *Journal* de J. Vallier, t. IV, p. 312 ; Loret, *Muse*, t. I, p. 403). Il fut enterré dans la chapelle des Gondi à Notre-Dame (Gueffier, *Description historique des curiosités de l'église de Paris*, 1763, in-12, p. 403) et personne au chapitre ne se soucia de le remplacer auprès de Retz.

1. Retz, *Mém.*, t. IV, p. 460 et suiv. Le coadjuteur eût pu dire de lui ce qu'il disait ailleurs de Chavigny retiré en Touraine (*Ibid.*, p. 142) : « Il ne trouva pas le secret de s'y savoir ennuyer, mais il s'ennuya beaucoup en récompense. » On sut au dehors à quel point il se décourageait : *Mém.* du P. Rapin, éd. Aubery, t. II, p. 215 ; *Mém.* de Guy Joly, éd. d'Amsterdam, 1718, t. II, p. 56, lequel écrit : « il donna des marques de sa faiblesse et de son chagrin qui ne paroissoient que trop dans toutes les lettres qu'il écrivait à ses amis. »

2. Lettre de l'évêque de Coutances Auvry à Mazarin à ce sujet. Bibl. nat., Baluze 113, fol. 3 ; Bibl. de l'Institut, ms. 1314, p. 13. Ce fut M. de Marca, archevêque de Toulouse, qui prit la parole au nom du clergé. Cf. *Journal* de J. Vallier, éd. Courteault, t. IV, p. 158. La démarche avait été décidée par une réunion d'une vingtaine d'évêques alors à Paris (Bibl. nat., ms. fr. 25026, fol. 192 r°).

3. Arch. nat., MM 252, fol. 176. En avril, le chapitre de Notre-Dame délibéra de profiter, à propos du jubilé, de la visite que faisait le roi aux églises pour lui demander à nouveau la libération du coadjuteur. Arch. nat., LL 302, fol. 446.

De leurs côtés les amis tâchaient d'intervenir. Le 3 janvier et le
17 mars 1653 le duc de Noirmoutier écrivit à Mazarin afin de solliciter la délivrance du prisonnier. Mazarin fit une réponse polie et
négative [1]. En mars, les frère et cousin de Retz, les ducs de Retz et
de Brissac offrirent de répondre de celui dont ils sollicitaient la
libération. Ils n'eurent pas plus de succès [2]. Mazarin lui-même
inquiet, — car il paraissait des libelles en faveur de Retz qui
témoignaient d'un essai de campagne de presse en sa faveur; —
prescrivit de surveiller les agissements de ses amis et de redoubler
de vigilance autour du prisonnier pour qu'il ne fût pas mis au courant de ce qu'on faisait pour lui [3]. En réalité Retz, comme il l'a
raconté, savait tout ce qui se passait au dehors par un garde qui
couchait dans sa chambre, que ses amis avaient soudoyé et grâce
auquel il correspondait deux fois par semaine avec Mme de Pomereu,
MM. de Caumartin ou d'Hacqueville. Le gouvernement ne s'en est
jamais douté [4].

Retz a raconté aussi comment, devant l'inefficacité de toutes ces
démarches il songea alors à s'enfuir, quelle fut l'idée impraticable
que lui suggéra Vacherot de descendre du donjon par une corde ;
ou celle un peu romanesque qu'il eut d'aller se cacher sous des
gravats au haut du donjon et de là une fois qu'on croirait qu'il avait
disparu, de s'en aller déguisé, ce qui échoua parce qu'une porte
verrouillée l'empêcha de monter à cette terrasse [5].

1. Bibl. nat., ms. fr. 3856, fol. 1 et 33 : Mazarin, *Lettres*, éd. Chéruel,
t. V, p. 579. M. de Longuerue, dit Mazarin, lui avait aussi écrit dans le
même sens. Noirmoutier écrira à nouveau en août, Arch. Aff. étr. Fr. 893,
fol. 303.

2. La lettre fut imprimée : *Lettre au roi de MM. les ducs de Retz et de
Brissac pour la liberté de monseigneur le cardinal de Retz.* In-4° de 7 pages.
Cette lettre avait été rédigée par Guy Joly ; on en avait pesé avec soin
« les syllabes, points et virgules » dit celui-ci (*Mém.*, éd. de 1718, p. 268).

3. Lettre de Mazarin à Fabert du 12 mars 1653, dans *Lettres* de Mazarin, éd. Chéruel, t V, p. 574. Sur les libelles en question, voir Retz, *OEuvres*, t. VI, p. 493. Les titres de ces libelles marquaient bien les intentions
des auteurs : *Discours sur la conduite et sur l'emprisonnement de M. le cardinal
de Retz*, in-4°, 48 p. ; *l'Innocence du cardinal de Retz*, in-4°, 4 p. En juin,
un étudiant nommé Lamont, ayant voulu dédier ses thèses de philosophie
à Retz, le chancelier défendit au recteur de l'université de laisser disputer
ces thèses (*Journal* de J. Vallier, t. IV, p. 243).

4. Retz, *Mém.*, t. IV, p. 464 et suiv.

5. *Ibid.* D'après Guy Joly (*Mém.*, éd. d'Amsterdam, 1718, t. II, p. 55),
MM. de Pomereu et de Caumartin auraient acheté l'exempt Croizat qui
pour 1 500 000 livres aurait promis d'assurer la fuite de Retz. Celui-ci aurait
refusé cette combinaison sous prétexte qu'on ne pouvait se fier à Croizat

En fait, un autre moyen pouvait être plus sérieux : celui de l'intervention du Saint-Siège, le Saint-Siège ne pouvant admettre évidemment qu'un cardinal fût arrêté et emprisonné sans rien dire. Les amis y avaient bien songé.

A peine Retz écroué à Vincennes, le secrétaire d'État Brienne, se doutant de ce qui pouvait arriver de ce côté, avait écrit à Valençay, le 21 décembre, d'aller annoncer la nouvelle au pape en lui disant que le roi n'avait pas pu faire autrement que d'arrêter le cardinal, mais sans donner d'explication [1].

Valençay, admis à l'audience pontificale, avait commencé par énumérer au souverain pontife tous les honneurs dont avaient été comblés en France les Gondi durant un siècle, et, en retour, ce dont le coadjuteur, depuis plus de quatre ans, s'était rendu coupable à l'égard du roi : machinations, mauvais desseins, attentats odieux ! Il n'y avait pas eu moyen, concluait l'ambassadeur, de faire autre chose que de l'arrêter. Sur le moment, le pape parut surpris, dit, après un instant de réflexion, que ce ne pouvait être que Mazarin qui avait fait le coup, après quoi mit la conversation sur d'autres sujets et, à la fin, seulement, revint sur Retz pour proposer à Valençay que le roi de France lui écrivît de garder le coadjuteur à Rome en prison. Valençay répondit que c'était impossible et eut l'impression que l'affaire n'aurait peut-être pas trop de retentissement sur les bords du Tibre [2]. Retz allait y parer.

qui était dévoué à la Cour. En réalité Croizat aurait bien été de bonne foi, mais déçu, il aurait alors raconté l'affaire à Servien qui l'aurait fait retirer de Vincennes afin qu'il ne fût plus exposé à de pareilles tentations. Retz ne parle pas de ce projet.

1. Lettre de Brienne à Valençay, du 21 décembre 1652, Bibl. nat., ms. fr. 20663, fol. 3. L'ambassadeur devait dire seulement que le roi n'avait nullement voulu se venger du passé qui était « pardonné » et le ministre ajoutait les véritables raisons, mais, disait-il « ce qui suit ne sera que pour vous » : menaces, arrogance du coadjuteur, ses prétentions insolentes, son attitude, et le ministre racontait le détail de l'arrestation. L'ambassadeur devait éviter d'avoir l'air de justifier le roi qui n'avait pas de compte à rendre de ses actions.

2. Lettre de Valençay à Brienne du 9 janvier 1653. Arch. Aff. étr., Rome, 121, fol. 391. Les lettres de Valençay sont en général assez vivantes et originales. « Dès que je fus entré dans la chambre de Sa Sainteté, dit-il, et me fus assis sur mon banc, je commençai mon discours par une déduction de tous les biens et grandeurs qu'avait reçus la maison de Gondi... », etc. « Le pape, au commencement haussa les épaules et leva les yeux au ciel, en prononçant ce qu'il voulait dire en français : « Mon Dieu ! qu'il arrive d'accidents étranges et nouveaux durant mon pontificat ! », etc. « Jusques à cette heure que je minute cette lettre, il n'a paru rien qui puisse faire croire que

Du fond de sa prison, en effet, il écrivit au début de janvier 1653 une grande lettre au Sacré-Collège dans laquelle il protestait hautement contre sa détention déclarant que l'injure et l'attentat commis contre lui atteignait tous les cardinaux [1]. Le P. de Gondi, les ducs de Retz et de Brissac écrivirent également au pape et aux cardinaux pour demander justice contre l'affront infligé à l'Église [2].

Cette fois le pape s'inquiéta. Il convoqua une assemblée de cardinaux et de prélats afin d'examiner l'affaire. Il y fut décidé d'envoyer à Paris l'archevêque d'Avignon, Dominique Marini, avec charge de demander au roi de France de rendre la liberté à Retz ou de dire pourquoi il l'avait fait arrêter [3]. Puis, le 20 janvier, le pape écrivit un bref à Louis XIV afin de lui faire savoir que s'il y avait quelque chose à reprendre dans la vie du cardinal détenu, cela ne regardait que le souverain pontife et que par ailleurs, il réclamait l'élargissement du coadjuteur [4]. Le nonce Bagni devait remettre lui-même le bref au roi. La Cour prévenue fit attendre des semaines au nonce son audience et l'envoyé du pape ne reçut qu'une réponse dilatoire le 7 mars [5].

l'on fera du bruit à Rome de cette détention. » Valençay avait fait coucher le courrier qui avait apporté la nouvelle dès son arrivée pour qu'il ne parlât pas.

1. Lettre publiée, d'après le texte des Archives du Vatican par Cl. Cochin, dans Retz, *OEuvres*, t. XI, p. 22. La lettre est en latin.

2. *Ibid.*, p. 237 et suiv. Lettres données également par Cl. Cochin d'après les Archives vaticanes.

3. Lettre de Valençay au comte de Brienne du 8 janvier 1653. Bibl. nat., Cinq cents Colbert. 361, fol. 1219. On examina les précédents ; ils n'étaient pas très décisifs. Il y eut plusieurs conférences. C'est par une lettre du 10 février que Valençay annonce la mission de l'archevêque d'Avignon. Voir : *Mém.* de Godefroi Hermant, éd. Gazier, t. II, p. 107, la notice de Cl. Cochin dans Retz, *OEuvres*. t. XI, p. 211 et suiv. qui relève que deux ans auparavant, lorsque Mazarin avait été l'objet de la part du Parlement de Paris des mesures sévères que l'on sait, les instructions envoyées de Rome au nonce avaient prescrit à celui-ci de fermer les yeux et de se taire bien qu'il fût question d'un cardinal.

4. Cette lettre qui fut traduite en français et publiée (4 p. in-32) mais qui est très rare a été reproduite dans Retz, *OEuvres*, t. VI, p. 471. Valençay annonçait l'envoi de ce bref par courrier extraordinaire, — d'après ce que lui avait dit le pape — dans une lettre du 27 janvier (Arch. Aff. étr., Rome, 121, fol. 435).

5. Lettres de Loménie de Brienne à Valençay des 7, 15 février, 7 mars 1653. Bibl. nat., ms. fr. 20663, p. 87, 96, 103. Dans son audience le nonce prononça quelques paroles en faveur de Retz qui ont été conservées (Bibl. nat., ms. fr. 18036, fol. 39).

Retz avait fait partir pour Rome son astucieux agent, l'abbé Charrier. Charrier arriva dans la ville éternelle le 14 février ; alla voir
le pape et les cardinaux. Valençay le fit appeler et lui infligea une
vive semonce pour être venu à Rome « offusquer son roi et sa
patrie ». Charrier répondit poliment qu'il venait essayer d'aider
son maître à sortir de prison [1].

Dès qu'on sut à Paris la mission qui avait été donnée à l'archevêque d'Avignon Marini, on manda au doyen du chapitre de Lyon,
M. de Marillac, d'aller au-devant de lui et de lui signifier qu'il eut
à rebrousser chemin immédiatement, qu'on ne le recevrait pas à la
Cour. M. de Marini atteint à Valence dut en effet s'arrêter et rentrer
chez lui [2].

Le pape éprouva une véritable humiliation de cette injurieuse
mesure. Il fit une scène terrible à Valençay, telle qu'on en entendit
le bruit dans les antichambres, raconte l'ambassadeur dans ses
dépêches. Le pape parla de censurer le roi de France [3]. Valençay
cherchait à calmer de part et d'autre. Il conseillait au gouvernement de Louis XIV d'envoyer Retz à Rome et de l'y faire tenir
quasi prisonnier par le pape : c'était l'idée d'Innocent X. Il insistait : on ne pouvait garder indéfiniment Retz sous les verrous, ni
lui faire faire son procès par le Parlement. Il y avait contradiction
entre la prétention du pape d'être juge des cardinaux et celle du roi
d'avoir le droit de châtier un sujet rebelle. Qu'on expédiât Retz à

1. Lettres de Valençay au comte de Brienne des 17 et 24 février 1653,
Bibl. de l'Institut, ms. 1323, fol. 139 ; Ibid., 1314, p. 190 ; lettre du
10 février à Brienne donnant des détails sur Charrier : Bibl. nat., Cinq cents
Colbert, 361, fol. 1232. Valençay vit le pape et se plaignit à lui qu'il recevait Charrier. Le pape répondit qu'il devait recevoir tous les chrétiens.
Valençay répliqua que Charrier et autres gens de cette espèce, « il devait les
chasser de sa vue comme membres pourris désobéissant à leur maître et par
conséquent excommuniés » (lettre de Valençay du 3 mars : Arch. Aff. étr.,
Rome, 122, fol. 9).

2. Lettre du roi à l'archevêque d'Avignon le priant de ne pas venir à
Paris, 4 mars 1653 (Bibl. nat., ms. fr. 20663, fol. 115) ; lettre du roi à
Marillac au sujet de sa mission (Ibid., fol. 116). Le 14 mars, le roi ordonnait à Valençay de faire chasser de Rome les Français qui cabalaient en faveur
de Retz (Ibid., fol. 153) et le 28 lui envoyait un mémoire sur la position du
gouvernement par rapport à l'affaire du coadjuteur (Ibid., fol. 167).

3. Lettre de Valençay à Mazarin du 31 mars 1653. Arch. Aff. étr., Rome,
122, fol. 81. « J'eus une bonne et forte crierie... les chambriers du pape...
s'échappèrent de dire à leurs confidents dans les salles que le pape et l'ambassadeur de France crioient l'un contre l'autre comme deux aveugles qui
avaient perdu leur bâton, ce qui était très vrai, et dura le combat une bonne
demi-heure. »

Rome d'où il ne reviendrait plus[1] ! Le 16 mai, Brienne répondit
que le roi n'acceptait pas cette proposition : personne en France, les
Parlements surtout, n'admettrait l'abandon d'un sujet « à la juridiction d'un prince étranger ». La discussion en resta là[2].

Deux mois se passèrent. Il fallait pourtant bien sortir de cette
affaire. L'idée peu à peu se fit jour à Paris de se ranger à l'avis de
Valençay, c'est-à-dire d'envoyer Retz à Rome, mais à condition
qu'il donnerait au préalable sa démission de coadjuteur de Paris et
renoncerait à ses droits d'être archevêque du siège.

Le 18 juillet Brienne écrivit à l'ambassadeur que, réflexion faite,
le roi voulant la paix avec le Saint-Siège et sur les instances des
parents du coadjuteur, se décidait à remettre Retz en liberté, mais
il exigeait auparavant que le cardinal allât habiter Rome sans
pouvoir en revenir qu'avec l'autorisation du roi, puis que moyennant des rentes et bénéfices égaux aux revenus de l'archevêché de
Paris, il renonçât à ses droits de succession au trône archiépiscopal
et démissionnât. Les amis de Retz sondés avaient repoussé avec
indignation le projet et l'abbé Charrier avait été chargé à Rome de
pourvoir à ce que le Saint-Siège ne l'acceptât pas[3].

Mais à Vincennes le coadjuteur fatigué par des mois de réclusion,
découragé, excédé, n'était pas du sentiment de ses amis. Il en dit
quelques mots à l'exempt d'Avanton. La Cour prévenue s'empressa
aussitôt de profiter de ces dispositions pour essayer de traiter directement avec le prisonnier[4]. Elle lui envoya le nonce Bagni accompagné du secrétaire d'État Brienne et Le Tellier. Le nonce avait été

1. Voir ses dépêches des 17 mars, 7 avril 1653, 21 avril surtout. Il y en
a une pittoresque du 28 avril où est décrite une nouvelle scène entre le pape
et l'ambassadeur : « je me préparai, dit celui-ci, à soutenir toute sa bordée
et toute sa salve (du pape), me tenant leste pour prendre mon temps... parlant souvent tous deux ensemble à qui crierait le plus haut... de grandes
déclarations, des élévements d'yeux au ciel, des larmes, des soupirs !... »
(Arch. Aff. étr., Rome, 122, fol. 50, 88, 105, 117). Voir les réponses de
Loménie de Brienne : Bibl. nat., ms. fr. 20663, fol. 231 et suiv., 309.

2. Ibid., fol. 268 ; autre lettre du 23 mai dans le même sens (fol. 284).
Le 1er juin Retz écrivit au Sacré Collège pour plaider sa cause (Retz, *OEuvres*,
t. VI, p. 481). Le 16, Valençay mandait à Mazarin qu'on ne lui parlait plus
de l'affaire de Retz (Arch. Aff. étr., Rome, 122, fol. 200).

3. Lettre de Loménie de Brienne à Valençay du 18 juillet 1653, Bibl.
nat., ms. fr. 20663, fol. 379-380. Dans les lettres suivantes le ministre rappelle à l'ambassadeur ses recommandations de faire partir Charrier de Rome
(par exemple Ibid., fol. 470). Puis le pape ne parle plus de Retz et paraît
l'oublier (Ibid., fol. 408, lettre de Brienne à Valençay du 1er août).

4. *Mém.*, de Guy Joly, éd. de 1718, t. II, p. 59-60. Retz ne parle pas de
ces détails dans ses *Mémoires*.

appelé au Louvre le jeudi 14 août et Mazarin lui avait expliqué qu'il s'agissait de demander une réponse de Retz par oui ou par non aux conditions qu'on fixait à sa liberté. Le nonce hésitant ayant demandé à consulter le pape, on avait insisté lui faisant remarquer qu'il était inutile de demander son avis au Saint-Siège pour une simple question à poser. Bagni avait fini par accéder et dire qu'il irait à Vincennes le dimanche suivant[1]. Dans l'intervalle, les amis de Retz eurent le temps de prévenir le prisonnier qui de son côté eut tout le loisir de préparer sa réponse. Celle-ci, sur l'insistance de ses conseillers, qui faisaient valoir l'avis conforme de Vincent de Paul, allait être un refus[2].

Lorsque le 17 août, à huit heures du matin, le nonce se présenta au donjon de Vincennes avec Brienne et Le Tellier et qu'il eut expliqué l'objet de sa visite, Retz lui répondit par un petit discours composé d'avance, plein de protestations éloquentes sur sa détention, de revendications au sujet de sa dignité archiépiscopale méprisée, d'observations piquantes relativement à la puissance que s'attribuait le roi sur l'ordre ecclésiastique et conclut à sa résolution inébranlable de subir s'il le fallait, huit, dix ans de prison plutôt que de céder. Le nonce répondit qu'il ne transmettrait rien de ce qu'il venait d'entendre, n'étant pas venu pour négocier et se retira avec les deux ministres restés muets[3].

Quelques jours après, le petit discours de Retz était imprimé et publié dans Paris à la grande colère du gouvernement qui, du coup, changea les exempts et les gardes de la prison[4].

1. Lettres de Loménie de Brienne du 15 août 1653 au cardinal d'Este et au bailli de Valençay (Bibl. nat., ms. fr. 20663, fol. 431 et 439). Mazarin parla longuement au nonce. La lettre à Valençay est très explicite.

2. Retz, *Mém.*, t. IV, p. 479.

3. Lettre de Brienne à Valençay du 23 août 1653 : Bibl. nat., ms. fr. 20663, fol. 451. Le ministre explique que le nonce est allé dans l'intervalle à Saint-Lazare. « Vous remarquerez, dit-il, que le supérieur de Saint-Lazare est M. Vincent qui a esté précepteur du cardinal de Retz et qui me dit que ce cardinal ne pouvoit en honneur ni en conscience prendre le parti qui lui estoit offert et qu'il doutoit qu'on eut l'intention de le mettre en pratique... Cela, ce me semble, servira de conviction, ou du moins, d'une forte présomption qu'il avait averti M. le cardinal de Retz de l'ordre qu'il avait reçu puisqu'il ne se défendait d'acquiescer aux volontés de S. M. que par les raisons qui avoient été mises en avant par M. le nonce. » Il n'est pas confirmé par ailleurs que ce soit S. Vincent qui ait prévenu Retz. Ses relations avec celui-ci ne sont que lointaines et assez distantes. Sur les conditions offertes à Retz, voir lettre de Mazarin du 25 août au duc de Noirmoutier, dans *Lettres* de Mazarin, éd. Chéruel, t. VI, p. 9.

4. Le discours de Retz au nonce préparé par Caumartin, remanié sans

Le roi se retourna alors vers Rome. Il n'y avait plus qu'à multiplier les instances afin d'obtenir l'intervention du pape pour sortir de là. Mais Valençay fut très mal reçu par Innocent X. Le souverain pontife protesta qu'il ne pouvait pas admettre que les rois attentassent de la sorte aux privilèges et immunités du clergé[1]. En septembre il envoya des brefs à Louis XIV, à la reine, à Mazarin, au confesseur du roi, répétant ses angoisses, faisant appel à la piété de tous pour obtenir la délivrance de Retz. On ne lui répondit pas[2]. Il menaça de censures, laissa en suspens les nominations de nouveaux évèques : plus de vingt sièges allaient demeurer vacants[3]. En décembre, Valençay fatigué demanda son rappel qui lui fut accordé[4]. Le 2 janvier 1654, dans une audience qu'il accordait à l'évèque de Lodève, Innocent X fulminait contre la violence et l'injustice dont était victime le coadjuteur à Paris. C'était, disait-il, « une cruauté de retenir un cardinal en prison et de ne le vouloir mettre en liberté qu'à condition qu'il renonçât à son évèché ». Retz mourrait, s'il le fallait, dans son cachot, mais le pape ne céderait

doute par le coadjuteur (que l'on trouve dans le ms. de la Bibl. nat., fr. 9717, fol. 105-117) a été imprimé sous le titre : *Réponse de Monseigneur le cardinal de Retz, faite à M. le nonce du pape,* in-8°, 8 p. Cf. Retz, *Mém.*, t. IV, p. 479. Plus tard, dit Retz, la reine Anne d'Autriche lui demandera comment il s'y était pris pour faire imprimer son discours, mais le cardinal refusera de le lui dire. J. Vallier dans son *Journal* (éd. Courteault, t. IV, p. 300) cherche à expliquer les raisons qui ont déterminé Retz à refuser les offres de Mazarin.

1. Lettre de Valençay à Brienne du 8 septembre 1653, Arch. Aff. étr., Rome, 122, fol. 360 ; de Brienne à Valençay, du 24 septembre, Bibl. nat., ms. fr. 20663, fol. 503 ; lettre de Valençay à Brienne du 29 septembre (Arch. Aff. étr., Rome, 122, fol. 401) où l'ambassadeur raconte la nouvelle scène qu'il a avec le pape : « Dès l'heure que j'entrais dans la chambre du pape, dit-il, je vis bien dans son visage qu'il avait envie de crier, de tonner et de me faire éclater cent coups de foudre, de menaces... » Il me traita « vingt fois d'hérétique ».

2. Brefs du 29 septembre 1653, publiés, d'après les Archives du Vatican par Cl. Cochin dans Retz, *OEuvres*, t. XI, p. 226, 227.

3. Lettre de Loménie à Valençay du 30 octobre 1653, Bibl. nat., ms. fr. 20663, fol. 566. Le ministre disait à l'ambassadeur : « Vous aurez à lui répondre selon qu'il vous a été souvent ordonné... que l'on ne craint point ses menaces, que les moyens de s'en défendre... sont entre les mains du roi. » Voir aussi une lettre du même au cardinal d'Este dans le même sens (Ibid., fol. 558) et pour les vingt sièges vacants. Ibid., fol. 605.

4. Lettre de Louis XIV à Valençay du 13 novembre 1653, Ibid., fol. 589 et lettre de Valençay à Brienne du 1er décembre : Arch. Aff. étr., Rome, 122, fol. 474.

pas[1] ! En février le roi décida d'envoyer Lionne à Rome sans le titre d'ambassadeur afin de suivre l'affaire[2]. Puis brusquement un événement se produisit qui allait modifier toute la situation : le vieil archevêque mourait et Retz le remplaçait automatiquement sur le siège de Paris !

Il y avait longtemps qu'on s'attendait à cette éventualité. En juillet 1653, le prélat étant malade, on s'était demandé à la Cour ce qu'il faudrait faire s'il venait à disparaître[3]. Le 4 septembre Brienne avait prévenu Valençay qu'après examen, il avait été décidé de ne pas rendre, dans ce cas, sa liberté au coadjuteur et qu'on ferait déléguer les pouvoirs épiscopaux à un grand vicaire ou à un suffragant[4]. En novembre l'archevêque étant de nouveau souffrant, le chancelier Séguier avait écrit à Mazarin, que si le prélat mourait, le conseil du roi devrait rendre un arrêt en commandement par lequel le coadjuteur aurait, pour entrer en possession de sa charge, à prêter serment de fidélité au roi, ou à le prêter de nouveau, si par hasard il l'avait prêté déjà au moment de sa nomination de coadjuteur, sous peine d'ouverture de la régale, c'est-à-dire que le roi mît la main sur l'administration du diocèse de Paris qu'on déclarerait de la sorte vacant. Puis on refuserait de recevoir le serment du prisonnier et le tour serait joué. Si c'était ingénieux, ce n'était pas très franc[5]. Mazarin répondit qu'il ne voyait pas bien ce qu'on pourrait faire, mais qu'au moment où l'état de l'archevêque deviendrait désespéré, il faudrait réunir le chancelier et les ministres afin d'aviser à ce qu'on devrait résoudre[6].

1. Lettre de l'évêque de Lodève Bosquet, contant son audience. Arch. Aff. étr., Rome, 126. fol. 8.

2. Lettre de Brienne au cardinal d'Este du 26 février 1654 annonçant la nouvelle. Bibl. nat., ms. fr. 20666, fol. 23 v°. Valençay rappelé, c'était le cardinal d'Este qui avait été chargé des affaires de la France (lettre du roi au pape du 16 janvier 1654 pour l'en informer. Ibid., fol. 4 r°).

3. L'archevêque avait été atteint d'une rétention d'urine dans son abbaye de Pontoise : Bibl. nat., ms. fr. 25026, fol. 244 r°, cité dans le *Journal* de J. Vallier, t. IV, p. 301.

4. Lettre de Brienne à Valençay du 4 septembre 1653, Bibl. nat., ms. fr. 20663, fol. 480 : selon l'usage, expliquait Brienne, pratiqué dans l'ancienne Église et en Allemagne.

5. Lettre de Séguier à Mazarin du 18 novembre 1653. Bibl. nat., ms. fr. 6892, fol. 163 r° ; mais, disait Séguier : « C'est une loi qui a son fondement en ce qui se pratique à Rome et que le roi a droit d'établir et de faire observer. »

6. Lettre de Mazarin à Fouquet, dans Mazarin, *Lettres*, éd. Chéruel, t. VI, p. 87. De longs mémoires furent rédigés « de ce qui est à faire pour l'archevêché de Paris, M. l'archevêque étant mort et M. le coadjuteur étant

En mars 1654, une maladie très grave de l'archevêque parut
devoir, cette fois, être décisive. Immédiatement les amis de Retz,
d'accord avec lui, préparèrent soigneusement leurs mesures. Dès
que l'archevêque serait mort, un délégué du coadjuteur, muni de la
procuration de celui-ci, se présenterait devant le chapitre et demanderait à prendre possession de l'archevêché au nom de Retz, ce qu'on
ne pourrait lui refuser. Un nommé Roger, notaire apostolique,
déguisé en garçon tapissier, vint au donjon de Vincennes, soi-disant
pour tendre des tapisseries, en réalité pour faire signer au prisonnier la procuration en question au nom de M. Pierre Labeur,
prêtre [1].

Le samedi 21 mars, à quatre heures et demie du matin, l'archevêque expirait. A cinq heures le chapitre s'assembla. On lui annonça
que M. Pierre Labeur, demandait à être introduit. On le reçut. Il
présenta la procuration régulière qu'il avait en main, prêta serment
au nom de Retz, et, conduit de là à Notre-Dame, prit possession de
l'Eglise, suivant les rites canoniques, ce que proclama à haute voix,
du haut de l'ambon, M. Séguier, chanoine théologal [2].

Lorsqu'à dix heures du matin, le secrétaire d'Etat Le Tellier se
présenta venant de la part du roi pour notifier au chapitre que l'archevêque étant mort et le coadjuteur n'ayant pas prêté le serment
nécessaire, la vacance en régale du siège était déclarée, que le gouvernement allait prendre en mains l'administration temporelle du
diocèse, on lui expliqua ce qui s'était passé quelques heures auparavant et il dut se retirer [3].

Par prudence, le soir même, le chapitre crut devoir se rendre au
Louvre afin de présenter ses devoirs au roi et de lui demander la
libération de son nouvel archevêque. Le chancelier répondit que le
roi était décidé à garder le coadjuteur en prison et que le matin
même un arrêt du conseil avait été rendu aux termes duquel Retz
n'ayant pas prêté serment, le siège était tenu pour vacant et mis en
régale. Le chapitre était invité à prendre les mesures canoniques

prisonnier » (probablement de M. de Marca, archevêque de Toulouse, Bibl.
nat., ms. fr. 4232, fol. 347 et suiv.).

1. *Mémoire touchant le cardinal de Retz*, à la suite de : Guy Joly, *Mém.*,
Amsterdam, 1718, t. II, p. 23 ; *Mém.* de Cl. Joly, éd. Michaud, p. 166.
Une sonnerie extraordinaire des cloches de Notre-Dame et de celles de la
Sainte-Chapelle de Vincennes annoncerait immédiatement le décès de l'ar-
chevêque.

2. Le détail est donné par les Registres capitulaires de Notre-Dame, Arch.
nat., LL 302, fol. 741 et suiv. Cf. *OEuvres* de Retz, t. VI, p. 494 et suiv.

3. *Mém.* de Guy Joly, 1718, t. I, p. 61. *Mém.* de Godefroi Hermant, éd.
Gazier, t. II, p. 450.

ordinaires en vue d'assurer la direction spirituelle du diocèse[1].

De retour à Notre-Dame, les chanoines manifestèrent une vive effervescence. Ils décidèrent d'aller prévenir le chancelier que le chapitre ne pouvait se décider à admettre des décisions aussi illégales. Ils ordonnèrent de faire exposer le Saint-Sacrement dans toutes les églises de Paris et de prier pour la délivrance de Retz, ce qu'expliquèrent, dans des mandements spéciaux, deux ecclésiastiques que le coadjuteur avait d'avance désignés pour être ses vicaires généraux, MM. Chevalier et Lavocat. Les curés de Paris obtempérèrent. Un arrêt du conseil du 27 mars interdit formellement de reconnaître MM. Chevalier et Lavocat comme vicaires généraux et aux imprimeurs d'imprimer leurs mandements. Les deux vicaires généraux offrirent de venir au nom de Retz prêter le serment exigé : on refusa et un huissier de la Chambre des comptes saisit le 30 mars les revenus de l'archevêché vacant affermés à MM. Prévost et de L'Epée pour 62 000 livres par an[2].

Mais au fond de sa prison Retz, apprenant ce qui se passait, et voyant à quel point, l'hostilité du gouvernement étant à son égard irréductible, sa situation se trouvait de la sorte sans issue, avait un accès de désespoir. On eut beau lui répéter du dehors que les curés de Paris étaient pour lui, que Vincent de Paul approuvait son attitude, exaspéré de sa détention, il ne voulut plus rien entendre.

Averti, Mazarin le fit aussitôt pressentir par Pradel et d'Avanton. Ceux-ci lui parlèrent de propositions amiables du gouvernement, d'échange, de liberté. Retz ne répondit pas. Mazarin envoya le capitaine des gardes comte de Noailles qui trouvant Retz au lit malade eut la maladresse de l'entretenir de l'autorité du roi, de l'obéissance qu'on lui devait. Le prisonnier lui répondit avec hauteur et quand Noailles précisa qu'il s'agissait de donner sa démission d'archevêque, le prisonnier refusa[3].

---

1. L'arrêt, daté du 21 mars, est consigné dans les Registres capitulaires (*loc. cit.*, fol. 749) qui donnent les détails de la démarche du chapitre.

2. Nous avons suivi le récit des mêmes Registres capitulaires (*loc. cit.*). La saisie de l'archevêché fut effectuée par arrêt de la Chambre des comptes du 18 avril 1654, à la requête du procureur général. Les revenus de l'archevêché fixés à 62 000 livres étaient en réalité, nous allons le voir, supérieurs à ce chiffre. L'exempt des gardes de Saint-Amour, et ses archers « tinrent garnison audit archevêché » (« Mémoire pour les sieurs de l'Espée et Prévost, fermiers généraux de l'archevêché de Paris ». Bibl. de l'Institut, ms. 1316, p. 349).

3. Voir les *Mém.* de Retz, t. IV, p. 483 et suiv., ceux de Guy Joly, éd. d'Amsterdam, 1718, t. II, p. 63 et suiv. Retz fit sa réponse à Noailles par

Mazarin expédia alors le Premier président de Bellièvre avec des offres fermes : sept abbayes représentant 120 à 150 000 livres de rente contre les 62 000 de l'archevêché. D'après Guy Joly, implicitement confirmé par les *Mémoires* de Retz, les amis du cardinal, prévenus de la mission de Bellièvre, auraient supplié celui-ci de conseiller au coadjuteur de ne pas accepter. Bellièvre aurait répondu que les pourparlers commencés par d'Avanton, Pradel, Noailles, étaient assez avancés, qu'il était question, lui avait dit Mazarin, de confier Retz, une fois qu'il aurait démissionné, au maréchal de La Meilleraye, qui le garderait au château de Nantes jusqu'à ce que la démission eut été acceptée à Rome et que Retz était favorable à cette solution. Les amis se récrièrent, montrant des lettres du prisonnier qui affirmaient le contraire et insistant pour que Bellièvre encourageât Retz à tenir ferme, qu'on le ferait triompher [1].

Bellièvre se rendit à Vincennes le samedi 28 mars 1654, l'après-midi. Il vit d'abord d'Avanton et lui demanda s'il était exact que le prisonnier fût prêt à céder. D'Avanton l'assura. L'exempt avait écrit trois ou quatre lettres à Mazarin afin de transmettre les instances pressantes du prisonnier. Le Premier président monta dans la chambre de Retz, et s'aperçut tout de suite que le malheureux, déprimé, abattu, était disposé à accepter tout ce qu'on voudrait. Il dira ensuite que littéralement, le cardinal lui avait « jeté sa démission à la tête [2] ! »

écrit et cet écrit fut imprimé dans la nuit suivante. Retz continuait à correspondre avec le dehors à l'insu du gouvernement.

1. Le récit de Retz (*loc. cit.*) donne à Bellièvre un rôle un peu étrange qui ne tendrait à rien moins qu'à représenter ce magistrat comme trahissant assez cyniquement la confiance de ceux qui l'avaient envoyé. La version de Guy Joly, que nous suivons (*op. et loc. cit.*), paraît plus vraisemblable. Il y a lieu pourtant de remarquer que les relations de Retz avec Bellièvre ont été, et surtout par la suite, assez amicales.

2. Il dit le mot à Caumartin qui lui reprochait ensuite avec vivacité de n'avoir pas fortifié Retz dans des idées de résistance. Bellièvre déclara à Caumartin qu'il était dupe du coadjuteur, que celui-ci « lui avait jeté sa démission à la tête sans attendre qu'il lui en parlât, bien loin d'être dans les dispositions qu'il [Caumartin] lui avait marquées » (*Mém.* de Guy Joly, t. II, p. 69). Le P. Rapin confirme que Retz découragé ne parlait que de donner sa démission, « n'étant plus capable, disait-il, de soutenir la solitude et les autres rigueurs de sa prison » et lui aussi assure que Bellièvre « se vit jeter à la tête cette prétendue démission » (Le P. Rapin, *Mém.*, éd. Aubineau, t. II, p. 218). C'est en vain qu'on avait fait valoir à Retz l'approbation de son attitude par Vincent de Paul. En effet Vincent parlant le 27 mars 1654 à un religieux de la manière habile dont l'archevêque de Paris mort on avait immédiatement assuré au coadjuteur la succession, écrivait : « Tout

Le Premier président s'était fait accompagner de deux notaires, Levasseur et Lecat, qui, d'avance, avaient rédigé les actes à faire signer par Retz. Nous avons les originaux de ces documents. C'étaient : la lettre de démission de l'archevêché : Retz constituait des procureurs auxquels il donnait pouvoir de résigner sa charge entre les mains du pape, sous le bon plaisir du roi ; puis l'engagement de se retirer, dès qu'il serait remis en liberté, à Rome, d'où il ne sortirait qu'avec l'autorisation du roi ; en troisième lieu, une promesse écrite et signée par La Meilleraye — qui en effet devait bien conduire Retz à Nantes et l'y garder jusqu'à ce que les bulles nommant le successeur du cardinal à Paris fussent parvenues en France — de rendre sa liberté au prisonnier, conformément aux ordres du roi, dès l'arrivée de ces bulles. Retz signa le tout et donna un reçu de la promesse de La Meilleraye[1].

En apprenant cette capitulation, ses amis furent consternés. Le P. de Gondi pleura. Le chapitre et les curés manifestèrent leur déception. Les ducs de Retz et de Brissac, Noirmoutier, Laigues, feignirent de dire que cette abdication les débarrassait de beaucoup de soucis et d'ennuis[2].

Le 30 mars eut lieu le départ de Vincennes pour Nantes. La Meilleraye, le Président de Bellièvre, Villequier, le capitaine des gardes qui avait arrêté Retz, étaient là avec une escorte préparée de 300 cavaliers, 150 mousquetaires, deux compagnies de gardes françaises, forces imposantes qui impressionnèrent mal le détenu. Il s'imaginait qu'il allait être confié à La Meilleraye à titre amical

le monde admire cette prévoyance pour avoir eu son effet fort à propos, ou plutôt la conduite de Dieu qui n'a pas laissé ce diocèse un seul jour sans pasteur lorsqu'on veut lui en donner un autre que le sien » (Saint Vincent de Paul, *Correspondance*, éd. Coste, t. V, p. 109).

1. L'original de la démission de l'archevêché de Paris, daté du samedi 28 mars 1654 et signé de la main de Retz se trouve à la Bibliothèque nationale, ms. fr. 16519, fol. 179, avec la promesse d'aller à Rome (fol. 171) et celle du maréchal de La Meilleraye de mettre le cardinal hors de prison lorsque les conditions prévues seront remplies (fol. 174). Celle-ci commence ainsi : « Nous, duc de la Meilleraye, pair et maréchal de France, promettons à M. le cardinal de Retz... », etc.

2. Guy Joly, *Mém.*, éd. de 1718, t. II, p. 70. Le P. de Gondi déclara qu'il eût « mieux aimé embrasser son fils mort dans sa prison que libre de la sorte ». Joly ajoute : « celui de tous qui fut le plus content fut le cardinal de Retz lui-même qui sans s'embarrasser de ce que pourroient dire les autres, n'avoit cherché qu'à se mettre en liberté ». Cf. le P. Rapin, *Mém.*, éd. Aubineau. t. II, p. 224. Les termes des deux auteurs le P. Rapin et Joly sont parfois assez concordants pour qu'on puisse se demander s'ils n'ont pas utilisé la même source ou si l'un des deux n'a pas suivi l'autre de près.

sans cet appareil. Il en pleura[1]. Au bas du donjon, La Meilleraye
lui demanda sa parole qu'il ne s'enfuirait pas. Le cardinal refusa
de la donner, sous prétexte que pareille demande pouvait être faite
à un prisonnier de guerre, non à un prisonnier d'État. Bellièvre
intervenant fit remarquer au Maréchal que du moment qu'on mul-
tipliait autour du prisonnier les précautions de surveillance, il était
bien inutile de lui demander, par surcroît, de jurer de ne pas
s'enfuir. D'après le gouvernement, La Meilleraye aurait demandé
à Retz sa parole de ne pas se sauver « pendant qu'il serait entre ses
mains » et le cardinal aurait répondu : « Mon cher ami, sauvez-
moi la vie et l'honneur : il n'y a point de parole que je ne vous
donne ! », ce que le Maréchal aurait interprété dans le sens d'une
réponse affirmative tandis que Retz soutiendra plus tard n'avoir
appliqué sa promesse qu'à la durée de son voyage de Paris à Nantes.
On discutera longtemps sur ce point sans s'entendre et le gouvernement affirmera ensuite qu'en fuyant plus tard, Retz a manqué
à une parole « solennellement donnée[2] ».

Retz monta en carrosse avec le maréchal et le marquis de Chalus-

1. Guy Joly (*op. cit.*, t. II, p. 71) dit que Retz partit le 30 mars, la
Gazette du 4 avril dit le 1er avril, la *Muse historique* de Loret dit le 11. Cf.
le P. Rapin, t. II, p. 230. La date exacte est le 30. Nous suivons ces sources
pour le détail du voyage de Retz.

2. Il y a d'abord incertitude sur le point de savoir si c'est Retz qui a
demandé à aller à Nantes pour être confié à M. de la Meilleraye ou si c'est
celui-ci qui s'est offert pour le garder. D'après l'ordonnance de Péronne du
20 août 1654 (dans *OEuvres* de Retz, t. VI, p. 527), une lettre de Mazarin à
l'évêque de Lodève du 22 mai 1654 (Mazarin, *Lettres*, éd. Chéruel, t. VI,
p. 169), *les Remarques sur la conduite du cardinal de Retz* (1654, in-4°, p. 15),
ce serait la première version qui serait la vraie ; d'après Mme de Motteville
qui est très nette, sur ce point (*Mém.*, t. IV, p. 44), et Montglat (*Mém.*, éd.
Michaud, p. 297) ce serait la seconde. En ce qui concerne la parole donnée
par Retz de ne pas s'enfuir, le gouvernement a toujours été très affirmatif.
Loménie de Brienne écrivant au cardinal d'Este le 13 août 1654 après la
fuite de Retz, dira du fugitif, qu'il a « violé sa parole » que La Meilleraye
« s'était reposé sur sa parole » (Bibl. nat., ms. fr. 20666, fol. 117 r°). Dans
une lettre au pape du 12 décembre 1654, le roi parlera de « la parole qu'il
(Retz) avoit si solennellement donnée à notre dit cousin » La Meilleraye
(Ibid., fol. 156 v°). Le fait sera rappelé dans la commission dressée le 21 septembre 1654 pour mettre Retz en jugement (dans Retz, *OEuvres*, t. VI,
p. 547) et les récits fournis au public du détail du départ de Retz pour
Nantes le mentionneront expressément (*Réflexions sur une lettre envoyée de
Rome aux archevêques et évêques de France sous le nom du cardinal de Retz*,
1655, in-fol., p. 27). Retz de son côté a été également non moins affirmatif
(*Mém.*, t. IV, p. 494-495). La contradiction doit s'expliquer par un malen-
tendu que nous indiquons, voulu ou non voulu de la part du coadjuteur.

set, lieutenant du château de Nantes. Le cortège se mit en route. Il passa par Orléans, Beaugency. Là il s'embarqua sur des bateaux qui le transportèrent sans encombre à Nantes où il parvint, et Retz fut installé dans le vieux château-fort. Les soldats de la garnison renforcée étaient chargés de sa garde [1].

Il fut mis au second étage du grand corps de logis. Le régime auquel il allait être assujetti était libéral. Si quatre soldats couchaient la nuit devant sa chambre, le jour, il pouvait se promener sur les remparts des bords de la Loire, il est vrai surveillé à distance par des sentinelles. Il lui fut permis d'avoir à son service un personnel qu'il choisit : le médecin Vacherot, le secrétaire Guy Joly, des gentilshommes : Montet, Boisguérin, Beauchesne ; des valets de chambre : Imbert, Fromentin. Il fut autorisé à recevoir, à donner à souper. La meilleure société de Nantes s'empressa de lui rendre visite. Il y eut chez lui : fêtes, jeux, comédies. Bref, sa vie était agréable et Mazarin tenu au courant fermait les yeux en attendant la décision de Rome, qui, supposait-il, devait être rapide et favorable [2].

Il avait envoyé à Rome un gentilhomme, M. de Gaumont, avec charge de porter au Saint-Siège les documents nécessaires et de demander au pape les bulles relatives aux sept abbayes qu'on donnait à Retz, plus les bulles du successeur du cardinal sur le siège de Paris. Dans le cas où la désignation de ce successeur serait différée pour une cause ou pour une autre, il suffirait que le pape

---

1. Retz, *Mém.*, t. IV, p. 496 et suiv.

2. Pour l'installation et la vie de Retz au château de Nantes, voir l'important document intitulé : *Lettre d'un conseiller de Nantes à son ami sur l'évasion de M. le cardinal de Retz à Nantes*, 1654, in-4° de 16 p. réimprimé en 1854 (Paris, Dumoulin, in-8°) et dans les *Œuvres* de Retz (t. VI, p. 517 et suiv.). L'auteur, ami de Retz, et qui serait un conseiller à la Chambre des comptes de Nantes, veut démontrer que les ministres n'ont pas respecté ce qui avait été convenu entre eux et le prisonnier ; que celui-ci avait donné sa parole de ne pas fuir seulement sur la route de Paris à Nantes ce qui est la thèse de Retz. Voir aussi les *Mém.* de Guy Joly, éd. de 1718, t. II, p 72 et suiv., *les Réflexions sur une lettre envoyée de Rome aux archevêques*, citée plus haut, p. 26, où il est dit que Retz est quasi libre dans le château de Nantes, « ayant toujours avec soi 10 ou 12 de ses amis ». Retz lui-même dans ses *Mém.* (t. IV, p. 497) parle « de la liberté que M. le maréchal, dit-il, me laissoit avec les dames de la ville, qui était à la vérité très entière ». Retz écrivait à M. de la Fons le 7 juillet 1672, parlant de son séjour à Nantes : « Je n'avois point de maison formée et tous mes gens mangeoient à l'auberge » ; moyen facile de communiquer secrètement avec le dehors autant qu'il voulait.

expédiât un bref apostolique faisant connaître son intention d'envoyer le plus tôt possible les bulles de celui qu'on désignerait comme successeur de Retz, ce qui suffirait pour permettre de libérer celui-ci [1].

Mais, à toutes ces demandes le pape répondit par un refus catégorique. Il ne savait rien, signifia-t-il, de la démission de Retz ; il attendait que celui-ci lui apportât lui-même les raisons de sa détermination. Il n'acceptait pas une démission donnée dans des conditions aussi suspectes [2]. Mazarin fut très étonné [3]. Retz avait envoyé à Rome l'inévitable abbé Charrier qui avait été reçu avec bienveillance par le pape et agissait [4].

Des semaines passèrent. Le gouvernement de Louis XIV ne savait que faire. Le 22 mai 1654, le secrétaire d'État Brienne écrivait à un de ses agents à Rome, Thévenot, que, dans ces conditions,

1. Mémoire envoyé à Rome au cardinal d'Este, chargé des affaires de France en l'absence d'un ambassadeur, daté du 30 mars 1654 et porté par M. de Gaumont qui agira d'accord avec Este. Bibl. nat., ms. fr. 20666, fol. 43 et suiv. Ce document, assez long, fait le récit des faits. Les sept abbayes proposées constituaient ensemble un revenu de 120 000 livres, le double de ceux de l'archevêché de Paris (dont le détail a été donné par M. M. Fosseyeux, d'après le ms. Cinq cents Colbert 157 de la Bibl. nat., fol. 86-99, dans le *Bulletin de la Soc. de l'histoire de Paris*, 1925, p. 148. Le revenu en question est fixé à 80 000 livres, mais nous avons vu plus haut qu'il n'était affermé que 62 000). Mazarin paraissait assez confiant sur le résultat de la démarche (lettre de lui à l'évêque de Lodève du 11 avril 1654, dans Mazarin, *Lettres*, t. VI, p. 149).

2. Lettre de M. Thévenot à Mazarin, de Rome, 13 avril 1654 : « Le pape m'a dit ce matin au consistoire... » (Arch. Aff. étr. Rome 125, fol. 113); lettre du roi au pape du 12 décembre 1654 (Bibl. nat., ms. fr. 20666, fol. 157 v°) rappelant ces faits et disant qu'on a tenu à Paris les raisons données par le souverain pontife pour « des défaites alléguées de concert avec lui » (Retz) et Louis XIV parle « de la dureté de Votre Sainteté ».

3. Il ne voulait pas y croire. Voir lettre de lui à l'évêque de Lodève du 22 mai 1654, dans Mazarin, *Lettres*, éd. Chéruel, t. VI, p. 168.

4. Lettre de Thévenot à Mazarin du 27 avril 1654. Arch. Aff. étr. Rome 126, fol. 197. Thévenot, agent de Mazarin, signale à celui-ci que Charrier reçoit des courriers extraordinaires, qu'il a de longues audiences du pape. Un autre agent, le P. Duneau, écrit à Mazarin (Ibid., 125, fol. 147, lettre du 27 avril 1654) qu'il a causé avec le cardinal Chigi et que celui-ci, très au courant des sentiments du pape sur l'affaire de Retz, lui a répété que « le pape n'accepterait jamais sa démission (de Retz) qu'il ne la vint faire à Rome ». Les lettres à ce moment, venues de Rome et contenues dans le même dossier des Archives des Aff. étrang., émanant des correspondants de Mazarin, sont unanimes sur l'attitude arrêtée du pape.

on prendrait le parti de modifier le régime libéral de Retz à Nantes, et même qu'on pourrait bien envoyer celui-ci dans une prison plus sévère. C'était une menace. Le pape se borna à répondre devant ces moyens d'intimidation, qu'il avait le sentiment qu'on avait extorqué sa démission à Retz et qu'il n'accepterait pas celle-ci tant que le cardinal ne serait pas libre[1].

En juillet la question n'avait pas fait un pas. Brienne écrivit à tous ses agents à Rome de ne plus désormais parler au pape du prisonnier : on allait s'y prendre autrement[2]. Et en effet Mazarin manda à La Meilleraye que si Rome arrêtait le règlement de l'affaire, ce ne pouvait être que le fait des manœuvres de Retz et il en était outré[3]. La Meilleraye crut qu'on le rendait responsable de l'attitude de son prisonnier. Il s'en émut, fit des scènes à Retz, le menaça. Ces scènes inquiétèrent le cardinal. En août Mazarin prévint La Meilleraye, par son fils, que le prisonnier voyait décidément trop de monde, qu'il fallait le « resserrer[4] ». De son côté Le Tellier écrivit au maréchal que Retz se livrait à des menées auxquelles il était indispensable de mettre un terme[5]. Affolé, le maréchal demanda des précisions et des instructions. On lui répondit par une lettre de reproches et de menaces[6]. Retz tenu au courant, s'alar-

1. Lettre de Brienne à Thévenot du 22 mai 1654, Arch. Aff. étr. Rome 124, fol. 137 ; lettres de l'évêque de Lodève à Mazarin, de Rome, 8 et 15 juin 1654, Ibid., 125, fol. 220 et 235. Le pape répétait à l'évêque de Lodève : « C'est une chose bien étrange et d'un exemple dangereux pour vous autres évêques qu'il soit au pouvoir d'un prince de vous faire quitter vos archevêchés en vous mettant en prison » (lettre de l'évêque de Lodève à Mazarin du 15 juin que nous venons de citer). Retz, ajoutait le pape, était « comme un prisonnier qui avoit une grosse chaine au col » ; « il ne m'a pas seulement écrit ».

2. Lettre de Brienne à Thévenot du 21 juillet. Ibid., 124, fol. 163. « S. M. lassée des poursuites qu'elle a toujours faites pour obtenir une chose qui ne devoit être refusée, ...mande qu'on se désiste d'en parler au pape ».

3. Lettre de Mazarin à La Meilleraye du 15 août 1654. Arch. Aff. étr. France 893 bis, fol. 125-126.

4. Retz, *Mém.*, t. IV, p. 501 et suiv. Le fils de La Meilleraye essayait de défendre son père, parlait de sa « faible santé », assurait qu'il n'y avait pas d'entente entre lui et Retz et que celui-ci au contraire n'avait que l'idée de voir aboutir les affaires de Rome et qu'enfin son père « aurait quelque peine et quelque chagrin qu'on lui ordonnât de le traiter (Retz) avec plus d'incivilité et de sévérité qu'il ne le fait » (lettre de lui à Mazarin, dans le Comte de Cosnac, *Mazarin et Colbert*, t. I, p. 453).

5. Arch. Aff. étr. Fr. 893 bis, fol. 125-126.

6. *Lettre d'un conseiller de Nantes à son ami*, dans Retz, *OEuvres*, t. VI, p. 521.

mait. De Paris, on le prévenait qu'il était question de l'envoyer
dans le sombre château de Brest. Bellièvre et Montrésor l'avertis-
saient que l'opération se ferait même à la fin du mois. La Meilleraye,
de plus en plus troublé, se décida à montrer à Retz les lettres qu'il
avait reçues de Paris en le suppliant d'exécuter de lui-même les
mesures de restriction sur son régime qui avaient été ordonnées.
Retz refusa. La Meilleraye ne sachant plus que résoudre essaya de
faire agir sur lui des parents et des amis : ce fut sans succès : le
prisonnier se retranchait derrière les engagements pris à son
égard. Le maréchal en fut malade : il se mit au lit atteint d'une
violente attaque de goutte. Les médecins parlèrent de l'envoyer en
Normandie. Retz prit peur. Le maréchal parti, ses officiers exécu-
teraient certainement avec rigueur les ordres que la Cour leur
enverrait. De Paris, on lui faisait dire qu'il n'y avait plus qu'un
parti à prendre : s'enfuir ! Charrier mandait de Rome que le pape
lui conseillait de venir le retrouver, qu'il le soutiendrait. Retz
hésitait. Mais maintenant le bruit courait partout de son évasion
probable. L'entourage de Mazarin averti insista pour qu'on prévînt
cette fuite en transférant le prisonnier à Brest ou à Brouage. On
avertit de ce projet Caumartin qui informa Retz. Mme de La Meilleraye et Mme de Chalusset ne lui cachèrent pas leurs appréhensions.
Retz se décida[1] !

Il a raconté en détails dans ses *Mémoires* comment il chercha les
moyens de s'enfuir, qu'il imagina d'abord de sortir du château de
Nantes enfermé dans un des coffres du duc de Brissac, lequel venait
souvent le voir et logeait à l'étage au-dessus du sien : on aurait
emporté le coffre avec les bagages du duc. Il fallut y renoncer,
M. de Brissac s'étant dérobé. Ce fut Guy Joly qui trouva le
plan. Nous pouvons contrôler le récit que Joly donne dans ses
Mémoires avec le dossier de l'enquête judiciaire faite après la fuite
de Retz où l'on a interrogé les témoins. Les deux textes corrigent
ou complètent celui de Retz[2].

Le plan était celui-ci : profiter d'une promenade que ferait Retz
sur la terrasse des remparts situés le long de la Loire pour écarter par un moyen quelconque les sentinelles surveillant la promenade, puis descendre le cardinal avec des cordes le long des rem-

1. *Ibid.*, et Retz, *Mém.*, t. IV, p. 5o3 ; *Mém.* de G. Joly, éd. Michaud,
p. 169.

2. Retz, *Mém.*, t. IV, p. 5o4 et suiv. ; Guy Joly, *Mém.*, éd. d'Amsterdam,
1718, t. II, p. 77 et suiv. ; *Information sur l'évasion du cardinal de Retz hors
du château de Nantes, documents publiés par L. Maître.* Paris, 1903, in-8°,
86 p. ; Extrait du *Bullet. de la Soc. Nant.*, 1903, t. 44, p. 30-112 ; le
P. Rapin, *Mém.*, éd. Aubineau, t. II, p. 220.

parts, le faire recueillir par des cavaliers, et l'emporter à Paris.

Joly prépara l'affaire. Le médecin Vacherot et un abbé Rousseau, tous deux vigoureux, dévaleraient le cardinal le long de la muraille pendant que deux valets de chambre, Imbert et Fromentin, amuseraient les gardes. Au dehors, un écuyer de Brissac, avec lequel Joly s'aboucha, La Bade, s'arrangerait pour que son maître, le duc de Brissac, et le chevalier de Sévigné, attendissent le cardinal à Oudon, à cinq lieues de Nantes, sur les bords de la Loire, qu'on ferait traverser à Retz, lequel trouverait à Champtoceaux de l'autre côté du fleuve des cavaliers destinés à le conduire, par Beaupréau et 42 autres relais préparés sur la route, à Paris. La Bade devait venir au pied des remparts de Nantes recevoir Retz et lui amener un cheval. Les gentilshommes attachés à Retz, Montet, Boisguérin, Beauchesne, bottés et éperonnés, se joindraient à lui avec leurs montures[1].

Le coup fut fixé au samedi 8 août à cinq heures du soir[2]. Retz était très troublé; il eût préféré le moyen du coffre. Le jour venu, il s'habilla de bonne heure, mit un pourpoint, des bas de chausses noirs, des souliers découverts, enfila sa soutane rouge, prit sa simarre, et, à l'heure dite, se rendit sur la terrasse du rempart. Les valets de chambre Imbert et Fromentin étaient parvenus à détourner les sentinelles en les attirant pour les faire boire dans un endroit écarté d'où ils ne pouvaient rien voir. Le moment était venu ! Retz ayant retiré sa soutane qu'il laissa sur les créneaux, Vacherot et Rousseau le mirent à califourchon sur une pièce de bois dite palonnier à laquelle était fixée une solide corde de 15 brasses de long, l'assujétirent avec une sangle et lui firent rapidement descendre les 17 mètres de hauteur du rempart, puis lâchèrent la corde. Les cavaliers de La Bade qui attendaient, accoururent, dégagèrent le fugitif, le mirent à cheval et la troupe partit au galop. Malheureusement en traversant le faubourg de Richebourg, Retz, médiocre cavalier, tenant très mal sa bête, qui était difficile et ombrageuse, l'animal glissa, s'abattit et Retz donnant contre le coin d'un mur,

---

1. Guy Joly, *Mém.*, t. II, p. 81 et suiv. Joly avait rejoint Retz à Nantes trois semaines après l'arrivée de celui-ci dans cette ville. C'est lui qui ayant dressé tout ce plan le décrit.

2. Nous renvoyons pour un récit plus détaillé de ce qui suit à notre livre *le Cardinal de Retz*, collection des *Figures du passé*. Paris, Hachette, in-8°, 1927, p. 141 et suiv. Nous avons pu y reconstituer la topographie des lieux et fournir toutes les précisions, d'après les dépositions des témoins à l'enquête signalée plus haut, à savoir celles du domestique de l'abbé Rousseau, Simon Sinet, des sentinelles, Pierre Delaporte, Jean Brianceau, du valet de chambre de Joly, Antoine Devau, surtout celle du médecin Vacherot, etc.

se fracassa l'épaule. On le remonta péniblement à cheval et la troupe repartit[1].

A sept heures du soir, les cavaliers arrivèrent à Oudon. Ils y trouvèrent Brissac et Sévigné qui leur firent traverser la Loire sur des bateaux qu'on garda ensuite le long de la rive gauche afin que les gens qui pourraient poursuivre Retz ne pussent le rejoindre. Le passeur sur la Loire, Sagot, déclara dans l'enquête que Retz, quand il le vit dans sa barque, était d'une pâleur extrême, paraissait affreusement souffrir et gémissait. A Champtoceaux, de l'autre côté de l'eau, 9 cavaliers attendaient. On se mit en route pour Beaupréau[2], mais au bout de deux lieues, Retz n'en pouvait plus. On s'arrêta. Il fallut l'étendre dans un champ, puis contre une meule de foin. Vers trois heures du matin, un gentilhomme du pays, averti par Brissac, M. de la Poise, vint le prendre sur une civière et le transporta dans une grange pleine de foin, d'où, l'après midi, il fut conduit à Beaupréau : 3oo gentilshommes l'y attendaient[3].

Mais dans l'état où était le fugitif, il fallait renoncer à gagner Paris. Retz alors dicta trois documents : un acte par lequel il révo-

1. La suite de Retz, y compris Joly, habitait ce faubourg de Richebourg, chez l'aubergiste Boullenois. Déposition de Devau, qui donne le détail de la chute à laquelle il assiste (L. Maître, *op. cit.*, p. 54). Voir aussi la déposition du boutonnier Pierre Caillaud qui y assiste également (*Ibid.*, p. 65), ainsi que celle de la femme Retoré, et Denise Vallée (p. 67 et 68). D'après l'auteur du *Mémoire touchant le Cardinal de Retz* (à la suite des *Mém.* de Guy Joly, t. II, p. 27), le fugitif serait tombé parce que « ayant voulu tourner trop court au coin d'une rue du faubourg, son cheval s'abattit ».

2. Déposition de Michel Sagot, passeur, 40 ans (L. Maître, *op. cit.*, p. 79-80). D'autres témoins dirent qu'on avait cru reconnaître le cardinal de Retz (*Ibid.*, p. 75). Les fugitifs laissant cinq hommes afin de garder les bateaux prièrent Sagot de monter à cheval et de les accompagner pour les conduire. Dans sa déposition, Suzanne Jay, épouse Ménager, de Champtoceaux, 22 ans, dit (*Ibid.*, p. 81) : qu'un des cavaliers dut jeter de l'eau à la figure d'un personnage « habillé de noir auquel aucuns portoient grand respect et étaient tête nue devant lui », tellement il se trouvait mal. « Et sur ce que le dit homme habillé de noir, continue-t-elle, disait qu'il n'en pouvoit plus et qu'il aimait autant mourir, l'un des dits cavaliers lui dit : « Courage, Monseigneur ». Voir aussi la précise déposition de Jacques Martin, domestique de Sagot (p. 82), sur les détails de la traversée du fleuve.

3. Retz, *Mém.*, t. IV, p. 524 et suiv. Jean Brevet, laboureur, dit dans sa déposition (L. Maître, *op. cit.*, p. 84-85), que ce fut lui qui guida le cavalier chargé d'aller à Beaupréau chercher un carrosse pour Retz. M. de la Poise (ou de la Poëze) emmena Retz dans une dépendance de son château de la Joussclinière, commune de Pin-en-Mauges (*Ibid.*, p. 14). Cf. *Mém.* de Guy Joly, t. II, p. 104.

quait sa démission d'archevêque comme « extorquée par force et violence dans la prison de Vincennes »; une lettre aux chanoines de Paris où il déclarait être et demeurer leur archevêque; une seconde lettre aux curés de Paris pour leur exprimer son affection et sa reconnaissance en raison de leur fidélité à son égard. Au reçu de la missive qui lui était adressée, le chapitre de Notre-Dame décida de faire chanter un *Te Deum*, de sonner les grosses cloches et d'allumer un feu de joie sur le parvis [1].

Pendant ce temps, à Nantes, la fuite de Retz était découverte de la façon suivante. Un jeune écuyer, M. de Boisgelin, qui se baignait dans la Loire, ayant aperçu le cardinal qu'on descendait le long des remparts, avait couru pour prévenir, mais ayant dû faire un assez grand détour afin d'arriver à la porte du château, avait perdu du temps. On tarda ensuite à prévenir M. de La Meilleraye [2]. M. de La Meilleraye enfin averti, hors de lui, ordonna à son fils de rassembler des cavaliers (on en trouva 300) et de courir après le fugitif dont il ne fut pas difficile de retrouver la direction. Mais, heureusement pour le prisonnier évadé, la troupe était lourde, elle arriva à Oudon trois heures après le passage de Retz; elle ne put traverser la Loire, faute de bateaux et rentra à Nantes [3]. M. de La Meilleraye ordonna d'ouvrir tout de suite une enquête judiciaire. Gardes et sentinelles furent arrêtés. Sauf Vacherot qui fut pris, le reste des serviteurs de Retz mêlés à l'affaire avait fui [4]. Le

1. Acte de la révocation faite par Retz de sa démission d'archevêque, Bibl. nat., ms. fr. 23201, fol. 299 v° (et dans Retz, *OEuvres*, t. VI, p. 2); lettre du même au chapitre de Paris, et réponse de celui-ci, Ibid., fol 283; lettre aux curés de Paris, Ibid., fol. 299 (dans *OEuvres*, t. VI, p. 4). Pour la réception de ces documents par le chapitre, voir les Registres capitulaires, Arch. nat., LL. 302, fol. 918-926, lettre de Séguier à Mazarin du 14 août 1654 rapportant tous ces faits : Bibl. nat., Baluze 113, fol. 56. Retz aurait eu l'idée d'aller à Paris s'enfermer dans les tours de Notre Dame (Cl. Joly, *Mém.*, éd. Michaud, p. 168).

2. Déposition de François de Boisgelin, âgé de 14 ans, au procès (L. Maître, *op. cit.*, p. 69). « Il aperçut le long des murailles du château, un homme habillé de noir qui descendoit avec une corde et un bâton entre les jambes, avec une calote rouge ce qui l'obligea de s'écrier que c'était le seigneur cardinal de Retz qui se sauvait ! »

3. *Mém.* de Guy Joly, éd. de 1718, t. II, p. 90 et suiv. Le fils de la Meilleraye, grand maître de l'artillerie, voulait passer la Loire à la nage, on l'en dissuada. M. de la Meilleraye était au lit du fait d'une violente attaque de goutte. Il était d'ailleurs si goutteux, qu'en 1650, au siège de Bordeaux, on avait dû le porter dans la tranchée (Baron de Montbas, *Au service du roi, Mémoires*, Paris, 1926, in-8, p. 30).

4. Voir la lettre de M. de Hère, maître des requêtes, envoyé ensuite de

maréchal rédigea une protestation où il affirmait n'avoir rien su, rien deviné de cette évasion[1], fit convoquer tous les gentilshommes de la contrée, leva des milices, réunit des canons, écrivit au maréchal d'Estrades à Bordeaux de lui envoyer des troupes et se prépara, avec cette armée, à envahir le pays de Retz où il soupçonnait que devait s'être réfugié le cardinal en fuite[2].

Effectivement, de Beaupréau, Retz, étendu dans un carrosse sur deux matelas, avait gagné Machecoul, entouré de 1 000 à 1 200 cavaliers qui s'étaient réunis à l'appel des membres de sa famille, et était arrivé le mardi 11 août, vers cinq heures, au château de Machecoul qu'habitait le vieux duc de Retz. Il fut très mal reçu. Le duc et la duchesse de Retz qui ne se souciaient pas de se compromettre, blâmaient la conduite du cardinal, s'irritaient d'avoir tant de monde à loger et à nourrir et surtout s'effrayaient de la nouvelle que M. de La Meilleraye allait mettre leur pays à feu et à sang, comme on le leur annonçait. Retz dut s'en aller au bout de trois jours. Il décida de prendre un bateau sur la côte, qui était à trois lieues de là, de gagner Belle-Isle-en-Mer, propriété des siens. Il partit dans la nuit du 14 au 15 août, suivi de Brissac, Sévigné, Joly, de trente à quarante gentilshommes, trouva trois chaloupes où tout le monde s'embarqua et appareilla[3]...

La Cour se trouvait à Péronne lorsque le 13 août lui parvint le bruit de la fuite de Retz. Mazarin ne voulut pas y croire. Le 14, arrivait un courrier de La Meilleraye confirmant la nouvelle. Mazarin,

Paris pour suivre l'affaire, dans Retz *OEuvres*, t. VI, p. 536. Nous avons dit comment L. Maître a publié les pièces de l'instruction. J. L. Paris, lieutenant civil et criminel de Nantes, assisté de Pierre Bedeau, procureur du roi et de Mathieu Constans, commis au greffe criminel, avait commencé l'enquête (*Ibid.*, p. 21).

1. La Meilleraye rédigea ce manifeste en forme solennelle : « Nous, maréchal de la Meilleraye, prions tous ceux qui verront cet écrit... » (Cf. Retz, *OEuvres*, t. VI, p. 511-2, texte de ce document).

2. Lettre de la Meilleraye au maréchal d'Estrades du 25 août 1654, Bibl. de l'Institut, ms. 1328, p. 359. Voir aussi : *Deux lettres relatives à l'évasion du cardinal de Retz, communiquées par M. Paul de Berthon*, dans *Bulletin de la Société archéologique de Nantes*, t. 32, 1893, p. 82 et 84. Ces documents donnent des détails sur le rassemblement de forces effectué par la Meilleraye, et la façon dont celui-ci a occupé Machecoul. L'auteur parle de 1 800 chevaux, 7 à 800 mousquetaires et fusiliers réunis, et 12 canons. Il écrit à M. de la Galissonnière, maître des requêtes à Paris. Ces lettres sont datées du 18 août 1654.

3. Retz, *Mém.*, t. IV, p. 525 et suiv. Guy Joly, *Mém.*, t. II, p. 94 et suiv. Nous résumons ici, comme plus haut, très brièvement, des faits longuement racontés dans ces *Mémoires*.

au dire de Daniel de Cosnac présent, eut une violente colère. Il écrivit au chancelier Séguier demeuré à Paris, de s'entendre avec Servien, Fouquet et autres membres du conseil, pour prendre les mesures nécessaires que, d'ailleurs, il énumérait et les mesures furent prises[1].

Une ordonnance royale enjoignit aux gouverneurs et officiers du royaume d'arrêter Retz partout où on le rencontrerait. Un arrêt du conseil, promulgué le 22 août à Péronne, déclara vacant l'archevêché de Paris. Le chapitre devait prendre en main l'administration du diocèse et nommer quatre vicaires généraux en remplacement de ceux de Retz. Tous les revenus de l'archevêché étaient saisis[2]. Par lettre de cachet, le P. de Gondi dut s'en aller en exil en Auvergne[3]; le duc et la duchesse de Brissac reçurent l'ordre de ne plus paraître à Paris; leurs revenus et ceux du duc de Retz furent mis sous séquestre[4].

L'arrêt du conseil du 22 août produisit une grande émotion dans le clergé. Le roi, ainsi, officiellement, de son autorité privée, met-

1. Lettre de Mazarin à l'évêque de Lodève du 13 août 1654, dans Mazarin, *Lettres*. éd. Chéruel, t. VI, p. 268; Daniel de Cosnac, *Mém.*. t. I, p. 183-184, *Muse* de Loret, t. I, p. 529, à la date du 15 août. « Mémoire (envoyé par Mazarin à Séguier) des choses qui sont à résoudre sur l'évasion de M. le cardinal de Retz », de Péronne, 16 août 1654, Bibl. nat., ms. fr. 4232, fol. 296 : 4189, fol. 93 ; 4190, fol. 204 ; 6892, fol, 296. Nous avons plusieurs recueils manuscrits de pièces de ce moment relatives à l'affaire de Retz : Bibl. nat., ms. fr. 25662 ; n. a. fr. 2393 ; fr. 6564 ; et les lettres écrites par Séguier à cette occasion : Bibl. nat., ms. fr. 6892, fol. 324 et suiv. On voit dans sa correspondance à quel point Mazarin est monté contre ce qu'il appelle « un crime » (Mazarin, *Lettres*, éd. Chéruel, t. VI, p. 280. Cf. p. 275 pour la lettre à Servien).

2. *Mém.* de G. Joly, éd. Michaud, p. 169. Ordonnance du roi contre Retz du 20 août 1654, Bibl. nat., ms. fr. 20666, fol. 120 r°. On trouve une affiche originale de cette ordonnance à placarder sur les murs de Paris, dans le ms. fr. 23492 de la Bibl. nat., fol. 153. L'arrêt du Conseil du 22 août, de Péronne, est : Bibl. nat., mss. fr. 9717, fol. 98 ; n. a. fr. 2393, fol. 41 ; Arch. nat., L. 487 ; Bibl. de l'Institut, ms. 1314, p. 336. Il est singulier que les éditeurs des *OEuvres* de Retz (t. VI, p. 534) disent n'avoir pu trouver le texte de cet arrêt, dont nous avons rencontré, comme on le voit, nombre de copies.

3. Bibl. nat., ms. fr. 10276, p. 210; *Lettre escrite à M. le cardinal de Retz par un de ses confidents de Paris*, 1655, in-fol., p. 51. L'auteur prétend que le P. de Gondi cabalait, recevait du monde, poussait aux protestations.

4. Mlle de Montpensier, *Mém.*, éd. Michaud, p. 297, lettre de Mazarin aux surintendants des finances, du 16 octobre 1654, dans *Lettres* de Mazarin, t. VI, p. 356. Mazarin parla de faire arrêter Guy Joly (lettre de lui à l'abbé Fouquet du 22 août. *Ibid.*, p. 292).

tait un archevêque hors de son siège, sans forme ni procès, en
déclarant celui-ci vacant[1]. Le chapitre de Notre-Dame voulut protester. Un arrêt du conseil lui intima l'ordre de communiquer au
roi tout ce qu'il avait reçu de Retz, ainsi que le registre de ses délibérations[2]. Puis, le 28, deux huissiers du roi vinrent lui signifier
d'avoir à nommer les quatre vicaires généraux prévus à la place de
ceux de Retz. Le chapitre intimidé obéit[3].

Dès que le gouvernement sut l'arrivée du cardinal à Machecoul,
avec la suite imposante qui l'accompagnait, il expédia l'ordre à La
Meilleraye de convoquer la noblesse de Bretagne, Poitou, Saintonge,
de demander partout troupes et vaisseaux et de marcher sur Machecoul[4]. Nous avons vu que M. de La Meilleraye avait déjà pris ces mesures

1. Il est à remarquer cependant que c'était M. de Marca, archevêque de
Toulouse, qui avait fait un rapport le 22 août sur le moyen d'enlever son
siège à Retz (Bibl. nat., Baluze 113, fol. 60). Ce M. de Marca qui succédera à Retz à Paris comme archevêque, a été, au dire de l'auteur du
Mémoire touchant le cardinal de Retz (à la suite de Guy Joly, *Mém.*, t. II.
p. 45) « le plus cruel ennemi, le plus dangereux, à cause de sa science, qu'ait
jamais eu le cardinal de Retz ». Le 5 juillet le roi avait nommé M. Lebeau,
à l'administration des biens de l'archevêché de Paris (Bibl. nat., ms.
fr. 25662, fol. 48). Il avait fait occuper l'archevêché par des gardes françaises (lettre de Séguier à Le Tellier du 26 août, Bibl. nat., ms. fr. 4232,
fol. 294). Des libelles parurent attaquant la conduite du gouvernement :
*Réflexions ecclésiastiques sur la rétention du temporel de l'archevêché et des
abbayes de M. le cardinal de Retz*, in-4º de 10 p. ; *Mémoire des entreprises
faites contre l'Église en l'affaire de M. le cardinal de Retz*, in-4º de 4 p. Voir
aussi : « Avis important et désintéressé sur l'affaire de Monsieur le cardinal
de Retz ». Bibl. nat., ms. fr. 15626, fol. 265.

2. Registres capitulaires de Notre-Dame : Arch. nat., LL. 302, fol. 931.

3. Ibid., et Retz. *OEuvres*, t. VI, p. 539. Le 27 août, d'ailleurs le chapitre
était allé s'excuser auprès du roi d'avoir fait chanter le *Te Deum* pour
célébrer la fuite de Retz, et lui avait apporté les lettres venues du cardinal
(Bibl. nat., ms. fr. 4232, fol. 308 et Arch. nat., LL. 302, fol. 946). Que
durent penser les chanoines, quand ils reçurent la lettre de l'archevêque
datée de Belle-Isle, du 30 août, les remerciant chaleureusement de « la
généreuse résolution avec laquelle vous avez défendu, leur disait Retz, les
intérêts de l'église et les miens, et les protestations vigoureuses que vous
avez faites publiquement par la bouche de Monsieur de Saint Roch de
ne point reconnaître d'autre autorité que la mienne » et il leur « rend
grâces d'une si sainte et glorieuse fermeté ! » Lettre de Retz au chapitre
de Paris du 30 août 1654 : Bibl. de Nantes, Collect. Labouchère, vol.
673, pièce 214.

4. Lettre de Mazarin à Servien, Arch. Aff. étr. Fr. 893 *bis*, fol. 193 ; du
même à Brachet, du 24 août, dans Mazarin, *Lettres*. éd. Chéruel, t. VI.
p. 306. Au premier moment, Mazarin avait été très irrité contre La Meil-

et mis une petite armée en mouvement. Cette armée envahit le duché de
Retz, occupa Machecoul, chassa tout le monde, sauf le vieux duc
de Retz, qui, à force de soumissions, trouva grâce ; et de Machecoul, averties de la direction qu'avait prise Retz, les troupes du
maréchal se dirigèrent vers la côte. Mais Retz n'était plus là [1] !

Sa petite flottille avait cinglé en effet à travers l'embouchure de
la Loire vers le Croisic et, après diverses alertes, — il les raconte
dans ses *Mémoires* — bâtiments suspects en vue (on était en guerre
avec l'Espagne) qui l'avaient contraint de rester mouillé au Croisic,
ou même de débarquer et de se cacher à terre, — il était parvenu
le 18 août, vers onze heures, à Belle-Isle. La nouvelle que La Meilleraye allait venir avec des vaisseaux fit qu'on étudia les moyens de
résister [2]. Malheureusement la population n'était pas disposée à prêter main forte au fugitif et l'entourage, troublé, hésitait, conscient
de son impuissance. On mit en délibération le parti à prendre. Les
opinions exprimées firent comprendre à Retz que tout le monde en
réalité désirait terminer l'aventure et se débarrasser du fugitif en
lui recommandant de s'en aller. Qu'il gagnât Rome par l'Espagne !
Retz s'y décida [3]. Il y avait dans le port une petite barque de
25 tonneaux montée par quatre matelots et le patron. Marché fut
fait. La barque ne pouvait prendre que cinq passagers. Joly, Bois-

leraye, puis lui avait écrit une lettre adoucie lui disant qu'il compatissait
avec lui dans son malheur et qu'il le priait de ne pas avoir d'inquiétude sur
ses responsabilités « puisque leurs majestés ont l'opinion qu'elles doivent
avoir de votre probité et de votre zèle » (*Ibid.*, t. VI, p. 271-3, lettre du
15 août). Il le lui avait répété le 18 (*Ibid.*, p. 282) et encore le 2 septembre
(*Ibid.*, p. 315), tellement il sentait le pauvre maréchal troublé.

1. Machecoul se rendit avant le premier coup de canon. Nous avons les
lettre de soumission du duc de Retz à Mazarin et à Servien : Arch. Aff. étr.
Fr. 893, fol. 429. Le duc écrivit, pour lui donner des conseils, au cardinal
de Retz qui lui répondra une lettre un peu hautaine (donnée dans Retz,
Œuvres, t. VI, p. 83-87). Sur la contrée où ces événements se passent,
voir : Marc Elder, *le Pays de Retz*, Paris, Emile Paul, 1928, in-8° ; Comte de
Cosnac, *Mazarin et Colbert*, t. I, p. 437.

2. Retz, *Mém.*, t. IV, p. 528 et suiv. Cf. le récit de Guy Joly, *Mém.*,
éd. de 1718 d'Amsterdam, t. II, p. 98 et suiv. Mazarin avait fait ordonner
à La Meilleraye d'aller cerner Belle-Isle (Arch. Aff. étr. Fr. 893 *bis*,
fol. 149, lettre du 18 août) et prescrit au comte d'Estrades, qui commandait
en Aunis et Saintonge, d'envoyer à La Meilleraye des vaisseaux à cette
intention (Ibid., fol. 232).

3. Retz, *Mém.*, t. IV, p. 531 et suiv. Guy Joly, *Mém.*, t. II, p. 100.
Joly donne (p. 103) les avis divers de ceux qui étaient présents. Ce furent,
dit-il, les ducs de Retz et de Brissac, qui eurent le dessus et firent décider
le voyage vers l'Espagne.

guérin, Salles et le valet de chambre Imbert s'offrirent. Avec eux
Retz appareilla donc, faisant voile pour Saint-Sébastien [1].

Retz et Joly ont conté les péripéties variées de cette traversée qui
devait s'achever enfin le 12 septembre par l'arrivée en Espagne.
Parvenu à Saint-Sébastien, le cardinal s'adressa au gouverneur de
la province de Guipuzcoa, le baron de Vatteville, gentilhomme
franc comtois qui le connaissait et l'installa dans son propre palais
en prévenant Madrid de son arrivée [2].

Le gouvernement de Louis XIV a toujours affirmé qu'à ce
moment Retz, à Saint-Sébastien, réunit une sorte de conférence
d'ennemis et de rebelles, en collusion avec l'Espagne, noua partie
avec des émissaires de Condé, alors en révolte, et des représentants
du premier ministre espagnol Don Luis de Haro, dont il aurait
reçu de l'argent ; prit part à l'élaboration d'un projet d'attaque de
la Guyenne par les Espagnols, en octobre, alla même à Madrid, ce
qu'écrivait Mazarin au duc de Longueville le 21 octobre et à M. de
Gramont, le 1ᵉʳ novembre, et ce que répétera Anne d'Autriche à son
entourage [3]. Le 6 novembre, Brienne écrivant à Thévenot, corri-

---

1. *Ibid.* D'après une note manuscrite du curé de la paroisse de Locmaria
de Belle-Isle, Retz serait arrivé dans l'île le 16 août, en serait reparti le
22 septembre et y serait donc resté 37 jours (*Inventaire des arch. dép. du
Morbihan*, suppl. à la série E, 1, 17 ; cité par J. Lemoine, *Correspondance
du chevalier de Sévigné*, p. 252). D'après des traditions locales qui ont été
recueillies et qu'on ne peut donner qu'avec les réserves d'usage, Retz aurait
résidé dans le presbytère de Bangor, chez le recteur Jean Piet, official de
Belle-Isle. Le chevalier de Sévigné et les autres demeurèrent quelque temps
à Belle-Isle après le départ du fugitif (lettre du 4 décembre 1654 à la
duchesse de Savoie, dans J. Lemoine, *Correspondance du chevalier de
Sévigné*, p. 254). La Meilleraye signalant le 22 septembre 1654 au
comte d'Estrades la présence de six navires espagnols devant Belle-Isle
pendant deux jours, se demandait s'ils n'avaient pas emmené Retz (Bibl. de
l'Institut, ms. 1328, p. 659).

2. Retz, *Mém.*, t. IV, p. 533 et suiv. ; Guy Joly, *Mém.*, t. II, p. 104 et
suiv. Les récits concordent assez bien. Nous avons parlé de la véracité de
Joly. On trouve ici même (p. 104) un écho de la tradition locale de
Belle-Isle dont nous venons de parler. Joly conte que Retz, pour faire croire
qu'il s'était embarqué sur un bateau hollandais, s'était caché deux jours
chez, ce qu'il appelle, « le curé de Berger, dans l'Ile ».

3. Lettres de Mazarin au duc de Longueville du 21 octobre 1654 (dans
Mazarin, *Lettres*, t. VI, p. 362), du même au maréchal de Gramont (*Ibid.*,
p. 374) ; Retz « fut à Madrid pendant ce long séjour qu'il y fit chez les
ennemis... la reine le dit aussi à plusieurs personnes de qualité ». Bibl.
nat., ms. fr. 10276, fol. 225. Le bruit de cette collusion avec les Espagnols
fut public : *Remarques sur la conduite du cardinal de Retz*, in-4°, p. 5. Le
P. Rapin, *Mém.*, t. II, p. 231 ; Lettre du roi à l'Assemblée du clergé du

geait cependant ce dernier détail en disant que Retz avait évité de
se faire voir à Madrid et qu'il n'avait conféré qu'avec le secrétaire
de Don Luis de Haro [1].

A examiner de près les documents, il paraît bien que Retz ait
trouvé dans l'hôtel du baron de Vatteville des envoyés de Condé,
des réfugiés de Bordeaux et d'autres rebelles. Y eut-il des conversations entre eux ? C'est possible [2]. Le baron de Vatteville chercha
visiblement, d'accord avec le gouvernement espagnol et sur ses instructions, à utiliser le cardinal. Il voulut le faire aller à Madrid :
c'était une façon de le compromettre. Retz affirme qu'il refusa et
son affirmation paraît exacte. Alors les Espagnols lui proposèrent de
l'embarquer sur une frégate de Dunkerque en rade de Saint-Sébastien, qui allait partir, et de l'envoyer traiter avec Condé en Flan-

2 juillet 1656, dans Retz, *OEuvres*. t. VI, p. 612. Mazarin en était persuadé
(lettre de lui à d'Estrades du 31 octobre 1654, dans *Lettres*. t. VI, p. 372).

1. Arch. Aff. étr. Rome 124, fol. 192. « Et de certitude, ajoute Brienne,
nous savons qu'il a pris de l'argent de l'Espagne. La somme est si modique
qu'elle sent l'aumône ou fait bien juger combien l'argent est rare en
Espagne puisqu'à deux fois il n'a eu que deux mille pistoles ». Le Journal
de Chauvigny Saint-Agoulin, correspondant du prince de Condé et de
Lenet à Madrid, raconte ce qui s'est passé à Madrid quand on a annoncé
l'arrivée de Retz à Saint-Sébastien (Papiers de Lenet, Bibl. nat., ms.
fr. 6718, fol. 17).

2. Le duc d'Aumale a publié dans son *Histoire des princes de Condé*
(t. VI, p. 711) une lettre de Retz datée de Belle-Isle du 4 septembre 1654
adressée au baron de Vatteville, d'où il résulterait que celui-ci, s'était déjà
mis en rapport avec le cardinal dès cette date, et lui avait proposé de se
joindre à Condé. Retz répond qu'il désire vivement rentrer dans les bonnes
grâces du prince, qu'il va à Rome, ce qui le mettra « à couvert contre
l'injustice et la violence » de ses ennemis et que partout où il sera « j'aurai
toujours, dit-il, une extrême joie que M. le Prince me tienne pour son
serviteur ». Il prie Vatteville de le répéter à Condé « et de faire pour nos
intérêts communs tout ce que vous jugerez à propos ». Cette réponse est
semble-t-il, plutôt diplomatique. Vatteville, d'une famille originaire de la
Franche-Comté était un important personnage qui représentera l'Espagne
aux conférences préparatoires du traité des Pyrénées et sera ambassadeur
en Angleterre. En 1649 il était venu à Bordeaux fomenter la rébellion de
la ville (*Mém.* du maréchal du Plessis, éd. Michaud, p. 405), avait secondé
la princesse de Condé dans la place en 1650 (*Mém.* de Lenet, éd. Michaud,
p. 293), en 1651 avait donné de l'argent à Condé révolté ; en 1652, signé
un traité avec lui (*Ibid.*, p. 528). Lenet disait de Vatteville : C'est « un
bourguignon raffiné, et le plus propre aux tours de passe passe qu'aucun
homme que je connaisse ». Voir aussi sur lui : Balthazard, *Hist. de la
guerre de Guyenne*, éd. C. Moreau, Paris, 1858, in-12, p, 411. On
comprendra qu'il ait essayé de se servir de Retz.

dre, d'où il gagnerait Mézières. Retz refusa encore. Il se décida à
expédier Boisguérin à Madrid avec des lettres où il demandait au
roi d'Espagne l'autorisation de traverser ses États. Boisguérin fut
bien reçu. On lui fit des cadeaux. On chercha à lui expliquer que
le cardinal ne serait pas en sûreté à Rome et qu'il ferait beaucoup
mieux d'aller en Flandre, en Allemagne. Mais Boisguérin avait des
instructions, il se déroba. Au dire de Joly, il aurait vu à Madrid le
comte de Fiesque, représentant de Condé [1].

La cour d'Espagne constatant qu'il fallait renoncer à ses desseins,
autorisa alors la traversée de la péninsule. Elle envoya à Retz le
secrétaire de Luis de Haro, Don Cristoval de Krassensberg, un
Allemand ; — et c'est ici que se vérifie l'indication de Brienne donnée
plus haut ; — Don Cristoval renouvela au cardinal l'invitation de
venir à Madrid, ou d'aller en Flandre : — ce fut sans succès ; —
offrit de la part du roi d'Espagne 40 000 écus et davantage si Retz
voulait gagner Mézières. Retz refusa. Alors l'envoyé du roi catholique annonça qu'une galère était commandée dans un port du
royaume de Valence pour transporter le cardinal en Italie [2].

Retz se mit en route, après avoir emprunté à M. de Vatteville
400 pistoles que le bruit public transforma ensuite en 25 000 écus
avancés par le roi d'Espagne. Il a raconté son voyage à travers l'Espagne, par Pampelune, Tudela [3], Saragosse, jusqu'à Vinaroz, port

1. Retz. *Mém.*, t. IV, p. 541 et suiv. ; Guy Joly, *Mém.*, t. II. p. 106 et
suiv. De Belle-Isle était arrivée une barque, amenant Beauchesne qui avait
apporté des nouvelles de France toutes défavorables à Retz et le conseil de
ses amis de s'en aller à Rome (*Ibid.*). D'après le P. Rapin (*Mém.*, t. II,
p. 387), ses amis de Paris avaient fortement blâmé la fuite de Nantes.
Depuis longtemps Condé sollicitait à Madrid l'appui du gouvernement
espagnol, demandait de l'argent et des soldats. En février 1653, il avait
expédié le Marquis de Chouppes avec cette mission, et don Luis de Haro
lui faisait remarquer qu'il lui avait déjà donné 2 200 000 livres (Marquis de
Chouppes, *Mém.*, éd. C. Moreau, p. 177). Condé cherchait aussi à traiter
avec les Anglais et leur avait offert de leur livrer un port dans la Gironde
(*Mém.* de Lenet, éd. Michaud, p. 604).

2. Retz, *Mém.*, t. IV, *loc. cit.*

3. Nous renvoyons aux *Mém.* de Retz pour le détail du voyage. En ce
qui concerne le passage du fugitif à Tudela, il existe un témoignage confir-
matif de ce qu'il dit dans un *Voyage d'Espagne curieux, historique et politique
fait en l'année 1655 par Aarsens et Sommerdyck*, Paris, 1666, p. 305-307.
Les auteurs disent qu'à Tudela on leur parla du passage de Retz l'année
précédente, en litière, avec un petit train. L'alcade avait demandé à Retz
qui il était et n'ayant pas reçu de réponse satisfaisante, l'avait fait arrêter,
garder dans son hôtellerie ; Retz irrité, aurait écrit au vice-roi à Pampelune pour protester et réclamer le châtiment de l'alcade. Le vice-roi en

situé au sud de Tortosa et de l'embouchure de l'Ebre, où l'attendait, sur l'ordre du roi d'Espagne, Don Fernando Carillo Quatralve, jeune seigneur de 24 ans, chef d'escadre des galères de Naples, avec la galère patronne de son « escouade », bâtiment de 28 bancs de rameurs, monté par une chiourme de 450 galériens, dont une centaine de turcs et un équipage, en tout, avec la soldatesque de la capitane (120 soldats, 80 matelots) de plus de 650 hommes. Don Fernando Carillo embarqua Retz et sa suite et appareilla.

Le cardinal a également raconté sa traversée mouvementée ; ses arrêts à Majorque, à Port Mahon ; les dangers qu'il courut entre la Corse et la Sardaigne ; la tempête qu'il subit au large de Porto Vecchio, l'obligation où il fut d'aller atterrir dans l'île d'Elbe, enfin son débarquement à Piombino en Toscane, le 3 novembre 1654, après dix huit jours de navigation. Il prit le chemin de Volterra, fut bien reçu de Ferdinand II, grand duc de Toscane, gagna Florence, Sienne et le 28 novembre arrivait à Rome par la porte Angélique, au nord du Vatican, entrait incognito et se rendait au logis de l'abbé Charrier, toujours accompagné de Joly, Boisguérin, Salles et du valet de chambre Imbert [1].

effet aurait décidé la déposition de l'alcade qui alors aurait fait mille civilités à Retz et l'aurait accompagné à son départ avec honneur et respect.

1. *Mém.* de Retz et de Guy Joly, *loc. cit.* Les deux témoignages se confirment et se complètent.

VII

LA POURSUITE A ROME

C'est le 18 septembre que Mazarin avait appris par une lettre de
M. de Gramont, gouverneur de Bayonne, que le fugitif était débar-
qué à Saint-Sébastien, qu'il avait été bien reçu de M. de Vatteville,
avec qui il avait eu une conférence où se trouvait un gentilhomme
du prince de Condé. Le 20, Mazarin avait été aussi averti (sans
doute prématurément) des propositions faites par Don Luis de Haro
à Retz [1].

La réponse ne se fit pas attendre. Le 21 septembre, une commission du roi ordonnait au Parlement de Paris de faire immédiatement son procès criminel au cardinal en fuite, sous prévention de
crime de lèse majesté, cas privilégié, disait le texte, faisant cesser

1. « Relation de ce qui s'est passé touchant la commission contre M. le
cardinal de Retz, envoyée au Parlement le 22 septembre 1654. » Bibl. nat.,
Baluze 113, fol. 77. On y lit que le 18 septembre Marca entre dans la
chambre de Mazarin, qu'il y trouve Le Tellier auquel Mazarin tend la lettre
du maréchal de Gramont qu'il vient de recevoir : « Elle donnoit avis que
M. le card. de Retz était arrivé à S. Sébastien le 5 de ce mois et qu'il avait
été fort bien reçu du baron de Vatteville gouverneur de cette place-là. Il y
avoit une autre lettre d'un particulier qui disoit que le cardinal étoit arrivé
avec une barque chargée de sardines... etc. » Voir les lettres de Gramont :
Arch. Aff. étr. Espagne 33, fol. 134 et suiv. et dans Retz, *OEuvres*, t. VI,
p. 557 : la lettre du « particulier », dans Arch. Aff. étr., *loc. cit.*, fol. 125.
Il semblerait d'après ces documents que Mazarin ait été prévenu plutôt par
les lettres du « particulier » que par celles de M. de Gramont. Le jour
même, 18 septembre, Brienne mandait la nouvelle à Thévenot à Rome
(Arch. Aff. étr. Rome 124, fol. 183). Le 14 octobre, Marca confirmera à
Le Tellier que Retz est à Saint-Sébastien (Bibl. nat., ms. fr. 4232, fol. 329)
et Mazarin répondra le 22 septembre au maréchal de Gramont (Mazarin,
Lettres, t. VI, p. 326).

toute exception et immunité, d'après les lois et usages du royaume [1].

Informé que d'Espagne Retz allait passer en Italie, Mazarin fit écrire à Rome pour donner des instructions en conséquence : défense allait être donnée à tous les couvents, monastères et maisons quelconques placées sous la protection du roi de France, non seulement de recevoir Retz, mais d'avoir la moindre communication avec lui [2].

Le lendemain de son arrivée dans la ville éternelle, Retz était encore au lit, lorsqu'il reçut la visite d'un abbé de La Rocheposay, envoyé on ne sait par qui, venant lui faire savoir que le cardinal d'Este, protecteur des affaires de France, tenait chez lui une réunion de cardinaux français pour examiner le moyen de le faire sortir de Rome sans délai. Retz répondit qu'il s'abandonnait à la Providence de Dieu. Puis il demanda au pape une audience qui lui fut accordée [3].

C'était le 22 août qu'avait été sue à Rome l'évasion de Nantes [4]. Innocent X n'avait pas caché sa satisfaction et le 30 septembre avait même adressé un bref au fugitif pour le féliciter de sa délivrance. On a contesté l'authenticité de ce document, mais Rome ne l'a pas désavoué et les amis de Retz, plus tard, l'ont invoqué [5].

Le pape reçut donc avec affabilité le cardinal, lui dit de prendre

1. Texte de cette commission : Bibl. nat., ms. fr. 15626, fol. 72. Il existe plusieurs recueils des pièces relatives aux procès de Retz. Ibid., mss. fr. 13894, 17589, 15626.

2. Lettre de Brienne à Thévenot du 4 déc. 1654, Arch. Aff. étr. Rome, 126, fol. 457. « Il a été mandé aux religieux du même monastère (de Saint-Antoine), aux autres qui sont nationaux et aux maisons des prêtres séculiers qui sont sous la protection de S. M. de ne point avoir de communication avec le cardinal. » L'abbé Charrier ayant voulu annoncer l'arrivée de Retz au cardinal d'Este, celui-ci refusa de recevoir cette communication (lettre du cardinal d'Este à Mazarin, Bibl. de l'Institut, ms. 1314, p. 368).

3. Retz, *Mém.*, t. V, p. 8.

4. Lettres de l'abbé Elpidio Benedetti à Mazarin du 23 août 1654 et du cardinal Bichi au même du 24 août, Arch. Aff. étr. Rome 125, fol. 342 et 344. La nouvelle arriva par un courrier extraordinaire. Toutes sortes de faux bruits coururent, entre autres que Retz s'était mis à la tête d'une armée de 50 000 hommes.

5. *Bref du pape à M. le cardinal de Retz,* in-4° de 4 pages. Bibl. nat., Lb³⁷ 3237, réimprimé dans Retz, *OEuvres,* t. VI, p. 553, où Chantelauze a mis une note relative à l'authenticité de ce document. Le pape ne pouvait souffrir Mazarin parce que, avons-nous dit, celui-ci s'était opposé à son élection. Voir : H. Coville, *Etude sur Mazarin et ses démêlés avec le pape Innocent X*, Paris, 1914, in-8°.

patience, de soigner la blessure de son épaule, qu'il ne manquerait
de rien [1]. Effectivement, il lui faisait parvenir le jour même une
somme de 4 000 écus avec le brevet de pension de 3 000 écus qu'il
donnait aux membres du Sacré Collège résidant à Rome [2]. Puis
comme Retz ne pouvait demeurer dans le modeste logis de Charrier, qu'il n'était pas en mesure encore de louer une maison et que
les Français de la ville avaient reçu l'ordre de ne pas le recevoir, le
majordome du Palais apostolique, Scotti, sur les instructions du
pape, fit appeler le supérieur des Lazaristes qui habitait près de la
Trinité des Monts, M. Thomas Berthe, et lui commanda, de la part
de Sa Sainteté, de recueillir Retz dans sa communauté. M. Berthe
voulut faire des objections : on lui répondit qu'il perdait son temps,
et, d'office, des gens apportèrent à la Mission les bagages de Retz et
l'installèrent. A cette nouvelle Louis XIV commanda qu'on chassât
de Rome tous les Lazaristes et qu'on les fit rentrer en France, ce
qui fut exécuté. Vincent de Paul s'inclina avec humilité en constatant que le roi « avait trouvé mauvais cet acte d'obéissance envers
Sa Sainteté et de reconnaissance envers notre archevêque et bien-
faiteur » [3].

1. Guy Joly, *Mém.*, t. II, p. 119. Cf. *Avis sincères d'un évêque pieux et
désintéressé envoyés au cardinal de Retz*, 1655, in-fol., p. 83.

2. *Mém.* de G. Hermant, éd. Gazier, t. II, p. 601, d'après Guy Joly
(*op. cit.*), le pape voulait donner 20 000 écus à Retz : Chigi le fit décider de
réduire cette somme à 4 000. D'après une autre source, la pension donnée à
Retz comme aux cardinaux pauvres, ne serait que de 1 200 écus (Bibl. nat.,
ms. fr. 10276, dans Retz, *Œuvres*, t. VI, p. 562).

3. Retz avait fait demander par Charrier, sans succès, aux religieux de
Saint-Antoine de le recevoir (lettre de Brienne à Thévenot du 4 décembre :
Arch. Aff. étr. Rome 126, fol. 457). La démarche de Scotti auprès des
Lazaristes est contée avec détails dans une lettre de Gueffier, agent diplomatique de France, à Brienne, du 7 décembre 1654 (Bibl. nat., Cinq-Cents
Colbert 361, fol. 1445). Gueffier avait dit au Père Berthe qui était venu le
consulter : quittez plutôt votre maison. L'affaire fit beaucoup de bruit. Cf.
Loret, *Muse*, t. I, p. 581. Nous avons une première lettre de Louis XIV
mandant à Lionne le 1er janvier 1655 qu'il ne veut pas que Retz soit reçu
chez les Lazaristes (Bibl. nat., ms. fr. 20666, fol. 171 r°) ; son ordre pour
que le P. Berthe rentre en France (Ibid., fol. 219 r°, minute de Brienne) ;
la lettre du P. Berthe à Saint Vincent de Paul du 5 février 1655 racontant
les faits (dans *Correspondance* de Saint Vincent de Paul, éd. Coste, t. V,
p. 270); une lettre de Saint Vincent au nonce à ce sujet (*Ibid.*, t. VI,
p. 21) ; une autre de lui à Ch. Ozenne du 12 mars 1655 où il dit le mot
que nous citons (*Ibid.*, t. V, p. 336); la lettre de Lionne du 8 février 1655
rendant compte à Brienne de l'exécution de la mesure (Arch. Aff. étr.
Rome 127, fol. 275). Voir le récit qu'a fait R. Chantelauze de l'incident
dans son livre : *Saint Vincent de Paul et les Gondi*, p. 360.

Sur quoi, le 2 décembre, dans un consistoire, le pape donna le chapeau de cardinal à Retz, formalité qui, en d'autres temps, eût paru normale, mais qui à ce moment sembla une provocation [1]. Louis XIV écrivit à Lionne qu'il protestait contre les témoignages de bienveillance prodigués au rebelle [2], et, le 12 décembre 1654, il adressa au pape une grande lettre officielle qui fut imprimée et répandue partout, où il énumérait les crimes de Retz, ses cabales, ses rébellions, annonçait son intention de le châtier et demandait au pape de désigner des commissaires qui auraient charge d'informer des accusations articulées contre lui [3]. Ainsi Louis XIV qui avait d'abord saisi le Parlement du procès de Retz, demandait maintenant au Saint-Siège de procéder à l'instruction de l'affaire. Que s'était-il passé ?

C'est que dans l'intervalle le clergé de France s'était élevé avec véhémence contre la mise en jugement d'un cardinal devant le Parlement de Paris, en violation disait-il, des privilèges les plus formels de l'ordre ecclésiastique et cédant devant cette levée de boucliers, le gouvernement avait demandé à la cour romaine de commencer au moins la procédure. Mais il entrait dans une voie pleine de difficultés. Lorsque Lionne sollicita en effet une pièce du procureur général du Parlement de Paris donnant la liste des chefs d'accusation à remettre au Saint-Siège [4], il fut reconnu impossible, le 25 décembre, de fournir le document en question, le procureur général n'ayant d'action que dans le ressort du Parlement et ne pouvant se faire solliciteur devant une juridiction étrangère.

1. Texte des discours échangés à cette occasion par le pape et Retz, d'après les archives de Modène et publié par Cl. Cochin, dans Retz, *OEuvres*, t. XI, p. 233. Cf. le P. Rapin, *Mém.*, éd. Aubineau, t. II, p. 257. Le fait surprit d'autant plus qu'on croyait Retz alité « à cause de son mal d'épaule que l'on dit qui le tourmente fort et auquel les chirurgiens se trouvent bien empêchés » (lettre de Gueffier à Brienne, Bibl. nat., Cinq-Cents Colbert 361, fol. 1449 ; lettres à Mazarin du P. Duneau et de l'abbé Elpidio Benedetti, des 14 et 21 décembre 1654, Arch. Aff. étr. Rome 126, fol. 536).

2. Lettre de Louis XIV à Lionne du 1er janvier 1655, Bibl. nat., ms. fr. 20666, fol. 170.

3. Ibid., fol. 155 et suiv. imprimée dans Retz, *OEuvres*, t. VI, p. 563.

4. Lettre de Lionne à Mazarin du 14 décembre 1654. Arch. Aff. étr., Rome, 126, fol. 443 : « Je demande là-dessus s'il serait à propos que l'on m'envoyât un acte en forme signé de M. le Procureur général contenant les dits chefs d'accusation ou seulement la requête que présenta le dit sieur Procureur général au Parlement sur laquelle intervint arrest pour informer, ou s'il suffira de m'envoyer un mémoire non signé du dit sieur Procureur général contenant les chefs d'accusation. »

Il fut répondu à Lionne qu'on enverrait seulement une copie à titre d'indication [1].

La réponse à la démarche menaçante du roi du 12 décembre, ce fut Retz qui la donna dans une grande lettre adressée aux cardinaux, archevêques et évêques de France, manifeste retentissant qu'il fit imprimer, dater de Paris le 14 décembre 1654 et répandre dans tout le royaume où elle produisit un très grand effet. Il ne parle pas de ce manifeste dans ses *Mémoires*. Son entourage, à Rome, l'avait dissuadé de l'envoyer et le pape n'avait pas voulu qu'il fût publié en Italie [2]. Il allait blesser vivement le gouvernement.

C'est un des documents les plus sincères et les plus éloquents de Retz. Retz s'y élevait avec vivacité contre tout ce qui avait été entrepris contre sa personne et la dignité dont il était revêtu, contre les droits « et la majesté de l'Église » qu'il représentait ainsi que ceux de l'épiscopat. On l'avait traité comme un malfaiteur et un bandit en l'enfermant vingt mois dans une prison parce qu'il était archevêque et voulait le rester. Il en appelait à ses confrères, les prélats de France ; leur demandait de ne pas accepter qu'on déposât l'un des leurs par la simple déclaration de vacance de son siège. Sa démission, affirmait-il, lui avait été extorquée : il l'avait révoquée. Il suppliait les évêques de protester avec lui contre ce scandale et de s'opposer à un pareil désordre comme était celui de voir un archevêque « dégradé par des juges laïques » ! Le même jour, 14 décembre, Retz écrivit au roi, à la reine Anne d'Autriche des lettres dans lesquelles il assurait leurs majestés de sa fidélité et de son obéissance. Il avait demandé et obtenu du pape que le nonce remît ces lettres. Louis XIV averti refusa de les recevoir et invita le nonce à les renvoyer à leur auteur [3].

1. Lettre dans ce sens de Mazarin à Lionne du 25 décembre 1654, Mazarin, *Lettres*, éd. Chéruel, t. XI, p. 410.

2. *Lettre de Monseigneur l'éminentissime cardinal de Retz, archevêque de Paris, à Messieurs les archevêques et évêques de l'Église de France* (14 décembre 1654), in-4°, 25 p., réimprimé dans Retz, *OEuvres*, t. VI, p. 25 et suiv. On fit courir le bruit que cette lettre avait été rédigée par ces Messieurs de Port-Royal (*Mém.* de Guy Joly, 1718, t. II, p. 120). Mais une lettre de Rome du 8 février 1655 assurait avec raison le contraire : « La lettre de M. le cardinal de Retz..., disait l'auteur de la lettre, a été faite ici par lui-mesme qui l'a trouvée si bien couchée que, quoique ses amis lui déconseillassent tous de l'envoyer, à ce que m'a dit Bouvier [expéditionnaire de Retz], dans l'entretien que nous eûmes ensemble, il le voulut absolument faire malgré leurs avis » (Bibl. de l'Institut, ms. 1315, fol. 13. Cf. Lettre du P. Duneau à Mazarin du 1er février, Ibid.).

3. Ces lettres furent également imprimées, chacune des deux, in-4° de 4 pages, réimprimées dans Retz, *OEuvres*, t. VI, p. 7 et 9. Sur le refus du

Le gouvernement fit brûler le manifeste de Retz par la main du bourreau, en place de Grève, comme un « libelle diffamatoire, injurieux au ministère », objet de scandale pour « toute personne d'honneur et de jugement »[1]. Retz porta plainte à l'Assemblée du clergé qui, par esprit de corps, sembla accueillir sa requête sur laquelle l'archevêque d'Arles fit un rapport assez énergique[2]. Les ministres décidèrent de poursuivre sans retard à Rome la mise en jugement du prélat rebelle.

Comme pour témoigner qu'il ne s'en souciait guère, Retz, à ce moment, par bravade, s'installait fastueusement dans la ville éternelle avec ostentation. Il louait au coin de la via di Campo Marzio et de la place des Prefetti, le palais de Notre-Dame de Lorette, s'entourait d'un personnel important, vingt gentilshommes, trente estaffiers, des valets sans nombre ; achetait trois carrosses à six chevaux. Guy Joly assure qu'il avait cent personnes à son service et que lorsqu'il sortait, ce monde l'entourait, rapière au côté. Lionne écrira à Brienne que de peur, dans une rencontre avec ce cortège, de subir quelque avanie, il devait, quand il sortait, se faire accompagner de 50 soldats[3].

roi de les recevoir, cf. Bibl. nat. ms. fr. 10726, cité dans Retz, *OEuvres.* t. VI, p. 562.

1. Texte de l'affiche du Prévôt de Paris donné dans Retz, *OEuvres*, t. VI, p. 568. Sur l'indignation provoquée par le manifeste de Retz, voir la lettre du P. Duneau à Mazarin du 4 janvier 1655, Arch. Aff. étr. Rome 127, fol. 8. « Toutes les personnes d'honneur et de jugement s'en sont scandalisées » ; on ne cesse « de blâmer la conduite de cet homme ». On le dit à Retz à Rome ; le cardinal Sacchetti se chargea de cette commission. « Le cardinal de Retz lui répondit que, si sa lettre n'eut eu ce mouvement, elle eut parue sans âme et sans esprit en France où il est ordinaire d'écrire de la sorte et qu'il avait fait bien d'autres pièces encore plus fortes que celle-là » (lettre de Thévenot à Lionne du 8 mars 1655 ; Bibl. de l'Institut, ms. 1315, p. 36).

2. *Procès-verbaux des Assemblées générales du clergé*, t. IV, p. 257. A Rome, Retz menaça de l'excommunication « disant que puisqu'on le poussait aux dernières extrémités, il en voulait user de même de son côté » (lettre de Lionne à Brienne du 10 mars 1655. Bibl. de l'Institut, ms. 1315, p. 29).

3. Lettre de Lionne à Brienne du 19 avril 1655, Arch. Aff. étr. Rome 129, fol. 329. Heureusement, ajoutait Lionne, que « je marche toujours incognito, c'est-à-dire sans houppes aux chevaux, quoique les rideaux ouverts. » Retz expliquait son faste par les conseils pressants que lui avaient donnés à cet égard les cardinaux Chigi et Barberini (*Mém.*, t. V, p. 66). Notons qu'il avait auprès de lui à ce moment un René de Sévigné, chanoine de l'église de Rennes (Bibl. nat., Baluze 115, fol. 40, acte de Retz du 2 janvier 1656). Voir aussi Guy Joly (*Mém.*, t. II, p. 123) qui dit que

De qui Retz tenait-il l'argent pour payer tant de dépenses ? Les espions de Mazarin prétendaient que c'était des Espagnols ou des jansénistes [1]. Lionne écrivait que le pape avait dû mettre Retz dans toutes sortes de congrégations et lui donnait à ce titre 25 000 écus. Mais le pape interrogé sur ce dernier point avait répondu au représentant du roi de France : « Vous savez si cela est vrai [2] ! » La réalité était que les amis de Retz à Paris venaient de lui prêter des sommes considérables. Ils s'alarmèrent de ces gaspillages. Retz répondit qu'il fallait, dans le pays où il était, vivre de la sorte, sinon « on lui marcherait sur le ventre » [3]. Mais combien sa situation était difficile ! Tout ce qui était Français lui tournait le dos. Le 1er janvier 1655 il voulut aller aux vêpres au Gesu. Il dut monter comme un simple particulier dans une tribune où il trouva un jésuite qui aussitôt se retira [4]. Et combien aussi était difficile la situation du gouvernement français ! Il s'en aperçut bientôt à ses dépens.

Le 7 janvier 1655, en effet, le pape Innocent X mourait. Un conclave allait s'ouvrir, grande affaire politique en ce temps à cause du rôle que jouait la papauté et au moment où chaque souverain n'avait pas trop de tous ses cardinaux afin d'empêcher quelque élection dangereuse ou d'obtenir un choix favorable. Le bruit courut que Mazarin allait se réconcilier avec Retz. Brienne dut démentir la nouvelle [5]. Des instructions furent envoyées aux cardinaux tenant le parti de France à Rome pour que les défenses formelles de

Retz tenait table ouverte, qu'il avait un service de 20 couverts pour ses gentilshommes, un autre de 40 pour le commun, chaque jour, et le reste à l'avenant.

1. Lettre de Duneau à Mazarin du 6 mai 1655. Bibl. de l'Institut, ms. 1315, fol. 73. Le P. Duneau écrit qu'il a expliqué au pape dans une conversation que c'était là le bruit qui courait.

2. Lettre de Lionne à Brienne du 29 juillet 1655. Bibl. de l'Institut. ms. 1315, fol. 271.

3. Guy Joly, *Mém.*, *op. et loc. cit.*

4. Lettre du P. Duneau, jésuite, à Mazarin du 4 janvier 1655. Arch. Aff. étr., Rome, 127, fol. 8. Le P. Duneau est le jésuite qui se retire devant Retz. L'abbé Charrier qui accompagnait celui-ci dit alors au P. Duneau : « Mon père, ne vous scandalisez pas de ce que nous venions vous chercher. Je lui répondis que je m'édifiais de sa dévotion et croyais qu'il venoit gagner les indulgences et me retirai. » Ce P. Duneau était un informateur de Mazarin. Lionne avait d'autre part soudoyé deux estaffiers de Retz pour savoir ce qui se passait dans la maison : lettre de lui à Mazarin du 22 février 1655, Arch. Aff. étr., Rome, 129, fol. 46.

5. Lettre de Brienne à Lionne du 8 janvier 1655. Bibl. nat., ms. fr. 20666, fol. 179 r°.

n'avoir aucun rapport avec le fugitif fussent étroitement observées [1].
Le conclave commença le 15 janvier [2].

Retz avait amené avec lui dans le conclave les abbés Lamet et
Charrier, Joly et le valet de chambre Imbert. Il fit dire aux cardinaux français qu'il s'associerait à leurs décisions s'ils voulaient
bien les lui communiquer. On ne lui répondit pas. L'ambassadeur
d'Espagne, duc de Terra Nueva, s'étant arrangé pour faire parvenir à l'assemblée un document relatif à certains incidents politiques et ayant qualifié dans sa note le roi d'Espagne de « fils aîné
de l'Église », Retz constatant que personne ne relevait le mot, prit la
parole, protesta contre cette usurpation d'un titre réservé jusque-là au
roi de France et demanda qu'on prit acte de sa protestation [3]. Mazarin
informé de l'intervention s'irrita, manda à Lionne qu'il n'y avait
pas lieu d'attacher la moindre importance à cette manifestation
dont ne parlerait pas la *Gazette* et ajouta que le roi de France n'avait
pas besoin, — pour défendre ses titres contre des prétentions
chimériques, — d'un personnage que le monde savait bien avoir
tâché, de concert avec l'Espagne, « d'abolir autrement le nom du
roi de France » [4].

Le conclave dura trois mois au milieu de péripéties que Retz a
longuement racontées. Les Français votaient pour Rapaccioli dont
ils avaient pris l'assurance qu'il obligerait Retz à résigner l'archevêché de Paris, même le cardinalat et lui ferait ensuite son procès.

1. Ces instructions sont datées du 8 janvier 1655, Arch. Aff. étr.,
Fr. 271, fol. 22. Elles sont envoyées au cardinal d'Este, protecteur de France.

2. Nous avons de ce conclave une relation faite par l'abbé Charrier (Bibl.
nat., Mélanges Colbert, 2, fol. 546). Les *Mém.* de Montglat (éd. Michaud,
p. 310) résument bien l'histoire de cette élection.

3. Il existe un récit détaillé de l'action de Retz au conclave et de ses
faits et gestes dans une relation envoyée par Lionne à la cour : Arch. Aff. étr.,
Rome 129, fol. 279. On y voit que Retz occupait ses loisirs à lire, à écrire,
qu'il était très considéré par le Sacré Collège qui le chargera de lui faire un
rapport sur un livre en grec moderne suspecté d'hérésie, ce qu'il fit en trois
jours. Sur l'intervention de Retz à propos du qualificatif de « fils aîné de
l'Église » donné au roi d'Espagne, voir une lettre de Gueffier à Brienne du
22 mars 1655, Bibl. nat., Cinq cents Colbert, 362, fol. 1474.

4. Lettre de Mazarin à Lionne du 14 avril 1655. Arch. Aff. étr., France
271, fol. 122. D'ailleurs Mazarin prodiguait à ce moment les lettres sévères
à l'égard de Retz (lettre de lui au cardinal Grimaldi du 12 février, Ibid.,
fol. 61); renouvelant l'ordre aux cardinaux de la faction de France de ne
faire aucun cas de Retz et de ses votes (lettre de Lionne à lui du 1er mars,
Bibl. de l'Institut, ms. 1315, p. 23), laissant Lionne répandre dans le conclave
copie de la sentence du Châtelet qui condamnait la lettre de Retz du
14 décembre 1654 (Ibid.), etc.

Ils devaient surtout s'opposer à son concurrent, Chigi, ennemi de
Mazarin et favorable à Retz. Retz, comme on peut s'y attendre, agit
pour Chigi. Apprenant que par suite d'une décision brusque des
groupes des Médicis et des Barberini, Chigi allait être élu, il s'empressa d'aller annoncer la bonne nouvelle à celui-ci comme s'il était
l'inspirateur de la manœuvre. Chigi l'embrassa. Le lendemain
7 avril 1655, il était élu sous le nom d'Alexandre VII[1].

Retz assure que tout le monde fut convaincu qu'il était le véritable auteur de cette élection, qu'on l'entoura, le complimenta
comme s'il allait être l'homme influent du nouveau pontificat et
que 120 carrosses, affirme t-il, l'accompagnèrent chez lui[2]. Mais le
cardinal Grimaldi l'avertit que s'il avait vraiment décidé de ce choix,
il n'aurait peut-être pas tout à fait lieu de s'en féliciter[3]. Il avait
raison. Mazarin resta sceptique devant le rôle prétendu de Retz et
un agent français Gueffier, donnant à Brienne le 12 avril les noms
des cardinaux qui avaient décidé l'élection, ne nommait pas en effet
le fugitif[4].

En tout cas, le gouvernement de Louis XIV agit comme si rien
de nouveau ne s'était passé et envoya l'ordre à Rome de reprendre
auprès du souverain pontife la demande instante de poursuites contre
Retz[5].

1. Retz, *Mém.*, t. V, p. 14 et suiv. Nous renvoyons à son récit étendu et
très brillant. On peut le contrôler par les dépêches de Lionne à Brienne ou
à Mazarin (1er mars 1655, Arch. Aff. étr., Rome 129, fol. 118), de Mazarin
à Lionne (5 février-4 mars, Bibl. de l'Institut, ms. 1316, fol. 45 et 69).
Les instructions données par le gouvernement sont bien celles qu'explique
Retz. Mazarin disant de marcher contre Chigi répétait : « C'est un sujet plus
dangereux qu'un autre. » Puis par prudence, le 4 mars, il envoyait une
lettre à Lionne à montrer en cas de succès de Chigi, où il faisait l'éloge de
celui-ci disant : « je le considère comme un sujet des plus dignes pour le
pontificat ». Ainsi le voulait la politique. Retz n'a pas connu ce jeu double.
2. Retz, *Mém.*, t. V, p. 54. Le pape lui aurait dit, à la cérémonie de
Saint-Pierre en l'embrassant : *ecce opus manuum tuarum !* L'abbé Charrier
écrivit ce mot en France. Mazarin le sut. Il mandait au cardinal Bichi le
17 novembre 1656 (Arch. Aff. étr., Fr. 273, fol. 234) qu'on savait bien que
les amis de Retz se vantaient de ce qu'il eut fait le pape, qu'on avait peine
à le croire parce qu'il n'avait ni le crédit, ni le pouvoir nécessaire mais que
maintenant, après le mot de Charrier, il fallait s'incliner.
3. Retz conte lui-même le propos dans ses *Mém.*, t. V, p. 53.
4. Lettre de Gueffier à Brienne du 12 avril 1655. Bibl. nat., Cinq cents
Colbert, 362, fol. 1479.
5. Mazarin agit d'autant plus résolument qu'on voulait lui faire croire « que
le cardinal de Retz s'était acquis au conclave l'amitié du pape, qu'il avait promesse que le pape le soutiendrait » (lettre de lui à Lionne du 7 mai 1655,

Lionne alla voir Alexandre VII à peine installé. Il réclama l'arrestation du cardinal, son incarcération au château Saint Ange et sa mise en jugement. Le pape parut embarrassé. Il répondit qu'il avait des fêtes en vue et qu'il verrait ensuite [1]. Pendant ce temps, à Paris, on affichait une ordonnance du roi interdisant à tous les sujets quels qu'ils fussent, d'avoir aucun rapport avec Retz directement ou non, sous peine de poursuite et de saisie de leurs biens [2]. Lionne envoya Gueffier au palais de Notre-Dame de Lorette notifier aux Français qui s'y trouvaient le document en question. Les uns refusèrent d'obéir, les autres se cachèrent [3].

Le 7 mai, le roi de France adressa au pape une grande lettre où rappelant les desseins criminels du prélat factieux contre sa personne et son État, il demandait au souverain pontife de punir le coupable [4]. Lionne alla voir le pape le 17 ; il le pria de vouloir bien nommer les commissaires qui iraient sur les lieux en France vérifier les faits, et, en attendant, d'enfermer Retz. Le pape répondit que lorsque le roi avait arrêté Retz, il aurait bien dû l'envoyer tout de suite à Rome. « Je voudrais, ajoutait-il, voir traiter cette affaire sans passion. » Il parla de désigner, pour examiner la cause, une congrégation à laquelle Lionne communiquerait ses raisons par écrit. Après l'examen de la congrégation, le pape déciderait. Lionne jugea que le pape tergiversait et voulait gagner du temps [5].

Arch. Aff. étr., France 271, fol. 155), que le pape voulait « le mettre de toutes les congrégations les plus importantes » (lettre de Lionne à Mazarin du 3 mai. Ibid., Rome 129, fol. 344). Il entendait brusquer l'attaque.

1. Lettres de Lionne à Mazarin des 8 et 26 avril 1655 (Ibid., fol. 262 et 330). Lionne le 26 avril ajoutait que Retz répétait partout hautement qu'il ne se déferait jamais de l'archevêché de Paris « jusqu'à dire qu'il se laissera plutôt écorcher tout vif, quand même on lui offrirait cent mil escus de rente en autres bénéfices ».

2. Texte de l'affiche elle-même dans Retz, *OEuvres*, t. VI, p. 570. Elle est datée de Vincennes 16 avril 1655.

3. Retz, *Mém.*, t. V, p. 87.

4. Arch. Aff. étr., Fr. 271, fol. 163, 7 mai 1655. Mazarin écrivait à Lionne le 30 avril : « Je n'ai pas d'affaire plus fastidieuse que celle de Retz... Il ne peut retourner en France ni ne le doit... Mais l'Église de Paris ne peut rester sans pasteur. Que le pape trouve un autre moyen » (Ibid., fol. 147). Voir aussi Bibl. nat., ms. fr. 20666, fol. 273 v°. Toutes les lettres de ce moment, que nous ne pouvons énumérer, témoignent de l'état de colère de Mazarin contre Retz et ceux qui le soutiennent (Mazarin, *Lettres*, éd. Chéruel, t. VII, p. 196, 461, 623, etc.).

5. Lettre de Lionne à Brienne du 17 mai 1655. Arch. Aff. étr., Rome 129, fol. 382. De la même date, lettre à Mazarin de l'abbé Elpidio Benedetti (Bibl. de l'Institut, ms. 1315, fol. 76) dans le même sens. Le 24 mai sui-

Sur ces entrefaites, le lundi 13 mai, jour où il y avait consistoire,
Retz en pleine assemblée, demanda au pape de lui donner le pallium,
signe de son autorité métropolitaine. Alexandre VII ne répondit
pas, mais le lendemain mardi, dans sa chapelle privée, il donnait
l'insigne réclamé. L'affaire fit grand bruit. Les amis de Retz exultèrent. L'ambassadeur de France réclama avec indignation ; on lui
répondit que ce n'était là qu'une formalité qui ne pouvait pas se
refuser. A Paris, on fut convaincu que la chose avait été machinée
d'avance entre le pape et Retz[1].

En réalité, Retz nous révèle dans ses *Mémoires,* qu'il n'était pas
si bien qu'on le croyait avec Alexandre VII. Au fond, le pape était
extrêmement préoccupé de son cas. Aux plaintes qu'était venu lui
faire le cardinal sur les affronts qu'il recevait sans cesse des Français
dans Rome — on ne s'arrêtait pas devant lui, comme le voulait le
cérémonial, on ne le saluait pas, on l'évitait ostensiblement, il ne
pouvait aller à Saint-Louis-des-Français de peur d'une avanie — le
pape avait répondu par des gestes vagues, disant qu'il fallait être
circonspect. Retz jugea qu'Alexandre VII n'était « qu'un esprit
faible ». Certain religieux bernardin lui ayant conseillé de disparaître quelque temps, de se faire oublier, il partit brusquement à
la fin de mai et s'en alla à Grotta Ferrata, sur les monts Albains,
près de Frascati, dans une abbaye de Saint Basile [2].

Le bruit courut que le pape l'avait relégué dans la solitude [3].
Lionne fit surveiller. Il sut qu'à Grotta Ferrata Retz écrivait jour
et nuit, qu'il avait à sa disposition, dans le monastère, une imprimerie, et, comme à Paris à ce moment, pullulaient les pamphlets
violents contre Mazarin, il conseilla de vérifier en France, par les
caractères et le papier, si quelques-uns de ces libelles ne venaient

vant on donnait l'ordre d'expulser de Rome 20 Français attachés à Retz
(lettre de Gueffier à Brienne. Bibl. nat., Cinq cents Colbert, 362, fol. 1490).

1. Lettre du P. Duneau à Mazarin du 7 juin 1655. Arch. Aff. étr. Rome
128, fol. 11 ; lettre de Lionne à Brienne du 31 mai, Ibid., 129, fol. 423.
Lionne se plaint que les cardinaux français qui étaient présents n'aient rien
dit et ne l'aient même pas prévenu. Retz, ajoute-t-il, n'a dû agir que d'accord avec le pape. Voir lettre de Mazarin à Lionne du 17 juin (Ibid., France
271, fol. 440).

2. Retz, *Mém.*, t. V, p. 71 et suiv. Lettre de Lionne à Mazarin du 31 mai
1655, annonçant que Retz est depuis trois jours à Grotta Ferrata, abbaye du
cardinal Barberini (Bibl. de l'Institut, ms. 1315, fol. 100). Lionne suppose
que Retz a voulu éviter la fête et la procession du Saint-Sacrement à Saint-
Louis-des-Français pour échapper à des affronts.

3. Cf. note dans Bibl. de l'Institut, ms. 1314, p. 145 où il est dit que ce
serait le pape qui aurait relégué Retz à Grotta Ferrata.

pas de cette officine. Retz prétend qu'il était au courant de tout ce que Lionne écrivait à Mazarin par l'abbé Fouquet de Croissy, fils du surintendant, frère de Louis Fouquet, lequel envoyé à Lionne pour le seconder et amant de Mme de Lionne, avait, par celle-ci, communication des dépêches de l'ambassadeur ou de celles de Mazarin qu'il faisait passer à Retz[1].

Retz apprit ainsi que Lionne pressait le pape plus que jamais de procéder à l'enquête sur sa vie et ses actes. La discussion entre le pape et l'ambasseur français était âpre et épineuse. On ne s'entendait pas sur la nationalité des enquêteurs à choisir. Alexandre VII voulait nommer des prélats romains. La France refusait et réclamait des régnicoles. Puis on ne savait comment engager la procédure. Ni le roi, ni l'ambassadeur, ni le procureur général de Paris n'acceptaient de présenter requête au pape. On avait imaginé que Lionne donnât simplement avis que Retz était criminel de lèse-majesté pour des raisons énumérées dans un mémoire et demandât au Saint-Siège de désigner des ecclésiastiques français pour enquêter[2]. Retz alarmé rentra à Rome au début de juillet après cinq semaines d'absence.

Il alla voir le pape. Le pape ne lui cacha pas qu'il était fatigué ainsi que le Sacré Collège de son affaire. Il n'y avait pas possibilité à ce qu'il rentrât à Paris. Retz comprenant répondit qu'il voyait bien que ses ennemis prévenaient Sa Sainteté contre lui. Le pape reprit qu'il était vrai qu'on lui rapportait sur son compte des choses qui ne lui plaisaient pas. Il conclut que le mieux était pour Retz d'apaiser l'indignation du roi de France et de se remettre dans ses bonnes grâces, surtout de ne pas se servir de moyens « infâmes » comme d'écrire des libelles. Retz protesta qu'il n'en écrivait pas[3].

1. Lettre de Lionne à Brienne du 21 juin 1655, Arch. Aff. étr., Rome 129, fol. 503, longue lettre, sur les agissements de Retz dans sa retraite : Lionne les dénonce au pape qui demande des preuves. Cf. Retz, *OEuvres*, t. VI, p. 91. Dans une autre lettre, du 5 juillet (Bibl. de l'Institut, ms. 1315, fol. 198) Lionne écrit à Mazarin que Retz « se sert d'une imprimerie qui est au palais des Barberini aux quatre fontaines ». Cf. Retz, *Mém.*, t. V, p. 86 et suiv. Sur Basile Fouquet, voir Jules Lair, *Nicolas Fouquet*, t. I, p. 570, B. M. Woodbridge, *Gatien de Courtilz, sieur du Verger*, Paris, 1925, in-8°, p. 124.

2. Nous avons sur toutes ces discussions les lettres de Lionne à Brienne et les réponses de celui-ci dont il serait trop long de suivre le détail : voir Bibl. nat., ms. fr. 4233 et 6893 ; Arch. Aff. étr., Rome 1655, t. 129 : lettres du 8 au 28 juin 1655. On cherchait les précédents ; on parlait de La Balue sous Louis XI.

3. D'après le récit que le pape a fait lui-même de cette conversation à Lionne et que Lionne rapporte dans une lettre à Brienne du 12 juillet 1655

De Paris, on envoya à Lionne d'abord une liste de douze évêques
parmi lesquels le pape était prié de choisir les enquêteurs convenus,
puis une copie non signée des crimes reprochés à Retz, copie à
remettre au Saint-Siège[1]. Les amis du cardinal à Rome soutenaient
que la cour romaine n'avait à connaitre de la conduite d'un cardinal qu'à partir du moment où celui-ci avait été promu à cette
dignité et ceux de Paris prétendaient qu'on ne pouvait juridiquement informer sur les actes de Retz antérieurs à l'amnistie puisque celle-ci couvrait toute sa vie antérieure[2]. C'était singulièrement rétrécir le champ de l'enquête. Mais Mazarin répondait que
si Retz n'était pas, comme il l'affirmait, justiciable du roi, il n'avait
que faire alors d'invoquer une amnistie qui ne devait pas l'atteindre[3]; à quoi les amis de Retz répliquaient qu'il était bien extraordinaire qu'on ne se fût pas avisé, lorsqu'on gardait le cardinal
prisonnier à Vincennes, de lui demander raison de tant de crimes
qu'on venait maintenant après coup lui reprocher lorsqu'on ne le
tenait plus[4].

La liste des accusations articulées contre Retz envoyée à Rome le

(Arch. Aff. étr., Rome 130, fol. 40). Déjà le 28 juin précédent le pape
avait dit à Lionne qu'il avait prévenu Retz de son intention de nommer des
commissaires pour faire une enquête sur ses actions et que Retz tout en
témoignant de ne rien craindre, avait fait cependant la grimace (Ibid., t. 129,
fol. 519).

1. On discuta beaucoup à Paris sur la procédure la plus régulière à suivre
et des mémoires furent rédigés par les juristes et le chancelier sur ce sujet.
Bibl. nat., mss. fr. 1485, 17589. Une lettre de Servien à Lionne du 9 juillet 1655 (Arch. Aff. étr., Rome 128, fol. 48) dit combien on hésitait à
Paris à admettre « en France l'introduction d'une chose si nouvelle et si
contraire aux lois du royaume que de donner aux ministres du pape la
cognoissance d'un délit privilégié lequel ne regardant que la personne du roi
et de son Estat, ne peut appartenir à d'autres juges que ceux de S. M. »
Nous avons la minute en italien écrite par Mazarin de la lettre du roi à
Lionne équivalant à la demande faite au pape d'engager le procès de Retz
(Arch. Aff. étr., Fr. 271, fol. 450 datée du 9 juillet 1655). A Paris on
poursuivait sur l'ordre de Mazarin une enquête relative aux faits et gestes
passés de Retz (lettre du prévôt des marchands de Sève à Le Tellier du
15 juillet 1655. Bibl. nat., ms. fr. 6893, fol. 14 r°).

2. Lettre du P. Duneau à Mazarin du 26 juillet 1655. Arch. Aff. étr.,
Rome 128, fol. 145 ; « Discours contre le cardinal de Retz », Bibl. de l'Institut, ms. 1315, fol. 559. Mazarin se faisait faire des mémoires sur les
immunités des cardinaux (Bibl. nat., ms. fr. 6892, fol. 178 et suiv.).

3. Et on le faisait imprimer : *Lettre escrite à M. le cardinal de Retz par
un de ses confidents de Paris*, 1655, in-fol., p. 55.

4. Retz le répétera dans une lettre à l'Assemblée du clergé du 5 mai 1657.
OEuvres de Retz, t. VI, p. 296. L'argument en effet était assez embarrassant.

9 juillet 1655 comprenait 32 articles[1]. Lionne fit mettre le document en forme judiciaire romaine par un curialiste, Fausto Galluzzi, et le remit au pape en lui expliquant la procédure spéciale qu'il faudrait suivre. Le pape répondit qu'il connaissait mal ces questions et qu'il s'en informerait. Lionne demanda qu'en attendant le pape voulût bien, afin de pourvoir à l'administrations spirituelle de l'archevêché de Paris, désigner un suffragant du siège, par exemple l'évêque de Chartres, Lescot, pour remplacer Retz. Le pape pria l'ambassadeur de lui mettre cette requête par écrit[2].

En fait, malgré son attitude apparente dilatoire, le pape était très mal disposé à l'égard de Retz. Il ne voulait plus le voir. Il lui avait fait répéter par le cardinal dataire d'avoir à s'arranger avec le roi de France, que, sinon, il le ferait mettre en prison au château Saint-Ange, où « une chambre était bientôt prête[3] ». En août il le prévint que tout compte fait, il jugeait préférable qu'il démissionnât. Il attendrait huit jours la réponse, après quoi il ferait commencer le procès. Retz répondit qu'il ne craignait pas ce procès parce qu'il n'y aurait pas de preuve et que personne ne déposerait contre lui[4].

Mais tout de même il était très inquiet. Il prétexta qu'il souffrait horriblement de son épaule, qui desséchait, disait-il, et que pour la soigner, il avait besoin de prendre des eaux à San Casciano, en Toscane, où il désirait aller, c'est-à-dire, hors des États du Saint-Siège[5].

1. Bibl. nat., ms. fr. 20666, fol. 303 r° et fr. 16071 dans Retz, *OEuvres*, t. VI, p. 578-581. L'accusation principale pour le gouvernement avait toujours été celle de crime de lèse-majesté : lettre de Brienne à Valençay du 7 octobre 1653 (Bibl. nat., ms. fr. 20663, p. 514). Après coup, on voit Servien signaler à Mazarin le 9 juillet 1655 qu'on a oublié dans les 32 articles la question des maîtresses de Retz (Bibl. de l'Institut, ms. 1315, fol. 211).

2. Lettre de Lionne à Brienne du 25 juillet 1655. Arch. Aff. étr., Rome 130, fol. 88. Lionne s'adresse au curialiste en question sur le conseil du cardinal Bichi et se félicite des conseils qu'il a reçus de lui, conseils dont il s'est servi dans ses discussions avec le pape de telle façon qu'il embarrassait celui-ci. Lionne conclut qu'il considère le procès comme commencé.

3. Lettre de Lionne à Brienne du 25 juillet 1655. Ibid. Ce sont les propos que tient le pape à Lionne dans une audience. Lionne ajoute : « Cette affaire pèse plus au pape qu'à nous et il ferait volontiers un beau présent à qui lui apporterait la nouvelle que le cardinal se fut disposé de lui-même à donner sa démission. »

4. Lettre de Lionne à Servien du 23 août 1655. Ibid., 128, fol. 211.

5. Lionne à Brienne du 23 août 1655. Bibl. de l'Institut, ms. 1315, fol. 302. « J'avoue, ajoute Lionne, que je n'eus pas l'esprit assez présent pour dire à S. S. qu'il y avait peut-être du mystère là dessous... » « Le cardinal n'estoit plus en état de dire la messe. »

Le 25 août il reçut un affront ! Il s'était rendu à Saint-Louis-des-Français pour le jour de la fête patronale de l'église, où tout le Sacré Collège avait été invité sauf lui. Le célébrant passant de stalle en stalle, suivant l'usage, afin de remercier chaque cardinal d'être venu, ne le salua pas et ne le regarda pas. Retz humilié alla se plaindre au pape. Le pape répondit sèchement qu'il allait nommer les commissaires chargés d'enquêter sur lui. Retz irrité se répandit en mots un peu vifs contre le gouvernement français puis demanda la permission de quitter Rome, de se rendre à San Casciano afin de soigner son épaule. Le pape y consentit à condition qu'il revînt pour se défendre au moment voulu. Lionne éprouva une grande contrariété de ce départ qui allait encore retarder le procès et qui mettait l'accusé à l'abri en lui permettant ultérieurement de s'enfuir. Le pape répondit qu'une bulle interdisait aux cardinaux de sortir de l'État ecclésiastique sans autorisation et qu'on y tiendrait la main[1].

Retz partit le 2 septembre. Tout le monde devina qu'il se garait en se mettant sous la protection du grand duc de Toscane[2]. De Paris on pressa Lionne d'obtenir le commencement de l'enquête. On lui envoya une liste de prélats français à faire nommer commissaires. Mais maintenant Alexandre VII se dérobait disant attendre le retour de Retz dont l'absence ne durerait certainement pas plus de trois semaines ou un mois. Au bout d'un mois Retz n'était pas rentré. Lionne se plaignit. Sept semaines se passèrent encore. Impatienté Lionne parla de demander son congé. Enfin, le 25 octobre, on apprit que Retz était à Caprarola, puis le 28 qu'il rentrait à Rome[3].

1. Lettre du P. Duneau à Mazarin du 30 août 1655. Arch. Aff. étr., Rome 128, fol. 239. Il y avait 43 cardinaux à cette fête de S. Louis des Français. Lettre de Lionne à Brienne du 30 août 1655. Ibid., t. 130, fol. 177 ; mémoire adressé de Rome à un agent de Mazarin du mois d'août, au sujet de l'audience obtenue du pape par Retz. L'auteur dit tenir ses renseignements de celui-ci et de son entourage. Bibl. de l'Institut, ms. 1315, fol. 239.

2. San Casciano de Bagni est entre Orvieto et Chiusi, non loin de Radicofani, près des deux frontières de l'état pontifical et de la Toscane : ce n'est pas San Casciano in val di Pesa, aux environs de Florence, comme l'a cru à tort Chantelauze (Cf. Cl. Cochin, dans Retz, OEuvres, t. XI, p. 39). Sur le départ de Retz voir la lettre de Gueffier à Brienne du 6 septembre 1655, Bibl. nat., Cinq cents Colbert, 362, fol. 1521 ; la lettre du P. Duneau à Mazarin du 13 septembre, Arch. Aff. étr., Rome 128, fol. 278.

3. Nous résumons un certain nombre de documents échangés entre Paris et Rome : notamment des dépêches de Mazarin à Lionne du 2 septembre (Mazarin, Lettres, t. VII, p. 73) ; de Brienne à son fils alors à Rome, du 10 septembre (Brienne le jeune, Mém., éd. Bonnefon, t. III, p. 281);

Enfin, le 15 novembre une congrégation était désignée pour examiner son affaire. Elle comprenait neuf cardinaux, trois prélats. Retz fut mal impressionné[1]. Lionne posa de nouveau la question du suffragant à désigner à Paris pour administrer le diocèse. Le pape accepta, envoya même à la cour de France un bref où il laissait le nom du titulaire en blanc, mais le gouvernement ayant cru devoir désigner, à la place de l'évêque de Chartres, celui de Meaux, et celui-ci ayant refusé sur le conseil de l'Assemblée du clergé, parce que Retz n'avait pas consenti à cette délégation, il fallut y renoncer[2].

Puis à Rome, les choses traînèrent. A la fin de décembre 1655, Alexandre VII déclarait à Retz qu'il ne voulait plus entendre parler de son procès dont il était excédé[3]. La reine Christine de Suède étant venue à ce moment, Retz essaya de la faire intervenir afin de tâcher de se réconcilier avec le roi de France. Mais Lionne ne s'y prêta pas[4]. Il était d'ailleurs de plus en plus découragé de

un mémoire de Mazarin envoyé à Brienne par Ondedei, du 25 septembre (Bibl. nat., ms. fr. 20666, fol. 340) ; un autre mémoire de M. de Marca, d'octobre (Bibl. nat., Baluze, 113, fol. 63) ; une lettre de Lionne à Brienne du 4 octobre (Arch. Aff. étr., Rome 130, fol. 237) ; une autre du même, du 18 (Ibid., fol. 259) ; enfin une lettre du P. Duneau à Mazarin du 25 octobre (Ibid., fol. 398). Ce dernier dit que rentrant à Rome Retz loue le palais de Ripetta appartenant à l'église de Notre-Dame de Lorette. On était très mécontent à Paris de la manière dont l'affaire de Retz traînait et on accusait Lionne « de se laisser mener par le nez » (lettre de Servien à Lionne du 30 octobre 1655. Arch. Aff. étr., Rome 128, fol. 332).

1. Lettre du P. Duneau à Mazarin du 15 novembre 1655. Ibid., fol. 431.

2. Lettre de Brienne à Lionne du 12 décembre 1655 (Bibl. nat,, ms. fr. 20666, fol. 377). On avait d'abord été « émerveillé » à Paris que le pape acceptât de nommer un suffragant à Retz : lettre de Lionne à Brienne du 15 novembre « lundi, à quatre heures de nuit » (Arch. Aff. étr., Rome 130, fol. 344) et du 16 (Ibid., fol. 345); lettre de Servien à Mazarin du 26 novembre (Ibid., 128, fol. 387), de Lionne à Servien du 20 décembre (Ibid., fol. 475).

3. Lettre d'un informateur, du 30 décembre 1655, racontant ce qui s'est passé dans l'audience qu'a donnée le pape à Retz, d'après les confidences de celui-ci et de son entourage (Bibl. de l'Institut, ms. 1315, fol. 497). « Le cardinal (de Retz) dit que le pape lui parla avec un mépris étrange de M. de Lionne, le nommant par son nom sans Monsieur et en des termes fâcheux... ».

4. Nous ne pouvons que brièvement signaler cet incident dont on a les détails dans une lettre d'un informateur du 27 décembre 1655 (Bibl. de l'Institut, ms. 1315, fol. 495); une autre lettre de Lionne à Mazarin du 7 février 1656 (Arch. Aff. étr., Rome 131, fol. 90); un mémoire de Lionne au même du 29 février (Ibid., fol. 146) ; une lettre de Mazarin à Lionne du 12 mars (Ibid., Fr. 273, fol. 69), au cardinal Bichi du 8 avril (Ibid., fol. 91);

l'insuccès de sa mission. Il demanda son rappel. On se décida à le lui accorder le 10 mars suivant 1656. Après son audience de congé, le pape recevant un Français, M. Thoreau de Laubretière, lui avoua que Retz lui était indifférent mais qu'il devait agir ainsi qu'il faisait afin de maintenir intacte son autorité, soutenir les droits de l'Eglise et sauvegarder la dignité du Saint-Siège[1]. Des incidents qui se passaient à Paris depuis plus d'un an et dont Retz était la cause ou le prétexte allaient achever d'exaspérer et le pape et le roi contre lui.

Au printemps de 1655, il y avait un an, à l'occasion d'un jubilé général accordé par Alexandre VII à la chrétienté, Retz avait envoyé la bulle de ce jubilé à ses deux vicaires généraux à Paris, MM. Chevalier et Lavocat, avec ordre de la publier de sa part. Il avait écrit en même temps au chapitre qu'en cas d'empêchement ces deux messieurs seraient remplacés par les curés-archiprètres de la Madeleine et de Saint-Séverin, MM. Chassebras et de Hodencq[2]. Ainsi il bravait ouvertement le gouvernement français, en tenant pour inexistants les quatre vicaires généraux nommés par le chapitre sur l'ordre de la Cour, et il allait même, le 13 juin, interdire à ceux-ci de remplir leurs fonctions[3] ! Le gouvernement irrité manda

un mémoire de Lionne à Mazarin du 20 mars (Ibid., Rome 131, fol. 200)· A Paris, on n'avait pas confiance dans cette médiation de la reine et on ne la prenait pas très au sérieux. D'après une lettre du P. Duncau à Mazarin du 10 janvier 1656 (Ibid., 132, fol. 13) Retz aurait essayé un autre intermédiaire pour « se raccommoder avec Mazarin », un certain commandeur Mazinghi ou Mazzingo. Le P. Duncau donne des détails circonstanciés sur cette affaire dans cette lettre ainsi que dans des lettres suivantes. Retz vint même le voir en cachette. Mais Mazarin refusa ces avances.

1. Dès la fin de novembre 1655, Lionne avait exprimé le désir de quitter Rome le plus tôt possible (Bibl. de l'Institut, ms. 1315, fol. 469, lettre de Lionne à Servien). Attaqué, blâmé à Paris, où on parlait de le rappeler dans des conditions pénibles pour lui, il avait préféré prendre les devants (lettre de lui à Mazarin du 6 mars 1656. Arch. Aff. étr., Rome 131, fol. 153); lettre du roi au cardinal Bichi du 9 mars expliquant qu'il rappelle Lionne devant l'attitude du pape et énumérant tous les griefs qu'il a contre le souverain pontife à propos de l'affaire de Retz (Ibid., fol. 163) et lettre du roi à Lionne du 10 mars le rappelant (Ibid., fol. 170). Les réponses de Lionne où il fait part de son audience de congé, de sa joie et de son départ sont des 22, 27 mars et 3 avril (Ibid., fol. 220, 225, 239, 243). Voir aussi lettre à Mazarin de M. Thoreau de Laubretière, frère de l'agent du clergé de France, du 3 avril 1656 (Ibid., fol. 241).

2. Lettre de Retz du 22 mai 1655 : Bibl. nat., Baluze 115, fol. 17 ; imprimé en un in-4° de 18 pages et réimprimé dans Retz, *OEuvres*, t. VI, p. 88.

3. D'après une lettre de l'évêque de Coutances Claude Auvry, à Mazarin

MM. de Hodencq et Chassebras par lettre de cachet. Le premier vint et se déclara prêt à obéir au roi. Le second ne vint pas : il avait disparu[1]. Le 28 juin, Retz lança un mandement où il annonçait avoir nommé ces deux ecclésiastiques ses vicaires généraux et déclarait nul tout ce qui serait fait par d'autres que par eux[2]. Le 5 juillet, Chassebras, qui était caché dans la tour de l'église de Saint-Jean-en-Grève[3], envoya une circulaire aux curés de Paris afin de leur notifier qu'il remplirait exactement ses fonctions de vicaire général et ne pouvait déférer aux ordres contraires du roi. Le Prévôt de Paris le décréta de prise de corps, et, par contumace, en septembre, le condamna au bannissement et à la confiscation de ses biens[4]. Chassebras continua ses fonctions, faisant afficher ses

---

du 13 juin 1655. Arch. Aff. étr., Rome 1655, t. 127, fol. 462. « Voilà un procédé bien extravagant et extraordinaire » disait Claude Auvry. Le chapitre envoya au chancelier la lettre de Retz notifiant cette décision.

1. Lettres de Séguier à Brienne des 14 et 17 juin 1655, Bibl. nat., Baluze 115, fol. 6. Voir la réponse de Brienne du 18 juin (Ibid., fol. 7) transmettant les ordres du roi. On aurait dû arrêter, dit Brienne, ceux qui ont apporté les lettres de Retz. D'après un mémoire de Servien à Mazarin du 20 juin (Ibid., fol. 12) Retz ayant démissionné n'était plus archevêque de Paris et n'avait donc plus à en remplir les fonctions. Le 20 juin Mazarin écrivait à Lionne une longue lettre pour lui prescrire de répéter au pape qu'il était impossible d'accepter l'attitude de Retz (Arch. Aff. étr., Fr. 271, fol. 244).

2. Texte de ce mandement, dans Retz, *OEuvres*, t. VI, p. 111-115. Ce mandement fut affiché à la porte de toutes les églises et aux coins des rues de Paris dans la nuit du 13 au 14 août. La police lacéra les placards.

3. Il en sortait « en habit séculier et déguisé » : *Mémoire touchant le cardinal de Retz*, à la suite de Guy Joly, *Mém.*, éd. d'Amsterdam, 1718, t. II, p. 51.

4. Détails donnés dans la *Sentence de M. le Prévost de Paris portant condamnation contre Jean-Baptiste Chassebras... du 27 septembre 1655*, in-4° de 8 p. (Un exemplaire de ce document rare dans Bibl. nat., ms. fr. 17589, fol. 237). On cherchait Chassebras partout. Le document que nous citons expose la procédure suivie. Séguier écrivait à Mazarin le 7 juillet : « L'on a fait jusques ici toutes les diligences pour trouver le curé de la Madeleine qui se cache malicieusement afin d'acquérir un peu de réputation dans le parti du cardinal de Retz » (Bibl. nat., Baluze 113, fol. 203 v°). Le même Séguier irrité mandait le 7 août : « Un petit curé aura l'insolence de refuser d'obéir sans en porter la peine qu'il mérite ?... » (Bibl. nat., ms. fr. 6893, fol. 16) et dans cette lettre à Le Tellier, il expliquait à son tour la procédure suivie contre Chassebras (Ibid., ms. fr. 4233, fol. 27 et suiv.), ajoutant, dans une lettre du 16, que les affiches avaient été placardées de nuit jusque dans l'église Notre-Dame où elles avaient été mises de deux en deux piliers pour la fête de l'Assomption. On avait été chercher partout Chassebras,

monitoires aux fidèles clandestinement, de nuit, aux portes des églises [1].

A la demande du chapitre, l'évêque de Coutances, Claude Auvry, ami de Mazarin, et Cohon, ancien évêque de Dol, ayant célébré les offices pontificaux à Notre-Dame et procédé aux ordinations habituelles, Retz envoya de Rome un mandement qui interdisait formellement à ces deux prélats de recommencer ce qu'ils venaient de faire et les déclarait en conséquence suspens. Chassebras publia le mandement avec fracas. L'Assemblée prit fait et cause pour Retz, afin de sauvegarder les règles ordinaires de l'ordre ecclésiastique. L'archevêque de Rouen censura l'évêque de Coutances, son suffragant, à quoi celui-ci répondit en excommuniant son archevêque. Le trouble était complet [2] !

disait-il, jusque chez le nonce : on le croyait à Port-Royal. « J'ai donné ordre, concluait Séguier, pour l'enlever et le mener à la Bastille » (lettre du 16 août à Brienne, Ibid., Baluze 115, fol. 13).

1. Nous avons un certain nombre de ces affiches, conservées, dans le ms. de la Bibl. nat., fr. 23492. Sur la façon dont on les collait de nuit clandestinement, voir : *Mém.* de Cl. Joly, éd. Michaud, p. 177.

2. Sur cette affaire de Claude Auvry, évêque de Dol et de Coutances, qui fit beaucoup de bruit nous avons tout un dossier : Bibl. nat., ms. fr. 25006, fol. 229 et suiv. Cet Auvry, fils d'un linger de Paris, maître de chambre de Mazarin, qui serait le héros du *Lutrin* (Maurice Cauchie, *Documents pour servir à l'histoire littéraire du XVIIe siècle*. Paris, H. Champion, 1924, in-8°, p. 77) avait bien célébré la grand'messe à Notre-Dame le jour de Pâques et consacré les saintes huiles, disent les Registres capitulaires (Arch. nat., LL. 303, fol. 73). Le mandement de Retz daté du 25 août est reproduit dans ses *Œuvres*, t. VI, p. 116, ainsi que celui de Chassebras, du 18 octobre (*Ibid.*, p. 591). Pour l'intervention de l'archevêque de Rouen, François Harlay de Champvallon, voir : Bibl. nat., ms. n. a. fr. 2393, fol. 236, 258, 266, 280 ; et des lettres de Séguier de septembre, octobre 1655, Ibid., fr. 6893, fol. 36 et suiv. On reprocha à S. Vincent de Paul d'avoir eu une attitude douteuse dans cette affaire et d'avoir autorisé ceux qui allaient recevoir les ordres d'un « intrus » à faire leur retraite à S. Lazare. Vincent aurait répondu que « ce n'était pas à lui à se mettre en peine de cette discussion et qu'il était si persuadé de la probité et de la vertu de tous ceux qui pouvaient avoir part à l'administration de l'archevêché qu'il ne pouvait avoir de scrupule de recevoir tous ceux qui lui viendraient de leur part ». Le chanoine G. Hermant qui nous donne ces détails et qui est favorable aux jansénistes dont il tient Retz pour un partisan et Vincent pour un adversaire, ajoute (*Mém.*, éd. Gazier, t. II, p. 586) : « Il parlait en cela selon ses lumières qui n'étaient pas fort différentes des ténèbres et qui n'auraient ébloui personne s'il ne se fut mis depuis longtemps en possession de se faire un mérite de son ignorance. » Ce jugement malveillant eût ravi l'humilité de M. Vincent.

Pour sortir de ces complications, le pape proposa alors que Retz choisit un ou deux grands vicaires nouveaux sur une liste de six ecclésiastiques que dresserait le roi. Le roi accepta, non sans répugnance, dressa la liste et le pape obtint de Retz qu'il désignât un unique vicaire général, cette fois agréé de tout le monde et qui fut M. André Du Saussay, curé de Saint-Leu-Saint-Gilles, official de Paris. M. Du Saussay fut nommé par acte du 2 janvier 1656[1].

Retz lui écrivit une lettre aimable où il lui disait qu'il comptait sur lui pour prêter en son nom au roi le serment de fidélité tant réclamé[2]. Mais Du Saussay était acquis à Mazarin et se tenait en relations étroites par l'évêque de Coutances Auvry avec le ministre[3]. Il n'exécuta rien de ce que Retz lui ordonnait de faire, répondit au cardinal des choses vagues ou ne répondit pas, publia ses propres mandements sans nommer Retz, en prenant la qualité de « grand vicaire de l'archevêché », au lieu de celle de « grand vicaire de l'archevêque », ce que le chapitre d'ailleurs ne voulut pas tolérer[4]. Le 28 février Retz écrivit à son vicaire général pour lui exprimer son impatience au sujet du retard qu'il mettait à prêter le serment prévu. Il ne reçut pas de réponse[5]. Il insista. Du Saussay répondit

1. Ce fut dans le mois d'octobre 1655 que le pape offrit à Lionne de décider Retz à désigner un grand vicaire choisi sur une liste dressée par le roi (d'après des mémoires inédits de Claude Joly, cf. note de Chantelauze, dans Retz, *Œuvres*, t. VI, p. xxxix). La discussion fut longue, le roi n'acceptant pas cette procédure. Il céda le 28 décembre (« certificat de la protestation que j'ai faite au pape [c'est Lionne qui parle] en consentant à la députation des vicaires de M. le cardinal de Retz ». Arch. Aff. étr., Rome 128, fol. 498). Retz consentit de son côté dans une audience du pape du 29 décembre (lettre de Rome à Brienne du 30 décembre, Bibl. de l'Institut, ms. 1315, fol. 495) et signa le 2 janvier 1656 la nomination de du Saussay (Cf. l'acte dans Retz, *Œuvres*, t. VI, p. 123) qu'il envoya à Paris avec deux lettres adressées au roi et à la reine. On lui renvoya ces deux lettres sans les décacheter. Dans une dépêche curieuse du 28 février, Lionne rapporte à Brienne le détail de la scène que fit Retz devant cet affront (Arch. Aff. étr., Rome 131, fol. 143). La liste de « ceux qui ont été nommés par le roi pour exercer la charge de grand vicaire en l'archevêché de Paris » est dans le ms. fr. 6893, de la Bibl. nat., fol. 55.

2. Lettre du 4 janvier 1656. Arch. Aff. étr., Rome 131, fol. 27. Retz lui envoyait une commission en latin pour prêter en son nom le serment en question (Bibl. nat., Baluze 113, fol. 153).

3. Voir une lettre de lui à l'évêque de Coutances du 11 février 1656 (Ibid., fol. 154). Celui-ci soumet à Mazarin toute sa correspondance avec Retz.

4. Cf. des Mémoires inédits de Cl. Joly, dans Retz, *Œuvres*, t. VI, p. xli et 134.

5. Arch. Aff. étr., Rome 131, fol. 141. Lettre de Retz à M. du Saussay du 28 février.

cette fois par un refus[1]. Retz fut obligé d'envoyer directement au chancelier son serment par écrit, qu'il fit imprimer et placarder à Paris. La police arracha les placards[2].

Sur quoi Retz apprenant que M. Du Saussay avait encore désigné l'évêque de Coutances, Claude Auvry, afin de procéder aux ordinations à Notre-Dame, malgré les suspens et les interdictions qu'il avait fulminés contre ce prélat, estima que la mesure était comble et par lettre en date du 15 mai 1656, qui fut imprimée à Paris, distribuée, affichée, il révoqua M. Du Saussay, rétablissant comme ses vicaires généraux, MM. Chevalier, Lavocat, Chassebras et de Hodencq[3]. Le gouvernement fut indigné. Il fit déclarer par le procureur général cette révocation « nulle et abusive[4] ». Le pape saisi de l'affaire répondit qu'il blâmait le geste de Retz, le désavouait. Retz lui avait bien parlé de ce projet il y avait plus d'un mois, mais Alexandre VII lui avait recommandé de saisir d'abord le roi de France et de le consulter sur le successeur à donner à M. Du Saussay[5].

1. *Mém.* de Guy Joly, t. II, p. 397. Retz dénoncera ce refus dans sa lettre du 8 mai aux cardinaux, archevêques et évêques de France (Retz, *OEuvres*, t. VI, p. 200).

2. Voir cette affiche à la Bibl. nat., Lb^{37} 3266, in-fol. plano et ms. fr. 15626, fol. 254 et 17389. « Je jure au roi, disait Retz, le très saint et sacré nom de Dieu et promets à S. M. que je procurerai son service et le bien de son État de tout mon pouvoir... », etc.

3. Cette lettre du 15 mai fut imprimée (Bibl. nat., Lb^{37} 3267, in-fol.). L'original est dans le ms. fr. 17389 de la même Bibliothèque, fol. 148. Le P. Duneau écrira à Mazarin le 24 juillet suivant que M. du Saussay avait envoyé au pape en mai avec un de ses livres qu'il lui dédiait, une lettre où il se justifiait d'avoir fait appel au concours de l'évêque de Coutances en affirmant qu'il ignorait que ce fût interdit. Il s'était trompé. Il en demandait pardon au souverain pontife (Arch. Aff. étr., Rome 131, fol. 464). M. Thoreau écrivait à Mazarin le 22 mai qu'il avait entendu une conversation entre le cardinal de Médicis et Retz, dans laquelle celui-ci disait avec une extrême amertume tout ce qu'il avait sur le cœur au sujet de M. du Saussay (Ibid., fol. 328). Des libelles parurent pour et contre cette révocation (Cf. note de Chantelauze, dans Retz, *OEuvres*, t. VI, p. 219). Des mémoires soutinrent le mal fondé de l'acte de Retz (Bibl. nat., ms. fr. 18627, fol. 186 et suiv., 18480, fol. 218).

4. Mémoire en chiffre envoyé par Brienne à Rome de mai 1656, Bibl. de l'Institut, ms. 1315, fol. 513. « M. le chancelier et les autres ministres du conseil ayant mûrement considéré la prétendue révocation de M. du Saussay... », etc.

5. Lettre du P. Duneau à Mazarin du 5 juin 1656 rendant compte d'une conversation que le pape a eue à ce sujet avec le P. Sforza jésuite et que celui-ci a rapportée (Arch. Aff. étr., Rome 131, fol. 344). Le pape dit avoir prescrit au secrétaire d'État d'écrire au nonce de Paris « que cette révocation

Sentant le terrain se dérober sous lui, Retz adressa alors une grande lettre à l'Assemblée du clergé, cardinaux, archevêques et évêques de France, analogue à celle du 14 décembre 1654 où énumérant tous les sévices dont il avait été victime, il portait plainte à l'Assemblée, lui demandait de prendre en mains la défense des règles ecclésiastiques, et insistait pour qu'on lui restituât son temporel [1]. Le gouvernement délibéra sur ce qu'il fallait faire. Il décida d'abord que le procureur général appellerait comme d'abus au Parlement de la révocation du grand vicaire [2]. M. Chevalier appelé, ayant, sur une question posée, refusé de ne pas remplir les fonctions dont l'avait chargé Retz, fut envoyé à la Bastille [3]. Le 2 juillet, le roi écrivit à l'Assemblée du clergé une lettre énergique, dans laquelle, après avoir stigmatisé l'attitude et la conduite inqualifiables de Retz, il laissait entendre qu'il tiendrait à l'avenir pour une offense personnelle toute tentative ou tout geste fait en faveur du criminel [4]. Intimidée, l'assemblée, le 9 juillet, blâma la révocation de M. Du Saussay et les curés de Paris promirent de ne pas reconnaître les nouveaux grands vicaires de Retz [5].

s'étoit faite à son insu et qu'il la blâmoit, voulant qu'on sache par delà qu'il en étoit extrèmement fâché ». Ce sentiment du pape, connu à Paris, fortifia le gouvernement dans ses résolutions contre Retz (lettre de Le Tellier au chancelier Séguier du 29 juin 1656, Bibl. nat., ms. fr. 4233, fol. 107).

1. La lettre fut imprimée en un in-4° de 18 p. (Bibl. nat., Lb[37] 3267). Elle fut remise à l'Assemblée du clergé le 19 juin par l'abbé Dorat que le gouvernement voulut ensuite faire arrêter (*Procès-verbaux des Assemblées générales du clergé*, t. IV, p. 101). Il y eut toute une histoire à propos de cet abbé Dorat qui s'était présenté sous le faux nom de l'abbé de Saint-Jean (lettres de l'évêque de Séez à Mazarin du 19 juin 1656, Bibl. nat., Baluze 113, fol. 191, du roi au chancelier du 26 juin, Ibid., ms. fr. 6893, fol. 114). Retz publia un libelle anonyme pour défendre sa conduite : *Avis important et désintéressé sur l'affaire de M. le cardinal de Retz*. in-4° de 8 p., où il revenait sur tout son passé.

2. Lettre de Le Tellier au chancelier du 2 juillet 1656, Bibl. nat., ms. fr. 4233, fol. 124.

3. Lettre à Mazarin de M. de la Bachelerie, gouverneur de la Bastille, du 1er juillet 1656, Ibid., Baluze 115, fol. 44. M. Chevalier déclara au gouverneur que son emprisonnement « étoit un coup du ciel pour punir ses péchés, mais que pour le reste ce lui estoit un avantage tel qu'il faut pour demander à Dieu de savoir souffrir pour avoir fait des actions à son honneur et à sa gloire ». Cf. lettre du chancelier à Le Tellier du 2 juillet 1656 (Ibid., ms. fr. 4233, fol. 127), racontant les péripéties de l'arrestation. Pour l'interrogatoire de M. Chevalier à la Bastille par le lieutenant civil J. Tardieu, voir Ibid., ms. fr. 6893, fol. 140 et suiv.

4. La lettre fut imprimée, in-4° de 12 p. Bibl. nat., Lb[37] 3270.

5. « Mémoire touchant la lettre du roi à Messieurs de l'Assemblée du

Ainsi le roi déchaînait ses foudres contre Retz ; le clergé de France le désavouait ; les curés de Paris l'abandonnaient. Retz décontenancé écrivit au secrétaire d'Etat du Saint-Siège, le 23 juillet, pour se justifier et dire qu'ayant expliqué au souverain pontife les incorrections de M. Du Saussay, il s'était cru autorisé par lui à révoquer son vicaire général. Alexandre VII lui fit répondre le 31 juillet qu'au contraire il entendait le voir rapporter cette révocation et rétablir M. Du Saussay. Retz essaya de discuter. Le pape lui fit dire qu'il « s'étonnait de sa résistance ». Tout était inutile. A son tour, le pape le condamnait. C'était fini ! la bataille était perdue ! Retz décida de quitter l'Italie, de fuir, de disparaître. Il irait il ne savait où : on ne le verrait plus : il cacherait ses malheurs et son infortune où il pourrait[1] !

clergé sur le projet du vicariat. » Ibid., ms. fr. 17589, fol. 133. Cf. Ibid., Baluze 113, fol. 222.

1. Lettre du P. Duneau à Mazarin du 31 juillet 1656 d'après une conversation du cardinal Bichi avec le secrétaire d'État Rospigliosi qui a donné tous ces détails (Arch. Aff. étr., Rome 132, fol. 174). Le sens de la lettre de Rospigliosi à Retz et de la réponse de celui-ci est donné par le chanoine G. Hermant (*Mém.* éd. Gazier, t. III, p. 152 et suiv.) qui paraît avoir eu le texte du document sous les yeux. Une lettre de Retz au cardinal Barberini du 23 juillet, montre à quel point le fugitif fut surpris. Cette lettre donne des détails complémentaires (publiée par Cl. Cochin dans Retz, *OEuvres*, t. XI, p. 51). Du Saussay, nommé évêque de Toul, supplia Mazarin de le laisser se faire sacrer pour échapper à Retz (lettre de lui à Mazarin du 4 juillet 1656, Bibl. nat., Baluze 113, fol. 208). Le 5 juillet Séguier mandait à Le Tellier que le pauvre homme « pleurait comme un enfant : il se met à genoux et croit être perdu s'il n'est à couvert de l'épiscopat » (Ibid., ms. fr. 4233, fol. 149). Le 8 juillet, du Saussay écrivait au pape de le sortir de cet imbroglio où il était, de lui tendre la main (lettre publiée par Cl. Cochin, dans Retz, *OEuvres*, t. XI, p. 265). Finalement l'évêque de Chartres, Lescot, le sacra à Poissy (*Mém* de Guy Joly, t. II, p. 316) et il disparut.

VIII

LA VIE ERRANTE ET VAGABONDE

C'est à la fin de juillet 1656 que Retz se décidait à quitter l'Italie.
Bien des raisons le déterminaient depuis longtemps. Il n'avait plus
d'argent : les prêts de ses amis avaient tari : il avait dû renvoyer
une grande partie de son personnel [1]. Une épidémie meurtrière,
qualifiée de peste, sévissait, en outre, depuis le milieu de juin,
faisant fuir de Rome les habitants. 20 000 personnes, disait-on,
avaient quitté la ville [2]. Retz était parti un des premiers le 10 juin,
était allé à San Casciano [3]. Puis, inquiet de la tournure que prenait son affaire du vicaire général, il avait voulu ensuite revenir à
Rome, soi-disant, écrivait-il au pape, pour soigner les pestiférés,

1. *Mém.* de Guy Joly, t. II, p. 171 ; *Mém.* de Retz, t. V, p. 102. Au
sujet de l'argent, tout au plus M. et Mme de Liancourt envoyaient-ils à
Retz 2 000 écus après avoir parlé de lui en donner 20 000. Les *Mémoires* de
Retz énumèrent ici les noms d'une douzaine de personnes qui lui prêtaient
de l'argent, et qui cessent maintenant leurs envois. « Vous ne pouvez pas
vous imaginer, dit le fugitif, ce que c'est que l'embarras domestique dans
les disgrâces ! » Et il raconte comment ses valets à leur tour se disputent
entre eux et le traitent sans considération. Les *Mémoires* de Retz se termi-
nent sur ce tableau pitoyable.

2. Les correspondances de Rome à ce moment sont pleines des détails de
cette épidémie. Le pape, enfermé à Monte-Cavallo, ne voit plus personne
(lettre de Gueffier à Brienne du 3 juillet 1656 et suiv., Bibl. de l'Institut,
ms. 1317, p. 953 et suiv.). La terreur régnait dans Rome (lettre du
P. Duneau à Mazarin du 26 juin. Arch. Aff. étr. Rome 132, fol. 119 ;
lettre de M. de Laubretière au même, du même jour. Ibid., fol. 125). La
peste était venue de Naples.

3. D'après une lettre de Gueffier à Brienne de juin 1656. Bibl. de
l'Institut, ms. 1317, p. 955. Le bruit courut que le pape avait envoyé Retz
à San Casciano pour se débarrasser de lui (lettre de Mazarin au P. Duneau
du 13 juillet. Arch. Aff. étr. Fr. 273, fol. 165).

mais le pape lui avait répondu que cela était inutile, qu'il le lui interdisait[1], et à la suite lui avait été envoyé l'ordre dont nous venons de parler de rapporter la révocation de Du Saussay ; c'est devant ces deux humiliations répétées que Retz avait résolu de s'enfuir.

Il adressa une lettre respectueuse à Alexandre VII afin de lui annoncer son départ. Il donnait comme prétexte : la peste, les difficultés des communications avec son diocèse de Paris : son absence de Rome, ajoutait-il, avec une pointe d'impertinence, allait soulager le pape « d'une infinité d'instances et d'importunités[2] ». Le 19 août, le secrétaire d'Etat Rospigliosi lui signifia défense de la part du pape de quitter l'Italie. Mais Retz était déjà loin[3] !

Il était parti avec cinq personnes : l'abbé Lamet, son secrétaire Guy Joly, l'écuyer Malclerc et deux valets de chambre[4]. Il avait évité Florence, sachant que le grand duc ne se souciait pas de le voir et avait gagné le Milanais[5]. A Rome, où ses créanciers faisaient vendre ses meubles, les uns croyaient qu'il se rendait en France, les autres, à Trente, à Cologne, à Liège ; quelques-uns soutenaient qu'il s'était embarqué à Livourne pour l'Espagne[6]. A Milan, le

1. Lettre de juin 1656 qu'a connue Godefroy Hermant (*Mém.*, éd. Gazier, t. III, p. 151) et dont Cl. Cochin a donné le texte (Retz. *OEuvres*, t. XI, p. 44). La réponse négative du pape fut faite par l'intermédiaire du père Sforza Pallavicino, jésuite (*Ibid.*, p. 45, lettre de Retz au cardinal F. Barberini, du 10 juillet).

2. Texte de cette lettre donnée d'après les Archives vaticanes par Cl. Cochin (*Ibid.*, p. 55). Cf. Bibl. nat., mss. fr. 4233, 6893, fol. 230 et la note de Chantelauze dans Retz, *OEuvres*, t. VI, p. 250. La lettre est datée de Marena, 5 août 1656.

3. La lettre de Rospigliosi était datée du 19 août 1656 (texte, *Ibid.*, note 1). Le pape fut très blessé de la conduite de Retz (lettre de l'abbé Tinti à André du Saussay, évêque de Toul, datée de Rome, 4 septembre 1656 et communiquée par du Saussay à Mazarin : Arch. Aff. étr. Rome 131, fol. 509). Tinti a vu le pape et rapporte ses propos : « S. S. me parla avec des sentiments bien aigres contre M. le cardinal de Retz. »

4. D'après Guy Joly, *Mém.*, t. II, p. 172. Thoreau de Laubretière écrivait à Mazarin le 14 août 1656, qu'il avait avec lui les abbés de Lamet et de Courtenay, le chevalier de Boisdavid et l'abbé Charrier (Arch. Aff. étr. Rome 131, fol. 487).

5. Lettre de l'abbé de Bonsi, représentant du grand duc de Toscane à Paris, à Mazarin, 17 septembre 1656, Ibid., fol. 523. Bonsi dit avoir reçu une dépêche du grand duc du 12 août le mettant au courant et le priant d'informer Mazarin. Il donne des détails.

6. D'après diverses lettres des indicateurs tels que le P. Duneau écrivant à Mazarin (28 et 31 juillet, 7 août 1656. Arch. Aff. étr. Rome 131, fol. 464, 467, et 132, fol. 188), Gueffier à Brienne le 4 septembre (Bibl.

gouverneur espagnol, comte de Fuensaldagne, essaya de le décider
à aller retrouver en Flandre Condé révolté. Mais Retz refusa. Il
accepta cependant un chiffre pour correspondre secrètement avec
le gouverneur et annonça qu'il se rendait à Besançon, en Franche-
Comté, alors possession espagnole, puis il demanda pour ce voyage
des facilités nécessaires qui lui furent accordées. Il traversa donc
les Alpes et par le Valais et Lausanne atteignit Besançon à la fin
d'août 1656[1].

Pendant ce temps, Mazarin prévenu de sa fuite, inquiet de ce
qu'il voulait faire et où il allait, questionnait partout. Il recevait
les nouvelles les plus contradictoires. Retz aurait eu, lui disait-on,
une longue conférence avec le grand duc de Toscane, s'était embarqué à Gênes, devait atterrir en France : peut-être était-il déjà à
Paris[2]. Le 10 septembre, par précaution, Colbert fit mettre deux
hommes en observation dans la rue où habitait Mme de Pomereu
afin de voir si Retz ne viendrait pas[3]. Le 13, Mazarin écrivait à
Colbert que d'après des indications sûres, Retz était parvenu à
Gênes le 31 août, sur une felouque, avait cinglé vers la France et
se trouvait en Provence. Il précisait ses instructions au cas où le

de l'Institut, ms. 1317, p. 970) ; le 11 septembre (Ibid., p. 971) ; Laubretière à Mazarin, le 4 septembre (Arch. Aff. étr. Rome 131, fol. 505). Le
12 août 1656, Marigny écrivait de Florence au prince de Condé (le duc
d'Aumale, *Histoire des princes de Condé*, t. VI, p. 713), qu'il avait vu Retz,
lui avait dit la joie qu'aurait son maître à le retrouver, à l'aider, à lui
demander ses conseils ; que Retz lui avait déclaré qu'il quittait l'Italie et
s'approchait de la France « pour examiner de plus près l'état des choses et
pour se jeter dans Paris et reprendre d'autorité l'administration de son
diocèse », dès que le prince de Condé, entré en armes dans le royaume,
aurait, par ses victoires, mis les choses au point nécessaire. Marigny ajoute
qu'il a été surpris de voir Retz prêt à exécuter son idée de, « se travestir,
quitter la pourpre pour s'abandonner avec un simple gentilhomme et un
valet de chambre à l'incertitude d'un si long voyage et d'une entreprise
qu'il n'y a que le succès qui puisse justifier ». Le 21 août Thoreau de Laubretière avait raconté à Mazarin l'effet de surprise produit à Rome par la
nouvelle inopinée du départ de Retz et toutes les suppositions auxquelles ce
départ avait donné lieu (Arch. Aff. étr. Rome 131, fol. 495). Il concluait :
« On l'estime comme un homme perdu. »
1. *Mém.* de Guy Joly, t. II, p. 173.
2. Mazarin fait part de ces indications au cardinal de Bichi dans une
lettre du 6 septembre 1656. Arch. Aff. étr. Fr. 273, fol. 199. Il mande les
mêmes nouvelles à Colbert dans une lettre du 9 septembre (Mazarin,
Lettres, éd. Chéruel, t. VII, p. 345).
3. Lettre de Colbert à Mazarin du 10 septembre, dans *Lettres* de lui
éd. P. Clément, t. I, p. 260. Il chargea un autre homme de suivre partout
Mme de Pomereu.

fugitif paraîtrait à Paris [1]. En effet, le 14 était publiée une ordonnance royale prescrivant à tous officiers du royaume d'arrêter Retz en quelque endroit qu'on le rencontrerait. Le ton du document était âpre et dur, presque haineux. Des espions furent envoyés de tous côtés, entre autres, un nommé Hotmann, dans la région de Nantes afin de s'informer, autour des châteaux de Retz et de Brissac [2].

Le 25, parut imprimée à Paris une lettre adressée par Retz à l'Assemblée du clergé de France. Dans cette lettre le fugitif expliquait pourquoi il avait quitté l'Italie, rappelait les excès sans nombre commis contre lui depuis quatre ans, surtout la mise à la Bastille de son grand vicaire M. Chevalier, parce qu'il avait obéi à son archevêque : il en appelait à l'Assemblée, réclamait la restitution intégrale de ses droits spirituels et temporels d'archevêque et faisait entendre que s'il n'obtenait pas satisfaction, il userait « de la puissance spirituelle que Dieu m'a donnée », disait-il, c'est-à-dire qu'il lancerait l'interdit sur tout le diocèse [3].

La menace fit un gros effet. La fermeture des églises, la suppression des offices, des sacrements, non seulement pour les fidèles, mais pour le roi, la famille royale, les ministres, le Parlement, les bourgeois, atteignait tout le monde [4]. L'Assemblée du clergé renvoya la lettre au roi. Le gouvernement et Mazarin, fort troublés, délibérèrent. Les papes n'avaient-ils pas jadis, par des bulles spéciales, mis à couvert les rois de France contre des interdits de ce genre? Colbert écrivit à Mazarin le 30 septembre qu'il fallait ou que les curés ne tinssent pas compte de l'interdit, s'il était fulminé, ce qui était difficile, ou consulter des docteurs sur la nullité de la

1. Lettre de Mazarin à Colbert du 13 septembre 1656, dans Mazarin, *Lettres*, t. VII, p. 355. Une lettre de Fouquet du 12 lui donnait les mêmes indications (*Lettres* de Colbert, éd. P. Clément, t. I, p. 500). D'autres rapports signalaient Retz à Livourne, à Monaco (lettre ci-dessus de Mazarin du 13 septembre, assez longue et agitée). Toutes annonçaient que Retz se dirigeait vers la France et Mazarin prenait fébrilement les mesures de précautions nécessaires.

2. Le texte de l'ordonnance du 14 septembre fut imprimé et affiché (Retz, *OEuvres*, t. VI, p. 617). On trouve un exemplaire de cette affiche dans le ms. fr. 23492 de la Bibl. nat., fol. 173. Nous avons des lettres de Séguier et de Le Tellier au sujet de ces incidents : Bibl. nat., ms. fr. 6893, fol. 334 et suiv. et une longue lettre de Colbert à Mazarin du 15 septembre sur les mesures prises (*Lettres* de Colbert, t. I, p. 263).

3. La lettre est réimprimée dans les *OEuvres* de Retz, t. VI, p. 255.

4. Colbert écrit à Mazarin le 28 septembre : « La menace de l'interdit du cardinal de Retz est à présent une des plus importantes affaires de l'État et dont les remèdes doivent être les plus recherchés » (Colbert, *Lettres*, t. I, p. 266).

censure éventuelle et interjeter appel comme d'abus, ce qui était précaire[1]. Finalement le gouvernement décida de capituler. En somme, dans sa lettre, Retz ne mettait en cause que l'arrestation de son grand vicaire M. Chevalier. On relâcha celui-ci en lui faisant promettre par écrit qu'il n'entreprendrait rien contre le service du roi, et on prévint le second grand vicaire général, M. de Hodencq, qu'il pouvait librement exercer ses fonctions[2]. L'incident était clos.

Le 16 septembre, Mazarin sut enfin, par une lettre de l'évêque du Mans que Retz se trouvait à Besançon[3]. Le 18, Mme de Chevreuse, remplissant sans doute une mission, vint dire à Colbert que le cardinal était à la frontière de la Franche-Comté, qu'il ne réclamait qu'une chose, la restitution des revenus de son archevêché : il s'en contenterait, sinon, il userait de toute sa puissance spirituelle pour l'obtenir. Comme réponse, Colbert proposa à Mazarin de faire enlever Retz de force sur le territoire franc-comtois, de nuit, secrètement, afin de le ramener en France. C'était une violation du droit international. Mazarin n'accepta pas. Il pria Colbert de faire surveiller plus que jamais parce qu'on parlait d'un voyage possible de Retz à Paris[4].

En fait, Retz, toujours à Besançon, n'avait aucune intention de venir à Paris. Il avait obtenu de l'abbé de Vatteville, frère du gouverneur de Saint-Sébastien, un gîte chez une de ses parentes, la marquise de Conflans. De là, il écrivait à ses amis, notamment à l'évêque de Châlons, Vialart, d'intervenir en sa faveur auprès de l'Assemblée du clergé. On lui répondit que cela était très difficile, qu'il ferait mieux d'imiter les grands évêques d'autrefois qui, persécutés eux aussi, avaient pris le parti de disparaître, de se taire et

1. Lettre de Colbert à Mazarin du 30 septembre, *Ibid.*, p. 267. On fit rédiger des mémoires : « Discours pour faire voir que M. le cardinal de Retz, archevêque de Paris, ne peut, de son autorité, mettre le roi de France, ni Paris, ville capitale du royaume, en interdit ». Bibl. nat., ms. fr. 17589, fol. 353.

2. Dépêche du roi à M. de la Bachelerie, gouverneur de la Bastille, du 13 septembre 1656, Bibl. nat., ms. fr. 4233, fol. 268. On exila cependant M. Chevalier à Issoudun.

3. Lettre de l'évêque du Mans à Mazarin du 16 septembre 1656. Bibl. nat., Baluze 113, fol. 271.

4. Lettres de Colbert à Mazarin du 18 septembre (Mazarin, *Lettres,* éd. P. Clément, t. I, p. 264 et 265), de Mazarin à Colbert (Mazarin, *Lettres,* éd. Chéruel, t. VII, p. 681). Le 22 septembre, Retz écrivit au roi une lettre qui fut imprimée, où il protestait de ses respects, de sa soumission, de ses bonnes intentions, et faisait appel à la justice et à la bonté du roi (Cf. Retz, *OEuvres,* t. VI, p. 263). Cette lettre ne reçut pas de réponse.

de demeurer ignorés dans leur retraite. Ce parti souriait assez à
Retz à cause de son mystère. Mais comment vivre dans cette solitude? Guy Joly lui proposa de faire installer des troncs dans les
églises de Paris avec la mention : « Pour la subsistance de M. l'archevêque ». Retz repoussa ce qu'il appelait « une gueuserie indigne
de lui ». L'évêque de Châlons se fit fort d'assurer 8000 écus par an
au fugitif et Retz alors se décida [1].

Entre temps, Mazarin cherchait toujours à atteindre son adversaire, au moins par des manifestations. Il avait fait demander au
pape, le 26 septembre un acte public contre Retz, tel, par exemple,
qu'un bref adressé au roi ou à l'Assemblée du clergé, où serait
relaté que le fugitif avait désobéi à la bulle interdisant aux cardinaux de s'éloigner de Rome sans autorisation du souverain pontife.
Le 28 il réclama de l'Assemblée du clergé une résolution attestant
qu'elle blâmait la manière d'agir de Retz [2]. Le curé de Saint-Roch
ayant essayé de parler en faveur de celui-ci, manqua se faire arrêter.
La Sorbonne ayant voulu, de son côté, nommer Retz proviseur,
reçut une lettre de cachet qui le lui interdisait [3]. Le 16 octobre
parut un arrêt du conseil qui ordonnait, Retz s'étant enfui des
Etats de l'Eglise sans autorisation du pape, de l'arrêter pour le
rendre au souverain pontife afin qu'il fût jugé, ce qui était une
singulière préoccupation [4].

1. *Mém.* de Guy Joly, t. II, p. 173-177. Joly dit bien 8000 écus, c'est-
à-dire 24000 livres. Nous ne savons sur quoi se fonde R. Chantelauze
lorsqu'il parle dans son livre : *le Cardinal de Retz et ses missions diplomatiques à Rome*, p. 27, de 8000 livres seulement.

2. Lettre de Mazarin à l'abbé Ondedei du 26 septembre 1656 (Mazarin,
Lettres, éd. Chéruel, t. VII, p. 384). Le ton de la lettre est singulièrement
âpre. Lettre du 28 (*Ibid.*, p. 389).

3. Mazarin parle de l'insolence du curé de S. Roch qui a osé haranguer
publiquement en faveur de Retz. Il était question de l'arrêter, Mazarin a
obtenu que le roi sursit à son indignation (lettre de Mazarin à l'archevêque
de Toulouse, du 9 septembre 1656, dans *Lettres* de lui, éd. Chéruel, t. VII,
p. 675). Sur l'affaire de la Sorbonne, voir les *Mém.* du chanoine Hermant,
éd. Gazier, t. IV, p. 414.

4. Texte de l'arrêt dans Retz, *OEuvres*, t. VI, p. 622. Retz faisait
imprimer et dater du 18 octobre une lettre au pape (Bibl. nat., Lb37 3279)
où il protestait de ses bonnes intentions, expliquait sa conduite et d'un ton
respectueux et soumis demandait au pape d'intervenir en sa faveur, en
appuyant l'action en ce sens de l'Assemblée du clergé de France. Sur
l'attitude de cette assemblée voir les *Procès verbaux des Assemblées du clergé
de France*, t. IV, p. 253 et suiv. et « la Relation, par l'abbé Carbon, de ce
qui s'est passé dans l'Assemblée du clergé du 27 octobre 1656, envoyé à
Ondedei », Bibl. nat., Baluze 113, fol. 289.

Informé ensuite le 22, que Retz allait se rendre en Bretagne, Mazarin écrivit au duc de La Meilleraye de surveiller la région [1]. Puis, le 31 octobre arriva une lettre adressée au roi d'un lieu mystérieux nommé Du Plessis, dans laquelle Retz annonçait que M. Chevalier, son vicaire général, n'étant plus agréable à Sa Majesté, il nommait à sa place M. de Contes, chanoine de Notre-Dame. La lettre avait mis deux jours pour parvenir à sa destination [2]. Où était donc le fugitif? Le bruit courait, dont le chanoine Hermant s'est fait l'écho, qu'il s'était réfugié dans les tours de Notre-Dame ou dans la maison d'un boucher nommé le Houx [3].

Impatienté, Mazarin fit écrire le 6 novembre par le roi à l'Assemblée du clergé qu'il n'admettrait plus dorénavant la moindre proposition en faveur de Retz [4]. Mais, à partir de ce moment, Retz allait demeurer muet. En décembre, Mazarin écrivait au cardinal Bichi à Rome qu'il s'étonnait de ce silence [5]. Où était donc encore le fugitif? En janvier, Mazarin le croyait caché à Besançon. Au vrai, personne ne savait plus où il était [6].

C'est qu'il avait en effet mis à exécution le conseil de ses amis de disparaître. Pendant six ans il va errer un peu partout, mystérieu-

1. Lettre de Mazarin à La Meilleraye du 22 octobre 1656, Arch. Aff. étr. France 274, fol. 172. « Il est aisé de croire, dit Mazarin, après le tour qu'il [Retz] vous a joué, que vous ne le laisseriez pas promener fort librement dans votre gouvernement ».

2. Cette lettre fut imprimée : Bibl. nat., Lb[37] 3280. Cf. Retz, *OEuvres*, t. VI, p 277. Nous avons l'original à la Bibl. nat., ms. fr. 13894, fol. 144 r°. Il est signé de Retz ; le texte est d'une autre écriture. Visiblement le cardinal a envoyé une lettre en blanc signée d'avance.

3. Cf. A. Gazier, *les Dernières années du Cardinal de Retz,* p. 63, 64. M. Gazier croit au séjour de Retz à Paris, d'après le texte peu décisif de Hermant qu'il cite et une phrase de Le Paige (*op. cit.*) encore moins affirmative : « On prétend que le Cardinal fut un temps caché... » etc. Retz n'est certainement pas venu à Paris.

4. La lettre fut imprimée, in-4° de 15 p. Cf. Retz, *OEuvres,* t. VI, p. 631. Voir sur l'embarras de l'Assemblée du clergé les *Procès-Verbaux* de celle-ci, t. IV, p. 108.

5. Lettre de Mazarin au cardinal Bichi du 22 décembre 1656, Arch. Aff. étr. Fr. 273, fol. 261. Ce n'était pas une raison, disait Mazarin, pour qu'on s'endormît car, dans son silence, Retz devait préparer quelque nouvelle machination.

6. Lettre de Mazarin au cardinal Bichi du 26 janvier 1657, Ibid., fol. 293. « Se stia, dit Mazarin, quieto e iconosciuto in Besanzon. » Le P. Duneau mandait de Rome le 29 janvier : « On me demande souvent où est le cardinal de Retz, à quoi je ne puis répondre, par ce qu'on escrit de France, qu'on ne sait où il est » (Arch. Aff. étr. Rome 133, fol. 33).

sement, déguisé en gentilhomme voyageur, prenant de faux noms, semant sa suite en route afin d'être plus libre, ne gardant tout au plus que son écuyer Malclerc dont la complaisance et les bons offices étaient à toute épreuve et allant de ville en ville, d'hôtelleries en hôtelleries, pour se risquer, dans la familiarité de ses travestissements et de cet incognito, à des aventures et des passades indignes de son caractère, mais qui le divertissaient. Louis XIV a qualifié cette existence de « vie errante et vagabonde » dans une instruction du 27 juillet 1661 au cardinal Antonio Barberini[1]. « Vie d'aventurier », dit sévèrement le P. Rapin qui s'élève contre « l'extrême indécence qu'il y avait à laisser le chef de l'Eglise de France, l'archevêque de Paris, vivre comme un bandit », et parle avec un air scandalisé de ce qu'il appelle « la conduite licencieuse de Retz, sa vie molle, fainéante, indigne[2] ». Retz n'a pas osé raconter cette période de sa vie dans ses *Mémoires* qui s'arrêtent un peu plus tôt, en 1665. On a mis en doute les détails donnés par Guy Joly. Mais il paraît difficile d'en contester la vraisemblance.

De Besançon, Retz envoyant son médecin Vacherot, qui, sorti indemne des prisons de Nantes, l'avait rejoint, l'attendre à Strasbourg, était passé en Suisse, avait gagné Constance, Ulm, Augsbourg, Francfort-sur-le-Main, où étaient venus le retrouver Lamet et Guy Joly. Guy Joly avait organisé une correspondance chiffrée avec Paris, par l'intermédiaire du secrétaire de M. de Bellièvre, Brulé, qui recevait les lettres, les déchiffrait, les transmettait à M. de Caumartin, ou à l'évêque de Châlons, Vialart, et renvoyait à Joly les réponses ainsi que les lettres de change qui étaient données à Malclerc par qui elles étaient remises à Retz[3].

1. Bibl. nat., Baluze 114, fol. 187 ; instructions du 27 juillet 1661 au cardinal Barberini. Saint-Simon dit aussi « vie errante » (Saint-Simon, *Écrits inédits*, éd. Faugère, t. VI, p. 75).

2. *Mém.* du P. Rapin, éd. Aubineau, t. II, p. 387, 389, 492. Le P. Rapin représente Retz « voyageant pour s'amuser et pour se distraire, ne laissant pas que de trouver quelque espèce de divertissement dans cette vie d'aventurier qui a ses plaisirs ». Montglat écrit (*Mém.*, éd. Michaud, p. 318): « Il rôda par toute la chrétienté, travesti, sans être connu. » La Rochefoucauld attribue à la paresse le goût de cette existence étrange. « La paresse, dit-il, l'a soutenu avec gloire durant plusieurs années dans l'obscurité d'une vie errante et cachée » (Portrait de Retz, dans La Rochefoucauld, *OEuvres*, éd. des Grands Écrivains, t. I, p. 120). Pour Sainte-Beuve, ces années de vagabondage ont été dues au découragement et à la démoralisation de notre personnage (*Causeries du lundi*, t. V, p. 46).

3. Guy Joly, *Mém.*, éd. d'Amsterdam de 1718, t. II, p. 180 et suiv. Retz aurait passé à Constance l'hiver de 1656-1657. Joly explique en détail (p. 182) comment s'opérait la correspondance entre Retz et ses amis,

De Francfort, Retz gagna la Hollande, mais étant indisposé alla à Cologne où il appela Vacherot pour se faire soigner [1]. A Cologne, il crut reconnaître des émissaires de Mazarin le cherchant. On l'avertit que ces émissaires l'avaient découvert, qu'ils allaient l'enlever en profitant d'une de ces promenades hors la ville [2]. La correspondance de Mazarin ici ne s'accorde pas bien avec les renseignements que donne Joly. Mazarin avait bien été prévenu de la présence de Retz à Cologne. Il avait alors écrit à l'envoyé du roi de France en Allemagne, M. Gravel, que l'abbé Fouquet de Croissy, l'ami de Retz, parti de Florence récemment, devait venir retrouver celui-ci, qu'il était même à Francfort, et qu'il fallait l'enlever lorsqu'il sortirait de la ville et l'envoyer à Brisach. Mazarin, dans cette occasion, semblait moins effrayé qu'auparavant d'une violation du droit international. Là-dessus il aurait appris que l'électeur de Mayence avait donné l'ordre d'emprisonner deux Français [3]. Or, d'après Guy Joly, Fouquet aurait été en réalité l'agent de Mazarin et ce serait lui qui aurait imaginé le plan d'enlever Retz dans la banlieue de Cologne. Retz prévenu et convaincu que Fouquet voulait le faire assassiner aurait pris peur et se serait enfui de Cologne. Persuadé en outre que Fouquet avait corrompu deux de ses domestiques, dont le valet de chambre Imbert, il les aurait fait arrêter par l'électeur de Mayence [4]. Ainsi qu'on le voit, les deux versions se croisent et s'embrouillent sans qu'il soit bien possible de démêler exactement la vérité.

En tout cas, d'après Joly, Retz envoya Malclerc à Bruxelles demander au prince de Condé du secours et Condé expédia 50 à 60 cavaliers qui s'avançant jusqu'à une portée de mousquet de

1. *Ibid.*, p. 182. Il avait « une petite incommodité, dit Joly, qu'il ne gagna pas en disant son bréviaire. » Retz a dû se trouver à Cologne en août 1657.

2. *Ibid.*, p. 183.

3. Lettre de Mazarin à M. de Gravel du 2 août 1657, Arch. Aff. étr. France 272, fol. 201. Mazarin avait écrit déjà au même Gravel le 23 juin : « Vous tacherez de savoir s'il arrive à Francfort ou dans ce voisinage là le nommé Croissy, conseiller au Parlement, que l'on me mande être parti de Florence pour aller en ces quartiers là » (Ibid., fol. 130). Autre lettre de Mazarin à Gravel du 16 septembre, relative aux deux Français emprisonnés et à l'idée d'enlever Fouquet. « Les avis que j'ai de plusieurs côtés, ajoutait Mazarin, portent que le dit cardinal est à Cologne ou aux environs, tout à fait caché, n'ayant avec lui que deux personnes dont l'une est appelée Malclerc » (Ibid., fol. 266).

4. Guy Joly, *Mém.*, t. II. Retz avait commencé par traiter les informations alarmantes de « avis chimériques et terreurs paniques ». On avait insisté et cette fois il avait pris la chose au sérieux.

Cologne recueillirent le cardinal et l'escortèrent un certain temps
pour le protéger. Retz s'en alla en Hollande, se mit à errer, gagna
Nimègue, Leyde, Amsterdam, Rotterdam, surtout Utrecht, où,
paraît-il, dans une auberge qui avait pour enseigne *Kleene Portie*,
« la Petite Portion », il avait une certaine servante nommée Nanon
« qui occupait une assez bonne place dans son cœur[1] ».

Ses amis étaient désolés de cette existence pitoyable. L'abbé
Charrier, de temps en temps, parvenait à le rejoindre, tâchait de le
réveiller, de secouer cette apathie qui le rendait indifférent à ses
affaires[2]. A Paris, on parvint à obtenir, à force d'instances, et en
faisant agir l'Assemblée du clergé, qu'un arrêt du conseil du
26 avril 1657 reconnût les droits et immunités du clergé, même en
cas de crime de lèse-majesté et que fût rapportée la commission du
21 septembre 1654 adressée au Parlement pour faire juger Retz.
C'était un succès ! Cette nouvelle laissa Retz indifférent[3].

1. *Ibid.*, p. 187 et suiv. 193.

2. L'abbé Charrier écrivait au cardinal Barberini le 2 février 1657 (lettre
publiée par Cl. Cochin, dans Retz, *OEuvres*, t. XI, p. 271): « Il est nécessaire que je hasarde ma santé pour joindre le solitaire » [c'est Retz qu'il
appelle ainsi] ; et le 29 mars (*Ibid.*): « J'espère, avec l'aide de Dieu,
d'être en état, à la fin du mois qui vient, de gagner la campagne et de
pouvoir joindre la personne qui est tant obligée aux incomparables bontés
de V. E. ».

3. L'arrêt du conseil avait été rédigé par M. de Marca, archevêque de
Toulouse, après la séance de l'Assemblée du clergé du 17 février où la
conduite du gouvernement à l'égard des immunités ecclésiastiques avait été
vivement incriminée (*Histoire de la détention du cardinal de Retz*,
Vincennes, 1755, in-12, p. 101-115 ; *Procès-verbaux des Assemblées du
clergé*, t. IV, p. 119). On voit Marca ici, quoique ennemi de Retz, affecter
de le défendre. C'est que la défense du corps ecclésiastique passait avant
toute autre considération, en ce temps, chez les dignitaires de l'Église. Nous
n'avons pas de manifestation quelconque de Retz à propos de cet arrêt du
conseil. Mais il n'était pas resté complètement muet auparavant. L'Assemblée
du clergé ayant prié le roi le 14 novembre 1656, si on faisait le procès de
Retz, de confier l'instruction à des juges ecclésiastiques, Retz avait, le
3 janvier 1657, envoyé procuration à son secrétaire Gaultray pour parler
en son nom et demander au Saint-Siège qu'avant toute procédure on lui
rendît ses revenus et ses droits spirituels (Cf. Retz, *OEuvres*, t. VI, p. 289,
texte des documents). Le pape éluda la réponse. La secrétaire d'État
Rospigliosi déclara : « Che volete che si faccia Sua Santita ? » Le 28 mars
Retz écrivit à l'Assemblée du clergé qu'il ne donnerait à aucun prix sa
démission (*Ibid*, p. 302). Le 9 avril il avait écrit au roi et à la reine pour
demander justice des persécutions qu'il subissait, rappelant les services
qu'il avait rendus, son zèle, sa fidélité. Il fit imprimer à Paris les deux
lettres (Bibl. nat., Lb[37] 3290, in-4° de 4 et 3 p.).

Dans une circonstance, pourtant, on arriva à le galvaniser. Mazarin avait conclu le 23 mars 1657, avec Cromwell, un traité qui fit grand bruit, par lequel, afin de s'assurer l'alliance du Protecteur, il lui promettait Dunkerque, Mardicq, Gravelines. Piqué, on ne sait comment ni pourquoi, Retz écrivit à ce propos un pamphlet contre Mazarin : *Très humble et très importante remontrance au roi sur la remise des places maritimes de France entre les mains des Anglais,* qu'on fit imprimer à Paris. C'était un appel au roi, grave, accablant pour Mazarin [1]. Le ministre sut quel était l'auteur du libelle et fit poursuivre les imprimeurs, « ces canailles » disait-il [2]. Mais, après cet effort, Retz retomba « dans son néant ». Joly causant avec Malclerc de l'impossibilité où tous se trouvaient d'inspirer au malheureux des « sentiments plus dignes de son caractère », l'écuyer répondait flegmatiquement que Joly « perdait son temps et ses paroles, qu'on ne ferait jamais d'une buse un épervier » [3].

Les jansénistes alors essayèrent d'utiliser Retz. Ils lui envoyèrent en Hollande, à Rotterdam, M. Baudry d'Asson, dit de Saint-Gilles, pour lui proposer une correspondance régulière avec eux. Ils le tiendraient au courant, par chiffre, de ce qui se passerait à Paris et, en retour, si Retz consentait à se prononcer pour eux, à les défendre, ou au moins à paraître pencher en leur faveur, il aurait à sa disposition l'appui « et la bourse de leurs amis » qui étaient en grand nombre et « fort puissants ». L'offre était risquée. Joly la trouve sans tact. Elle n'eut aucun succès. Par contre le P. Rapin écrit que se voyant sans ressources et abandonné, Retz aurait offert son concours à la reine Anne d'Autriche afin d'exterminer les jansénistes, à condition qu'il fût rétabli dans son archevêché. C'est peu

1. Reproduit dans les *OEuvres* de Retz, t. V, p. 291-327. Ce pamphlet eut un grand succès, dit Guy Joly, qui nous confirme que Retz en est l'auteur (*Mém.*, t. II, p. 191). Il ajoute : Retz « fut fort flatté du succès de sa pièce et ceux qui étaient auprès de lui espérèrent, pendant quelque temps, que cela pourroit réveiller son ambition et lui faire entreprendre des choses plus grandes et plus importantes pour lui ». Il n'en fut rien. Lionne répondit à ce libelle par un autre : *Remarques sur la reddition de Dunkerque entre les mains des Anglais.* Paris, S. Cramoisy, 1658, in-4°, 55 p. Mazarin avait été préoccupé de l'attaque et avait fourni à Lionne les arguments (Chéruel, *Hist. de France sous le ministère de Mazarin,* t. III, p. 165).

2. Lettre de Mazarin au chancelier Séguier du 17 juin 1657, Arch. Aff. étr. France 274, fol. 318. « On ne saurait, dit-il, châtier trop sévèrement ceux qui les impriment (les libelles), ceux qui les débitent, et ceux qui les composent. »

3. *Mém.* de Guy Joly, t. II, p. 191. Retz, dit Joly, « attribuoit l'obscurité de sa vie à la nécessité d'éviter les persécutions ». Il écoutait les conseils : « après cela il retomboit aussitôt dans son néant ».

vraisemblable[1]. En réalité il se taisait. On n'a trouvé aucune lettre
de lui pour les années 1658 et 1659.

Mais Mazarin le cherchait toujours[2]. Au début de mars 1658, on
le lui signalait en Toscane[3], à la fin de ce mois, à Strasbourg, à
l'hôtel du *Bœuf*[4]. En avril, M. de Thou, ambassadeur du roi en
Hollande, écrivit que Retz venait de quitter le pays, était passé à
Liège le 3 et de là avait gagné Anvers, Bruxelles, où il se cachait.
Cette fois le fait était vrai[5].

1. Voir *Mém.* du P. Rapin, éd. Aubineau, t. II, p. 487 et 490. Guy Joly
confirme la démarche de M. de S. Gilles faite de la part des jansénistes
(*Mém.*. t. II, p. 195). « Le cardinal, dit-il, ne fit aucune attention à leurs
propositions. » Nous reviendrons plus loin sur les relations de Retz avec les
jansénistes.

2. Il écrivait le 20 juin 1657 à l'abbé Fouquet : « J'espère que vous me
donnerez bientôt de grandes connaissances du lieu où est le cardinal de
Retz » (Mazarin, *Lettres*, éd. Chéruel, t. VII, p. 513). Le 1er juillet,
Colbert lui mandait qu'on croyait Retz à Paris (*Lettres* de Colbert, éd.
P. Clément, t. I, p. 274). En réalité Retz se cachait toujours et il expliquait
ainsi sa conduite au cardinal Barberini dans une lettre du 31 octobre 1657
(publiée par Cl. Cochin dans Retz, *OEuvres*, t. XI, p. 56). « Ne pouvant être
à Rome, je suis obligé, pour toutes sortes de devoirs, de choisir de tous les
séjours celui qui peut être plus utile à mon diocèse... V. E. juge bien que
ce séjour auquel je me suis obligé peut être d'une nature qu'il ne serait
pas non seulement judicieux mais encore qu'il serait peut-être fort dangereux pour le bien de l'Église qu'il fût connu de ceux qui prennent un si
violent intérêt personnel en cette affaire. Voilà les raisons de ma vie
cachée. Voilà le fondement sur lequel je me résous de courre toutes les
fortunes auxquelles une conduite de cette nature est exposée. La cour des
anciens empereurs a traité de faction et de cabale la retraite des anciens
évêques qu'elle persécutoit. »

3. Lettre du P. Duneau à Mazarin du 12 mars 1658. Arch. Aff. étr.
Rome 134, fol. 353.

4. Lettre d'Emeric Bigot du 24 mars 1658 rapportant le propos d'un
valet de cet hôtel, lettre publiée par H. Omont, *Annuaire-Bulletin de la
Société de l'Histoire de France*, 1886, p. 239.

5. Lettre de M. de Thou du 11 avril 1658, Arch. Aff. étr. Hollande 59,
fol. 22. Retz, dit de Thou, « logea dans une hôtellerie proche de la rivière,
d'où il partit pour Bruxelles ». Et une note ultérieure du sécrétaire de
l'ambassadeur, datée du 19 avril, ajoute : « L'avis du passage du cardinal
de Retz par la ville de Liège et de son trajet en Flandre est véritable et
nous savons qu'il est à Anvers ». Nouvelle lettre confirmative de de Thou
le 25 avril (Ibid., fol. 49). Le 28, Mazarin mande la nouvelle au marquis
de Créqui et prescrit qu'on fasse vérifier le fait (*Lettres* de Mazarin, t. VIII,
p. 700); lettre dans le même sens de Brienne à de Thou le 8 mai (Arch.
Aff. étr. Hollande 63, fol. 51). En juin le bruit courra à Paris que Retz
est caché à Port-Royal (*Mém.* de G. Hermant, éd. Gazier, t. IV, p. 93).

Brusquement en effet Retz s'était décidé à se rendre à Bruxelles afin de remercier le prince de Condé de lui avoir envoyé une escorte à Cologne. Condé se montra aimable, essaya de sonder Retz en vue d'une action concertée contre Mazarin, mais Retz répondit « qu'il n'était plus en état de rien entreprendre, ses amis l'ayant abandonné ». Tout ce qu'obtint le prince fut que le fugitif lui promît de ne pas donner sa démission d'archevêque sans l'avertir ; et Condé en retour assura qu'il ne ferait pas la paix avec le roi sans lui [1].

Retz revenu en Hollande y trouva l'abbé Charrier [2] et une lettre de Vincent de Paul, humble, déférente, où le vénérable saint qui disait avoir 79 ans, lui demandait, s'adressant à lui comme à son chef hiérarchique, d'approuver à nouveau les règles de la Congrégation de la Mission, dont le cardinal, disait-il, était « le fondateur et l'unique protecteur » et auxquelles il avait été fait quelques retouches [3]. Le 9 janvier 1659, le même Vincent de Paul, croyant sa fin prochaine, adressait à Retz une lettre d'adieu, dans laquelle il lui demandait pardon s'il lui avait déplu en quoi que ce soit, lui recommandait sa compagnie, et l'assurait qu'il prierait Dieu au ciel, comme il espérait y aller de la miséricorde divine et de la bénédiction du cardinal : touchante manifestation d'un des hommes les plus respectables du xviie siècle envers un personnage dont Saint Vincent, certainement, n'ignorait pas la conduite, mais à l'égard duquel il entendait témoigner les sentiments de respect et de gratitude que lui commandaient la charité, les nécessités de la hiérarchie et le souvenir des bienfaits prodigués par les Gondi à ses œuvres [4].

Si Retz revenu de Bruxelles n'avait rien conclu avec Condé, à Paris on fut persuadé du contraire et on jugea qu'il s'était entendu avec le prince pour soutenir et aggraver certains désordres intérieurs qui, à ce moment, préoccupaient le gouvernement.

1. *Mém.* de Guy Joly, t. II, p. 192.

2. L'abbé Charrier était avec Retz en septembre 1658 : lettre de lui au cardinal Barberini du 4 de ce mois où il dit : « L'honneur et la consolation que j'ai d'avoir rejoint Monseigneur le cardinal de Retz après en avoir été séparé bien longtemps... » (publiée dans Retz, *OEuvres*, t. XI, p. 272).

3. La lettre de S. Vincent est du 5 septembre (*Correspondance* de saint Vincent de Paul, éd. Coste, t. VIII, p. 26). Elle a été déjà publiée dans les *OEuvres* de Retz, t. VIII, p. 636, avec la mention que le saint déclare être dans sa quatre-vingt-troisième année. Il n'y a pas de doute que ce soit une erreur : la minute de la lettre qui existe encore porte « soixante dix neuf ans ».

4. *Correspondance* de S. Vincent de Paul, t. VI, p. 436.

Ces désordres provenaient : de l'effervescence de la noblesse dans diverses provinces à la suite des frémissements causés par la Fronde, de l'imposition de taxes nouvelles, et surtout, en Normandie, de la suppression des États provinciaux [1]. Des velléités d'assemblées particulières, préludes d'États généraux qu'on réclamait, s'étaient manifestées. Des seigneurs de marque en Normandie, Anjou, Poitou, avaient pris la tête du mouvement et s'étaient mis en rapport avec Condé. Ses indicateurs affirmèrent à Mazarin que Retz participait à ces intrigues. En juin 1658, on parla de rendez-vous mystérieux donnés aux faubourgs d'Orléans, de révoltes imminentes [2]. Le 14 juillet, Colbert écrivait à Mazarin que les familles de Retz et de Brissac jouaient un rôle dans ces histoires et avaient demandé au cardinal de venir les rejoindre [3]. Au cours d'une lettre au duc de Modène du 18 août, Mazarin disait être convaincu que partie était liée dans cette aventure entre les nobles, Condé et Retz [4]. Qu'y avait-il de vrai dans ces suppositions ?

Guy Joly raconte que Condé aurait prié Retz de venir le voir à Bruxelles et là lui aurait parlé de cette affaire de la noblesse soulevée, en présence du maréchal d'Hocquincourt venu au nom de celle-ci. Le prince aurait ajouté qu'il avait l'intention de soutenir les normands révoltés avec 400 cavaliers, pendant que l'armée espagnole s'avancerait vers Le Crotoy et Paris. Il proposait à Retz de l'accompagner. Ce beau projet s'évanouit parce que l'armée espagnole, ayant voulu d'abord délivrer Dunkerque assiégée par Turenne, se fit battre aux Dunes où d'Hocquincourt fut tué [5].

Il semble exact, d'après une lettre de Condé à Lenet, alors à Madrid, du 2 octobre, que la noblesse révoltée ait envoyé au prince

1. Voir un résumé de ces faits dans les *Lettres* de Colbert, éd. P. Clément. Introduction, p. 81.

2. En février 1652 une ligue de 600 gentilshommes du Vexin s'étant formée et s'apprêtant à prendre les armes, le chevalier de Sévigné écrivait déjà : « L'on tient mon ami [Retz] auteur de la ligue de ces gentilshommes » (*Correspondance* du chevalier de Sévigné, éd. J. Lemoine, p. 74). Le 9 juin 1658 un informateur écrivait à Mazarin de Calais : « on envoie des lettres circulaires sous le nom de la noblesse et quelqu'un conduit toute cette menée ou de la part du cardinal de Retz, ou de M. d'Hocquincourt ». Arch. Aff. étr. Fr. 275, fol. 220.

3. *Lettres* de Colbert, éd. P. Clément, t. I, p. 303.

4. Lettre de Mazarin au duc de Modène du 18 août 1658. Arch. Aff. étr. France 277, fol. 259. Il faut, disait Mazarin, « réprimer l'insolence de quelques gens mal intentionnés en diverses provinces de deçà lesquels on sait bien avoir correspondance avec le prince de Condé et le cardinal de Retz desquels ils sont poussés sous divers prétextes ».

5. *Mém.* de Guy Joly, t. II, p. 193, 194.

une délégation en Flandre afin d'avoir son concours. Mais Condé aurait répondu que le projet de paix éventuelle dont il était question entre la France et l'Espagne et où il espérait être compris, rendait inopportune toute entreprise de ce genre. Néanmoins si cette paix ne se faisait pas, ajoutait-il, il pourrait peut-être offrir « toutes sortes d'assistance. Voilà, entre nous, ajoutait Condé à Lenet, la vérité de ce qui s'est passé et rien davantage. Vous pouvez le dire à Don Luis de Haro », le ministre du roi d'Espagne [1].

Pour Retz, voici quel aurait été son rôle, d'après un rapport du marquis de Caracena, général commandant la cavalerie espagnole en Flandre, daté du 28 mai 1659, au même Don Luis de Haro [2].

A la nouvelle des négociations possibles entre la France et l'Espagne, Retz, sur les incitations de ses amis, pensant qu'il pourrait y être compris, serait allé trouver Condé à Bruxelles et lui aurait proposé d'unir leurs sorts à cette intention. Condé aurait accepté. Don Juan d'Autriche, commandant des troupes espagnoles en Flandre, sondé par Condé, admettait cette combinaison. C'est à ce moment que Condé et Retz auraient alors vraiment lié partie ensemble et, en attendant, auraient accepté, à la demande de l'Espagne, qui jouait double jeu, de se joindre aux nobles normands et autres. Retz se serait même fait fort, paraît-il, de décider le clergé de Paris à se prononcer pour les nobles dans le cas où ceux-ci prendraient les armes, de se rendre alors lui-même à Paris faire déclarer la ville en leur faveur de façon que Mazarin, pris entre les nobles, Paris et les Espagnols, fût perdu [3] !

Malheureusement ce plan plein d'illusions, s'il est exact, devait s'évanouir devant le fait d'une suspension d'armes qui fut signée le 8 mai 1659 entre la France et l'Espagne, mettait fin aux hostilités et préparait les négociations de la paix des Pyrénées. Restait pour Retz à se faire comprendre dans ces négociations.

Caracena nous dit que la suspension d'armes conclue, Retz surpris vint voir Condé à Bruxelles, exprima sa satisfaction de ce que la paix allait suivre et demanda au prince s'il trouverait mauvais qu'il s'accommodât avec Mazarin. Condé répondit qu'il n'y voyait aucun inconvénient. Puis parlant du ministre, ils convinrent

1. Lettre de Condé à Lenet du 2 octobre, dans F. Ravaisson, *Archives de la Bastille*. Paris, 1866, in-8°, t. I, p. 138.

2. *Ibid.*, t. I, p. 112. Ce rapport est assez long : nous le résumons.

3. *Ibid.* Condé et Retz, d'après ce document, auraient obtenu que les nobles fussent représentés auprès d'eux par un conseil de trois députés « investis de l'autorité et du pouvoir nécessaires pour ajuster et décider de toute espèce d'affaire sans être obligés de consulter la noblesse entière ».

ensemble qu'après la paix, ils devraient continuer à l'attaquer pour
le renverser. Condé conseilla à Retz de ne jamais donner sa démission de l'archevêché de Paris, pas plus que lui-même ne donnerait
celles de ses gouvernements, ce qui les discréditerait trop tous deux.
Il fut convenu entre eux, Caracena étant présent, que la paix faite
et durant que l'Espagne chercherait à conquérir le Portugal, ce
qu'elle se proposait d'entreprendre, Condé et Retz susciteraient des
troubles en France afin d'empêcher le gouvernement de secourir le
pays attaqué, puis ensuite, « une fois débarrassée des soucis de
cette conquête, l'Espagne pourrait faire la guerre à la France avec
plus d'avantages ». La scène caractérise admirablement le temps et
les trois personnages [1].

En fait, les lettres écrites par Condé à Lenet à Madrid à ce
moment prouvent que le prince, au fond, ne se souciait pas du tout
de Retz, qu'il était principalement préoccupé d'être compris dans
le traité en préparation et de tirer son épingle du jeu. Il renonçait, disait-il, à l'affaire de la noblesse et il entendait bien n'être pas
oublié aux conférences de Saint-Jean-de-Luz [2].

Retz de son côté faisait tous ses efforts pour qu'il y fût aussi question de lui. Le 12 septembre, Mazarin reçut une lettre anonyme qu'il
fut convaincu venir du fugitif, dans laquelle on lui demandait de
penser au proscrit durant ses conversations avec Don Luis de Haro.
Il déchira la lettre de colère [3]. Condé avait écrit à Lenet le 8 août
de bien recommander à Don Luis de Haro, de ne pas parler de
Retz, de nier son entente avec lui, de ne pas avouer leurs conversations à Bruxelles. « Il y va de sa vie et de ses biens ! » Retz était

1. *Ibid.* « Je crus devoir ajouter, pour n'avoir pas l'air d'un hypocrite,
(dit Caracena causant avec Condé et Retz) que pendant la guerre avec le
Portugal nous ne pouvions nous empêcher de souhaiter quelques troubles
nouveaux à l'intérieur de la France afin qu'elle ne pût secourir ce
royaume... Tous deux me répondirent que non seulement j'avais raison
mais que ce serait une grande faute de ne pas le faire et qu'ils y travaille-
raient de concert ». Ces conférences de Retz avec Condé furent connues en
France et, dit le P. Rapin (*Mém.*, t. II, p. 393), « achevèrent de gâter ses
affaires et de le perdre tout à fait dans l'esprit du roi ».

2. Il écrivait à Lenet le 9 juin 1659, de Bruxelles (Ravaisson, *op. cit.*,
p. 118) : « Cette affaire de la noblesse a cessé... Mais si la paix ne se fait
pas, je tâcherai de reveiller cette affaire là ». Et par des agents auprès de
Mazarin il faisait tout ce qu'il pouvait pour n'être pas oublié. Voir à ce sujet
les papiers de Le Tellier, Bibl. nat. ms. fr. 6895 et notamment la lettre de
Mazarin à celui-ci du 8 juillet 1659, fol. 47.

3. *Mém.* du P. Rapin, t. III, p. 59. Le P. Rapin qui blâme cette lettre,
ajoute : « C'était l'esprit de ce cardinal... de faire des démarches mal
entendues, comme si le jugement lui eût baissé avec sa fortune ».

bien servi [1] ! D'ailleurs des incidents qui se passaient à Paris et dont il était encore la cause ou le prétexte exaspéraient de plus en plus Mazarin contre lui et rendaient un règlement quelconque de son affaire à Saint-Jean-de-Luz impossible.

Le 16 juillet, en effet, Mazarin avait signalé à Le Tellier le bruit qui lui était parvenu qu'il se tramait quelque chose au Parlement en faveur de Retz. Retz, lui disait-on, devait revenir à Paris, « tenter de causer quelque grande révolution ». Il fallait prendre des précautions [2]. Le 5 août Mazarin recommandait à Le Tellier de veiller. La noblesse de Normandie, Poitou et Touraine, disait-on, de connivence avec Retz, qui lui aurait promis de se mettre à sa tête, était prête à monter à cheval au premier signal [3]. Le 29 août un libelle ardent contre la paix parut où Mazarin était très maltraité et que le ministre n'hésita pas à attribuer à Retz [4]. En septembre Colbert confirmait à Mazarin les rapports étroits de Retz avec la noblesse et annonçait qu'il mettait des espions partout où

1. Ravaisson, *Arch. de la Bastille*, t. I, p. 121.

2. Lettre de Mazarin à Le Tellier datée de Cadillac, 16 juillet 1659. Bibl. nat., ms. fr. 6895, fol. 80. « Je crois, disait Mazarin, qu'il faut examiner et aviser dès à présent avec M. de Turenne ce qu'il y aurait à faire en ce cas... » « Il faut être bien alerte », s'entendre avec le Premier Président. Le 20 juillet, Le Tellier répondait qu'il avait vu Turenne, que celui-ci avait dit qu'il ferait le nécessaire, « que l'on ne pouvait pas dire de quels remèdes l'on se devroit servir, la chose dépendant de la témérité dudit sieur cardinal ». Bibl. de l'Institut, ms. 1319, p. 201.

3. Lettre de Mazarin à Le Tellier, dans Mazarin, *Lettres*, éd. d'Avenel, t. IX, p. 222. Les lettres de Mazarin à ce moment trahissent sa nervosité à l'égard de tout ce que peut faire Retz.

4. Lettre de Mazarin au surintendant des finances Nicolas Fouquet du 29 août 1659. Arch. Aff. étr., Fr. 280, fol. 248. Ce libelle, dit-il, « que tout le monde escrit estre un ouvrage du cardinal de Retz... Voilà une belle œuvre pour un cardinal et un archevêque !... On ne s'étudie pas moins à me décrier quand je fais la paix que quand il m'est impossible d'en avancer les conclusions !... » Il fait demander des poursuites au chancelier, et le 3 septembre écrit à l'abbé Fouquet de tâcher de lui trouver le libelle contre la paix. Chantelauze déclare n'avoir pu identifier ce libelle (Retz, *Mém.*, t. V, p. 167, note). A ce moment Nicolas Fouquet voulait acheter Belle-Isle-en-Mer qui appartenait au frère aîné de Retz, Pierre de Gondi, duc de Retz, lequel consentait à la vendre. Le 8 septembre Retz fit dresser par un notaire une protestation en forme contre cette opération. Cette terre, disait-il, était « propre et ancien domaine et le plus commode, estimable et considérable de notre famille et maison ». Il pouvait avoir des droits à revendiquer sur elle, ce qu'il ne pouvait faire en ce moment. Il réservait donc ces droits (Retz, *OEuvres*, t. VI, p. 314. Cf. une liste des revenus de l'île durant la possession de Retz et de Fouquet, Bibl. nat., Mél. Colbert, 114, fol. 176).

Retz pouvait venir [1]. La correspondance de Mazarin à ce moment est pleine des faits et gestes, vrais ou supposés, du cardinal contre lui : Mazarin a la hantise du personnage : il voit sa main partout : il en est exaspéré [2] !

Aussi, à Saint-Jean-de-Luz, ne voulut-il admettre à aucun prix que Don Luis lui parlât de lui. D'ailleurs c'était si tout au plus il acceptait de discuter sur Condé [3]. Pour Retz, il fut irréductible. Don Luis de Haro mandait au marquis de Caracena que le ministre français était à ce point monté contre le cardinal, qu'il invitait son correspondant à ne pas voir l'exilé afin d'éviter des irritations qui seraient capables de lui rendre sa tâche plus difficile [4]. Haro tenait à conclure la paix : il ne tenait pas à Retz qui lui était indifférent. Il aurait même abandonné Condé, à la rigueur, si on eût un peu insisté à ce sujet. Condé fut donc compris dans le traité des Pyrénées. Retz n'y fut pas nommé.

Il en éprouva une profonde déception. Il retourna en Hollande plein de douleur et reprit sa vie absurde [5]. Son entourage lui

1. Lettre de Colbert à Mazarin datée de Paris 24 septembre 1659, dans *Correspondance* de Colbert, éd. P. Clément, t. I, p. 374 et, p. 380, autre lettre du 28 septembre.

2. Ses lettres ont quelque chose de trépidant. Il met en cause Port-Royal, les curés de Paris, tout le monde. Il faut faire faire, dit-il, une déclaration du roi contre les Jansénistes ; mander les curés de S. Paul et de S. Roch auprès du roi (lettre d'octobre 1659, dans *Lettres* de lui, éd. d'Avenel, t. IX, p. 371) ; autre lettre du 17 octobre à l'évêque de Coutances dans le même sens (*Ibid.*, p. 375). Sur les assemblées des curés de Paris à ce moment et les mois précédents, voir : Bibl. nat., ms. fr. 6895, fol. 32 et suiv. Un groupe de 25 curés agissant au nom des autres se réunissaient chez le curé de Saint-Côme.

3. Voir sa lettre à Le Tellier du 30 septembre 1659 (Arch. Aff. étr., Fr. 281, fol. 101) où il énumère toutes les raisons qu'il a de ne pas vouloir traiter du cas de Condé. Ce prince, dit-il, comme le connétable de Bourbon, a même voulu ôter sa couronne au roi ! Il faut remarquer que Mazarin discutait seul avec Don Luis de Haro, n'avait personne auprès de lui et menait les négociations de sa seule autorité (*Mém.* de Brienne le jeune, éd. Bonnefon, t. III, p. 81).

4. *Mém.* de Guy Joly, t. II, p. 198.

5. Voir une lettre d'un agent de M. de Thou, ambassadeur français en Hollande, datée de Maestricht 10 juillet 1660 (Arch. Aff. étr., Hollande 65, fol. 27) qui signale Retz voyageant dans le pays avec un abbé Fedeau (sans doute Feydeau). Sur la liberté que pouvait procurer à un personnage dans le cas de Retz la Hollande en ce temps, nous rappelons le mot de Descartes : « Quel autre pays où l'on puisse jouir d'une liberté si entière, où l'on puisse dormir avec moins d'inquiétude, où il y ait toujours des armées sur pied exprès pour nous garder, où les empoisonnements, les trahisons,

conseillait de se retirer dans quelque monastère d'Allemagne où il
mènerait une existence mieux en rapport avec son état. Il refusa.
Guy Joly nous dit que découragé, devenu de plus en plus insou-
ciant et léger, il occupait son temps à aller voir des spectacles de
foire, à lire des badineries et des fadaises. Autour de lui son personnel se disputait : Retz prenait partie pour son écuyer Malclerc
dans lequel les autres ne voyaient qu'un intrigant ménagé par son
patron à cause de ses services louches et des secrets qu'il détenait.
Joly, qui reproche à ce Malclerc son impudence, son autoritarisme,
prétend qu'il avait pris un tel ascendant sur Retz qu'il le traitait
d'égal à égal et qu'une fois, à Anvers, ils eurent ensemble une dispute au cours de laquelle ils se prirent à la gorge et Retz sortit de
la bataille en sang, le col déchiré. C'était Vacherot, accouru au
bruit, qui avait raconté le fait à Joly [1].

Peut-être Joly a-t-il poussé les choses un peu au noir. Il ne
semble pas en effet qu'à ce moment Retz se soit désintéressé à ce
point de ses affaires.

Au printemps de 1660, en effet, le clergé de Paris avait essayé
de faire entendre en haut lieu que si l'on avait fait la paix avec les
ennemis du dehors, on pourrait peut-être bien la faire aussi avec
leur archevêque. Mazarin avait répondu ironiquement à l'évêque
de Coutances qui l'entretenait de cette proposition qu'il était juste
que la paix étant faite, Retz eut la sienne, mais également, avait-
il ajouté, la France et la ville de Paris. Or, on savait qu'à ce
compte il fallait empêcher le fugitif de rentrer, « estant assez
connu d'un chacun qu'il estoit tellement brouillé avec le calme,
qu'on ne devoit pas espérer qu'ils pussent estre ensemble en un
mesme endroit [2] ».

Quelques semaines après, Retz se décidait à lancer un grand manifeste, adressé cette fois à la chrétienté entière, rédigé en Hollande
mais imprimé à Paris et daté du 24 avril 1660, où reprenant son
histoire, rappelant la violation de ses droits épiscopaux, les persécutions qu'il avait subies et les calomnies dont il avait été abreuvé,

les calomnies soient moins connues et où il soit demeuré plus de restes de
l'innocence de nos aïeux ? » (Cf. J. Cohen; *Écrivains français en Hollande
dans la première moitié du XVIIe siècle*, Paris, 1920, in-8°, p. 465).

1. *Mém.* de Guy Joly, t. II, p. 199 et suiv.

2. Lettre de Mazarin à l'évêque de Coutances du 18 mars 1660. Arch. Aff.
étr., Fr. 284, fol. 260. C'était le curé de Saint-Séverin qui avait pris l'ini-
tiative de la démarche. « Je ne m'étonne pas, écrivait Mazarin, que le curé
de Saint-Séverin ait fait sa tentative aux autres curés en faveur du cardinal de
Retz puisqu'outre qu'il est brouillon, il est janséniste. J'ai été pourtant bien
aise de voir la bonne conduite des autres curés. »

il expliquait que l'évêque devait vivre de ses revenus, que depuis
sept ans son diocèse était sans pasteur, qu'il ne démissionnerait
pas, sous peine d'exposer les évêques devenus de simples « aumôniers
de cour », à être, à son exemple, « révocables à volonté » ; et il
faisait appel à tous pour le seconder[1].

Six jours après, le 30 avril 1660, suivait une lettre adressée à
ses grands vicaires, celle-ci mélancolique, où Retz se plaignait de
ce que ses espérances demeuraient vaines et sa modération méprisée.
Il constatait que tout changeait avec le temps en France excepté le
cœur de ses ennemis qui ne changeait pas et il demandait à ses
correspondants de rétablir leurs communications avec lui pour lui
rendre compte de l'administration de son diocèse[2].

Puis, le même jour, il adressait au roi une lettre respectueuse
où il lui demandait que la paix étant faite, qui mettait un terme aux
peines de tous ses sujets, celles de l'Église prissent fin aussi. Toutes
les fois que Sa Majesté allait à Notre-Dame remercier Dieu de ses
victoires, disait-il, n'était-elle pas émue de voir la chaire archi-épis-
copale perpétuellement vide ? Il suppliait le roi de lui accorder sa
clémence et sa protection[3].

Beaucoup de ses contemporains ont admiré ces lettres et Racine
s'est fait l'écho du bruit qu'elles produisirent[4]. Le gouvernement fut

1. Ce document fut imprimé in-4° de 47 p. (Bibl. nat., Lb³⁷ 3349, reproduit dans Retz, *Œuvres*, t. VI, p. 317 et suiv.). Guy Joly assure (*Mém.*,
t. II, p. 203-204) que le texte de cette lettre fut rédigé par les jansénistes et
retouché par Retz à qui la pièce avait plu ; qu'il hésita cependant deux fois
à la publier. On peut penser que Joly a raison en ce qui concerne les rédac-
teurs du document à voir la somme de citations de pères, de conciles, d'auteurs ecclésiastiques, d'exemples historiques accumulés dans ce manifeste et
que Retz n'avait certainement eu ni le goût ni le moyen de rassembler dans
la vie qu'il menait. Est-ce lui qui qualifiait dans cette pièce les événements
dont il était la victime : « Une des plus grandes persécutions que l'Église ait
soufferte depuis plusieurs siècles » ?
2. Imprimé en un in-4° de 4 pages. Bibl. nat., Lb³⁷ 3348. Cf. Retz, *Œuvres*, t. VI, p. 426 et suiv.
3. Imprimé, in-4° de 10 p. Bibl. nat., Lb³⁷ 3348, dans Retz, *Œuvres*,
t. VI, p. 414 et suiv. Il y avait dans cette lettre un peu de forme sermonnaire. Retz écrivit aussi le 24 avril au pape Alexandre VII. Chantelauze
n'avait pas retrouvé cette lettre (Retz, *Œuvres*, t. VI, p. 325). Cl. Cochin
a été plus heureux et l'a publiée au tome XI, p. 63, des mêmes *Œuvres* de
Retz.
4. Dans *Œuvres* de Racine, éd. des Grands Ecrivains, par Mesnard, t. VI,
p. 379. « Je ne sais, dit Racine, si vous avez eu connaissance de quelques
lettres qui font un étrange bruit : c'est de M. le cardinal de Retz. Je les ai
vues, mais c'était en des mains dont je ne pouvais pas les tirer. Jamais on

irrité de leur publication et les ministres délibérèrent un instant
s'il ne fallait pas les faire brûler par le bourreau : on y renonça [1].

Seulement ces incidents n'avaient fait qu'aggraver la situation
de Retz. Ce n'était plus maintenant Anne d'Autriche, Mazarin, ou
les secrétaires d'État qui s'impatientaient de l'attitude du rebelle.
L'exaspération gagnait le jeune roi Louis XIV, alors âgé de vingt-
deux ans. Il avait dit à quelqu'un qui lui racontait que le cardinal
attendait avec impatience la disparition de Mazarin pour rentrer :
« S'il attend cela, il ne tient rien. Il ne rentrera jamais dans l'archevêché tant que je vivrai [2] ! »

Retz averti et découragé reprit ses voyages. Il alla à Hambourg
revoir la reine Christine de Suède, se rendit en Angleterre en novembre 1660 où il put voir Charles II, à qui il demanda d'intervenir
en sa faveur auprès du roi de France, mais le roi déclina et se borna
à faire donner au fugitif 4000 guinées. Pour se prêter quelque
importance Retz imagina de mettre en avant divers projets qu'il
supposait pouvoir réaliser, tel que le mariage du roi d'Angleterre
avec une princesse de Parme, le cardinalat pour M. d'Aubigny,
favori du prince. Rien n'aboutit. Retz revint encore en Angleterre
dans les premiers mois de 1661 sans mieux réussir à quoi que ce
fut [3].

Enfin le 9 mars de cette même année, Mazarin mourait [4] ! Le
chanoine Hermant raconte que sur son lit d'agonie, le ministre mit
tout le monde en garde contre le retour de Retz [5]. Aux termes

n'a rien vu de plus beau, à ce qu'on dit. » Lettre de Racine à l'abbé Le Vasseur du 5 septembre 1660.

1. D'après une lettre adressée à Retz et saisie, du 9 septembre 1660. Bibl.
de l'Institut, ms. 1319, p. 371. On manda au Louvre le lieutenant civil et
les gens du roi pour les consulter. Ils furent d'avis que sévir serait faire trop
de réclame aux documents. Suit dans cette lettre dont l'auteur dit tenir ses
renseignements d'une femme de la reine mère, un dialogue entre Anne
d'Autriche et Mazarin montrant le degré de l'irritation de la cour. Voir à ce
propos ce que dit le chancelier aux délégués de l'Assemblée du clergé en
octobre 1660. *Procès-verbaux des Assemblées du clergé*, t. IV, p. 519.

2. D'après la lettre du 9 septembre 1660 citée à la note précédente.

3. *Mém.* de Guy Joly, t. II, p. 201, 202. En novembre le bruit courut
que Retz était en Angleterre (*Mém.* du P. Rapin, t. III, p. 109 ; lettre à
l'abbé Charrier d'un agent de Retz à Rome, sans doute Bouvier, Bibl. de
l'Institut, ms. 1319, p. 401). De Thou écrivait à Mazarin, le 9 décembre
1660 qu'on avait vu Retz entre Utrecht et Leyde et que de là il était passé à
Londres (Arch. Aff. étr., Hollande 65, fol. 318).

4. Voir sur la mort de Mazarin les détails que donne Brienne le jeune
dans ses *Mémoires* (éd. Bonnefon, t. II, p. 30 et suiv.),

5. *Mém.* de G. Hermant, éd. Gazier, t. IV, p. 608. « Il s'emporta contre

d'une lettre écrite à l'abbé Charrier le 4 avril, il aurait même fait promettre à Louis XIV et à Anne d'Autriche de ne laisser jamais remonter l'exilé sur son trône archi-épiscopal et Louis XIV aurait promis [1]. De fait, six jours avant la mort de Mazarin, le 3 mars, avait été publiée une ordonnance qui édictait que le bruit courant du retour prochain de Retz, le roi renouvelait la défense faite à tous ses sujets d'avoir le moindre rapport avec le personnage et, s'il paraissait quelque part, de l'arrêter [2].

A l'annonce de la mort du ministre, les amis de Retz, évidemment mal informés, crurent l'heure venue de la réparation. Ils exultèrent [3]. De Rome, l'abbé Bouvier écrivait à Charrier : « Enfin l'antéchrist est tondu ! Lanturelu ! Je m'assure que le patron ne sera plus enseveli [4] ! » Retz partageant ces espérances, accourut de Londres, passa le détroit, vint à Valenciennes, mais là apprenant la publication de l'ordonnance du 3 mars, comprit qu'il se trompait, recula et alla attendre les événements à Bruxelles [5]. Il avait bien fait.

Il ne se doutait pas en effet à quel point Louis XIV, témoin depuis sa lointaine enfance de ses entreprises contre l'autorité royale, était prévenu contre lui ! Ainsi que le disait Lionne au pape six ans auparavant : « Sa Majesté avait sucé avec le lait une forte aversion contre sa personne [6]. » Étant donné le caractère du jeune roi, Retz

lui d'une manière effroyable », dit Hermant ; et de même le 3 mars quand on lui apporta le viatique (*Ibid.*, p. 613).

1. Lettre d'un anonyme à l'abbé Charrier du 4 avril 1661, citée par R. Chantelauze dans son livre : *Le Cardinal de Retz et ses missions diplomatiques à Rome*, p. 9. L'auteur de la lettre va même presque jusqu'à dire que le jeune roi se serait écrié devant Mazarin et Le Tellier : « Que je sois tenu pour le plus infâme des hommes si je souffre jamais que le cardinal de Retz rentre dans Paris avec son titre d'archevêque ! » L'expression paraît un peu excessive dans la bouche de Louis XIV.

2. L'ordonnance lue à son de trompe et cri public fut affichée. Nous avons une de ces affiches dans le ms. fr. 15626 de la Bibl. nat., fol. 411.

3. « Jamais, dit Montglat (*Mém.*, éd. Michaud, p. 350) nouvelle ne fut reçue avec tant de joie. »

4. Publiée par Cl. Cochin dans Retz, *OEuvres*, t. XI, p. 276, d'après Bibl. de l'Institut, ms. 1319, p. 460.

5. *Mém.* de Guy Joly, t. II, p. 205. Retz avait écrit à Joly et à Verjus qui étaient à Amsterdam, de venir le rejoindre, ce qu'ils firent, bien qu'ils n'approuvassent pas cette précipitation. Ils trouvèrent Retz à Bruxelles ayant déjà rebroussé chemin.

6. Lettre de Lionne à Mazarin du 11 juin 1655 rapportant une audience qu'il a eue du pape (Arch. Aff. étr., Rome 129, fol. 466). Lionne répond à une observation du pape qui explique que les choses changent si souvent en

ne pouvait rien espérer ! D'après Hermant, au conseil même où le prince annonça vouloir prendre désormais la direction de son Etat, il affirma avec force son intention de ne pas vouloir que « le cardinal de Retz rentrât jamais dans son royaume[1]. » Rien n'était changé.

Le 3 mai suivant, en effet, partait pour Rome un gentilhomme, M. d'Aubeville, porteur d'une lettre par laquelle le roi demandait au pape Alexandre VII de reprendre la poursuite du procès sollicité depuis si longtemps, disait le roi, contre l'auteur « de tant d'attentats entrepris avec une opiniâtreté aussi invincible par le dit cardinal, notre sujet, contre notre souveraine autorité et contre notre service[2]. » Les amis de Retz eurent le sentiment, et l'abbé Charrier l'écrivit à Retz, que le nouveau maître désirant s'imposer par des exemples de rigueur, allait commencer par lui[3].

Ainsi, pour Retz, la situation était sans issue. Il essaya de faire agir des intermédiaires. Il fit demander à Louis XIV, — en usant des bons offices de la reine Henriette-Marie d'Angleterre qui disait parler au nom du roi Charles II, — sa grâce et la restitution de son archevêché. Louis XIV ne répondit pas. Retz fit envoyer au roi par la reine Henriette-Marie, l'évêque de Rodez, Hardouin de Péréfixe,

France qu'il n'est pas impossible que Retz, dont on demande aujourd'hui le jugement et la condamnation soit demain premier ministre. « S. M., ajoutait Lionne, lui préférerait (à Retz) le dernier homme de son royaume pour l'employer jamais dans ses affaires. » On écrivait de Rome à Charrier le 4 avril 1661 : « L'on dit que M. le cardinal Mazarin a empaumé le roi de telle façon par les instructions qu'il lui a laissées que dix ans après sa mort il observera ses ordres et qu'entre autres il lui a prescrit... de ne pas laisser rentrer Mgr le cardinal de Retz dans son archevêché » (Bibl. de l'Institut, ms. 1319, p. 474).

1. *Mém.* de G. Hermant. Cf. A. Gazier, *les Dernières années du cardinal de Retz*, p. 102. Il faut mentionner ici l'accusation invraisemblable qui aurait été répandue, notamment, disait-on, par les jésuites, que Retz avait empoisonné Mazarin. Il est vrai que cette accusation provient d'un abbé Antoine Blache qui a été enfermé à la Bastille comme fou et qui a écrit des « Anecdotes ou histoire secrète qui découvre les menées sourdes du cardinal de Retz et de ses adhérents pour ôter la vie au roi mon seigneur et à Monseigneur le Dauphin », ouvrage écrit de 1696 à 1702 et trouvé en 1763 chez les jésuites du collège Louis le Grand. Bibl. nat., ms. n. a. fr. 4302, fol. 35 et suiv. Il n'y a pas lieu d'insister sur ce détail.

2. Lettre de Louis XIV au pape Alexandre VII du 3 mai 1661, publiée d'après l'original des Archives vaticanes par Cl. Cochin (Retz, *OEuvres*, t. XI, p. 279). Nous avons le « Projet d'instruction au sieur d'Aubeville, l'un des ordinaires du roi, s'en allant à Rome par ordre de S. M., rédigé par M. de Lionne ». 5 mai 1661. Arch. Aff. étr., Rome 143, fol. 61.

3. Lettre chiffrée de Charrier. Bibl. de l'Institut, ms. 1319, p. 737.

ancien précepteur du prince, afin d'insister. L'évêque de Rodez fut invité à s'en aller en province. Retz chargea Barthet, autrefois agent de Mazarin, et son écuyer Malclerc de se rendre à Paris afin de suivre l'affaire. Barthet fut embastillé et Malclerc obligé de repasser promptement la frontière[1]. Louis XIV et son gouvernement étaient résolus à exiger du cardinal sa démission pure et simple de son archevêché sans conditions, ou bien il serait mis en jugement.

Ils s'adressèrent au pape. D'Aubeville fut prié d'aller solliciter du souverain pontife la nomination immédiate de ces commissaires français dont il avait été tant parlé. Le pape fit attendre son audience à d'Aubeville trois mois et donna une réponse dilatoire[2]. Le gouvernement imagina alors de perdre Retz en l'accusant de jansénisme.

Précisément le 8 juin, les deux vicaires généraux du cardinal, MM. de Contes et de Hodencq avaient publié un mandement malheureux où, à propos de la signature du fameux formulaire exigé par l'Assemblée du clergé en vue de condamner les cinq propositions extraites du livre de Jansénius, ils avaient décidé que les fidèles pourraient, en signant, réserver la célèbre distinction entre le fait et le droit c'est-à-dire condamner les propositions, mais garder un silence respectueux sur le point de savoir si elles étaient ou non dans Jansénius. Un arrêt du conseil avait révoqué ce mandement qualifié « d'impertinence », et l'Assemblée du clergé l'avait déclaré nul. Tout le monde pensa que c'était Retz qui avait suggéré le document : il était donc janséniste[3] !

1. Sur ces faits, voir le récit de R. Chantelauze : *Le Cardinal de Retz et ses missions diplomatiques à Rome*, p. 12. Cf. le P. Rapin, *Mém.*, t. III, p. 121.

2. Le 6 septembre 1661 d'Aubeville écrit à Lionne avoir eu audience du pape mais que le pape s'est dérobé. Arch. Aff. étr., Rome 142, fol. 21. Le 27 septembre d'Aubeville mande que le pape réclame un mémoire signé de lui contenant ce que désire le roi de France (Ibid., fol. 113). Il envoie à Lionne deux modèles du document sollicité. Lionne répond le 22 octobre de remettre le modèle le plus court (Ibid., fol. 199). Remarquons dans cette lettre en passant un détail de protocole « administratif » assez piquant : « J'ai aussi un petit avis à vous donner, écrit Lionne à Aubeville, que dans vos dépêches vous n'usiez plus de ce terme de « cour », ni de « conseil », mais disiez toujours « le Roy » ou « Sa Majesté », parce que j'ai remarqué que S. M. y a pris garde et l'a relevé. » Le 5 novembre Lionne annoncera la nomination du maréchal de Créqui comme ambassadeur à Rome (Ibid., fol. 238). D'après les lettres d'Aubeville à Lionne en novembre, l'envoyé français attend toujours une réponse du pape.

3. Voir le récit fait par R. Chantelauze, d'après les documents du ministère des affaires étrangères dans *le Cardinal de Retz et ses missions diplomatiques à Rome*, p. 19 et suiv.

Depuis longtemps on l'accusait d'être favorable à la secte. Il avait, il est vrai, multiplié les lettres à Rome pour s'en défendre énergiquement. Devant l'imprudence de ses grands vicaires, il écrivit au pape afin de lui affirmer avec force qu'il n'était pas janséniste, et il ajouta que s'il occupait son siège archi-épiscopal, de pareilles difficultés ne se produiraient pas. Une fois rétabli, il se faisait même fort d'avoir raison de la nouvelle « hérésie ». Il achevait en jurant fidélité aux constitutions pontificales d'Innocent X et d'Alexandre VII : « Je dis anathème à la doctrine des cinq propositions de Jansénius, condamnées par les dites constitutions. » Seulement, à Paris, ses grands vicaires refusèrent de retirer leur mandement et on accusa Retz de les pousser en dessous, par fourberie. Il fallut que l'ami de Retz, Vialart, évêque de Châlons, intervînt pour expliquer aux vicaires généraux le tort qu'ils faisaient à leur chef par leur attitude et ceux-ci enfin cédèrent [1].

1. *Ibid.* Cf. *Mém.* du P. Rapin, t. III, p. 124 et les *Mém.* du chanoine G. Hermant, éd. A. Gazier, t. IV, p. 574, 696. La question des rapports de Retz avec les jansénistes est assez complexe. Elle a donné lieu à une étude spéciale de Chantelauze, *le Cardinal de Retz et les jansénistes* (appendice au tome V du *Port-Royal* de Sainte-Beuve, p. 526-604). Naturellement le P. Rapin tenait Retz pour un des grands protecteurs des jansénistes (*Mém.* t. I, p. 47) et a soutenu la thèse de la connexion étroite des affaires du jansénisme avec celles de Retz. Godefroi Hermant est du même avis que le P. Rapin. Pour lui, c'est Arnauld qui rédigeait les lettres de Retz contre Mazarin (*Mém.*, t. IV, p. 533, 551). Dans ses *Mémoires*, Louis XIV dira que Retz « favorisait toute cette secte naissante ou en était favorisé ». *Mém. de Louis XIV*, éd. C. Dreyss, Paris, 1860, t. II, p. 375. En réalité les jansénistes ont été pour Retz parce que celui-ci était, comme eux, de « l'opposition » contre la cour. La cour de son côté a proclamé avec insistance leur collusion afin de les compromettre ensemble les uns par les autres. G. Hermant écrivait (*Mém.*, t. IV, p. 696). « S. M. est persuadée que tous les jansénistes sont du parti du cardinal de Retz ainsi que le cardinal Mazarin l'en a toujours assurée. » Dans des instructions envoyées à Rome (Bibl. nat., ms. fr. 17589, fol. 350) sous le titre de « Mémoire contenant les raisons pour lesquelles S. S. ne doit pas protéger M. le cardinal de Retz » la cour écrivait : « Le cardinal de Retz dira un million de fois qu'il n'est point janséniste ; il blâmera même leur opinion hautement, mais autant de fois il ne le faut pas croire. Tous les jansénistes le publient leur protecteur. Les personnes de sa condition ne veulent pas porter le nom d'hérétique, ils en laissent l'ignominie aux petits, mais ils les favorisent en tout. » De leur côté les jansénistes vont être navrés de la soumission finale de Retz à la cour. L'un d'eux, M. de Bernière, écrira le 25 novembre 1661 à un M. Taignier : « Ne voyez-vous pas bien que tout ce que l'on [les jansénistes] a fait pour M. le cardinal de Retz et pour ses amis n'a servi de rien et que pour conclusion on va voir un changement dans son diocèse qui fait rire les amis du monde et pleurer

Retz essaya alors de profiter de la circonstance pour se défendre auprès du roi de l'accusation de jansénisme, moyen détourné de

ceux qui l'aiment en Dieu et pour Dieu ? » (dans *Mém.* de G. Hermant, t. V, p. 359). Et Hermant ajoutera quelques réflexions amères traduisant à peu près la pensée que les jansénistes ont perdu leur temps avec Retz. La façon dont Arnauld parle de Retz à sa mort montre bien que les jansénistes le tenaient pour un de leurs amis et sans doute en ayant quelque raison (Cf. A. Gazier, *les Dernières années du cardinal de Retz.* p. 202-3). En ce qui concerne la question d'argent, d'après leurs adversaires, les jansénistes auraient fourni des subsides à Retz, par exemple 700 000 livres en 1653 (*Mém.* du P. Rapin, t. II, p. 217, qui cite le témoignage de Valençay le déclarant au pape) ; en 1654 au moment de sa fuite « on envoya une somme assez considérable au cardinal des contributions de ses amis et du Port-Royal qu'on lui fit tenir par lettres de change en Espagne » (*Ibid.*, p. 233). Nous ne croyons pas d'ailleurs ce dernier détail exact. Mazarin écrira le 25 janvier 1658 au cardinal A. Barberini : « Votre Éminence peut assurer le pape qu'il [Retz] en a tiré [des jansénistes] de grosses sommes de deniers » (*Lettres* de Mazarin, éd. d'Avenel, t. VIII, p. 276). Racine, d'ailleurs, confirme cette assertion (*Abrégé de l'histoire de Port-Royal*, dans *OEuvres* de Racine, éd. des Grands Ecrivains, t. IV, p. 477). Et Retz enfin mis en cause à Rome déclarera à quatre cardinaux que s'il avait montré quelque bienveillance pour les jansénistes, c'était à cause « de la grande assistance d'argent qu'il recevait d'eux » (dans une lettre de Lavau à Lionne du 23 mai 1661 et du P. Noël au même du 12 avril, Arch. Aff. étr., Rome 141, fol. 112 et 52). Comme témoignage plus direct des sentiments réels de Retz on a souvent invoqué le fait qu'il avait donné M. Singlin comme confesseur aux religieuses de Port-Royal et l'avait protégé (*Mém.* de T. du Fossé, éd. Bouquet, Rouen, 1876, t. II, p. 149, *Mém.* de G. Hermant, t. I, p. 453 ; instruction du roi à M. d'Aubeville allant à Rome, du 5 mai 1661, Arch. Aff. étr., Rome 143, fol. 61) ; qu'il avait eu des relations très amicales avec Nicole et lui avait donné l'hospitalité à Saint-Denis (lettre de Retz à M. de la Fons, dans Retz, *OEuvres*, t. VII, p. 470 ; lettre de Nicole à Mme de Saint-Loup, dans Sainte-Beuve, *Port-Royal*, t. IV, p. 482 ; *Vie de M. Nicole*, Luxembourg, 1732, in-24, p. 35). Tout cela est peu décisif. Au moment du cardinalat de Retz, le pape a fait faire une enquête sur les sentiments jansénistes du coadjuteur. Alexandre VII le révélera à Lionne dans une audience (lettre de Lionne à Brienne du 18 octobre 1655, Arch. Aff. étr., Rome 130, fol. 272) et il ajoutera que, tout compte fait, « une personne de considération » de la cour de France avait conclu : « Le coadjuteur a estudié, disputé, escrit et prêché la doctrine contraire à Jansénius ; mais pour la bourse des jansénistes, je ne voudrois pas répondre qu'il ne s'y attachât » (La personne de considération en question doit être le P. Annat, confesseur du roi, voir une lettre du P. Duneau à Mazarin de 1655 dans Chéruel, *Histoire de France sous le ministère de Mazarin* t. II, p. 227). En définitive ce qui paraît le plus probable est que Retz a voulu se servir des jansénistes et non les servir. Il était fort indifférent à leur doctrine : Guy Joly l'affirme : « Dans le fond, dit-il, il ne fut ni janséniste ni moliniste et il s'embarrassait fort peu des disputes se rapprocher du trône. Il fit écrire par Mme de Brissac au P. Annat, confesseur du roi, une lettre dans ce sens. La lettre fut renvoyée sans avoir été lue et Mme de Brissac fut invitée à s'en aller à Bourges [1]. Le 4 juillet, il adressa une grande lettre à Anne d'Autriche où il protestait de ses sentiments de soumission entière et « remettait tous ses intérêts entre ses mains, même la démission de son archevêché ». Capitulait-il ? La reine ne répondit pas [2].

Il pria alors deux de ses amis Montrésor et M. de Penacors d'aller voir Claude Auvry, évêque de Coutances, qui connaissait bien le secrétaire d'État Le Tellier et de faire demander à celui-ci quelles seraient, en définitive, les conditions qu'on lui imposerait pour mettre un terme à sa situation. Le Tellier fut froid. Il répondit en posant la même question adressée à Retz. Les deux interlocuteurs ne pouvaient pas répondre. Mais c'était une amorce de conversation [3].

du temps » (*Mém.*, t. I, p. 186). Le P. Rapin en dit autant (*Mém.*, t. I, p. 521). Retz, écrit-il, avait : « Une grande indifférence pour la nouvelle opinion à quoi il pensait moins qu'à son ambition et à sa fortune. » Retz lui-même le faisait dire au cardinal Chigi, secrétaire d'État (lettre de lui à Charrier du 16 février 1652, dans Chantelauze, *le Cardinal de Retz et l'affaire du chapeau*, t. I, p. 405). « Vous marquerez toujours à Chigi que dans le fond je n'ai nul attachement à toutes ces matières auxquelles, en votre particulier, vous vous montrerez très contraire et par conséquent très affligé. » Et de nos jours, M. A. Gazier ne pense pas autrement : « Il n'était pas janséniste, assurément, dit-il, car il se souciait aussi peu de l'*Augustinus* que de Saint-Augustin lui-même et de tous les pères ensemble » (A. Gazier, *les Dernières années*, p. 148). En quoi l'éditeur de G. Hermant n'était que l'écho du pape qui pressé par d'Aubeville, en 1661, de poursuivre Retz comme janséniste répondait : non il n'est pas janséniste (lettre d'Aubeville à Lionne, de Rome 6 septembre 1661 : Arch. Aff. étr., Rome 142, fol. 21). Pour Alexandre VII, Retz utilisait les jansénistes afin d'agir sur l'opinion publique à Paris, mais se gardait bien de partager leurs croyances (lettre du P. Duneau à Mazarin du 17 mai 1655, dans Valfrey, *Hugues de Lionne*, Paris, 1877-1881, t. I, p. 257). Et plus tard on verra Retz parler sévèrement des jansénistes comme des plus pauvres gens du monde en matière d'intrigues et d'affaires d'État, dira-t-il (Racine, *Hist. de Port-Royal*, éd. Mesnard, des Grands Écrivains, t. IV, p. 482. Voir aussi le P. Rapin, *Mém.*, t. III, p. 81).

1. D'après G. Hermant, cité dans Gazier, *les Dernières années du cardinal de Retz*, p. 108.

2. D'après une lettre du 4 juillet 1661 adressée de Rome à l'abbé Charrier par un agent de Retz : « Ce matin, le cardinal Grimaldi m'a dit que le cardinal de Retz avait écrit une grande et très belle lettre à la reine mère, pleine de soumission, par laquelle... », etc. Bibl. de l'Institut, ms. 1319, p. 569.

3. R. Chantelauze, *Le Cardinal de Retz et ses missions diplomatiques à*

Prévenu, Retz accourut d'Angleterre à La Haye, et de là, écrivit
à Le Tellier une lettre émue où il parlait de ses « neuf années
d'afflictions et d'épreuves ». Il proposait qu'un des suffragants
administrât le diocèse de Paris, pendant que lui-même, gardant le
titre d'archevêque, se retirerait où on voudrait[1]. Le Tellier fit répondre que le roi exigeait au préalable la démission pure et simple de
l'archevêché. On donnerait des compensations d'argent. Retz refusa.
Mais ses idées évoluaient[2].

Entre temps le surintendant Fouquet, qui pensait à l'archevêché
de Paris pour son frère, faisait offrir à Retz, s'il donnait sa démission : bénéfices, revenus, tout ce qu'il voudrait. Retz essaya de profiter de cette démarche pour faire dire à Fouquet qu'il y avait des
tractations entre lui et Le Tellier et qu'il y était question de lui
conserver son archevêché (il n'avouait pas que l'idée n'était que de
lui). Il n'avait aucune intention de démissionner[3]. Ceci avait amené
en septembre 1661.

A ce moment d'Aubeville pressait le pape à Rome au sujet de
l'accusation de jansénisme de Retz. Le pape répondait en souriant
que Retz n'était pas janséniste, qu'il avait donné à cet égard des
déclarations satisfaisantes. L'envoyé français montra alors une
lettre du grand vicaire de Paris, M. de Contes, d'où il résultait que
c'était Retz qui avait nommé M. Singlin, le célèbre janséniste,
directeur à Port-Royal. Le pape répondit que la lettre était ancienne
et que, depuis, Retz avait fourni des témoignages de ses sentiments
contraires. Il a pu être janséniste, concluait le souverain pontife,
mais « d'esprit, non de cœur, par ambition et par cabale », c'est-
à-dire avec la pensée de se servir de ceux de la « secte », non de
les servir. Ce n'est pas un janséniste, achevait-il ; « c'est un brouillon ! » Aubeville ayant insisté pour la nomination des commissaires
destinés à instruire le procès, le pape répondit qu'il y réfléchirait
et demanda une note écrite à ce sujet[4].

Entre temps, le 5 septembre, le surintendant Fouquet était

Rome, p. 26 ; comte Jules de Cosnac, *le Baron de Penacors et le cardinal de
Retz*, p. 42 et suiv.

1. Lettre de Retz à Le Tellier du 28 août 1661. L'original est passé dans
une vente de Charavay le 17 mai 1872. Texte dans Retz, *Œuvres*, t. VI,
p. 434.

2. *Mém.* du P. Rapin, t. III, p. 164-5. Michel Le Tellier, d'ailleurs,
acceptait de suivre la négociation.

3. *Mém.* de Guy Joly, t. II, p. 207-8. Ce fut Charrier qui servit d'intermédiaire.

4. Lettre d'Aubeville à Lionne du 6 septembre 1661, dans R. Chantelauze, *Le Cardinal de Retz et ses missions diplomatiques*, p. 41.

arrêté et Louis XIV engageait le célèbre procès criminel qui devait
consacrer la ruine du ministre. Retz se retrouvait donc seul devant
Le Tellier, celui-ci plus froid et réservé que jamais. Une seconde
fois Retz lui fit demander quelles seraient exactement les compensations qui lui seraient éventuellement offertes s'il donnait sa
démission. On lui répondit : l'abbaye de Saint-Denis, dont le
revenu était de 120 000 livres de rentes, 60 000 livres sur les revenus échus de l'archevêché, amnistie pour ses amis, rétablissement
des ecclésiastiques de Paris disgraciés à son occasion[1]. Ainsi la
négociation reprenait et se précisait. L'entourage de Retz s'éleva
vivement contre ces conditions qu'il qualifia d'humiliantes. Retz,
hésitait, fut malade, puis brusquement, sans avoir prévenu personne, en décembre, il céda[2] !

Il envoya Penacors l'annoncer à Le Tellier. Il proposait de rentrer directement en France, de se rendre dans son château de
Commercy où il signerait sa démission : qu'on lui donnât seulement
de l'argent afin de faire son voyage, car il n'avait plus un écu, et
qu'un de ses partisans, Chandenier, fût rétabli dans sa charge de
capitaine des gardes, dernier point qu'on devait lui refuser. Il
expédia Joly à Le Tellier afin d'avoir une réponse. Le Tellier expliqua qu'on acceptait de donner à Retz 2 000 louis d'or pour rentrer
à Commercy, des passeports en son nom et aux noms de ceux de
sa suite : il communiquait le texte de la démission telle qu'on voulait qu'elle fût rédigée, puis Joly avec Penacors rentra à Bruxelles
afin de prévenir Retz qui souscrivit à tout sans discussion. Ceci se
passait à la fin de décembre 1661. L'accord était fait[3].

Retz se mit en route, passa la frontière qu'il n'avait pas vue
depuis huit ans, arrivait le 14 février 1662 à Commercy en costume
ecclésiastique, allait s'agenouiller à l'église, de là gagnait le vieux
château où deux notaires dressaient l'acte de démission conformément au modèle envoyé de Paris[4]. Le 26, la duchesse de Retz

1. *Ibid.*, p. 47.
2. *Mém.* de Guy Joly, t. II, p. 209, 212.
3. Cf. Cte Jules de Cosnac, *op. cit.*, p. 45 et suiv., Guy Joly, *Mém.*, t. II,
p. 214-215. Retz avait été malade pendant ce mois de décembre, écrivait,
le 23, l'abbé Charrier au cardinal F. Barberini en lui donnant le détail des
conditions auxquelles Retz donnait sa démission (publié par Cl. Cochin,
Retz, *Œuvres*, t. XI, p. 274). Le 30 décembre Lionne mandait à d'Aubeville que Retz cédant, il n'y avait plus lieu de parler au pape (Arch. Aff.
étr., Rome 142, fol. 402). Voir aussi : Cl. Cochin, *Nouveaux documents sur
l'accommodement du cardinal de Retz*, dans *Mélanges d'archéol. et d'hist.
publiés par l'Ecole française de Rome*, t. XXVIII, 1908, p. 98-114.
4. R. Chantelauze, *op. cit.*, p. 50.

portait le document au Louvre avec des lettres de Retz pour le roi
et la reine. Le roi se déclara satisfait et nomma immédiatement à
l'archevêché de Paris vacant M. de Marca, archevêque de Toulouse,
ce qui fut une déception pour ceux des amis de Retz qui avaient
cru, un peu naïvement, que Louis XIV, d'un geste élégant, rendrait son siège à l'adversaire vaincu. M. de Marca fit observer que
l'acte de Retz aurait dû être adressé au pape « sous le bon plaisir
du roi ». Retz averti modifia tout ce qu'on voulut [1]. Le document
fut adressé au pape qui répondit le 5 juin par un bref aux termes
duquel il acceptait la démission [2]. Louis XIV fit dire à Retz qu'il
n'avait pas à paraître à Paris tant que son successeur ne serait pas
installé [3]. Malheureusement M. de Marca mourait le 29 juin, le
lendemain du jour où il avait reçu ses bulles. Le 30, Louis XIV
désignait bien son successeur, Hardouin de Péréfixe, mais à ce
moment éclatait à Rome l'affaire de Créqui avec la garde corse qui
allait rompre les relations de la France et du Saint-Siège, retarder
longtemps la nomination de Péréfixe et par suite contraindre Retz à
attendre indéfiniment dans l'exil l'installation de son successeur. Il
en éprouva une violente déception. Guy Joly raconte qu'il se laissa
aller à des fureurs indicibles, lançant des imprécations, parlant
d'abandonner le cardinalat, de se faire moine, même huguenot.
Son entourage s'indignait, se fâchait ou se moquait [4].

Dans le public, l'effet de la démission fut mélangé. Les uns
louèrent Retz d'avoir cédé sans condition, lorsqu'il avait tant
résisté à Mazarin [5]. Les autres, comme La Rochefoucauld, préten-
dirent qu'il avait agi sans savoir ce qu'il faisait et abandonné à la
légère les intérêts de ses amis et les siens. Guy Patin jugea Retz un

1. Partie inédite des *Mém.* de Claude Joly, publiée dans Retz, *OEuvres*,
t. VI, p. 652.

2. Retz avait écrit au pape en même temps pour lui annoncer sa démission. Cf. Cl. Cochin dans Retz, *OEuvres*, t. XI, p. 74 et du même, *Nouveaux
documents sur l'accommodement du cardinal de Retz*, p. 107-113.

3. Retz ne pourrait venir saluer le roi qu'après cette installation, et
à ce moment l'intention de Louis XIV était, qu'à la suite, Retz se rendît à
Rome « pour lui rendre ses services dans cette cour-là, avec les autres cardinaux du parti de S. M. » (Instructions à M. de Créqui envoyé comme ambassadeur à Rome d'avril 1662. Arch. Aff. étr., Rome 149, fol. 35).

4. Guy Joly, *Mém.*, t. II, p. 218.

5. François Ogier, célèbre prédicateur du temps, lui écrivit une lettre
dans ce sens (Retz, *OEuvres*, t. VI, p. 442). D'ailleurs Retz considérait l'affaire comme si honorable pour lui qu'il l'annonça officiellement partout :
lettres de lui à la duchesse de Savoie, au duc de Modène, au grand duc de
Toscane, à des cardinaux, de février 1662 (*Ibid.*, t. XI, p. 77 et suiv.).

maladroit parce qu'il avait perdu finalement l'archevêché, à savoir,
« un bon morceau de 100 000 livres de rentes[1] » !

1. La Rochefoucauld, portrait de Retz, dans *OEuvres* de La Rochefoucauld, éd. des Grands Écrivains, t. I, p. 20; *Lettres* de Guy Patin, t. III,
p. 896. Celui qui fut surtout assez sévèrement jugé, fut M. de Marca. On
avait donc décidé par précaution de ne pas laisser revenir Retz à Paris tant
que M. de Marca n'aurait pas ses bulles (lettre de Lionne à Aubeville du
3 mars 1662. Arch. Aff. étr., Rome 144, fol. 206). On considéra que le
nouveau prélat avait été récompensé de tout ce qu'il avait fait contre son
prédécesseur. M. de Marca, mort le 29 juin 1662, on fit contre lui des épi-
taphes satyriques (Cf. Chantelauze, *op. cit.*, p. 57).

IX

LA RETRAITE ET LA FIN

Etant donné les conditions dans lesquelles il se retrouvait à Commercy et le peu de dispositions bienveillantes de la cour à son égard, Retz comprit qu'il n'avait qu'à s'installer dans sa nouvelle résidence, comme s'il ne devait plus en sortir.

Il avait hérité cette seigneurie en 1640, de son cousin le comte de La Rochepot, tué devant Arras[1]. C'était une bonne terre composée d'une douzaine de fiefs[2]. Dans la ville se dressait, d'ailleurs assez délabré, un château flanqué de tours massives qui sera démoli en 1708 par le prince de Vaudémont. Retz fera raser les tours jusqu'au niveau des bâtiments, aménagera l'intérieur en appartements confortables, avec une belle galerie, mais ne pourra s'installer qu'en décembre 1670[3]. En attendant, il alla loger chez le prévôt de justice du lieu, M. Taillefumier, rue des Chanoines[4].

1. C.-E. Dumont, *Hist. de la ville et des seigneurs de Commercy*, Bar-le-Duc, 1843, in-8°, t. II, p. 100. Charles d'Angennes comte de La Rochepot était fils de Mme du Fargis, tante de Retz. Par son testament il avait constitué Retz son légataire universel ; mais il avait des dettes ; la liquidation fut longue et compliquée et ce ne fut que le 3 mai 1650 que Retz eut Commercy par adjudication publique et moyennant 301 500 livres qu'il dut emprunter. « Copie collationnée du contrat d'acquisition de la terre de Commercy et de la souveraineté d'Euville par le cardinal de Retz. » Bibl. nat., ms. fr. 22619, fol. 123.

2. Lerouville, Chonville, Saint-Aubin, Saulx, Mesnil la Horgne, Méligny le Grand, Ville-Issey, Euville, d'après un compte de recette de 1665. Bibl. nat., Collect. de Lorraine, 310, fol. 280 et suiv.

3. Note d'un M. Clette, de Commercy du 2 août 1868, adressée à R. Chantelauze, Bibl. de l'Institut, ms. 1319. p. 913. Il ne reste semble-t-il rien du logis habité par Retz. Retz écrivait à M. de la Fons le 18 décembre 1670 (Retz, *OEuvres*, t. VIII, p. 366) : « Je n'attends plus qu'un petit meuble pour me loger au château. »

4. Dumont, *op. cit.*, t. II, p. 139.

Il chercha à s'occuper, donna des soins à ses jardins, planta des arbustes rares envoyés par La Quintinie, monta une bibliothèque de manuscrits et de bons livres reliés à ses armes [1].

Il eut une maison des champs, à une grande lieue de Commercy, Ville-Issey, fief d'en deçà de la Meuse, où il arrangea à son goût une demeure qu'il enveloppa de vigne vierge, fit aménager une faisanderie, une ménagerie avec cerfs, sangliers, chevreuils ; creusa un vivier pour y conserver des truites. La paroisse comptait 5o feux, avait un pressoir, un four banal, et tenait des assises à Pâques [2].

Peu à peu l'installation se développa. Retz eut un nombreux personnel. Le gouverneur fut Malclerc, l'intendant, Hippolyte Rousseau, le médecin, toujours Vacherot, celui de Vincennes, qui mourra à la fin d'avril 1664, à 62 ans : « Je suis inconsolable de cette perte », écrira Retz accablé de douleur. Il eut : maître d'hôtel, gentilshommes, secrétaires, chirurgiens, apothicaires, maître de la garde-robe, écuyers de cuisine, maître de musique, chanteurs, architecte, en tout une cinquantaine de personnes [3] : le goût du

1. Lettre de Retz à M. de la Fons du 3 décembre 1671 : « Je suis très aise des arbres et j'en ai remercié M. de la Quintinie » (Retz, *OEuvres*, t. VIII, p. 468). Nous avons une note intéressante sur la bibliothèque de Retz à Commercy dans Dom Joseph de l'Isle, *Hist. de la célèbre et ancienne abbaye de S.-Mihiel*, Nancy, 1757, in-4°, p. 327.

2. Ville-Issey est à 5 kil. de Commercy en deçà de la Meuse. C'est en 1673 que Retz fait mettre de la vigne vierge sur les murs extérieurs de son appartement de l'endroit (lettre à M. de la Fons du 20 avril 1673, dans Retz, *OEuvres*, t. VIII, p. 559). Les assises du fief rapportaient à Retz 22 francs, 10 gros, 2 deniers. Il y avait un mayeur ou maire dans le village, un curé, une maison de ville. On devait annuellement à Retz deux poules par feu (Bibl. de l'Institut, ms. 1320, fol. 57). Pour la ménagerie, voir C.-E. Dumont, *op. cit.*, t. II, p. 162 et les lettres de Retz à M. de la Fons du 21 octobre et 6 déc. 1668, 20 avril 1674 (Retz, *OEuvres*, t. VIII, p. 201, 213, 602).

3. La liste de tout ce personnel nous est donnée par C. E. Dumont, *op. cit.*, t. II. p. 149 et suiv. On trouve également cette liste dans le compte de la recette de Commercy pour 1665 (Bibl. nat., Collection de Lorraine, 310, fol. 200). Ici, avec le personnel de la seigneurie, échevins, chanoines, bourgeois, on a 228 noms. Malclerc recevait 1500 livres de gages par an comme gouverneur. Il mourra en 1691 et sera enterré dans l'église abbatiale de Saint-Mihiel (Dom Joseph de l'Isle, *op. cit.*, p. 327). Il avait passé ses charges à son fils en 1663 (Dumont, *op. cit.*, t. II, p. 142). Pour le chagrin causé à Retz par la mort de Vacherot en avril 1664, voir sa lettre à Godefroy du 21 mai (Retz, *OEuvres*, t. VIII, p. 619 et p. 163). Une lettre de lui du 6 avril 1673 (*Ibid.*, p. 554) énumère toutes les bontés qu'il a eues pour Vacherot durant sa vie et la noire ingratitude du fils de celui-ci avec qui il entrera en procès. Retz avait comme secrétaires dans sa nouvelle résidence

faste ne le quittait pas. A Paris, pour suivre ses affaires d'argent, gérer ses bénéfices, y compris ceux de l'abbaye de Saint-Denis, lorsqu'il put en prendre possession, il avait un intendant de confiance dont l'abondante correspondance a été conservée, M. de La Fons, contrôleur général des restes à la Chambre des comptes[1].

Il régla sa vie. Quoique souffrant des yeux où il devait avoir quelque inflammation chronique, ce qui l'obligeait à porter des besicles vertes[2], en général il se portait bien. Nous savons qu'il aimait se promener, aller à une certaine fontaine dite Fontaine royale, où il se rendait par une tranchée qui conservait au XIXᵉ siècle le nom de « cardinale[3] ». Il lisait. Il se faisait envoyer de Paris la *Gazette* par M. de La Fons[4]. Il se déplaçait — on ne le lui avait pas interdit — au moins dans la région. Il allait passer dix à douze jours à Châteauvillain, chez M. de Vitry[5], se rendait à Châlons chez son ami Vialart, l'évêque ; à Nancy pour voir le maréchal de Créqui ; à Metz où il séjournait un mois en 1671[6]. En 1665 il exprima au duc de Lorraine le désir de visiter le chapitre des cha-

---

Gaultray et Verjus (Guy Joly, *Mém.*, t. II, p. 227). Les comptes de la recette de Commercy pour 1665 cités plus haut donnent des détails sur les travaux que fait faire Retz à Commercy, les prix payés, les noms des ouvriers, l'architecte qui les conduit, Claude Dieudevant, etc. Il existe un autre compte de Commercy pour 1670 dans Bibl. de l'Institut, ms. 1320, fol. 224 et suiv.

1. La correspondance de Retz avec M. de la Fons est aux Arch. nat., L 842. Elle a été imprimée au tome VIII, p. 177 et suivantes des *OEuvres* de Retz. Elle commence vers 1665. Retz a défini les fonctions de M. de la Fons dans une lettre de lui à Dom Laumer, cellérier de l'abbaye de Saint-Denis du 5 septembre 1669 (*Ibid.*, t. VIII, p. 303). L'extrême confiance qu'a Retz en lui est particulièrement marquée dans des lettres du 24 oct. 1665, 22 juillet et 12 septembre 1669 et 30 avril 1671 (*Ibid.*, p. 185, 291, 310, 408). Retz est toujours sérieux avec M. de la Fons et ne plaisante pas avec lui un peu excessivement comme avec d'autres. M. de la Fons habitait à Paris rue Geoffroy l'Asnier (*Ibid.*, p. 240).

2. Voir ses lettres à M. de la Fons du 25 novembre 1669, janvier 1672, 27 avril 1673 (*Ibid.*, t. VIII, p. 330, 479, 560 et aussi 236, 238, 245). Il portait « des bésicles vertes », et il avait « un pupitre d'argent dont il se servait pour lire ayant la vue fort basse et étant obligé de se servir constamment de lunettes » (C.-E. Dumont, *op. cit.*, t. II, p. 178).

3. *Ibid.*, t. II, p. 163. Il ne chassait pas.

4. Lettre du secrétaire Gaultray d'avril et mai 1667, à M. de la Fons. Bibl. de l'Institut, ms. 1330, fol. 13. Ces lettres insistent sur l'ennui que l'on éprouve à vivre à Commercy et l'utilité de la *Gazette* pour se distraire.

5. Lettre de Retz à M. de La Fons du 14 octobre 1669 dans Retz, *OEuvres*, t. VIII, p. 315.

6. Lettres des 9, 12 et 19 février, 8 juin, 26 octobre 1671. *Ibid.*, p. 385, 387, 398, 421, 459.

noinesses de Remiremont, ce qui lui fut accordé. Il fut somptueusement reçu, comme l'eût été le duc lui-même, visita, devisa sur les blasons des armes de cette demeure remplie de la meilleure noblesse de France et de Lorraine, célébra la grand'messe le jour de l'Ascension et « laissa, dit le procès-verbal des archives du chapitre, les nobles dames émerveillées de ses belles manières[1] ». Après quoi, comme il l'écrivait à M. de La Fons, il retournait « se renfermer dans sa coquille[2] ».

Dans cette « coquille » on venait le voir. C'est la période de sa vie où il paraît avoir montré les qualités de société les plus charmantes : c'est celle qui coïncide avec tant de lettres de Mme de Sévigné qui nous le dépeignent comme « l'homme le plus aimable et du commerce le plus aisé, un délicieux et parfait ami ». Mme de de Sévigné l'avait connu de bonne heure. Tant qu'elle avait été jeune et lui entreprenant, elle s'était tenue sur la réserve. Ils étaient parents. Retz nommait Mme de Sévigné « sa chère nièce » et elle l'était en effet au sixième degré, à la mode de Bretagne, par une aïeule paternelle, fille de Françoise de Gondi, tante de Retz[3].

A partir de l'installation à Commercy, Retz et Mme de Sévigné s'écrivirent de façon suivie. Ce fut la distraction du solitaire. Les mots qui reviennent le plus fréquemment sous leur plume, à tous deux, sont ceux de « vieille amitié », de « tendresse », de « bonté ».

---

1. Extrait des archives du chapitre de Remiremont, Bibl. de l'Institut, ms. 1331, fol. 113. Retz resta sept jours. Sur ce chapitre voir la *Notice de la Lorraine* par Dom Calmet, Lunéville, 1840, in-8°, t. II, p. 257. L'abbesse, au moment où Retz y allait, était une princesse de Salm (Cf. lettre de Retz à M. de la Fons du 20 août 1669, dans *OEuvres*, t. VIII, p. 301).

2. *Ibid.*

3. Sur la parenté un peu compliquée de Retz et de Mme de Sévigné, voir *OEuvres* de celle-ci, éd. des Grands Ecrivains, t. I, p. 33 et la note de Chantelauze au tome V, p. 604, du *Port Royal* de Sainte-Beuve. Retz avait assisté en 1644 aux fiançailles de Mlle de Chantal avec M. de Sévigné (*Journal* d'O. Lefèvre d'Ormesson, éd. Chéruel, t. I, p. 202). Il avait même joué un rôle dans les conversations préliminaires du mariage (J. Lemoine, *Mme de Sévigné, sa famille, ses amis*, t. I, p. 204, Mme de Sévigné avait alors 18 ans et Gondi 31) et signé au contrat (*Correspondance historique et archéologique*, 1896, p. 36). Les relations n'ont dû commencer que vers 1650 s'il faut en croire Mme de Sévigné écrivant le 25 août 1679 à Bussy Rabutin : « j'étois son amie depuis trente ans » (Mme de Sévigné, *OEuvres*, t. V, p. 562). Mais nous avons très peu de lettres de Retz à elle. On ne paraît même n'en connaître d'authentique qu'une, du 20 décembre 1668 (*Ibid.*, t. I, p. 536), un peu cérémonieuse. Il aimait beaucoup Mme de Grignan et même, affirme Primi Visconti (*Mém.*, p. 215) « ne pouvait vivre sans elle ». Cf. Mme de Sévigné, *OEuvres*, t. V, p. 145, 149, 536.

« Je suis attachée à sa personne, écrit la marquise, à son mérite, à
sa conversation dont je jouis tant que je puis et à toutes les amitiés
qu'il me témoigne. » Il n'est rien de plus touchant que cette amitié
affectueuse et tendre [1].

Un autre ami est Félix Vialart de Herse, évêque de Châlons, ami
de jeunesse de Retz, un peu son parent aussi. Retz va le voir à sa
maison de campagne de Sarry, passe chez lui huit à dix jours, y
retrouve deux autres amis dont Mme de Sévigné parle fréquemment :
M. de Hacqueville et l'abbé de Pontcarré [2]. Un dernier fidèle, très
sûr, est Louis Le Fèvre de Caumartin, conseiller au Parlement de
Paris, maître des requêtes en 1653, qui restera attaché à Retz
jusqu'à sa mort [3].

Des personnages variés passeront aussi par Commercy, s'arrêteront,
seront largement reçus, le cardinal de Bouillon, le duc d'Enghien,
le duc d'Orléans, frère de Louis XIV, surtout des évêques [4].

Pour se distraire encore, Retz va souvent dans un monastère
voisin, celui du Breuil, au faubourg de Commercy, où se trouve
un moine fort instruit et intelligent, Dom Robert des Gabets, de la

1. « Je reçois souvent des billets de cette chère Éminence ; je lui en écris
aussi. Je tiens ce léger commerce très mystérieux et très secret : il m'en est
plus cher » (*Ibid.*, t. IV, p. 175, 13 octobre 1675). Voir une lettre à Mme de
Grignan du 5 juin 1675 (*Ibid.*, t. III, p. 464-5) : « La tendresse qu'il a pour
vous et la vieille amitié qu'il a pour moi m'attachent très tendrement à lui...
Nous causons sans cesse de vous ; c'est un sujet qui nous mène bien loin et qui
nous tient uniquement au cœur. » C'est là peut-être une des grandes raisons
de leur amitié. Dans une autre lettre à sa fille Mme de Sévigné parle avec
émotion, à propos du cardinal, de « sa tendresse et sa bonté pour moi »
(lettre du 19 juin 1675, *Ibid.*, p. 483). « J'ai embrassé notre cher cardinal
avec beaucoup de larmes et sans pouvoir dire un mot aux autres. » Ils se
quittaient. Il y a beaucoup d'autres lettres du même ton (*Ibid.*, t. II, p. 298,
505, 513, 543 ; t. III. p. 29, 475, 501, etc.).

2. Sur Vialart, voir : abbé I. Bourlon, *M. Vialart et le cardinal de Retz*,
Châlons-sur-Marne, 1904, in-8° ; *Vie de Messire Félix Vialart de Herse, évêque et comte de Châlons en Champagne, pair de France*, Utrecht, 1738 ; lettres
de Retz du 28 juillet 1670 (Retz, *Œuvres*, t. VIII, p. 346, 527).

3. Retz a été le parrain d'un de ses fils plus tard évêque de Blois. Il parle
très fréquemment dans ses *Mémoires* de Lefèvre de Caumartin qui a été, dit
justement Alph. Feillet, « son ami le plus intime » (*Mém.* de Retz, t. II,
p. 162, note), en tous cas le plus dévoué.

4. Ces détails nous sont révélés par les correspondances envoyées de Commercy : ainsi des lettres de Malclerc à M. de la Fons (30 juillet 1673, Bibl.
de l'Institut, ms. 1331, fol. 234), de Retz au même (20 septembre 1673,
dans Retz, *Œuvres*, t. VIII, p. 591 ; 16 juillet 1671, p. 429 ; 24 juillet
1673, p. 583 ; 6 novembre 1673, p. 593). Voir aussi C.-E. Dumont, *Hist. de
la ville de Commercy*, t. II, p. 163.

congrégation bénédictine de Saint-Vanne, qui a écrit dans les idées cartésiennes un traité de l'Eucharistie lequel lui a valu la disgrâce d'être envoyé, de procureur général de la congrégation, à Breuil comme prieur[1]. Retz aime beaucoup causer avec Dom Robert. Ils ont des discussions ensemble dont nous avons le détail et qui éclairent de façon curieuse les tendances doctrinales du cardinal exilé[2]. Parlent-ils de l'affaire de Galilée? Dom Robert soutient la thèse de celui-ci. « Question chimérique, répond Retz, hypothèses arbitraires ! » Il ajoute qu'on a eu tort de faire tant de bruit à propos de cette histoire et qu'avec un peu d'adresse et de précaution, Galilée aurait échappé à sa condamnation[3]. Parlent-ils du cartésianisme? Dom Robert soutient que les pensées de l'âme dépendent du corps et pour convaincre Retz rédige des dissertations afin de préciser sa thèse : nous avons 26 de ces dissertations. Retz combat les conclusions de Dom Robert, lui reproche de rejoindre Spinoza et son panthéisme : non qu'il soit hostile à Descartes dont il trouve les théories élevées, et qu'il appelle « un homme admirable », mais visiblement il ne veut pas s'aventurer ; il entend rester sur les rives, se garer des censures. Des moines discutant avec Dom Robert, il écoute, donne son avis, dit du savant prieur : « il a tort, il fait des discours en l'air », oppose aux idées de celui-ci l'enseignement traditionnel de l'Eglise et lorsqu'il juge qu'on va trop loin, fait taire tout le monde[4].

1. Voir une notice sur Dom Robert des Gabets dans Dom Calmet. *Bibliothèque lorraine*, Nancy, 1751, in-fol., col. 396 à 403.

2. Voir sur ces discussions: V. Cousin, *le Cardinal de Retz cartésien*, dans les *Fragments de philosophie cartésienne* du même. Paris, 1845, in-18, p. 114-218. Retz aimait d'ailleurs les discussions de ce genre. Il y eut un jour un débat sur le roman entre Chapelain, Ménage et Sarrazin (le P. Desmolets, *Continuation des Mémoires de littérature et d'histoire*, Paris, Nyon, 1749, in-12, p. 281-342). Retz désira y prendre part. Nous avons une lettre de Chapelain à Retz à ce sujet où on lit : « Vous vous plaignez, Monseigneur, de n'avoir pas été de la conversation que nous eûmes ces jours passés, M. Ménage, M. Sarrazin et moi sur la lecture de nos vieux romans et vous témoignez du regret qu'on y ait dit, sans vous, des choses qu'il n'étoit pas vraisemblable que dût produire un si misérable sujet... », etc.

3. Cf. Retz, *OEuvres*, t. IX, p. 349 et suiv. Retz conclut : « Ces hypothèses des astronomes ne sont bonnes que sur le papier parce que leur papier leur tient lieu d'un espace qui tombe sous leurs sens. S'ils avoient parlé de cet article comme je le fais, ils ne se seroient point attirés la censure dont Rome a noté Galilée » (p. 354). Sur la censure de Galilée qui a été rapportée en 1822, voir Vacandard, article *Galilée*, dans le *Dict. de théologie catholique*, Paris, Letouzey, 1913, t. VI, col. 1058-94.

4. Ces entretiens seraient de 1677 (Dom Calmet, *Bibliothèque lorraine*,

Mais voyages, visites ou conversations à Breuil ne pouvaient remplir toutes les longues heures de la solitude de Commercy. C'est alors qu'afin de les occuper Retz conçut l'idée d'entreprendre quelque grand travail historique.

Il commença par la généalogie de sa famille dont il chargea, sous sa direction, un cousin éloigné, sans fortune, Corbinelli, auquel il paya une pension et qu'il attacha à sa personne. Ce travail qui dut commencer vers 1669 exigea des recherches considérables. Il ne fut publié que plus tard, en 1705, par la duchesse de Lesdiguières, nièce du cardinal, en deux volumes in-quarto, enrichis d'estampes donnant les portraits de la famille. On ne peut s'en servir pour les périodes antérieures au xvie siècle qu'avec précaution [1].

Surtout il s'occupa de la rédaction de ses *Mémoires,* la grande œuvre de sa vie, celle qui a plus et mieux fait pour sa gloire que tous ses exploits réunis !

Il les a écrits — dit Mme de Sévigné dans des lettres à Mme de

col. 429-430). Ils auraient été recueillis par Dom Hennezon. Dom Calmet les retrouva dans les œuvres de Dom des Gabets, qui conservées à l'abbaye de Senones, vinrent, au moment de la révolution, à la bibliothèque d'Épinal. Parmi elles se trouvent les 26 dissertations dont nous parlons. Voir A. Hennequin, *les OEuvres philosophiques du cardinal de Retz, notice sur un manuscrit inédit de la bibliothèque d'Epinal,* Paris, 1842, in-4°, cf. V. Cousin (l'ouvrage cité plus haut) et la notice dans Retz, *OEuvres,* t. IX, p. 209 et suiv. Dom Joseph de l'Isle (*Histoire de la célèbre et ancienne abbaye de Saint-Mihiel,* 1757, in-4°, p. 329) parle de ces discussions auxquelles assistaient des moines comme Dom Humbert Belhomme. Mme de Grignan, qui les suivait de loin avec Mme de Sévigné, appelait Dom Robert « un éplucheur d'écrevisses » (lettre de Mme de Sévigné à Mme de Grignan du 10 août 1677, dans *OEuvres* de Mme de Sévigné, t. V, p. 267, allusion au mot de Charron qui dit que dans une écrevisse il y a plus à éplucher qu'à manger : la *Sagesse,* liv. III, chap. 43, éd. d'Elzevier de 1662, in-12, p. 620). Retz qualifiait Dom Robert de « distillateur ». On trouvera toutes ces discussions un peu subtiles dans le travail d'Hennequin que nous venons de citer.

1. Retz fait allusion à ce travail dans une lettre à M. de la Fons du 8 juillet 1669 (*OEuvres* de lui, t. VIII, p. 281). Voir la note de E. Bourgeois et L. André sur les doutes relatifs à l'attribution de cette œuvre à Corbinelli (*Les Sources de l'histoire de France, XVIIe siècle,* t. III, p. 65). Le P. Lelong (n° 42545) attribuait le travail à un certain Antoine Pezay qui paraît n'être qu'un pseudonyme (Voir : Bibl. de l'Arsenal, ms. 4953, fol. 220). L'ouvrage (Jean Corbinelli, *Histoire générale de la maison de Gondi,* Paris, 1705, 2 vol, in-4°) contient un grand nombre de portraits de la famille, gravés d'après les peintures qui, d'abord au château de Villepreux, furent ensuite transportées dans celui de Commercy. Sur la parenté de Retz avec Corbinelli, voir : *OEuvres* de Mme de Sévigné, t. V, p. 506.

Grignan des 5 et 24 juillet 1675 — à la demande de ses amis[1]. Lui même répète souvent que c'est une dame, qu'il ne nomme pas, qui l'a prié et lui a commandé de les rédiger[2]. On a prétendu que cette dame était Mme de Caumartin[3]. Mais M. de Caumartin, veuf en 1654, de Marie de Sainte-Marthe, s'est remarié en 1664 avec Mlle de Verthamon, jeune femme dont les relations avec Retz ont été plutôt vagues. De l'avis commun, les *Mémoires* étaient commencés entre 1654 et 1664, date où il n'existait pas de Mme de Caumartin[4]. Au surplus Retz dit quelque part, s'adressant à l'inspiratrice de son œuvre : « Caumartin vous en contait, un soir, chez vous, le détail[5] », expression qui implique une différence entre la personne en question et la maîtresse du logis de M. de Caumartin. Enfin le petit-fils de Mme de Caumartin, le marquis d'Argenson, qui a connu pendant vingt-huit ans sa grand'mère, dit avoir beaucoup causé avec elle de Retz, tenir d'elle des confidences nombreuses, affirme qu'il ignore complètement quelle est la dame dont Retz a voulu parler. Celle-ci ne peut donc être Mme de Caumartin[6].

Selon toutes les vraisemblances, la personne qui a demandé à Retz d'écrire ses *Mémoires* doit être Mme de Sévigné. Elle déclare elle-même qu'elle a fait faire des instances auprès de lui pour qu'il les rédigeât[7]. Retz dit en parlant du président de Blancmesnil,

1. Mme de Sévigné, *OEuvres*, t. III, p. 507. « Conseillez lui fort [à Retz] de s'occuper et s'amuser à faire écrire son histoire ; tous ses amis l'en pressent beaucoup. » Et, t. III, p. 526. « Quand je vous ai proposé, dit la marquise à sa fille, de lui conseiller de s'amuser à écrire son histoire, c'est qu'on m'avoit dit de le faire aussi et que tous ses amis ont voulu être soutenus afin qu'il parût que tous ceux qui l'aimoient étoient dans le même sentiment. »

2. *Mém.* de Retz, dans *OEuvres*, t. IV, p. 198. Je veux, dit-il, « ne manquer à rien de ce que je dois à l'éclaircissement d'une matière sur laquelle vous m'avez commandé de travailler ». C'est bien d'une femme qu'il s'agit car on trouve des mots comme celui-ci : « Vous êtes surprise... » (*Ibid.*, t. III, p. 106).

3. Voir l'article de R. Chantelauze, *Les Dernières années du cardinal de Retz*, dans *Rev. des quest. hist.*, t. XXI, p. 127. C'est Aimé Champollion qui a parlé de Mme de Caumartin. M. A. Gazier l'a suivi.

4. Retz, *Mém.*, dans *OEuvres*, t. IV, p. 427, note.

5. *Ibid.*, t. III, p. 170.

6. De Voyer d'Argenson, *Essai dans le goût de ceux de Montaigne*, Paris, 1785, in-12, p. 84. Les religieux de Commercy, dit-il, « ignoraient quelle était la dame à qui ils (les *Mémoires* de Retz) étaient adressés : je ne le sais pas non plus ».

7. Voir les lettres de Mme de Sévigné à Mme de Grignan des 5 et 24 juillet 1675 que nous venons de citer. Mme de Sévigné va remplir les diverses conditions que suppose une demande de ce genre. Ainsi la phrase

s'adressant à celle pour qui il écrit : « Vous le connaissez ; il était
au Parlement comme nous l'avons vu à L... i ». Le mot est à moitié effacé. On s'accorde à lire « Livri », Notre-Dame de Livry, près
Paris, résidence de l'abbé de Coulanges, oncle de la marquise, qui
y faisait de si longs séjours[1]. Dans les entours du cardinal, on ne
voit que Mme de Sévigné qui ait pu lui « commander » d'entreprendre cette œuvre et à qui il ait pu obéir si bénévolement. Il est
vrai que Mme de Sévigné ne parle de la demande qu'elle aurait
faite à Retz d'écrire ses *Mémoires* que lorsque ceux-ci étaient certainement composés, en 1675. D'autre part, elle semble ne pas avoir
connu leur existence, ni ne s'être jamais douté de ce qu'ils conte-
naient, ce qui ne serait pas absolument une objection. Faut-il
penser avec M. Bazin que la dame dont parle Retz n'a pas existé et
que nous sommes en présence d'un artifice littéraire? Mais des précisions dans le genre de celle de « Livri » et d'autres font hésiter.
Peut-être Mme de Sévigné a-t-elle, en effet, à l'origine, sans que
nous en ayons de trace, pressé Retz d'écrire ses *Mémoires* avant
qu'il n'entreprît son œuvre, puis ignorant qu'il les avait écrits,
est-elle revenue à la charge lorsqu'ils étaient terminés, sans que le
cardinal lui fît connaître qu'il avait réalisé son désir? Ce serait de
ces dernières instances seules que nous connaîtrions l'existence. Par
là s'accorderaient les faits.

Si c'est Mme de Sévigné qui a déterminé Retz à écrire, vive et
spirituelle comme elle était, connaissant les bonnes fortunes du cardinal, elle a dû sans doute prier celui-ci, avec une pointe de malice,
de tout dire en rédigeant ses *Mémoires*. Retz le mentionne dans un
passage qu'il a ensuite biffé : « Permettez à mon scrupule de vous
supplier encore très humblement de vous ressouvenir en ce lieu du
commandement que vous me fîtes l'avant-veille de votre départ de
Paris, chez une de vos amies, de ne vous celer, dans ce récit, quoique que ce soit de tout ce qui m'est jamais arrivé[2] ». Il a mis quel-

des *Mém.* de Retz que nous venons de donner : « Caumartin vous en contoit
un soir chez vous le détail qui vous divertit un quart d'heure » (Retz, *Mém.*,
t. III, p. 170) suppose que M. de Caumartin fut en rapport avec la dame
en question. Or les Caumartin étaient des intimes de Mme de Sévigné.

1. *Ibid.*, t. II, p. 58, note de Chantelauze qui pour la lecture du mot
« Livry », a consulté M. Léopold Delisle. Au lieu de mettre : « Comme nous
l'avons vu à L... », Retz avait d'abord écrit « comme vous l'avez vu chez
vous » et il a effacé. On comprend la nuance de la correction. Voir *Ibid.*,
t. V, p. 106, une discussion de R. Chantelauze à propos d'un autre passage
des *Mémoires* dont A. Gazier a voulu tirer parti contre la thèse relative à
Mme de Sévigné. L'objection n'avait pas grande consistance.

2. *Ibid.*, t. I, p. 196. Ce passage vient après un récit qu'il fait de ses

que part que ce qu'il écrit est « une histoire particulièrement qui n'est faite que pour une personne à laquelle on doit par tant de titres une vérité pleinement incontestable [1] ». Veut-il dire que ses *Mémoires* n'étaient destinés qu'à Mme de Sévigné? On le croirait quand on lit cet autre passage, à propos d'une histoire délicate : « Comme tout ce qui est ici écrit peut être vu par des accidents imprévus, permettez-moi, je vous supplie, de ne point entrer dans le détail [2] ». Mais ailleurs il parle des enfants de la dame que ses *Mémoires* instruiront [3]. Ces incertitudes jointes au fait que Mme de Sévigné, pour qui seule, semblait-il, cette biographie était rédigée, n'en a pas connu l'existence, malgré son intimité avec Retz, viendraient-elles à l'appui de la thèse de M. Bazin ?

Il y a lieu de croire que Retz avait depuis longtemps songé à écrire l'histoire de sa vie. Mathieu Feydeau dit dans son *Journal* que « le cardinal avait fait un livre latin de toute sa vie qu'il savait par cœur », première ébauche, sans doute, du travail en pré-

---

familiarités avec Mlle de Vendôme. Il a dû être écrit par Retz après un de ses cinq voyages à Paris durant sa résidence à Commercy, à savoir en 1664, 1665, 1668, 1672 et 1674. N'oublions pas ce détail qui nous éclaire sur la date où il a dû écrire ses *Mémoires*. Pour la gaieté d'esprit de Mme de Sévigné acceptant qu'on lui en contât, pourvu qu'on se servît de termes choisis, se rappeler le mot de Bussy qu'en badinant « on lui faisait voir bien du pays » et « qu'elle recevait avec joie tout ce qu'on lui voulait dire de libres pourvu qu'il fût enveloppé »; et la phrase de Tallemant des Réaux qu'elle aimait « dire tout ce qu'elle croyait joli, quoique ce fussent souvent des choses un peu gaillardes » (Cf. un article de Victor Giraud dans ce sens *Revue des deux mondes*, 1er mars 1926, p. 214).

1. Retz, *Mém.*, t. IV, p. 298. Ailleurs il dit : « Je me suis fait une espèce de serment à moi-même de n'y mettre quoique ce soit dont la vérité ne me soit pleinement connue » (t. III, p. 61), ou bien : « Je vous rends un compte fidèle de ce que je sais certainement et je crois qu'il est plus du respect et de la vérité que je vous dois de vous donner une histoire défectueuse que problématique » (t. III, p. 462) ; et encore : « je me suis fixé, dès le commencement de cet ouvrage, à ne m'arrêter proprement que sur ce que j'ai connu par moi-même... » (t. IV, p. 11) ; « je fais profession de ne vous rendre compte précisément que de ce que j'ai vu moi-même... » (*Ibid.*, p. 150) puis, tranquillement, il donne en détail le récit de batailles auxquelles il n'a certainement pas assisté. Il est inutile d'insister sur les contradictions de Retz.

2. *Ibid.*, t. IV, p. 464. Il ajoute : « il faudrait nommer des gens qui vivent encore ». Comme s'il s'en fait faute dans tout le cours de ses *Mémoires !*

3. *Ibid.*, t. III, p. 106. Puis autre part il dit d'un incident qu'il raconte (*Ibid.*, p. 169) : « je suis persuadé que vous aurez la bonté de n'en jamais parler à personne ». Comment accorder ces indications contraires ?

paration[1]. Nombre de fois, dans ses *Mémoires*, Retz parle de documents qu'il a écrits relatifs aux événements dont il a été témoin. Il dira : « Voilà les propres termes dans lesquels je parlais à la reine, que j'ai transcrits sur ce que j'en écrivis moi-même le lendemain[2] ». Il faut qu'il ait rédigé des notes circonstanciées au moment des incidents dont il parle, car sans cela on ne s'expliquerait pas la prodigieuse mémoire que supposerait le récit de certaines affaires interminables et fastidieuses qu'on a peine à suivre dans son texte et dont aucun autre témoignage contemporain ne confirme les minuties[3]. Il s'est servi également de livres imprimés tels que le *Journal du Parlement* ou la *Suite de l'histoire du temps*. Il a effectué des vérifications dans les registres du Parlement de Paris et dans ceux de l'Hôtel de ville, il le dit[4].

A quelle époque a-t-il donc rédigé? Ce problème est très discuté. MM. Bazin et Feillet estiment que ce doit être en Hollande pendant sa vie errante, à partir de 1658 et que l'œuvre devait être terminée avant la réconciliation de 1662, si on en juge par le ton[5]. Pour M. A. Gazier qui ne sait à quelle date les *Mémoires* ont été commencés, ils devaient être achevés en 1675. Retz les aurait retouchés à Commercy et en aurait fait quatre copies[6]. Les derniers critiques, MM. Bourgeois et André, s'en tiennent à l'opinion de MM. Bazin et Feillet[7].

Nous pensons que les *Mémoires* de Retz n'ont pu être rédigés qu'après 1662, c'est-à-dire à Commercy. Il n'est pas croyable, en effet, que le cardinal qui a écrit d'après les notes dont nous venons

1. Journal manuscrit de Mathieu Feydeau, année 1679, cité par A. Gazier, *les Dernières années du cardinal de Retz*, p. 125.

2. Retz, *Mém.*, t. III, p. 379. Et ailleurs (t. IV, p. 112) : « J'écrivis sur la table du cabinet des livres [au Luxembourg] ce que vous allez voir et dont j'ai encore l'original. » Retz parle d'un discours qu'il a fait au prince de Condé en décembre 1648 et qu'il a dicté en rentrant chez lui à Laigues, discours qu'il a inséré dans ses *Mémoires* (t. II, p. 112).

3. Nous croyons que le titre qu'il avait adopté pour son œuvre était non celui de *Mémoires*, mais celui de « Vie du cardinal de Rais ». Dans le manuscrit original que nous avons conservé, et qui est autographe, on lit en effet, à un endroit, écrit de sa main : « Fin de la première partie de la vie du cardinal de Rais. » Bibl. nat., ms. fr. 10325, p. 367, 368.

4. Retz, *Mém.*, t. IV, p. 197. Cf. de Sénecé, *Remarques historiques suivies de quelques observations critiques sur un livre intitulé : Mémoires de M. le cardinal de Retz*. Bibl. nat., Rés. Fontanieu, t. 23, p. 229.

5. Retz, *OEuvres*, t. I, p. 44.

6. A. Gazier, *les Dernières années du cardinal de Retz*, p. 126.

7. E. Bourgeois et L. André, *les Sources de l'histoire de France, XVIIe siècle*, t. II, p. 105.

de parler, ait eu l'idée d'emporter dans sa vie errante toutes ces
feuilles manuscrites, ou qu'il ait pu se procurer, au fond de la Hollande, en Allemagne, les volumes dont il s'est servi, consulté ou
fait consulter à Paris les procès-verbaux de l'Hôtel de ville ou des
archives du Parlement. Comment, dans une existence aussi capricieuse et mouvementée que celle qu'il menait, allant d'auberge
en auberge, aurait-il eu le loisir de composer, à tête reposée, une
œuvre d'aussi longue haleine, lorsqu'on nous dit que, durant ces
années de vagabondage, il ne lisait pas, n'écrivait pas, perdait son
temps à des spectacles de foire et à des fadaises[1]? Il n'a pu écrire
qu'à Commercy, dans ses heures de solitude. Un moine de l'abbaye
de Saint-Mihiel, au XVIIIe siècle, Dom de L'Isle, écho des souvenirs
de ses anciens confrères, l'affirme. Il dit dans son *Histoire* de ce
monastère, publiée en 1757, que Retz a écrit ses *Mémoires* pendant
sa retraite à Commercy, c'est-à-dire après 1662[2]. Des détails du
texte viennent à l'appui de cette assertion. Retz parlant de l'abbé de
La Mothe Houdancourt, dit « qu'il est présentement archevêque
d'Auch », or La Mothe Houdancourt a été nommé archevêque
d'Auch en 1662[3]. Il fait allusion à un compliment que lui envoie
le duc de Lorraine, de Nancy, et le duc de Lorraine, arrêté en 1654,
n'est revenu dans ses Etats qu'en 1663[4]. Ailleurs Retz raconte,
à propos d'un document qui est entre les mains de Laigues, que
celui-ci le lui a montré lors de son dernier voyage à Paris et
Retz est allé à Paris seulement en 1664, 1665, 1668, 1672 et 1674
et non quand il était en Hollande[5]. Le manuscrit des *Mémoires*,
conservé à la Bibliothèque nationale, écrit de sa main, porte son
nom partout orthographié « *Rais* », et M. Chantelauze a relevé que
le cardinal n'a adopté cette orthographe qu'à partir de mars 1671,
à l'imitation de son frère aîné, « le duc de Rais », tandis que jusque-là, il avait toujours écrit « Retz[6] ». D'autre part il est dit dans
ces *Mémoires*, à propos du président de Mesmes, « oncle de celui
que vous voyez aujourd'hui », et celui « qu'on voit aujourd'hui, » Jean
Jacques de Mesmes n'a été nommé président qu'en 1672[7]. Par
contre le texte a été rédigé avant 1677, puisqu'il y est parlé de

1. Voir le passage cité plus haut des *Mém.* de Guy Joly, t. II, p. 199 et suiv.

2. Le P. Dom Joseph de l'Isle, *Hist. de la célèbre et ancienne abbaye de
S.-Mihiel,* in-4°, p. 327.

3. Retz, *Mém.*, t. I, p. 118.

4. *Ibid.*, t. IV, p. 255.

5. *Ibid.*, t. II, p. 112. C'est le discours à Condé de 1648. Rapprocher ce
que nous venons de dire plus haut des voyages de Retz à Paris, p. 217, note 2.

6. Note de Chantelauze. *Ibid.*, t. VII, p. 434.

7. *Ibid.*, t, II, p. 246.

« M. de Lamoignon qui est présentement Premier président du
Parlement de Paris » et M. de Lamoignon est mort en 1677[1]. Il y
a bien d'autres détails analogues[2]. Sans doute pourrait-on parler
de corrections ultérieures, faites sur une copie écrite de la main de
Retz entre 1671 et 1677[3]. Elles ne sauraient infirmer l'impression
générale que, dans leur ensemble, les *Mémoires* n'ont pu être rédigés que pendant la retraite de Retz à Commercy, entre 1662 et
1667 et peut-être entre 1671 et 1677.

Mais alors comment expliquer la passion âpre avec laquelle le
cardinal parle de tant de personnages auxquels, après la retraite à
Commercy, il prodiguait dans ses lettres, les expressions de sa déférence et de son dévouement? L'argument, avec un être aussi
inconsistant et peu scrupuleux que Retz, ne saurait être bien décisif. Comment aussi expliquer que ce prélat, dans une période de sa
vie où nous allons le voir manifester des sentiments de pénitence,
de religion, de piété ait osé écrire l'histoire de ses bonnes fortunes
avec des détails à ce point excessifs et qu'il ait nommé ouvertement
tant de dames encore vivantes qu'il compromettait[4]? Dira-t-on qu'il
avait écrit avant sa conversion[5]? Mais il a recopié son manuscrit
dans le temps où celle-ci paraissait entière et il a conservé ce
manuscrit ensuite et ne l'a pas détruit! Nous rappelons que Retz a
fait recopier certains passages par d'autres personnes et que l'on a
reconnu, dans ces copistes, d'après l'écriture, des moines de Saint-
Mihiel, Dom Jean Picard, Dom Robert des Gabets. On sait
comment ces moines se scandalisant de ce qu'on leur faisait écrire,
Retz leur répondait négligemment : « J'ai fait cela, ainsi point de
honte de le dire[6] ». Bon nombre de pages qui devaient contenir des

1. *Ibid.*, t. IV, p. 311.

2. Par exemple Retz dit : « Boutteville présentement maréchal de Luxembourg » et ce maréchalat est de 1675 ; « feue Mme de Choisy » ; Mme de
Choisy est morte en 1670 ; « l'abbé, présentement cardinal d'Estrées » ; le
cardinalat de d'Estrées est de 1671 ; « de Miossens présentement maréchal
d'Albret » et Miossens fait maréchal en 1673 est mort en 1676 ; « M. de
Lionne me dit à Saint-Germain un an ou deux avant qu'il mourut... » :
Lionne est mort le 1er septembre 1671, etc. (Cf. *Ibid.*, t. I, p. 43).

3. Le document original, avons-nous dit, écrit de la main de Retz, est à
la Bibliothèque nationale, ms. fr. 10325.

4. Sainte-Beuve l'a relevé. Il dit dans ses *Causeries du lundi* (t. V, p. 252) :
« Il est difficile d'admettre que celui qui les écrivait [les *Mémoires*] fut le
moins du monde touché d'une pensée religieuse ».

5. C'est la thèse de M. A. Gazier, *les Dernières années du cardinal de Retz*,
p. 182. D'après lui, Retz aurait précisément cessé d'écrire au moment où il
se serait converti.

6. C. E. Dumont, *Hist. de la ville de Commercy*, t. II, p. 167. Dumont

récits osés, confidences, dit Retz quelque part, qu'il n'avait jamais faites à personne, ont été arrachées. Qui les a arrachées? Rancé, le célèbre abbé de la Trappe, informé de la rédaction des *Mémoires* et de leur contenu conseillait à Retz de les détruire[1]. Est-ce Retz qui pris de scrupule aurait ainsi lacéré son œuvre? Mais nous savons par Dom Calmet que l'abbé de Saint-Mihiel, Dom Hennezon, entendant que les *Mémoires* fussent conservés, se serait fait remettre par le cardinal le manuscrit qu'il aurait ensuite gardé après la mort de l'auteur et que ce serait lui qui aurait fait les suppressions constatées[2]. Dans ce cas Retz n'aurait pas eu le mérite de ces repentirs et si le cardinal a éprouvé des remords, le fait qu'on lui ait soustrait son œuvre et qu'on l'ait empêché de la détruire ne serait-il pas une explication possible de son cas? De toutes façons le problème moral de concilier la rédaction de ces *Mémoires* avec les sentiments de religion et de piété de Retz dans la période où il les a écrits, paraît demeurer insoluble.

Après la mort de Retz Dom Hennezon donna une copie des *Mémoires* à Mme de Caumartin — qui aimait les livres et avait une bibliothèque appréciée — à condition qu'elle ne les publiât pas. Ils devaient être imprimés en 1717 sur une copie exécutée d'après le texte d'Hennezon[3]. Ils eurent un succès considérable. Ce succès fut dû en

tenait le propos de Dom Didelot lequel l'avait entendu raconter par Dom Barrois, neveu et successeur de Dom Humbert Belhomme. Selon celui-ci le mot aurait été dit par Retz à Dom Jean Picart. D'après A. Feillet, dans le manuscrit original des *Mémoires* de Retz (Bibl. nat., mss. fr. 10325-10328, 4 volumes de 220 sur 165 millimètres contenant respectivement 447, 455, 552, 682 pages), le tome II aurait 36 feuillets écrits de la main de Dom Jean Picart, 7 autres de Dom Humbert Belhomme; le tome III aurait 5 pages de Dom Robert des Gabets, le tome IV, copie du tome II, serait de Dom Jean Picart (*OEuvres*, t. I, p. 38). Tout le reste est de Retz. Les premières pages du tome I ont été détruites. Le document commence ainsi : « estoit à la ruelle du lit. Mais ce qui fut le plus merveilleux... », etc.

1. « L'abbé de Rancé... lui conseilla (à Retz) de supprimer ses *Mémoires*. Ce sont ceux qui ont paru au commencement de la régence de Philippe duc d'Orléans, sur quelque exemplaire qui aura échappé à la vigilance du cardinal » (Abbé B. Racine, *Abrégé de l'histoire ecclésiastique*, Cologne, 1748-1754, in-12, t. 10, p. 382).

2. Voir *Ibid.*, p. 183 et Dom Calmet, *Bibliothèque lorraine*, Nancy, 1751, in-fol., col. 430. Dom Calmet tenait ces faits d'un moine de Dom Hennezon qui copia le texte envoyé par celui-ci à Mme de Caumartin.

3. Voir *Ibid.* et une lettre de la princesse Palatine Élisabeth Charlotte du 14 octobre 1717 dans *Lettres*, d'elle, Hambourg, 1788, p. 25. La copie paraît-il qui aurait servi à l'impression ne serait pas même celle de Mme de Caumartin, mais une autre effectuée sur celle-ci. Sur les Caumartin et

partie, à l'époque de la régence où ils parurent, aux idées politiques hardies qu'ils exprimaient et qui servaient à l'opposition du temps [1],

Tous les critiques ont émis des doutes sur la confiance qu'ils doivent inspirer. Dès l'apparition du livre on discuta de son authenticité [2] : elle n'était pas douteuse et elle ne saurait l'être puisque nous avons le manuscrit de la main même de l'auteur. Les historiens ont été alors unanimes à mettre en garde contre les affirmations suspectes qu'ils contiennent [3]. On a parlé d'erreurs, de mensonges. On ne sait en effet que penser des mensonges, car Retz regardait si peu à confesser ses fautes les plus mortifiantes, qu'il n'aurait pas eu de scrupule à dire toute la vérité. Néanmoins il a des omissions graves et des inexactitudes inquiétantes [4]. Au xviii[e]

leurs collections de livres, notamment celle du filleul de Retz, François-Paul de Caumartin, évêque de Blois, voir : P.-M. Bondois, *Une réintégration au Trésor des Chartes en 1736*, dans *Bibliothèque de l'Ecole des Chartes*, 1925, t. 86, p. 411.

1. Pour neutraliser l'effet de ce succès, le régent aurait fait alors publier les *Mémoires* de Guy Joly (Amsterdam, 1718), si accablants pour Retz (Cf. Bibl. de l'Institut, ms. 1322, fol. 437-447 où l'on trouvera copies de lettres de M. de Balleroy à sa femme, qui était une Caumartin, relativement à cette publication. M. de Caumartin avait l'original des *Mém.* de Guy Joly). C'est à cette occasion que Voyer d'Argenson disait au régent, parlant des *Mémoires* de Retz : « Ses malheurs sont une leçon pour les brouillons et les étourdis » (Mis d'Argenson, *Essai dans le goût de ceux de Montaigne*, 1785, p. 84).

2. Sénecé, *Remarques historiques suivies de quelques observations critiques sur un livre intitulé : Mémoires de M. le cardinal de Retz*, Bibl. nat., Rés. Fontanieu, t. 23, p. 209.

3. Victor Cousin écrivait : « Qui ne connaît la légèreté de Retz ? Qui voudrait s'en rapporter à son témoignage quand il est seul ? » (V. Cousin, *Madame de Longueville*, 1859, in-8°, p. 267). Chéruel dit de son côté : « Quelle confiance mérite un témoin si prévenu, écrivant longtemps après les événements ? Avec un pareil écrivain un contrôle sévère est indispensable » (*Journal* de Lefèvre d'Ormesson, Introduction, t. I, p. lxxxvii). Il répète ailleurs : « Il faut se défier comme nous l'avons souvent remarqué, des souvenirs confus ou des récits intéressés de Retz » (Chéruel, *Hist. de France pendant la minorité de Louis XIV*, t. IV, p. 373). Chantelauze est aussi sévère : « Plus on fait connaissance avec Retz, dit-il, plus on devient défiant à son égard... Il se fait un jeu d'abuser ses lecteurs » (dans Retz, *OEuvres*, t. V, p. 147).

4. L'abbé de Choisy, qui l'a beaucoup fréquenté, disait de lui : « Il aimait sur ses vieux jours à conter les aventures de sa jeunesse qu'il ornoit un peu de merveilleux » (L'abbé de Choisy, *Mém.*, éd. Michaud, p. 565). « Il exageroit souvent dans ses récits » (*Ibid.*, p. 564). On connaît le mot de La Rochefoucauld : « Souvent son imagination lui fournit plus que sa mémoire » (Portrait de Retz, dans *OEuvres* de La Rochefoucauld, éd. des Grands Ecri-

siècle, on a été frappé principalement du ton cynique des *Mémoires*.
Comme le remarquait M. de Sénecé : « il n'y avait eu vraiment
personne de bon sens, qui eût aimé faire des confidences si complètes
de ses turpitudes ! » Le *Journal historique de Verdun* et le *Journal
de Trévoux* manifestèrent leur surprise[1].

Les lecteurs du xixe siècle ont été surtout frappés par les idées
politiques exposées. Ils ont vu dans Retz un précurseur. Benjamin
Constant le mettait sur le même pied que Machiavel et Sainte-Beuve
écrivait son nom à côté de ceux de Montesquieu et de Bossuet[2].
Tous ont été surtout captivés par son style plein d'imagination et
« quelquefois de magnificence ». Ils l'ont mis dans la liste des
grands écrivains français : il y est resté. C'est chose remarquable
que les deux hommes les plus agités de la Fronde, Retz, La Rochefoucauld, se trouvent ainsi avoir dû leur gloire à leur talent littéraire plus qu'à leur action politique[3].

Mais si l'histoire de sa vie passée pouvait remplir pour Retz quelques-unes des heures mortellement ennuyeuses du séjour de
Commercy, des accidents imprévus n'allaient pas tarder à venir
rompre bientôt la monotonie de sa retraite.

Ne parlons pas de la mort de son père qui, rappelé de l'exil de
Clermont en même temps que le cardinal, avait été autorisé à
rentrer en France et, retiré à Joigny s'y éteignait le 29 juin 1662,
à 81 ans. Le reclus de Commercy ne fut pas autorisé à aller assister
à ses obsèques. Son deuil fut léger : son père avait tenu si peu de
place dans sa vie[4] !

vains, t. I, p. 20). Chantelauze a dressé tout un réquisitoire contre les
mensonges ou « les déguisements de la vérité », chez Retz (dans Retz,
OEuvres, t. IX, p. 111).

1. « Que l'on me donne un exemple, dans les siècles anciens ou dans les
modernes, d'un homme de haut rang… qui ait voulu écrire sa vie avec de
pareilles taches et qui se soit fait un plaisir de se peindre en laid à tous les
siècles à venir… Cet Augustin moderne tire vanité de ses plus grands
crimes » (Sénecé, *op. et loc. cit.*). Cf. *Journal historique de Verdun*, 1717,
t. II, p. 315 ; *Journal de Trévoux*, novembre 1717, p. 1933-4.

2. Sainte-Beuve, *Causeries du lundi*, t. V, p. 32, 39.

3. Balzac faisait déjà un grand éloge de l'éloquence de Retz : Balzac,
OEuvres, in-fol., t. I, p. 509 et 511. Cf. Sainte-Beuve, *loc. cit.*, p. 60 ; Victor
Cousin, *Madame de Longueville pendant la Fronde*, p. 193. Les *Mémoires* de
Retz ont eu une vingtaine d'éditions avant 1880. C'est Saint-Simon qui
explique leur succès au moment de la régence par la pensée qu'on eut d'y
chercher alors des exemples de révolte contre le pouvoir (Saint-Simon, *Mém.*,
éd. Hachette, in-12, t. XIII, p. 47, t. XV, p. 348).

4. Sur les derniers jours de Philippe Emmanuel de Gondi, voir Cloy-

Il eut plus de surprise avec un autre événement qui lui était pourtant bien étranger, mais qui allait susciter un instant des espoirs d'ailleurs, hélas ! très vite évanouis.

En juillet 1662 avait eu lieu à Rome le grave incident diplomatique connu sous le nom de l'affaire de la garde corse. La garde pontificale corse avait attaqué les Français de l'ambassade, bloqué celle-ci, tiré sur l'ambassadeur, M. de Créqui, arrêté l'ambassadrice. Il y avait eu des tués et des blessés, Louis XIV qui n'était pas endurant, l'avait pris de très haut, avait parlé de chasser le nonce, de faire envahir les Etats de l'Eglise par un corps de 18 000 hommes et d'aller chercher à Rome même les auteurs de l'attentat pour les châtier. Le pape avait licencié les Corses, exprimé ses regrets d'un incident, disait-il, fortuit, mais n'avait pas voulu aller plus loin [1]. Le roi de France ne pouvait exécuter ses menaces excessives, il était fort embarrassé. Ses ministres lui conseillèrent de demander son avis à un prélat qui connaissait bien la cour romaine, Ondedei,

seault, « Recueil de vies de quelques prêtres de la congrégation de l'Oratoire ». Bibl. nat., ms. fr. 20942, p. 551 et suiv. Le P. de Gondi fut enterré à Saint-Magloire. Voir aussi Guy Joly, *Mém.*. t. II, p. 225. M. Alméras, supérieur des Lazaristes, écrivait à propos de cette mort à M. Jean Martin, supérieur de la maison de Turin, le 22 août 1662: « Vous savez que Dieu s'est servi de la maison de Gondi pour faire la première fondation temporelle de notre compagnie et que tant pour cela que pour la bienveillance singulière dont le R. P. de Gondi... a toujours honoré la nôtre, quoique indigne, nous sommes obligés de prendre part à ses intérêts et nous condouloir maintenant de la privation de ce bon et vénérable père duquel il a plu à Dieu de disposer depuis peu. M. Vincent avait un grand respect et une reconnaissance extraordinaire vers lui et nous les devons avoir aussi comme ses enfants et le témoigner en cette occasion » (Archives de la Mission de S.-Lazare à Rome. Nous devons la copie de ce document à M. Coste, l'éditeur de la correspondance de S. Vincent de Paul qui a bien voulu nous la communiquer).

1. Nous avons les récits très détaillés de ces incidents et de ceux qui les ont amenés dans les dépêches de Créqui au roi des 4 juillet et 21 août 1662, Arch. Aff. étr., Rome 145, fol. 216 et 146, fol. 93. Le même dossier contient les réponses du roi (fol. 182). Le rapport de l'ambassadeur Créqui est assez dramatique et son ton plutôt enflammé : « Je demande vengeance à Votre Majesté, dit-il, de l'assassinat qui fut commis hier tant en ma personne qu'en celle de ma femme ! » La réponse de Louis XIV du 20 août révèle la vive colère du roi ; il parle « d'attentat si énorme... de circonstances atroces !... » etc. L'exposé de toute cette affaire a été fait par l'abbé Régnier-Desmarais (secrétaire du duc de Créqui), *Histoire des démêlés de la cour de France avec la cour de Rome au sujet de l'affaire des Corses*, 1707, in-4º et R. Chantelauze, *Le Cardinal de Retz et ses missions diplomatiques à Rome*, p. 71 et suiv.

évêque de Fréjus, ancien secrétaire de Mazarin, et celui-ci répondit
en suggérant l'idée de s'adresser également à Retz. Louis XIV
accepta. Le Tellier chargea Guy Joly de transmettre la commission
à Retz qui s'empressa, aussitôt, avec une joie extrême, de fournir
la consultation demandée dans l'espoir que ce service modifierait
l'impression qu'avait le roi de sa personne[1].

Le document qu'il écrivit à cette occasion est daté d'octobre 1662[2].
Retz y déclarait indispensable de tirer vengeance de l'injure faite
au roi, développait quelques belles maximes d'Etat sur la nécessité
de l'énergie, et, écartant toute idée d'une expédition en Italie,
dispendieuse et incertaine, expliquait qu'Avignon ayant été acquise
par le Saint-Siège en 1348 de Jeanne de Naples, tutrice de son fils
mineur, pour une somme qui n'avait pas été payée, la possession
d'Avignon par le pape était, dans ces conditions, et à deux titres,
juridiquement nulle : il n'était que de faire déclarer, par autorité
de justice, cette possession sans droit. Le procureur général du Parlement d'Aix déposerait des conclusions dans ce sens devant cette
cour qui prononcerait la saisie d'Avignon et sa réunion à la France :
records et huissiers se chargeraient du reste. « Cela fera peur à Rome,
concluait Retz. Il est en général très à propos d'inquiéter en toutes
les façons la cour de Rome et de ramasser ensemble toutes les
frayeurs et les appréhensions qui s'impriment plus fortement dans
les esprits de ce pays à qui elles sont comme naturelles. » Le pape
céderait. On lui dirait d'envoyer un de ses neveux à Paris avec le
titre de légat, demander pardon au roi de l'injure commise ; ce
neveu amènerait l'officier corse responsable et quelques soldats
coupables, puis le Saint-Siège élèverait une pyramide sur le lieu
de l'incident pour rappeler l'affront et la réparation obtenue[3].

1. *Mém.* de Guy Joly, t. II, p. 222 et suiv. ; mémoire d'Ondedei répondant à la question posée, Arch. Aff. étr., Rome 147, fol. 122, d'octobre
1662. Il conseillait de demander aussi au cardinal Grimaldi.

2. Ibid., fol. 105, sous le titre : « Sentiment de M. le cardinal de Retz
sur l'affaire de Rome » octobre 1662 (publié dans Retz, *OEuvres*, t. VII,
p. 3 et suiv.). On avait demandé et obtenu de même les avis du cardinal
Grimaldi (fol. 101), d'Elpidio (fol. 124), de l'abbé Siri (fol. 128) et de deux
autres anonymes. Ondedei, évêque de Fréjus (fol. 118), a un jugement sur
le pape d'une singulière sévérité.

3. Mlle de Montpensier disait, parlant d'Avignon : « Ce n'est que par
bonté que les rois y souffrent le pape, ainsi que M. Dupuy et d'autres historiens et auteurs qui ont traité des droits de la couronne s'en sont expliqués »
(*Mém.* de Mlle de Montpensier, éd. Michaud, p. 346). Retz n'avait pas
inventé la thèse. Ces mémoires de Dupuy et d'autres jurisconsultes relatifs
aux droits du roi de France sur des territoires étrangers sont connus et en
nombreuses copies à la Bibliothèque nationale ou aux Arch. des Aff. étr.

Le gouvernement fut enchanté de cette consultation. Il décida de la suivre et pria Retz de rédiger le projet de lettre à envoyer au Sacré Collège en réponse à une missive relative à l'affaire [1]. Ce fut l'occasion d'un échange entre Lionne et l'exilé d'une correspondance pleine de protestations de dévouement et de respects réciproques, où Retz affirmait « l'envie extrême qu'il avait de plaire à Sa Majesté [2] ». Malheureusement s'il croyait avoir par là retrouvé les bonnes grâces de Louis XIV, il se trompait. Louis XIV se borna à le faire remercier d'un air froid et grand et Lionne le persuada qu'il avait déjà lieu d'être très satisfait de « cette glorieuse et si avantageuse approbation [3] ». Retz déçu écrivit au pape une lettre respectueuse en latin où il disait sa douleur au sujet des difficultés qui s'étaient produites entre le Saint-Siège et la France. Il ajoutait combien il était affligé d'une dispute dont les ennemis de l'Eglise ne pourraient que triompher [4]. Puis il reprit mélancoliquement ses occupations à Commercy.

A ce moment il s'exerçait à administrer directement son domaine féodal, recevait l'hommage dû pour les fiefs de sa seigneurie, rendait la justice, présidait à l'examen des comptes publics, calmait les disputes fréquentes entre le gouverneur et le maire, qui se battaient à coups de cannes et à coups de poings. réformait les impôts, surveillait les malversations [5] et, de temps en temps, profitait des moindres circonstances, telle que la rougeole qu'eut Louis XIV en juin 1663, pour protester au roi dans des lettres de plus en plus déférentes de sa soumission [6].

Enfin le 12 février 1664, le traité de Pise mettait un terme à l'affaire de la garde corse ; les relations de la France avec le Saint-Siège étaient rétablies : le successeur de Retz à l'archevêché de Paris, Hardouin de Péréfixe, recevait ses bulles qui lui parvenaient le 1er avril. Cette fois Retz pouvait revenir à Paris et se présenter à Louis XIV. Il en demanda la permission. On lui fit attendre la réponse cinq semaines, puis on l'autorisa à venir saluer le roi à Fontainebleau le 6 juin. Il resterait à la cour deux jours, en passerait deux à Paris, de là gagnerait Saint-Denis, où le gouvernement lui ferait connaître ses intentions [7].

1. Dans Retz, *OEuvres*, t. VII, p. 19, lettre du 26 janvier 1663.
2. *Ibid.*, p. 17, 462 et suiv.
3. *Ibid.*, p. 463.
4. *Ibid.*, p. 13-17.
5. C.-E. Dumont, *Hist. de la ville de Commercy*, t. II, p. 143 et suiv. ; Guy Joly, *Mém.*, t. II, p. 225 et suiv.
6. Réponse de Louis XIV du 18 juin 1663, dans Retz, *OEuvres*, t. VII, p. 463.
7. Guy Joly, *Mém.*, t. II p. 228. Joly dit parlant de la permission don-

Ce fut au milieu de la curiosité générale des courtisans accourus que, dans l'après-midi du 6 juin 1664, Retz, arrivé le matin de Moret, parut à Fontainebleau, traversa les salons du château et se présenta à Louis XIV. L'enfant de quatorze ans qu'il avait connu jadis, était maintenant un homme de vingt-six, volontaire, altier, impérieux. Retz fut embarrassé, parut gauche. On le trouva vieilli. Le roi se montra courtois mais distant. Le cardinal alla ensuite présenter ses hommages au reste de la famille royale puis se rendit à Paris où il descendit à l'hôtel de Retz, rue d'Orléans, près des capucins [1]. Ses amis affluèrent. Il fut très entouré. Olivier Le Fèvre d'Ormesson qui alla le voir à ce moment avec son père, le trouva « fort gaillard, faisant de grandes civilités, ayant le visage bon, les cheveux fort gris [2] ». Puis Retz se rendit à Saint-Denis, résida quelque temps à Pierrefite, mais là le gouvernement lui signifia qu'il devait s'en retourner à Commercy : on ne le voulait pas à Paris ni dans la région parisienne, le roi s'inquiétant de ce que trop de monde allât le voir [3]. Il fallut repartir ! Qui sait si, à Commercy, quelque nouvelle circonstance, analogue à celle de la garde corse, n'amènerait pas encore la cour à recourir à ses bons offices, ce qui lui permettrait, à la longue, peut-être, de rompre l'ostracisme dont il était frappé. Cette nouvelle circonstance se produisait dans les premiers mois de 1665.

Par un bref du 6 avril de cette année, le pape avait demandé à Louis XIV de faire rapporter des censures qu'avait fulminées la

née à Retz de voir le roi : « permission tant de fois refusée » et d'ailleurs, ajoute-t-il, accordée cette fois « sans gracieuseté ». Cf. le P. Rapin, *Mém.*, t. III, p. 232. D'après le P. Rapin, Retz « s'ennuyoit à Commercy ».

1. Sur la réception de Retz par le roi, voir Guy Joly (*op. et loc. cit.*) qui dit que les ministres furent assez secs, redoutant la présence de Retz, et que les amis de celui-ci vinrent au-devant de lui à Joigny. La *Gazette* du 14 juin 1664 (p, 779), déclara brièvement : « Le 6 de ce mois, le cardinal de Retz vint saluer leurs majestés dont il fut très favorablement accueilli et ayant été félicité de toute la cour, il est allé à Paris. » Lionne mandait à Créqui le 7 juin 1664, rendant compte de cette affaire : « toutes choses se sont passées comme il [Retz] le pouvoit désirer lui-même » (cité dans Chantelauze, *le Cardinal de Retz et ses missions diplomatiques à Rome*, p. 60). L'hôtel de Retz où descendit le cardinal, et qui appartenait à son frère, se trouvait rue d'Orléans, aujourd'hui rue Charlot, entre la rue du Perche et la rue de Poitou, sur le côté ouest de la rue. L'église des Capucins est aujourd'hui l'église Saint-Jean-Saint-François.

2. *Journal* d'O. d'Ormesson, éd. Chéruel, t. II, p. 155.

3. *Ibid.* « Il [Retz] doit partir demain pour aller à Saint-Denis, y demeurer un jour et retourner à Commercy, ne voulant pas séjourner ici afin de ne point donner de jalousie, évitant même de voir beaucoup de monde. »

Sorbonne contre deux ouvrages l'un de Jacques de Vernant, l'autre
d'un jésuite espagnol, Mathieu de Moya, soutenant comme un dogme
(non encore défini) la thèse de l'infaillibilité pontificale. Les Parlements, gardiens vigilants du gallicanisme, avaient protesté avec
véhémence contre ce bref. Il y avait là un conflit en perspective[1].
Vers la fin de ce mois d'avril le duc de Créqui, dont la mission
diplomatique était terminée à Rome, devant revenir en France, le
bruit courut que Retz allait le remplacer[2]. Ce fut une grande
émotion parmi ses amis. Effectivement Louis XIV fit bien appeler
Retz à Paris inopinément : celui-ci accourut anxieux, vit le roi et
Colbert, mais ce fut pour apprendre qu'on désirait qu'il allât à
Rome afin de tâcher d'arranger l'affaire des censures de la Sorbonne
sans titre spécial, privément. Le roi avait été cérémonieux, Colbert
n'avait pas rendu la visite. Retz, dit Le Fèvre d'Ormesson, « creva
dans son cœur de ce traitement », mais partit[3].

Il passa les Alpes, arriva au début de juin à Rome où il trouva
M. de Bourlemont, auditeur de rote, sans l'avis duquel il ne devait
rien faire ; néanmoins il pourrait correspondre directement avec
M. de Lionne et nous avons ses lettres très adroites où il déclare
qu'il considère sa mission comme un « noviciat », indice sans doute
de l'espérance qu'il caressait de faire, après ce « noviciat », « profession » d'ambassadeur ou de ministre[4].

Il alla voir le pape qui l'accueillit avec bonté, rendit visite à tout
le monde, se remua. Le 25 juin, le pape condamnait solennellement
par une bulle les deux censures de la Sorbonne et, le 29 juillet, le

1. Voir la notice de Chantelauze, dans Retz, *OEuvres*, t. VII, p. xiii et suiv.

2. Cf. Lettre de Guy Patin à Falconet du 3 mars 1665. « On dit que M. le
cardinal de Retz... partira pour Rome où il va être notre ambassadeur extraordinaire. Il vient d'arriver, il est logé aux jacobins réformés. » *Lettres* de
Guy Patin, éd. Réveillé-Parise, t. III, p. 517.

3. *Journal* d'O. Lefèvre d'Ormesson, éd. Chéruel, t. II, p. 325.

4. R. Chantelauze a publié, d'après les Arch. Aff. étr., la correspondance
échangée entre Retz et le gouvernement pour toute cette affaire au tome VII,
p. 25 et suiv. des *OEuvres* de Retz. Nous allons résumer très brièvement
toute cette documentation si abondante et particulièrement précise. Les
contemporains, même Bossuet, n'ont pas connu la mission de Retz que les
dépêches diplomatiques en question nous révèlent. Pour juger du ton de
cette correspondance, voici par exemple la première réponse de Lionne à
Retz du 23 juin : « J'accepte, Monseigneur, avec respect, l'honneur de la
correspondance que votre Éminence m'offre et je tâcherai de m'en prévaloir
dans la suite pour lui rendre auprès de Sa Majesté tous les offices et très
humbles services dont je pourrois être capable » (*Ibid.*, p. 464). Il faut penser à ce que les deux personnages ont fait l'un contre l'autre depuis si longtemps et à ce que dira Retz de Lionne dans ses *Mémoires*.

Parlement de Paris ripostait par un arrêt déclarant d'abus cette
bulle et en interdisant la publication en France : les affaires s'annonçaient mal. Retz se piqua au jeu et résolut d'arriver à accommoder les choses.

Il expliqua partout que la Sorbonne n'avait pas voulu condamner
la doctrine de l'infaillibilité pontificale, mais celle seulement qui
soutenait que le contraire était une hérésie, distinction subtile qu'il
proposait comme moyen transactionnel et qu'à Paris on acceptait
avec empressement. Retz obtint que Rome se tût sur l'arrêt du
Parlement, premier succès ! En octobre il vit le pape au château de
Castel Gandolfo et, à force d'habileté, obtint de lui que la Sorbonne
demanderait au Saint-Père l'explication de sa bulle, ce qui permettrait, au moyen de phrases habiles, de contenter tout le monde et
d'en finir. La cour, à Paris, acceptait. Dans une belle lettre à
Lionne où il racontait son dialogue avec le pape, Retz avait bien
mis en valeur son talent diplomatique[1] et Lionne écrivait à Bourlemont de cette lettre le 23 octobre : « Je l'ai trouvée admirable et
dans la forme et dans la matière : personne autre que S. E. n'aurait
pu, avec tant d'habileté, pousser une affaire aussi délicate au point
où il me paraît qu'il l'a mise[2]. »

Puis les choses traînèrent au milieu de discussions interminables.
Retz avait rédigé lui-même le projet de lettre à la Sorbonne et
s'était entendu avec le cardinal Albizzi au sujet de la réponse du
pape. Les mois passèrent : vint l'été de 1666. Pour se distraire,
Retz envoyait à Paris de longues dépêches où il traitait des questions
politiques du jour espérant par là se faire valoir et rester à Rome
comme ambassadeur[3]. Mais en mai 1666 fut nommé à ce poste le
duc de Chaulnes. Déçu, Retz exprima le désir de rentrer en France.
Lionne lui répondit qu'il pouvait revenir à Commercy[4]. Retz dépité

1. Voir cette lettre du 22 octobre 1665, *Ibid.*, p. 81 et suiv. Le dialogue
est très habilement conduit. Retz insiste avec une respectueuse mais si vive
pression que le pape agité se lève et va et vient dans la chambre. L'envoyé
du roi de France explique dans sa lettre comment avec une prudence infinie,
et des prosternements plein d'humilité, il a glissé dans son discours des
menaces et des essais d'intimidation qui finirent par réussir. Cette lettre est
remarquable comme habileté diplomatique et surtout, chez le rédacteur, par
un art merveilleux de se faire valoir. La discussion dura trois heures.

2. Lettre du 6 novembre 1655 de Lionne à Bourlemont ; Arch. Aff. étr.,
Rome 172, fol. 41.

3. Nous résumons encore ici les dépêches publiées par R. Chantelauze,
op. cit., p. 488 et suiv. Les discussions de cette affaire de l'infaillibilité sont
minutieuses et très longues. Retz finit par écrire le 2 février 1666 (*Ibid.*,
p. 160) : Ici tout est « obscur, irrégulier, incertain ».

4. Lettre de Lionne à Retz du 19 juin 1666 (*Ibid.*, p. 534). Le duc de

s'attarda à Rome, fit demander indirectement à la cour d'être laissé dans la ville éternelle afin d'être utile à l'ambassadeur auquel il pourrait rendre service par ses entrées aux palais apostoliques : il essuya un refus[1]. Il partit donc au milieu de septembre et regagna Commercy[2] où Louis XIV lui envoya une lettre de remerciements pour ces services, de ce style royal, glacé, lointain, dont son entourage avait le secret[3]. Ainsi que l'écrivait ingénieusement Lionne le 21 septembre 1666 à Retz : il était dans l'estime du roi, il n'était pas « dans son esprit[4] ».

Le cardinal fut reçu chaleureusement par les gens de Commercy, « tant S. E. était aimée et tant honorée dans ce climat », écrivait Taillefumier à M. de La Fons[5]. En décembre, il exprima à Lionne le désir d'aller saluer le roi à Paris. On ne le lui permit qu'en mars de l'année suivante 1667 et encore parce que la mort du pape étant imminente, on désirait qu'il s'acheminât vers Rome afin d'arriver à temps au conclave[6].

Chaulnes arriva à Rome le 24 juin (Bibl. de l'Institut, ms. 1321, p. 731). Et Retz répondait poliment à Lionne le 13 juillet (Retz. *OEuvres*, t. VII, p. 289) qu'il était heureux de la « bonté qu'il a plu au roi d'avoir pour moi en me tirant d'un air qui est aussi contraire à ma santé que celui-ci ».

1. Lettre de Lionne à Retz du 14 août 1666 (*Ibid.*, p. 542). Le roi a dit, répond Lionne, « qu'il avait accordé son retour à votre Éminence, qu'elle avoit demandé comme une grâce et qu'il ne la vouloit pas révoquer pour son intérêt ».

2. Lettre de lui à Lionne du 16 septembre où il annonce son départ pour dans la nuit du 16 au 17 (*Ibid.*, p. 358). Il parvenait à Commercy au début de novembre (*Ibid.*, p. 372).

3. Lettre du roi à Retz du 12 novembre 1666, *Ibid.*, p. 548. Voir aussi sur cette affaire de l'infaillibilité le livre de A. Bozon, *le Cardinal de Retz à Rome*, 1878, in-8° ; R. Chantelauze, *le Cardinal de Retz et ses missions diplomatiques à Rome*, p. 216 et suiv. Retz avait habité à Rome le palais de Montemagnanapoli que lui avait prêté le prince Pamphili (lettre du roi à M. de Bourlemont du 17 juillet 1665, dans Retz, *OEuvres*, t. VII, p. 468). Une lettre de l'abbé Elpidio Benedetti à Lionne nous informe qu'on trouva à Rome. Retz grossi et blanchi (dans Chantelauze, *op. cit.*, p. 224). « L'habbiano trovato alquanto ingrossato ma assai imbianchitto di testa. »

4. Chantelauze, *Ibid.*, p. 435. Et cependant le duc de Chaulnes, parlant de Retz, avait écrit au roi le 7 septembre (dans Retz, *OEuvres*, t. VII, p. 347) : « Toutes ses actions m'ont marqué un fort grand désir d'effacer les taches anciennes et ensevelir ses fautes passées sous les soins particuliers et les applications de se rendre utile au service de Votre Majesté ! »

5. Lettre de Taillefumier du 10 octobre 1666 à M. de la Fons. Arch. nat., L. 842, dans Bibl. de l'Institut, ms. 1322, fol. 115. « Je fais mettre en estat toute notre artillerie, continuait M. Taillefumier, pour la faire bien ronfler. »

6. Lettre de Retz à Lionne du 19 décembre 1666 (Retz, *OEuvres*, t. VII,

Il vint donc, à Paris. Le roi se montra, comme toujours, courtois et froid, mais cependant fit réparer une humiliation que le duc de Montausier avait infligée au cardinal chez la reine mère en ne lui faisant pas donner un tabouret[1]. Il partit pour Rome avec le cardinal de Vendôme, arriva le 6 mai à Civita Vecchia, le 8 à Rome et le 22 le pape Alexandre VII mourait[2].

Le conclave qui allait durer dix-huit jours s'ouvrit le 26[3]. Il y avait quatre candidats. Retz déploya, en vue de l'élection, toutes les habiletés de son esprit fertile en combinaisons savantes. Il essaya d'abord, suivant les instructions venues de Paris, de faire élire Chigi : il ne put y arriver. Alors il s'assura, en dehors des quatre candidats, des sentiments favorables à la France d'un cinquième, Rospigliosi, décida les quatre autres : Barberini, Sforza, d'Este, Chigi, à s'effacer devant celui-ci et obtint l'élection de son protégé sous le

p. 381, note). « Je travaille à remettre ma santé pour pouvoir aller dans quelque temps assurer S. M. de mes très humbles obéissances. » Ce 19 décembre il adressait à Louis XIV une lettre d'un ton d'humilité vraiment un peu excessif où en raison de « la nécessité de ses affaires domestiques », disait-il, il sollicitait du roi la pension ordinaire donnée aux cardinaux de sa nomination. Arch. Aff. étr. Rome 179, fol. 257.

1. L'incident est rapporté au duc de Chaulnes dans une lettre de Lionne du 11 mars 1667. Arch. Aff. étr. Rome 182, fol. 22. Lionne ajoute : « S. M. est fort satisfaite dudit cardinal et de toute sa bonne conduite présente. Elle lui a fait payer sa pension de 18 000 livres *sans qu'il l'ait demandée*. Il est bien de le publier. Il est de vos amis et des miens. » On voit ici la contradiction singulière avec la lettre précédente.

2. Barbier de Mercurol, *Voyage d'Italie tant par mer que par terre, le premier par mer, fait par MM. les cardinaux de Vendôme et de Retz*. Paris, Jean de Bray, 1671, in-16, 160 p. L'auteur était sur la même galère que les cardinaux.

3. Sur ce conclave de 1667 où a été élu Clément IX, et le rôle qu'y a joué Retz, voir : R. Chantelauze, *Le Cardinal de Retz et ses missions diplomatiques à Rome*, p. 447 et suiv. ; Ch. Gérin, *Le Cardinal de Retz au conclave*, dans *Rev. des quest. hist.*, 1881, t. XXX, p. 113 et suiv. L'abrégé que nous donnons ici est fait d'après une lettre du duc de Chaulnes à Lionne du 6 juillet 1667. Bibl. de l'Institut, ms. 1321, p. 1113. R. Chantelauze a publié au tome VII, p. 383 et suiv. des Œuvres de Retz, les correspondances échangées à cette occasion par Retz avec Lionne, d'après les mêmes Archives des affaires étrangères. Nous suivons également cette source abondante. Retz était descendu à Rome chez le duc de Chaulnes au Palais Farnèse. Il ne devait pas rendre compte au dehors de ce qui se passait au conclave, ce qui lui était formellement interdit par les constitutions pontificales, mais l'ambassadeur savait y suppléer. Nous avons les lettres de celui-ci au même fonds des Arch. Aff. étr. que nous venons de mentionner.

nom de Clément IX. Dans un des scrutins il avait eu sept voix. Quand il alla prendre congé du nouveau pontife, « Sa Sainteté, écrivait-il à Lionne, me répéta plus de vingt fois en une heure, qu'elle devait son pontificat à Sa Majesté[1] ». Le 23 juillet Lionne lui répondit de manière fondante, lui parlant des « merveilles » qu'il venait de faire, de sa « dextérité[2] ». Mais le 10 juillet Louis XIV envoyait une lettre de remerciement de six lignes, plus froide que jamais[3]. Retz rentra par Vérone et le Tyrol à Commercy où il se trouvait en août. Il adressa à Louis XIV une lettre pleine de soumissions très humbles et de prosternements profonds, toujours inutiles[4].

L'année suivante, 1668, Louis XIV ayant conquis la Franche-Comté en dix sept jours, Retz lui écrivit en termes chaleureux pour le féliciter de cet exploit. Il reçut les mêmes six lignes protocolaires banales[5]. Retz était découragé. Décidément le roi ne reviendrait jamais sur son compte Aussi lorsque M. de La Fons l'avertit en novembre 1669 que le pape étant très malade, il allait falloir retourner au conclave, il eut un geste de lassitude[6], Le 10 décembre, le roi lui manda que le pape étant au plus mal, il fallait gagner Rome[7]. Il partit fatigué, s'embarqua à Marseille débarqua à Livourne et fut à Rome le 16 janvier 1670. Clément IX était mort le 7 décembre et le conclave avait commencé le 20 : il allait durer jusqu'au 29 avril[8].

1. Dépêche de Retz au roi du 4 juillet, dans Retz, *OEuvres*, t. VII, p. 407. A propos des 7 voix obtenues par Retz aux scrutins, et signalées à Lionne dans une lettre de Bourlemont du 7 juin (Chantelauze, *op. cit.*, p. 465), il y a lieu de rappeler le mot du *Journal* de Lefèvre d'Ormesson (t. II, p. 511) : « L'on avait dit durant le conclave que si Dieu s'en mêlait, Rospigliosi serait pape, si les hommes, le cardinal Barberini, si le diable… » Ormesson n'achevait pas, mais il venait de parler de Retz.

2. Retz, *OEuvres*, t. VII, p. 551.

3. *Ibid.,*, p. 550.

4. *Ibid.*, p. 412. Lettre de Retz à Lionne datée de Commercy 14 août 1667 donnant l'itinéraire de son retour pendant lequel le cardinal a voyagé incognito. La lettre de Retz au roi, également du 14 août, est aux Arch. Aff. étr. Rome 185, fol. 250.

5. Retz, *OEuvres*, t. VII, p. 553.

6. Retz répondait à M. de la Fons le 25 novembre 1669 (*Ibid.*, t. VIII, p. 328) « J'ai reçu votre lettre du 20 de ce mois. La maladie du pape m'a donné une terrible succ… ! »

7. *Ibid.*, t. VII, p. 553.

8. Le détail du voyage de Retz est donné par une lettre du duc de Chaulnes à Lionne du 23 mars 1669 (Bibl. de l'Institut, ms. 1322, fol. 147. La descente du Rhône avait été inquiétante) et les lettres de Retz à Lionne dans Retz, *OEuvres*, t. VII, p. 420 et suiv.

Louis XIV avait prescrit de voter pour Albizzi, ancien ami de
Mazarin. Retz n'avait aucune envie de faire réussir pareille candidature : lui aussi n'oubliait pas. Il y avait encore quatre factions.
Deux mois durant les scrutins se succédèrent sans résultat, malgré
les efforts du groupe espagnol qui cherchait à faire passer son candidat, Odescalchi. Retz jeta la discorde entre les partis, s'arrangea
pour devenir une sorte d'arbitre et finalement enleva l'élection d'un
cardinal désagréable à l'Espagne, Altieri, qui avait 80 ans et fut
couronné sous le nom de Clément X [1].

Puis une fois de plus il rentra à Commercy. Le roi lui envoya
la fatidique lettre de six lignes à laquelle cette fois Retz, « par
respect », écrivait-il à Lionne, ne répondit pas. Lionne lui ayant
demandé d'écrire l'histoire du conclave, Retz expliqua qu'il avait à
« faire des remèdes » et n'écrivit rien [2]. L'année suivante, 1671,
Lionne devait mourir. M. Chantelauze s'étonne de ce que Louis XIV
ne lui ait pas donné Retz comme successeur aux Affaires étrangères.
D'abord un cardinal ne pouvait accepter d'être simple secrétaire
d'Etat ; puis le roi était certes bien loin d'avoir une pareille idée [3] !

C'est tout au plus s'il tolérait que le reclus vînt de loin en loin,
pour quelque affaire, à Paris et Retz désirait même souvent que

1. Voir les instructions du roi à M. de Chaulnes. *Ibid.*, p. 557.
R. Chantelauze a également publié ici les dépêches relatives à ce conclave.
Voir encore son récit dans *le Cardinal de Retz et ses missions diplomatiques à
Rome*, p. 481 et suiv. On constate que malgré les menaces d'excommunication qui pesaient sur les conclavistes révélant au dehors ce qui se passait au
conclave, le duc de Chaulnes était parfaitement renseigné sur ce qu'on y
faisait et l'écrivait à Paris. Le 18 janvier 1670 Retz mandait à Lionne
(Retz, *OEuvres*, t. VII, p. 424). « M. l'Ambassadeur, qui ne craint point
d'excommunication, vous fera savoir les choses que nous sommes obligés de
renfermer dans l'enclos du conclave et de la manière dont il m'a parlé, je
vois qu'il prétend en être bien averti pour me guérir du scrupule que
j'aurais si j'étais obligé de vous donner moi-même des nouvelles. » Or le
cardinal de Bouillon disait le 18 février (*Ibid.*, p. 426) parlant de Retz :
« Il n'y a pas de jour qu'il n'écrive, ou pour mieux dire, qu'il ne dicte des
lettres de 20 à 30 pages ! » On conclura ce qu'on voudra.

2. Lettre de Retz à Lionne datée de Commercy, 7 juillet 1670. *Ibid.*,
p. 426.

3. Voir Retz, *OEuvres*, t. VII, p. xxxviii. Lorsque Richelieu, simple
évêque, avait été nommé secrétaire d'État au temps de la régence de
Marie de Médicis, on avait vivement critiqué dans l'Église son acceptation,
et il avait dû se justifier. A plus forte raison un cardinal que le roi
appelait « mon cousin », pas plus qu'un duc et pair, n'aurait jamais pu
accepter une place qui était donnée en principe à des simples bourgeois,
héritiers des modestes secrétaires des commandements du xvie siècle.

personne ne le sut [1]. Quelles heures délicieuses il y passait cependant si l'on songe à la lettre de Mme de Sévigné du 9 mars 1672
qui nous apprend que pour distraire « son bon cardinal », la marquise lui donnait le régal de faire lire devant lui, par Molière, les
Femmes savantes, par Boileau, le *Lutrin* et l'*Art poétique*, par Cor-
neille une comédie [2]! Du moment que le roi ne tenait pas à le voir,
Retz non plus ne tenait plus tant à l'approcher. En novembre 1671
Louis XIV vint à Châlons. Retz se dispensa d'aller lui présenter ses
hommages [3]. En janvier 1672, le roi étant passé de nouveau dans
la même ville, Retz prétexta qu'il avait mal aux yeux et n'alla pas
le saluer. Il profita même de la circonstance pour se rendre à Paris [4].

1. Voir ses lettres à M. de la Fons à ce sujet, *Ibid.*, t. VIII, p. 428,
429, 431, 474, etc. Cependant la *Gazette* de 1668 (p. 695) signalait que
le 9 juillet, Retz se trouvait à Versailles où il assistait avec le nonce et le
cardinal de Vendôme à la fête magnifique que Louis XIV donna, où furent
présentes 3000 personnes, et où l'on eut dans le parc : comédie, musique,
ballets, collations, souper, bal, feux d'artifice et illuminations ! Le 11 août
de la même année, Retz assistait à la soutenance des thèses de philosophie
du fils de Colbert. « Toute la cour y était, raconte O. Lefèvre d'Ormesson
(*Journal,* éd. Chéruel, t. II. p. 553) en si grande foule que l'on ne
pouvait se retourner dans la place. Les cardinaux de Retz et de Vendôme,
l'archevêque de Paris et tous les prélats estoient assis dessous la chaire. »
2. « Voilà tout ce qu'on peut faire pour son service » dit Mme de
Sévigné, dans *OEuvres* d'elle, édition des Grands Ecrivains, t. II, p. 525.
3. Lettre de Retz à M. de la Fons, dans *OEuvres* de Retz, t. VIII,
p. 454 : « J'ai différé à faire ma cour » dit Retz. Louis XIV était venu à
Châlons assister au mariage de son frère Philippe duc d'Orléans avec
Charlotte Isabelle fille de l'électeur palatin, « la princesse palatine ».
4. Lettre de lui à M. de la Fons, de Commercy, 7 janvier 1672, *Ibid.*,
p. 481. « J'ai encore si mal aux yeux, dit-il, qu'il m'est impossible d'aller à
Châlons, si le roi y est le 8, comme on le dit et M. Alliot [son médecin]
qui est ici auprès de moi, dit que je hasarderois ma vue... Aussitôt que
mes yeux seront fortifiés j'irai faire un tour à Paris, mais n'en dites rien
s'il vous plaît. » Il alla à Paris en février. Il mandait le 8 à M. de La Fons
(*Ibid.*, t. VIII, p. 486) : « je pars après dîner pour aller coucher à Ligny...
je vous écrirai de là le jour que je pourrai être à Paris ». Il repartit de
Paris le 28 avril (lettre de Mme de Sévigné du 27 avril 1672, dans *OEuvres*
de Mme de Sévigné, éd. des Grands Ecrivains, t. III, p. 41 : « En revenant
chez moi, j'ai trouvé notre pauvre cardinal de Retz qui me venait dire
adieu... il part demain matin »). Sur ce séjour de Retz à Paris, voir *Ibid.*,
t. II, p. 505, 513, 527, 538 ; t. III, p. 20, 29. Louis XIV ne paraît pas
avoir remarqué ou blâmé ce voyage, car il laisse Colbert à ce moment, et
peu après, accorder quelques grâces à Retz. Voir les remerciements fondants
de celui-ci du 23 mai 1672. Bibl. nat., Mél. Colbert, 159, fol. 302. Nous
trouvons d'autres séjours de Retz à Paris en octobre-novembre 1672 au

Il semble que ce soit durant cette période que, sous l'effet de l'âge et des déceptions, peu à peu, il ait subi une évolution intérieure, l'amenant à des idées de pénitence, de renoncement, de mortification et d'humilité. Le souvenir de son existence passée, si peu édifiante, lui causait des amertumes. Mme de Sévigné écrivait à Bussy Rabutin : « Si on savait comme moi son horreur de sa vie passée on ne cesseroit point de l'admirer[1] » ! De Commercy Retz se rendait souvent chez les moines de l'abbaye de Saint-Mihiel située à cinq lieues de là, où les bénédictins et leur supérieur Dom Hennezon, qui était son directeur de conscience, l'entouraient dans la maison abbatiale, d'une atmosphère de calme, de paix et de charité monacale[2]. Cette atmosphère plaisait à Retz. Il y prolongea ses séjours, menant la vie des moines, suivant leurs offices, se contentant de leur ordinaire, lisant, priant Dieu, gardant le silence. « Je causais hier, devait écrire Mme de Sévigné à Mme de Grignan, le 7 juin 1675, avec l'abbé de Saint-Mihiel à qui nous donnons, ce me semble, comme en dépôt, la personne de S. E. ». Dès le 5 février 1672, elle mandait à sa fille : « Notre bon cardinal est dans la solitude[3] ».

Puis, brusquement, un beau matin, éclata la nouvelle que Retz renonçait au monde, abandonnait ses bénéfices, donnait sa démission de cardinal et se faisait moine bénédictin ! Il s'en était ouvert à Dom Hennezon, qui lui avait déconseillé, au moins, de quitter la pourpre, l'assurant qu'il pouvait demeurer cardinal dans le cloître : mais Retz avait répondu qu'il entendait ne pas passer pour « l'ermite de la foire ». Ce fut vers la fin de mai 1675 que sa décision se précisa[4]. Il vint à Paris, vit le nonce Spada, lui expliqua qu'il allait écrire quatre lettres : l'une au Sacré Collège, l'autre au pape Clé-

sujet d'affaires de dettes (lettres de lui dans *OEuvres*, t. VIII, p. 532). Il y passe cinq ou six semaines. En août 1673 Louis XIV se rendra à Nancy et cette fois Retz ira lui présenter ses devoirs (*Ibid.*, p. 586, 589). Nouveau voyage de Retz à Paris en février 1674 (*OEuvres* de Mme de Sévigné, t. III, p. 372 et 397).

1. Lettre de Mme de Sévigné à Bussy-Rabutin du 9 octobre 1675, *Ibid.*, t. IV, p. 172.

2. Voir C. E. Dumont, *Histoire de Saint-Mihiel*, t. II, p. 115. Il habitait la maison abbatiale où le monastère effectua des réparations en 1675 pour le loger. Sur dom Hennezon, confesseur de Retz, voir *OEuvres* de celui-ci, t. XI, p. 305.

3. *OEuvres* de Mme de Sévigné, t. III, p. 472 et t. II, p. 489. Le 22 avril 1672, paraît-il, il fut question de la nomination de Retz à l'archevêché d'Aix (*Ibid.*, t. III, p. 29).

4. Voir le récit de Dom Calmet dans la *Bibliothèque lorraine*. Nancy, 1751, in-fol., col. 430.

ment X, une troisième au secrétaire d'État du Saint-Siège, la dernière au cardinal doyen Barberini, dans lesquelles il annoncerait sa démission. Ces lettres, écrites le 30 mai, ne furent remises à Rome, par l'intermédiaire de la cour, qu'au début de septembre. Louis XIV avait fait dire qu'il agréait cette démission, laquelle, expliquait-il un peu durement, lui permettrait de donner le chapeau à quelqu'un de plus jeune et de plus utile[1].

Mais le pape, averti par son nonce, fit savoir dès le 22 juin qu'il refusait la démission envoyée. Retz, disait-il, ne devait pas déserter un poste où Dieu l'avait placé et où son concours était précieux. Une congrégation de cardinaux, paraît-il, avait été tenue pour discuter au préalable cette affaire et l'avis commun avait été qu'il fallait s'opposer fermement à cette retraite sous peine, si on l'acceptait, de voir les couronnes, dans la suite, faire démissionner à volonté les cardinaux, ce qui mettrait le Sacré Collège entre leurs mains. Au surplus Retz qu'on connaissait était-il bien sincère[2]?

Le 9 septembre le Sacré Collège écrivit à Retz pour le dissuader d'abandonner le cardinalat. Le 17, le pape lui adressa un bref le complimentant des sentiments d'humilité chrétienne qui le faisaient agir, mais invoquant les nécessités de l'Église et de son gouvernement pour l'exhorter, et lui ordonner même, de conserver sa dignité[3]. Retz obéit. Le 18 octobre, de Commercy où il était rentré, il écrivit qu'il s'inclinait et reprenait sa démission[4].

1. Voir les documents se rapportant à ces faits publiés par Cl. Cochin au tome XI, des *OEuvres* de Retz, p. 299 et suiv. d'après les lettres du nonce Spada au cardinal Altieri. Les quatre lettres de Retz sont imprimées, *Ibid.*, t. VII, p. 428 et suiv. Louis XIV transmit les lettres de Retz à son ambassadeur à Rome le duc d'Estrées le 3 juin (Retz, *OEuvres*, t. VII, p. 566), en disant de la démission donnée : « je n'ai pu ne pas approuver une si pieuse résolution ! »

2. Voir une lettre du pape du 22 juin 1675 publiée par Dom Calmet (*op. cit.*, col. 435) et Dom de l'Isle (*Hist. de l'abbaye de Saint-Mihiel*, p. 507) réimprimée dans les *OEuvres* de Retz, t. VII, p. 569. D'après une lettre de l'abbé Servien à Pomponne du 27 juin 1675 (*Ibid.*, p. 572) à la congrégation tenue par le pape, à cette occasion, le cardinal Azzolini avait dit qu'il fallait s'opposer à cette démission, qu'il connaissait bien Retz et qu'il n'avait pas confiance dans sa détermination.

3. *Ibid.*, p. 576, 578. On trouvera là le texte des principales dépêches relatives à l'affaire, lettres de l'ambassadeur, des cardinaux et de Pomponne, d'après les Archives des Aff. étrangères.

4. *Ibid.*, t. XI, p. 163. « Pareo, itaque, Beatissime Pater, jussioni tuae... » Les documents publiés ici par Cl. Cochin complètent ceux du tome VII des *OEuvres*. Retz se décidait, comme le disait plaisamment l'abbé de Pontcarré « à user ses vieilles calottes » (lettre de Mme de Sévigné, dans

Mais il persista à vouloir se retirer chez les moines à Saint-Mihiel, sans cependant faire profession. Il paraît qu'il aurait eu l'intention d'aller s'enfermer à la Trappe avec l'abbé de Rancé ; celui-ci ne se soucia pas d'avoir un pareil hôte dans sa solitude [1]. Le bruit de cette retraite se répandit partout. Mme de Sévigné ne la croyait pas à ce point rigoureuse que le cardinal ne reparût chez ses amis [2]. Mais Retz menait bien à Saint-Mihiel la vie des moines, priant avec eux, gardant le silence, partageant aux repas la portion des cénobites [3].

Les contemporains ont été très partagés sur ce qu'ils ont appelé « la conversion de Retz ». Beaucoup ont cru à une comédie. A Rome, le cardinal Azzolini prétendit que le personnage, qu'il connaissait bien, n'avait cherché qu'un moyen nouveau de faire parler de lui [4]. A Paris les sceptiques furent nombreux. La Rochefoucauld disait que cette action de Retz était « la plus éclatante et la plus fausse action de sa vie [5] ». Saint-Evremond prétendait que la tête devait tourner à Retz puisqu'il jugeait les grandeurs de ce monde chimériques [6]. Pour Mme de Scudéry et Anne de Gonzague,

OEuvres, d'elle, t. III, p. 516). Mme de Sévigné fut enchantée de voir ce qu'elle appelait « notre cardinal recardinalisé » (*Ibid.*, t. IV, p. 198).

1. Abbé Racine, *Hist. ecclésiastique*, Cologne, 1767, t. X, p. 290 ; abbé Dubois, *Histoire de l'abbé de Rancé et de sa réforme*, t. I, p. 526 ; Saint-Simon, *Écrits inédits*, t. VI, p. 77.

2. Mme de Sévigné, *OEuvres*, t. III, p. 511 ; lettre à Mme de Grignan.

3. Voir A. Gazier, *les Dernières années du cardinal de Retz*, p. 161 et suiv., qui cite des lettres de Dom Robert des Gabets. D'après l'auteur anonyme de l'oraison funèbre de Retz à Saint-Denis, le cardinal aurait distribué à différents évêques : sa croix pectorale, sa mitre, sa crosse, sa chapelle, sa bibliothèque. Bibl. nat., ms. fr. 19455, fol. 228 v°. Aux termes d'une lettre de Le Camus à Pontchateau du 14 décembre 1676, Retz aurait réitéré à cette date au pape Innocent XI son offre de démission du cardinalat sans plus de succès (A. Gazier, *op. cit.*, p. 176).

4. Voir plus haut p. 237, note 2. « Qu'il connaissait le cardinal de Retz par l'expérience d'une longue amitié, qu'il était homme à vouloir parvenir à une réputation singulière par quelque moyen que ce fut, sans être touché d'une véritable dévotion. » Lettre de l'abbé Servien à Pomponne, de Rome, 27 juin 1675, dans Retz, *OEuvres*, t. VII, p. 573.

5. La Rochefoucauld « portrait de Retz », dans ses *OEuvres*, éd. des Grands Ecrivains, t. I, p. 21. Ailleurs (p. 102), La Rochefoucauld est moins catégorique ; il dit : « Sa retraite est la plus éclatante action de sa vie : elle prouva sa foi et sa religion... Il laissa en doute si la piété seule ou la faiblesse humaine lui a fait entreprendre un si grand dessein ». Remarquons cette hésitation.

6. *Réflexions sur la religion*, dans *OEuvres* de Saint-Evremond, 1740, in-8°, t. IV, p. 278.

Retz ne renoncerait pas si facilement que cela à la conversation des belles dames[1]. Les modernes, Sainte-Beuve, Chantelauze, n'ont pas eu plus de foi dans sa sincérité[2].

Mais d'autres y ont cru, et la première, on s'en doute, Mme de Sévigné, elle, avec vivacité, éloquence, indignation[3] ! Le Camus, évêque de Grenoble, était de son avis[4]. Le P. Rapin et les jésuites partageaient le même sentiment : ils voyaient dans le cas de Retz « un grand triomphe de la grâce[5] » ! Pour une fois les jansénistes étaient d'accord avec les jésuites[6]. Arnauld, Bussy-Rabutin, Turenne, Bossuet, affirmèrent, eux aussi, la bonne foi de Retz[7]. D'ailleurs,

1. « Hélas ! disait Anne de Gonzague, je le sais, le premier joli minois que trouvera sur ses pas notre nouveau Saint Augustin, détruira l'effet de sa sainteté ! » (Cité dans C. E. Dumont, *Hist. de la ville de Commercy*, t. II, p. 171). Pour Mme de Scudéry, voir Sainte-Beuve, *Port-Royal*, t. V, p. 586. « Notre ami le cardinal de Retz, dit Mme de Scudéry, quitte son chapeau, mais il ne quitte point, dit-on, Madame de Grignan et Mme de Coulanges ; il passe les jours avec ces dames. Que dites-vous de cette retraite ? »

2. Sainte-Beuve, *Ibid.*, t. V, p. 14-15 ; Chantelauze, dans Retz, *OEuvres*, t. VIII, p. 644, t. II, p. 110 ; du même, *les Dernières années du cardinal de Retz*, dans *Rev. des quest. hist.*, t. 21, 1877, p. 123. Chantelauze cite des lettres que lui a écrites à ce sujet Sainte-Beuve et où celui-ci dit entre autres : « Je glisserai la phrase de la conversion morale, tout en étant persuadé que si Retz avait été moins vieux et mieux portant, il aurait recommencé toutes ses polissonneries. Il ne faut pas être trop honnête homme pour juger ces grands coquins. » Et plus loin : « Quant aux mœurs, je doute que la réflexion eût rien changé à celles de Retz, au moins à l'égard des femmes. » Dans son *Port-Royal* (t. V, p. 525), Sainte-Beuve déclare : « On n'aime pas à être dupe ». Il doute.

3. Nous renvoyons à ses lettres à Mme de Grignan des 5 juin et 21 août 1675 (*OEuvres* de Mme de Sévigné, éd. des Grands Ecrivains, t. III, p. 468 ; t. IV, p. 74), à Bussy-Rabutin du 9 octobre (*Ibid.*, p. 172).

4. Lettre de Le Camus à Pontchateau du 14 décembre 1676, citée par A. Gazier, dans *les Dernières années du cardinal de Retz*, p. 173. L'abbé de Haute Fontaine écrivait le 16 février : « Pour l'éminentissime anachorète, les dernières lettres que Dom Robert des Gabets nous écrivait, disaient qu'il était à Commercy et y vivait toujours dans la même modestie » (*Ibid.*, p. 180).

5. Le P. Rapin, *Mém.*, t. III, p. 232. Le P. d'Avrigny, cité dans Sainte-Beuve, *Port-Royal*, t. V, p. 585.

6. *Le Supplément au Nécrologe de Port-Royal*, 1735, p. 663.

7. Lettre d'Arnauld à Retz du 9 août 1675, dans ses *OEuvres*, Lausanne, 1775, in-4°, t. I, p. 752. Arnauld écrira à Mme de Lesdiguières, nièce de Retz : « Sachant aussi certainement que je le sais, combien son dessein était sincère, je ne puis douter que Dieu n'ait accepté son sacrifice... »

dans le cas d'une comédie, comme on le disait, que serait-il advenu si Retz avait été pris au sérieux? Il eût perdu en même temps: cardinalat, abbayes, tout, pour devenir simple moine obscur à Saint-Mihiel, Louis XIV ne demandant pas mieux! Reste une objection, déjà indiquée plus haut, si cette conversion a été sincère, pourquoi Retz n'a-t-il pas brûlé ses *Mémoires* qui s'accordaient si mal avec ses dispositions nouvelles? Amour-propre d'auteur? oubli? précautions de l'entourage qui a mis le document à l'abri? On ne sait [1].

En tout cas, jusqu'à sa mort, il allait rester fidèle à sa nouvelle existence. Mme de Sévigné nous a donné sa journée à Saint-Mihiel. Levé à six heures, il disait son bréviaire en hébreu, assistait à la grand'messe conventuelle, dînait sobrement, lisait le Nouveau Testament, ou écrivait jusqu'à vêpres ; après quoi se promenait, soupait à sept heures et se couchait à dix [2]. Il vivait simplement, sans apparat. On frappait à sa porte et il recevait avec bienveillance. Un de ceux qui l'ont approché à ce moment raconte qu'il se disait revenu de toutes les grandeurs de ce monde, lesquelles il traitait de « folies » ! Pour lui, maintenant, rien ne valait une conscience tranquille, et il s'occupait à rédiger un ouvrage sur ce que devait être l'éducation d'un jeune seigneur, retour peut-être sur lui-même et sur ce qu'on eût dû faire de lui. L'ouvrage est perdu [3].

Ibid.. t. II, p. 58. Lettres de Bussy-Rabutin à Mme de Sévigné du 19 octobre 1675 (dans *OEuvres* de celle-ci, t. IV, p. 190), à Retz, du 4 juin 1675, dans sa *Correspondance,* éd. Charpentier, t. III, p. 42. Pour Turenne, voir une lettre de Mme de Sévigné à Mme de Grignan du 2 août 1675, dans *OEuvres* de Mme de Sévigné, t. IV, p. 5, où la marquise raconte une visite d'adieu du maréchal à Retz et le propos qu'il lui tient. Voir encore Bossuet, Oraison funèbre de Michel le Tellier, dans *OEuvres oratoires* de Bossuet, Paris, Garnier, t. I, p. 158. Retz « connut son erreur et le vide des grandeurs humaines ». Il y a lieu de confronter ces témoignages. On verra que ceux qui nient la sincérité de Retz sont en petit nombre, n'ont pas fréquenté Retz dans ses dernières années, ne l'ont même pas vu ; les autres au contraire, sont importants, témoins directs et très affirmatifs. En bonne critique il est difficile de se prononcer pour le sentiment parfois léger des premiers contre les convictions dues à l'expérience des seconds.

1. Cette objection frappe parce que les romans nous ont habitué à l'idée de caractères tout d'une pièce. En réalité, l'expérience psychologique enseigne que les cas d'illogismes irraisonnés et d'inconsciences partielles sont la vie courante des êtres humains.

2. Lettres d'elle du 31 juillet, 9 août 1675, dans ses *OEuvres,* t. III, p. 535, t. IV, p. 33.

3. Bibl. nat., ms. fr. 19455, fol. 228 r°, 226 r°. « Ah ! combien de fois,

Il s'occupa de bonnes œuvres, fonda à Commercy, en 1676, une maison de religieuses de l'Institut du Très Saint Sacrement pour l'éducation des jeunes filles, une confrérie de dames de la charité ; donna des pensions [1] : il avait déjà passé les revenus de son abbaye de Quimperlé à un neveu pauvre de l'abbé Charrier [2] ; surtout il résolut de payer ses dettes.

Elles étaient considérables : 4 millions de livres, et il avait 170 000 livres de rentes sur des bénéfices, pas de capital [3] ! En 1665, la seigneurie de Commercy avait été vendue par lui à la princesse de Lillebonne pour 550 000 livres : Retz avait conservé l'usufruit de la terre [4]. Il décida, sur ses 170 000 livres de revenus, de ne garder, pour son entretien, que 18 à 20 000 livres. Le reste, 150 000 livres, irait à ses créanciers [5]. A ce compte il

dit l'auteur de l'oraison funèbre, lui ai-je entendu dire que la noblesse, les grandeurs, les dignités, la pourpre, ne sont que folies, c'est son terme, si tout cela n'est accompagné d'une bonne conscience et si l'on ne vit chrétiennement ! » Lettre de Dom Robert des Gabets à Le Roy, abbé de Haute Fontaine du 24 août 1677, citée par A. Gazier, *les Dernières années du cardinal de Retz*, p. 180. « Nous voyons que le travail d'esprit sert à la santé de M. le cardinal (de Retz) ; il a presque achevé un grand ouvrage pour l'éducation d'un jeune seigneur qui n'est en rien inférieur à celui de M. Nicole touchant l'éducation d'un prince. »

1. C. E. Dumont, *Hist. de la ville de Commercy*, t. II, p. 173, 152. Lettre de Retz à M. de la Fons du 9 décembre 1669, dans *OEuvres* de lui, t. VIII, p. 335.

2. *Ibid.*, t. VII, p. 552. Il avait laissé l'abbaye de Buzay à J. F. P. de Caumartin, son filleul, fils de son ami (*Ibid.*, t. IX, p. 369 et t. XI, p. 156). Buzay comptait en 1669 un prieur et 7 moines (Bibl. de l'Institut, ms. 1330, fol. 82).

3. Voir la notice de Chantelauze dans Retz, *OEuvres*, t. VIII, p. v-vi. D'après le chanoine G. Hermant, ses dettes se montaient à 3 millions de livres (cité dans A. Gazier, *les Dernières années du cardinal de Retz*, p. 115). *Le Mercure galant* de septembre 1679 dit qu'après la mort de Retz on a trouvé dans ses papiers « pour plus de trois millions quatre cent mille livres de quittances de ses dettes » (p. 202). Nous avons une longue liste de créanciers de Retz pour la seule année 1655 dans : Bibl. de l'Institut, ms. 1330, fol. 250. La correspondance du cardinal révèle à chaque instant sa détresse financière (Retz, *OEuvres*, t. VIII, p. 160, « Comment ferais-je pour subsister ? » ; t. VIII, p. 380 ; t. VII, p. 415 ; t. VIII, p. 321, etc.).

4. Contrat de vente de la terre et seigneurie de Commercy à la princesse de Lillebonne du 29 juillet 1665. Bibl. de Verdun, ms. 419. Voir aussi C. E. Dumont, *Hist. de la ville de Commercy*, t. II, p. 159. Retz devait payer jusqu'à sa mort 13 000 livres de rente annuelle à la princesse.

5. Lettre de Retz à M. de la Fons du 3 décembre 1668 (dans *OEuvres*, t. VIII, p. 210) ; du 21 juillet 1670 (*Ibid.*, p. 343-4) « Je suis persuadé,

lui faudrait vingt sept ans pour s'acquitter : il ne les aura pas !

Il se condamna aux économies, congédia son personnel, parla de se défaire de sa vaisselle d'argent qui lui avait coûté, dit Guy Joly, plus de 100 000 livres[1]. Dans le règlement de ses dettes, il eut des procès partout. Il dut établir un syndic de ses créanciers et poursuivre, devant le Parlement, la fixation de l'ordre dans lequel chacun de ceux-ci serait payé. Sa correspondance est pleine de fastidieux détails relatifs aux discussions infinies que provoqua le règlement de cette situation embrouillée[2].

Mme de Sévigné, Saint-Evremond et les bénédictins de Saint-Mihiel assurent qu'il serait parvenu, de la sorte, à payer trois millions de livres[3]. Ce chiffre paraît bien élevé. Où Retz aurait-il trouvé des ressources exceptionnelles ? Joly parle d'argent mystérieux qu'on lui aurait envoyé d'Angleterre, une fois 2 000 livres sterling, faisant en 1661, dit-il, 26 000 livres françaises au change[4]. Des critiques modernes ont hasardé que peut-être Louis XIV lui aurait donné de l'argent. C'est plus qu'improbable[5]. En tous cas, même si le chiffre de trois millions est trop élevé, Retz aurait fait avant de mourir un effort méritoire. « Il n'a reçu cet exemple de

disait Retz, qu'ainsi il se pourra trouver quelque jour à mes affaires et que, au moins, mes créanciers connaîtront que je n'oublie rien pour les satisfaire. Je prétends commencer cette manière de vie le 1er jour d'octobre et vous pouvez faire état sur cela, ma résolution étant prise ».

1. *Ibid.*, Lettre à M. de la Fons du 28 octobre 1669. *Ibid.*, p. 321. Guy Joly, *Mém.*, t. II, p. 219. Lettre confirmative de l'abbé de Saint-Mihiel à M. de La Fons du 25 mars 1671 ; Bibl. de l'Institut, ms. 1331, fol. 29.

2. On trouve cette correspondance dans les papiers de l'abbaye de Saint-Denis, Arch. nat., L. 842. Pour l'assemblée des créanciers, voir lettre de M. de Chevincourt à Retz, du 25 mai 1669, Bibl. de l'Institut, ms. 1330, fol. 96. Sur les procès de Retz, consulter *le Journal* d'O. Lefèvre d'Ormesson, t. II, p. 551 ; les lettres de Retz à M. de la Fons, dans Retz, *OEuvres*, t. VIII, p. 427, 382, 424, 426 ; voir aussi, *Ibid.*, p. 505, 509, 532. Il vint à Retz des réclamations de créanciers surgissant de partout. Bibl. de l'Institut, ms. 1322, fol. 100 et suiv.

3. Cf. Chantelauze, dans Sainte-Beuve, *Port-Royal*, t. V, p. 578. Saint-Simon donne aussi ce chiffre de 3 millions (*Écrits inédits*, t. VI, p. 77). Nous venons de voir que le *Mercure galant* dit 4 300 000.

4. *Mém.* de Guy Joly, t. II, p. 219-220. D'après ce que dit Joly de cette valeur de 26 000 livres françaises représentant 2 000 livres sterling anglaises, la livre anglaise, valait donc sous Louis XIV, au taux du change de ce temps, 13 livres françaises, qui donneraient aujourd'hui 124 francs. La livre française de 24 sous du XVIIe siècle équivaudrait donc de nos jours à 9 fr. 53.

5. A. Gazier, *les Dernières années du cardinal de Retz*, p. 131.

personne, écrivait Mme de Sévigné à Bussy-Rabutin, et personne
ne le suivra[1]. »

Et c'est ainsi qu'il occupa la fin de sa vie. Sa santé déclinait. Il
avait des accès de goutte. Sa vue baissait ; il souffrait des yeux et
des maux de tête très douloureux le torturaient[2].

En 1676, le pape Clément X étant mort, il dut refaire le voyage
de Rome pour élire son successeur, Innocent XI, sur une lettre
pressante de Louis XIV, « malgré sa répugnance à ce voyage ».
Puis, selon son habitude dans des cas pareils, se retrouvant, « il
agit avec un zèle et une application qui ne sont pas concevables »,
mandait au roi l'ambassadeur, duc d'Estrées, le 3 septembre 1676.
Il avait proposé, ou de gagner entièrement à la France le favori,
Odescalchi, et de marcher pour lui à fond, ou d'aller à quelque
« avorton », « en rompant le col au premier », à condition d'être
sûr de réussir. Estrées s'était prononcé en faveur du premier parti
pourvu qu'Odescalchi, élu, prit pour secrétaire d'État, le cardinal
Cibo, acquis à la France et ainsi fit faire Retz[3].

Il rentra à Commercy très las. Les mois suivants Mme de Sévigné s'inquiétait de ce qu'elle appelait son état de « langueur[4] » !

En avril 1678, Retz se décida à venir à Paris au sujet d'un pro-

---

1. Lettre de Mme de Sévigné à Bussy-Rabutin du 27 juin 1678 dans
Mme de Sévigné, *OEuvres*, t. V, p. 459. Par contre la Rochefoucauld écrit
dans son « portrait de Retz » (*OEuvres* de la Rochefoucauld, t. I, p. 21) :
« Il a plus emprunté de ses amis qu'un particulier ne pouvoit espérer de
leur pouvoir rendre. Il a senti de la vanité à trouver tant de crédit et à
entreprendre de s'acquitter ».

2. Lettres de Mme de Sévigné du 7 juillet, 28 juillet, 26 août,
12 octobre 1677, etc., dans *OEuvres* d'elle, t. V, p. 203, 239, 300, 352.

3. Sur ce conclave de 1676, voir R. Chantelauze, *le Cardinal de Retz et
ses missions diplomatiques à Rome*, p. 515 et suiv. Retz dut entreprendre le
voyage de Rome par terre (lettre de Mme de Sévigné du 31 juillet 1676,
dans *OEuvres* d'elle, t. IV, p. 558). A ce moment il souffrait beaucoup de
la goutte (*Ibid.*, t. VII, p. 585). Il avait des maux de tête douloureux
(*Ibid.*, t. IV, p. 472, 478, 494). Nous avons les dépêches diplomatiques
racontant les péripéties du conclave et l'action personnelle de Retz que
nous résumons, brièvement, imprimées au tome VII, p. 581 et suiv. des
OEuvres de Retz. Les lettres échangées entre l'ambassadeur d'Estrées et
Retz montrent à quel point celui-ci avait merveilleusement conservé toutes
ses facultés d'intrigue. Dans les scrutins, il eut 8 voix (lettre de l'abbé
Servien à Pomponne, Arch. Aff. étr. Rome 247, fol. 75).

4. Lettre de Mme de Sévigné à Mme de Grignan du 28 juillet 1677
(*OEuvres* d'elle, t. V, p. 239) « Il est revenu un gentilhomme de
Commercy qui m'a fait peur de la santé du cardinal ; ce n'est plus une vie,
c'est une langueur ! »

cès. Il descendit à l'hôtel Lesdiguières, rue de la Cérisaie, chez sa nièce, et le bruit courut qu'il quittait définitivement son monastère. Ce fut un grand étonnement dans le public et à la cour. Bussy-Rabutin écrivait : « Le cardinal de Retz a donc jeté le froc aux orties ? A qui se fiera-t-on après cela ? » Il questionnait Mme de Sévigné [1]. Mais Mme de Sévigné outrée de cet éclat malveillant protestait : « On meurt d'envie, disait-elle, de trouver à reprendre quelque chose à cette Éminence. Je ne comprends pas cette conduite [2] ! »

En réalité Retz avait bien pris la résolution de quitter Saint-Mihiel et de résider dorénavant à Saint-Denis [3]. De Rome, paraît-il, on lui avait fait comprendre qu'il ne pouvait demeurer dans le monastère où il était, la règle voulant que les cardinaux n'habitassent que leurs propres abbayes [4]. Il aimait beaucoup Saint-Denis qu'il avait comblé de bienfaits. Il lui avait donné de beaux ornements, avait promis d'aider à l'édification d'un dortoir, projeté de rebâtir le cloître, toutes intentions de munificence auxquelles le souci de payer ses dettes l'avait contraint ensuite à renoncer [5]. Il avait essayé, mais en vain, de rétablir l'ordre ancien du *laus perennis*, c'est-à-dire la coutume de chanter les heures de manière à ce que

1. Lettre de Bussy-Rabutin à Mme de Scudéry du 5 mai 1678, dans *Correspondance* de Bussy, éd. Charpentier, t. IV, p. 104 ; lettre de lui à Mme de Sévigné, 14 juin, *Ibid.*, p. 126.

2. Lettre de Mme de Sévigné au comte de Guitaut du 28 avril 1678, dans *OEuvres* de Mme de Sévigné, t. V, p. 436-7.

3. Dom Michel Félibien, *Hist. de l'abbaye de Saint-Denis,* Paris, 1706, in-fol., p. 515.

4. C'est ce que dit Mme de Sévigné dans une lettre à Bussy-Rabutin du 27 juin 1678 : *OEuvres* de Mme de Sévigné, t. V, p. 458. « Il est venu demeurer à Saint-Denis, dit-elle, où il passe sa vie très conformément à la retraite qu'il s'est imposée. Il a été quelque temps à l'hôtel de Lesdiguières [rue de la Cérisaie à Paris] mais cette maison était devenue la sienne. Ce n'étoit plus les amis du duc qui y dinoient, c'était ceux du cardinal. »

5. M. Félibien, *op. cit.*, p. 512 ; description détaillée du bel ornement donné par Retz. Voir aussi sur l'abbaye à cette date : Mme d'Ayzac, *Hist. de l'abbaye de Saint-Denis,* 1860, 2 vol. in-8°. Retz a été très occupé par l'administration de Saint-Denis. Ses lettres avec son délégué, l'abbé Nicolas Paris, archidiacre de Rouen, jusqu'en 1665, que d'ailleurs il traitait de fripon (*OEuvres* de Retz, t. VIII, p. 515), et après celui-ci avec M. de la Fons, en font foi (voir le tome VIII de ses *OEuvres*). Sur l'affaire du dortoir qui fut assez compliquée, voir Mme d'Ayzac, *op. cit.*, t. I, p. 452-3, et au sujet du partage des terres entre les moines et Retz, voir un article de Marius Barroux, dans le *Bulletin de la Société de l'histoire de Paris,* 1922, p. 131 et suiv.

les moines se relayassent nuit et jour pour assurer une prière continue au chœur de l'église abbatiale [1]. Dix ans auparavant il avait
encore eu l'idée de démolir l'hôtel de l'abbé commendataire, œuvre
du cardinal de Bourbon, pour construire à la place un bel édifice,
projet qu'il dut abandonner devant l'inquiétude des moines au
sujet de la dépense ; et ceux-ci, en échange, lui ayant offert à choisir entre plusieurs bâtiments dans l'enclos du monastère le logis qui
lui conviendrait le mieux, il avait opté pour une vieille demeure
pittoresque, flanquée de deux tourelles [2].

Ce fut là qu'il se retira, sans doute avec l'assentiment du roi. Il
n'y était pas si solitaire qu'il ne revînt de temps à autres à Paris.
On l'y vit vers la fin de 1678, début de 1679, chez Mme de Bracciano, la future princesse des Ursins, ce qui faisait dire par Bussy-
Rabutin narquois que le cardinal allant « en paradis par chez Mme
de Bracciano », il ne désespérait pas de voir l'abbé de la Trappe
« venir soupirer pour quelque dame de la cour [3] ». Mais Retz ne
manquait pas de rentrer à son monastère pour y célébrer pontifi-
calement les jours de grande solennité.

Et c'est ainsi que la veille de l'assomption de 1679, 14 août, se
trouvant à Saint-Denis pour la fête du lendemain, il fut pris d'une
forte fièvre. Le 15, il dut se faire transporter à Paris chez sa nièce
la duchesse de Lesdiguières. La fièvre redoubla. Il fit une confession générale à Don Hennezon qui était là. La fièvre monta ; il eut
le délire : le neuvième jour, 24 août, à deux heures de l'après-
midi, il mourait, sans doute d'une congestion pulmonaire [4].

Des doutes ont été émis sur la façon dont il mourut. Le bruit

1. Nous le savons par l'auteur anonyme de son oraison funèbre. Bibl.
nat., ms. fr. 19455, fol. 229 v°. Retz donna de beaux manuscrits à
l'abbaye : A. Boinet, *Les Principaux manuscrits à peintures de la Bibliothèque
de la Chambre des députés*, dans *Bulletin de la Société française de reproduc-
tion de manuscrits à peintures*, 1922, p. 32.

2. Mme d'Ayzac décrit cet hôtel, *op. cit.*, t. II, p. 309-310.

3. Lettre de Bussy au marquis de Trichateau du 24 mars 1678. Bussy,
Correspondance, t. IV, p. 243. Bussy écrivait à Mme de Scudéry le
26 novembre (*Ibid.*, p. 247), faisant allusion à cette voie prise par Retz
pour aller en paradis : « L'abbé de la Trappe est bien sot de tenir le
chemin qu'il tient pour y aller. »

4. M. Félibien, *op. cit.*, p. 515. Sur l'hôtel de Lesdiguières, rue de la
Cérisaie, où est mort Retz, ancien hôtel de Zamet, sous Henri IV, que
ce roi fréquentait si souvent et où est morte Gabrielle d'Estrées, voir
Germain Brice, *Description de la ville de Paris*, 1752, t. II, p. 266,
Jaillot, *recherches critiques... de la ville de Paris*, t. III, p. 21-22, Sauval,
Hist. et recherches des antiquités de la ville de Paris, 1724, t. II, p. 126.
L'hôtel n'existe plus.

courut même, repris depuis, qu'il avait fini sans croyance, « le blasphème à la bouche », et en révolte contre l'Église [1]. Les témoignages du temps ne permettent pas d'ajouter foi à ces affirmations. Arnauld écrivait de Retz à la prieure de Port-Royal, Mme du Fargis, le 1er septembre : « Il est mort entre les bras d'un très bon religieux dans des sentiments très humbles et très pénitents. Je vous ai vue autrefois dans une si grande inquiétude pour son salut, lorsqu'on n'avait pas encore toutes les raisons d'en bien espérer, que je ne doute point que le changement que Dieu a fait depuis en lui ne serve infiniment à diminuer votre douleur [2]. » Le *Supplément au Nécrologe de Port-Royal* dira de son côté : « Il termina sa vie par une mort tout à fait chrétienne [3]. » Claude de Sainte Marthe mandait à M. de Pontchateau : « Il a reçu le Saint Sacrement avec bien de la piété [4]. » Et l'abbé de Saint-Mihiel, au xviiie siècle, Don de L'Isle, tenait de Dom Hennezon, lui-même, le confesseur qui assista le cardinal dans ses derniers moments, que le moribond « se disposa à la mort avec de grands sentiments de religion [5] ». Il faut donc écarter la thèse contraire.

Il faut écarter aussi des racontars qui circulèrent relatifs à un prétendu suicide ou à un assassinat. Il aurait reçu, disait-on, des coups de lancette malencontreux d'un chirurgien payé par des héritiers pressés ; des médicaments nécessaires lui auraient été refusés volontairement et des remèdes dangereux administrés sciemment à contre temps. Le mot de Mme de Sévigné à Mme de Grignan: « Sa funeste mort, encore plus funeste que vous ne sauriez penser », ne peut autoriser l'hypothèse que Mme de Lesdiguières, comme on l'a dit, et sa sœur, Catherine de Gondi, supérieure du Calvaire, héritières du cardinal, aient hâté la fin de leur oncle pour l'empêcher de signer un testament en faveur de Pauline de Grignan, sa filleule, petite-fille de la marquise. D'ailleurs Pauline de Grignan, si elle avait hérité, n'aurait, comme les autres, trouvé que des dettes. L'idée de suicide, soutenue par Grouvelle et Musset-Pathay, n'est pas plus admissible [6].

<hr>

1. Voir A. Gazier, *les Dernières années du cardinal de Retz*, p. vii et 187.
2. Cité par A. Gazier, *Ibid.*, p. 202-3.
3. *Supplément au Nécrologe de Port-Royal*, 1735, p. 663.
4. A. Gazier, *op. cit.*, p. 195.
5. Dom de l'Isle, *Hist. de l'abbaye de S. Mihiel*, p. 331-2. Saint-Simon dit également que Retz mourut « dans de grands sentiments de piété » (*Ecrits inédits*, t. VI, p. 78), et il remarque à ce propos que le cardinal s'éteignit onze jours après la duchesse de Chevreuse « avec qui il avait tant ourdi » et dont la vie aventureuse ressemble si remarquablement à la sienne.
6. P. A. Grouvelle, *Lettres* de Mme de Sévigné, Paris, 1806, t. IV,

On s'est fondé entre autres, pour hasarder ces affirmations sur ce que Retz avait été enterré sans pompe, sans être exposé, très simplement : mais il l'avait demandé [1].

Le lendemain en effet du jour qui suivit sa mort, il fut porté sans cérémonie de l'hôtel de Lesdiguières à l'église Saint-Paul, sa paroisse, et le soir, à onze heures, le duc de Lesdiguières, le curé de Saint-Paul et quelques personnes montaient en carrosse pour l'accompagner à Saint-Denis. Le cercueil de plomb était placé sur un char traîné par huit chevaux caparaçonnés de deuil. Le cortège arriva à Saint-Denis au milieu de la nuit, fut reçu à la porte de la ville par les moines en chappe, le clergé, les magistrats. Après une harangue du curé de Saint-Paul auquel le prieur répondit, on se rendit à l'église abbatiale où les prières de l'inhumation dites, le corps fut enterré là où Retz avait fixé d'avance le lieu de sa sépulture, au croisillon méridional, en avant « du grand pilier de la croisée, vis-à-vis du tombeau de François Ier ». Il fut mis sous une dalle sans qu'aucun signe extérieur, sans qu'une inscription, sauf celle qui était sur le cercueil, rien, ne révélât le lieu où il reposait. Ainsi l'avait ordonné Louis XIV. On plaça sur la fosse fraîchement comblée un lectique entouré d'une balustrade tendue de noir, jusqu'au 4 novembre, date à laquelle fut célébré dans le chœur de l'église le service solennel pour le repos de son âme. Toute la ville de Saint-Denis y assistait. Le grand prieur officia, donna, avec quatre moines, les cinq absoutes prescrites par le Pontifical : il n'y avait pas un seul évêque et il n'y eut pas d'oraison funèbre. On ne sait si c'était encore là un ordre du roi [2].

à propos de la lettre de Mme de Sévigné du 25 août 1679 ; Musset-Pathay, *Recherches historiques sur le cardinal de Retz*, 1807, p. 162 ; Chantelauze, dans Sainte-Beuve, *Port-Royal*, t. V, p. 605. Le mot de Mme de Sévigné est dans une lettre à Mme de Grignan du 13 mai 1680 (Mme de Sévigné, *OEuvres*, t. VI, p. 394). Chantelauze croit en quelque sorte au crime et nomme les deux médecins coupables : Petit et Bellay. Le bon remède écarté aurait été le quinquina.

1. *Le Mercure galant* de septembre 1679 (p. 203), le dit expressément : « Sans aucune cérémonie ». Il n'y eut donc ni embaumement, ni exposition sur un lit de parade.

2. Voir sur ces obsèques *le Mercure galant* (*op. cit.*) ; Dom Calmet, *la Bibliothèque lorraine*, p. 427 ; *la Gallia christiana*, t. VIII, p. 414 ; M. Félibien, *op. et loc. cit.* Sur la place de la tombe, Cf. Corbinelli, *Hist. généalogique*, t. II, p. 164. L'acte de sépulture fut dressé par le prieur Simon Bougis ; il a été publié par Cl. Cochin, Retz, *OEuvres*, t. XI, p. 311-312. Nous avons le texte de la réponse à la harangue du curé de Saint-Paul amenant le corps de Retz à Saint-Denis : Bibl. nat., ms. fr. 19455, fol. 232 r°. Sur la tombe de Retz voir, G. d'Heylly, *le Cercueil*

Son cœur avait été porté à l'église des religieuses du Calvaire, au Marais, sur la demande de sa nièce Catherine de Gondi qui en était supérieure, comme nous l'avons dit. Le 7 octobre, un service funèbre y fut célébré. Là on mit une inscription sur une pierre de marbre dans le sanctuaire, pierre de marbre qui est aujourd'hui échouée au Musée de Cluny [1].

Plus tard, les moines de Saint-Denis firent rédiger et prononcer l'éloge funèbre de leur abbé disparu par un personnage dont nous ignorons le nom, mais dont nous avons l'œuvre manuscrite. Les premiers mots désolés de l'orateur : « Je ne veux rien dire de la vie naturelle de Monseigneur le cardinal : elle est perdue ! Elle est perdue ! » révélaient les difficultés d'une tâche si difficile dans l'indifférence générale [2].

La mort de Retz passa en effet presque inaperçue. Seule Mme de Sévigné exprima sa douleur : « J'en suis touchée jusqu'au fond du cœur » ; écrivait-elle à Bussy [3]. Un petit nombre, comme Arnauld, se rappelant la bonté de Retz, dirent leur émotion [4]. Le reste se tut. Il n'y avait pour héritiers, avons-nous dit, que la duchesse de Lesdiguières et sa sœur la supérieure du Calvaire, filles du feu duc Pierre de Retz, frère du cardinal : c'était tout ce qui subsistait de cette opulente famille des Gondi qui, depuis un siècle et demi, avait rempli la France de tant de grands et illustres personnages [5] !

retrouvé du cardinal de Retz, Paris, 1872, in-12. En opérant des restaurations à Saint-Denis, Viollet le Duc a cru retrouver ce cercueil et l'a laissé à sa place. Mais dans une lettre privée à Chantelauze il doutait avoir mis la main sur les restes du cardinal, et d'après l'endroit qu'il indique pour y avoir pratiqué ses fouilles, il semble avoir raison dans son doute. Retz est donc toujours à la place où il a été enterré et un jour peut-être retrouvera-t-on son squelette reconnaissable à l'épaule cassée.

1. Voir la description de ce petit monument dans Corbinelli, *op. cit.*, t. II, p. 194. Il était placé dans le sanctuaire des religieuses, côté de l'évangile, près du pilier du retable de l'autel. Il était en marbre de Campan. On a au Cabinet des Estampes de la Bibliothèque nationale un dessin au lavis de cette pièce (Gaignières, Pe. II a, fol. 174). Le Couvent du Calvaire avait été fondé au Marais, par le duc et la duchesse de Retz en faveur de leur fille Marie Christine, religieuse de l'ordre.

2. Bibl. nat., ms. fr. 19455, fol. 220-232.

3. Voir ses lettres à ce sujet : à Bussy, du 25 août 1679 (Mme de Sévigné, *Œuvres*, t. V, p. 562-3), au comte de Guitaut, du même jour (*Ibid.*, p. 559). Voir aussi une lettre de Bussy à Mme de Scudéry du 18 septembre (Bussy, *Correspondance*, éd. Charpentier, t. IV, p. 457).

4. Lettre d'Arnauld à Mme de Lesdiguières du 1er septembre 1679, dans *Œuvres* d'Arnauld, t. II, p. 58.

5. Voir l'attestation donnée dans ce sens aux Gondi d'Italie par certificat

Elles ne purent pas accepter la succession, même sous bénéfice d'inventaire, tellement les dettes couvraient l'actif et au delà. Le cardinal, avec qui s'éteignait le nom de Gondi, n'avait pas même laissé de quoi payer ses funérailles !

que dressa Charles le Vasseur, notaire apostolique de l'archevêché de Paris, le 6 novembre 1679, en présence de quatre témoins, dont Gaultray, l'ancien secrétaire de Retz, publiée d'après les archives de Florence par Cl. Cochin, dans Retz, *OEuvres*, t. XI, p. 310.

TABLE DES MATIÈRES

CHARTRES. — IMPRIMERIE DURAND, RUE FULBERT (10-1929).

www.ingramcontent.com/pod-product-compliance
Lightning Source LLC
LaVergne TN
LVHW010954180726
843502LV00004B/1196